中世・近世の村と地域社会

西村幸信　著

思文閣出版

中世・近世の村と地域社会※目次

第一部　中近世移行期の村落と中間層

第二部　地域研究の試み——大和の近世村落から——

凡例

一、本書は西村幸信氏が生前に発表された学術的な著作・論文・書評・講演録を集成したものである。

一、本書の編集は、谷山正道・仁木宏・村井良介の三名が行った。

一、明らかな誤植や用語の間違いは編集委員の責任において訂正した。また、第二部においては、「本町域」とあったのを「広陵町域」に直すなどした。

一、引用史料については、できる限り原典と照合し、誤りを訂正した。

一、その他、必要な箇所には適宜編者による注を施した。

第一部

中近世移行期の村落と中間層

序章　「地域社会論の視座と方法」をどうとらえるか
――村落研究の新しい視座と理念を求めて――

一　「地域社会論の視座と方法」の問題提起

(1)「地域社会論」にふれて

一九九四年、歴史学研究会中世史部会を中心に「地域社会論シンポ」が行われた。その成果は『歴史学研究』紙上に示されている。(1)この「地域社会論」は「『国家』の既存の枠組みにとらわれず、さまざまな要素によって自律的に形成されている『地域』の秩序を究明し、それが中世国家にどのような規定性を付与していたかを積極的に評価していくことにより、『国家』自体を相対化する方法論」の深まり、つまり「『地域的な領主制や民衆の地域的な結合がさまざまな形で形成・強化され、王朝・幕府を軸とする国家体制に対する批判と自己主張を強めていく』(永原慶二)ことを具体的に明らかにすること」を目的としたものである。

この議論は、これまでの「地域」研究、あるいは「地域」史研究が、とかく旧来の郷土史研究と相まって極めて限定された叙述になりがちであったため、地域史の叙述に新たな枠組みを与えようとしている。そして、近年の「惣国一揆論」、領主あるいは村の「危機管理理論」など在地世界を念頭に練られた議論の積み上げを「地域社会論」として総括を試みたものである。本シンポは、中世史部会運営委員会ワーキンググループ(以下、WGと略記する)による基調報告「地域社会論の視座と方法」をはじめ三報告が提示されている。本稿では、この内WG基調報告をとりあげ検討していきたい。

以下とのかかわりでWG報告の構成を簡単に示しておくと次のようになる。

《構成》

はじめに――「地域社会論」の視座――

Ⅰ　村々の連合が形成する「地域」

1　「地域」の形成　村間の「平和」――「地域」の形成／「地域」と在地仏神

2　「地域」の自律性　「地域」と検断／「地域」の武力と権力

「地域」を襲う戦乱／「地域」と農民闘争

Ⅱ　在地領主と「地域」

1　在地領主の多元的社会関係

2　「公方・地下」と惣国一揆

Ⅲ　経済関係によって広がる「地域」

1　市の秩序と在地仏神

2　「地域」の広まり

Ⅳ　成果と課題

このWGの報告は、「地域社会論」の視座と方法の提示を試みたもので、基本的な姿勢としては、一九八〇年代以来の在地、村落の自律的成長を高く評価した論調を受けついでいる。Ⅰにおいて、村々の連合の枠組みを「地域」として設定し、その領域の自律性が検断、「危機管理」などといった点から具体的に明らかにされ、その枠組みと在地領主の関係性がⅡで指摘されている。そうした「地域」、個々の村落の自律的成長、戦国期における村落の到達点を明らかにする一方、さらには八〇年代以来の研究において村の成長を描く議論のなかで十分に位置づけられてきたとは言い難い領主、特に在地領主の位置づけや、また都市との関係、流通をも含み込んだ形で、これまでの村落論、村落間社会論をそのなかに溶かし込み再構成をおこなわんとしている。Ⅲにおいては、そうした「地域」が流通などを通じて外延的に広がっていく過程が指摘されている。

小稿は、この提起を、村、村落論の視点から今後へどう活かしていくべきか考えようとするものである。もとより、WG報告は村落論のみを対象としたものではない。以下、本稿ではこの成果をとりあげ検討していくのであるが、それは私自身の関心により村落論、在地領主論などに限定した視野からのものである。その成果の一部のみを取り上げることになってしまうが、その点関係者の方々にお詫びし、あらかじめお断りしておきたい(2)。

(2)「地域社会論」に溶かし込まれた村落史研究のながれ

ふりかえれば、一九六〇年代は仲村研氏、三浦圭一氏等によって村落内部の階層矛盾をどうとらえていくのかという視点から研究が進められた(3)。これらは、物庄—惣村あるいは惣郷—惣村と語に相違はあるものの、基本的には惣村を小百姓の成長として把握し、それに対する土豪あるいは村落領主の横のつながりを惣庄あるいは惣郷とみる点では一致している。この段階の研究は惣村を小百姓の成長としてとらえつつも、そこに極めて大きな内部矛盾をとらえ、そして惣村自治を評価しつつも、それが全面的に開花しえなかった点も明らかにしている。また、この動向は村落内部における階層間矛盾を重視している。

さらに、在地領主あるいは村落領主といったものと村落のかかわりについて議論が進み、そのなかで田端泰子氏は在地領主とのかかわりから村落を①在地領主型村落、②地侍型村落、③村人型村落の三つに類型化している(4)。これは、村落内部構造を考えるうえでも重要な提示である。個々の村落のなかで在地領主層を位置づけることで、その支配者的側面やその限界を鮮明なものとした。しかし、その後、土豪論と村落論は分離し別個に議論されてしまう。

この研究段階は、戦後間もなくの、村を封建遺制の最たるものとして見る考えに影響されるところが大きかったと言えよう。村そのものをどちらかと言えば限界からとらえていた時期ではなかっただろうか。

そうした研究状況は八〇年代以降一変される。八〇年以降の研究動向は、一つにはかつての村落の内部構造への視座を捨象し、「村落間社会」という村と村を結ぶ世界をめぐって、そこに繰り広げられた村と村との諸関係を解き明かすことを目的に進められてきた。

それは近世村請制につながるものとしての戦国期村請期制、村の機能の成熟を高く評価した勝俣鎮夫氏の研究(5)をうけた藤木久志氏の一連の業績(6)に代表されるながれであろう。藤木氏は、『戦国の作法』において検断などから村社会において無秩序な暴力を抑止する一定の作法が存在したことを指摘し、また中世庄屋制などから戦国期村落の自律的成長を評価した。

その視点は、その後も受け継がれ、村請、自検断、あるいは中世庄屋制といった語をキーワードに議論が進められてきた。これらのながれは、自律的かつ高度な政治主体としての戦国期村落の到達点をいかに評価していくかという点について終始したと言えよう。近年、中世後期村落論を総括された松浦義則氏は成果として次の四点をあげられている。まず第一に「一六世紀には近世につながる村が実態として形成されていることが確認された」点、第二に「村の自力と自立性が明らかにされてきた」点、第三に「村落が村人に対し公的な存在であり、領主権力との関係も『契約』的なものとして捉えるようになった」点、第四に農民の家の成立と村落の変質が認識されるようになった点である。(7)以上の四点を成果としてあげることは異論のないところであろう。

以上、ごく簡単に研究史のながれをおって検討してきたが、その視座というものは、村内部構造へ対するものと、村と村をつなぐ世界に対するものというように、同様に村を見るにしてもその視座のあり方は大きく異なる。その点から言って、研究のながれは一九八〇年代を境として二つの時期に区分できるのではないだろうか。

ＷＧの「地域社会論」は、特に後者のながれを意欲的に総括するものであったが、また研究史そのものの持つ問題点を見落としている点も見逃せない。次節において、その問題点を提示したい。

二　「地域社会論」をどう読むか――その課題――

(1)「地域」概念について

ＷＧ報告の最大の論点は度々報告中に現れる「地域」という語であるが、同報告では「歴史的な社会集団論を基礎にしつつ、『制度的地域』の対極に自律的に形成される」、「複数の社会集団相互の形成する秩序によって統括される空間」を「地域」概念としてあげている。

しかし、同時にＷＧ報告のなかでは「地域」という語はいくつかの異なる概念として使用されている。たとえば、Ⅰにおいて「村々の連合」＝「地域」という設定がなされているが、Ⅱにおいてはまた「在地領主と村々が形づくる『地域社会』」、さらにはⅢにおいても商人達の商圏や経済圏を「地域」と設定している。基本的には村々の連合＝「地域」という視角があり、ⅡやⅢで明らかにされている事象はその重層化としてとらえるものかもしれない。しかし、この使い分けは村々の連合から広域な経済圏へという、単に「地域」の重層性ということではかたづけられない問題をはらんでいるのではないだろうか。また、「国民国家」という長く絶対的な枠組みとして存在してきたものを相対化した後で残る「地域」とは一体何であろうか。これまで、「地域」に関しては歴史学だけではなく民俗学などからも多くの発言を見てきた。ここで、詳しく述べる余裕はないが、やはりいずれにせよ最終的に国民国家という枠組みに収斂されてしまっている面も否めないと思う。

この「地域」概念をどう受け止めていくかが今後の課題となるわけであるが、WGより提示された「地域」概念は、ややもすれば漠然としているきらいもある。国民国家の枠組みを越えているようなものから、はたまた身近な生活空間まで多様な意味を含む「地域」概念の扱い方には疑問が残り、あらためて再検討されねばならないのではないだろうか。

私は、八〇年代以降の村落論が、村落間社会（それがまさにWG報告のIでいうところの「地域」であると思うのだが）を対象として分析しつつ、個別の村、村内部への視座を捨象したため、その基本である村のイメージを見えにくくすると言う問題を残したと理解しているが、それがそのまま本報告の課題として表象しているのではないだろうか。つまり、「地域」の構成単位として大きな位置を占める個別の村について押さえたうえでないと「地域」そのものも輪郭が見えてこないのではないだろうか。

無論、従来の研究においてそうした村内部への視座というものがなかったわけではなく、それは前述の六〇～七〇年代の研究が示しているとおりである。今後、WGの「地域社会論」のなかにあらためて一九六〇～七〇年代の研究のながれを位置づけていく必要があると考える。なかでも、「地域」を構成する個々の村々が前述の田端氏の指摘のように類型化しうるものであれば、今少し慎重にその内部構造に目を向けるべきではないだろうか。この議論の目的が、「さまざな要素によって自律的に形成されている『地域』の秩序を究明し、それが中世国家にどのような規定性を付与していたかを積極的に評価していくこと」（傍線筆者、以下同）にあるのであれば、等閑にはできないはずである。

(2)「地域」と在地領主

さらに、Ⅱでは「地域」と在地領主とのかかわりが指摘され両者の関係が相互依存的なものとして位置づけられ、在地領主の支配を相対化している。しかし、この論調は、在地領主をどうとらえるにしても、「地域」の自律的位置を強調するあまり、在地領主の支配を矮小化させていると言わざるをえない。この点は、WG報告の一つの論点であり、その前提となった八〇年代以降の議論の特色ではあるが、このような「在地領主」の位置づけには疑問が残る。

近年の領主像を形作り、おそらくはWGの議論に少なからず影響を与えていると思われるのが、「領主の危機管理」などの藤木氏の近業だと思う(8)。氏の研究は、領主の存在意義を一貫して村の視点から問うたものであった。それは、有事における領主の領域保全は、「地域」からの要請によってなされたというものである。当日の討論のなかでWGの一人稲葉継陽氏は「地域」概念を説明するなかで、地域とは下から形成されてくるものであり「在地領主もそのうちに成員として存在することをつうじて領主たりえるような領域」と発言している。この発言は、藤木氏の議論と相通ずるものであると言えよう。この点については、また別の機会に論じたいが、結論的に言うと、WG報告は在地領主の二側面を二者択一的に論ずるべきではないとするが、在地領主の「単に『地域の支配者』とのみは言えない側面」を強調するあまり、領主本来の支配者としての性格を見落としているのではないだろうか(9)。

この問題と関連して、Ⅳ成果と課題では、研究史の成果として「地域」の構成員としての在地領主の性格を把握した点をあげている。しかし、そもそも「村々の連合」＝「地域」とするならば、在地領主はその構成員たりえるのだろうか。在地領主と言った場合、国人クラスのものが想定されるが、そうであれば「地域」の構成員たりえないと思う。先の点とも関連するが、WG報告は在地領主の位置づけが曖昧ではないだろうか。つまり、国人レベルのものを在地領主として想定しているのか、あるいはまた近年稲葉氏の提起されている村の侍衆(10)のようなものを指すのか、不明確と言わざるをえない。「地域」の成員としての在地領主という論調からは後者を在地領主と考えているようにも受け取れるし、より限定して位置づけられるべきではないだろうか。

以上、二、三の点について報告の章立てに即して疑問を述べてきた。さらに次節において、これらの点をとらえ直すためにこれまでの研究史をあらためてふりかえり、そのなかにWG報告を私なりに位置づけ、今後の展望を考えてみたい。

三　今後の村落研究の視座・理念を求めて

(1) 村落内部への視座をどうとらえるか

先にWGの「地域社会論」や近年の研究動向が、村内部への視座を捨象したと指摘したが、それは村のイメージが見えないという漠然とした問題にとどまるものではない。

三浦圭一氏は、一九六〇～七〇年代の惣村研究の視点について次のように述べられている。少し長いが引用しておきたい。「惣村の中核的な成員（小農民・筆者注）が、単一な階級としてまた単一な身分として、惣村を思い通りに動かしたのではなかった。（中略）惣村に自治があるとしても、それはあくまでも限界性のある『自治』なのである。そして真の自治を目指すような、その意味で真の民主主義を目指すような状況はまだどこにも登場していない。従って惣村に自治の前史のみを追求するようなことはむしろあまり生産的なものとはいえないであろう。（中略）惣村の歴史がまさに惣村であるが故に避けることのできなかった内部矛盾を明らかにしようとした。しかしその内部矛盾を明確にすることによってかえって、中世の勤労人民にとって民主的で自治的な惣村形成がいかに困難であったかを明らかにし、そのことによってかえって、惣村の歴史のなかで、日本人民の輝かしい民族的伝統を正しく探りうるものと考えている[11]」という。

現在は、三浦氏がこの文を書かれた時とは時代背景が異なり、それをそのまま受け取るべきなどと言うつもりはない。しかし、この言葉は今あらためて考えるに、近年の村落史研究が忘れつつあるもの、すなわち惣村、あるいは村落という言葉の裏に隠された共同体の持つ「過酷さ」を思い起こさせてくれるのではないだろうか。確かに、私も含めてそうした認識が全くなくなったわけではない。藤木氏が、当初『戦国の作法』で描かれた在地の世界は決して安隠なものではなかった。また、前述の松浦氏も近年の動向を総括するなかで、その成果の第四点について村における農民の家の成立を指摘するなかで「このことは、村の閉鎖性・排他性という自立的な村落のいわば影の部分が強められつつあることを示すものである。（中略）これは村の自力が過酷というより冷酷と称すべきものであったことを物語る」とされている。

けれども、これまで検討してきたWGの「地域社会論」やその前提となる近年の研究動向は、過酷さへの認識をどこまで意識的に継承しえているのであろうか。あるいはまた、その原形となった藤木氏の最近の業績にしても、それを忘れつつあるとは言えないだろうか。特に、「地域社会論」においては問題を村に限定しなかった。それはそれで大きな成果を納めたのではあるが、前述のように「地域」の形成基盤となるべき個々の村が内部矛盾を抱えていたという認識が薄れてしまっているためにこうした視角が失われてしまっている感が否めない。このため、WG報告を読む限り、村と村の連合が形作る領域である「地域」が平板なものに受け取れてしまうのである。

（2）今後の「地域社会論」のために

前述のように、かつての村落研究は惣郷あるいは惣庄という二重構造を提示してきたが、それを「地域」に当てはめて考えた時、それらを一括して含み込んだものととらえるしかない。そう考えたとき、自律的成長を遂げた「地域」というものを実際に動かしていたものは何だったのか考えさせられる。「自治」なり「自律」といったものが一般民衆、農民にとってどのようなものであったのか。やや漠然とした言い方になってしまうが前述の三浦氏の語が端的に現しているだろう。

また、これは近世初期段階における初期村方騒動などをどうとらえるかという問題にもかかわってくる。なぜ、あの段階において初期村方騒動が庄屋・年寄相手に爆発したのか、あるいはしえなかったのか。[12]そのあたりに、戦国期村落、惣村あるいはここで言う「地域」の自治というものの性格をうかがう鍵があるのではないだろうか。近世初期段階の庄屋と戦国期段階のいわゆる中世庄屋または政所といったものの連続性はすでに研究史が明らかにするところである。そうした戦国期の庄屋等の系譜をひく庄屋に対して近世初期において村方騒動が起こったのは、戦国期段階の村落上層による自治、自律といったものが、農民にとって、村にとって極めて「限界性のある『自治』」だったことを示すものにほかならないのではないだろうか。戦国期村落は、確かに民衆闘争史における一つの到達点を迎えた。しかしそれを謳歌するばかりではならない。近世初期村方騒動が示すように農民闘争はまだまだ続くのである。

農民にとって、戦国期の「地域」や村は激しい身分階層差をはらんだものだったのではないか。そして戦国期における「地域」、また個々の村落において、農民のおかれた状況は平易なものではなかった。それでも、なお農民は「地域」に村によって生きた、あるいは生きざるをえなかった。そうした点をふまえて「地域」を見直すならば新たな「地域」像や村落像が見えてくるのではないだろうか。

以上、近年の「地域社会論」や村落研究についての雑感を述べてきた。では、どうするかという展望を欠いたものになってしまったが、今後の研究理念の一つの方向を示しえたのではないかと思う。

（1）『歴史学研究』六七四号、一九九五年。

(2) 本稿は、村落研究の理念について、全面的に理論的な学説整理をしているわけでもない。また、今の私自身の関心に限定して採り上げたので、先行研究も多くを落としてしまっている。あわせて、先学の方々にお詫びしたい。
(3) 関係論文は、枚挙にいとまがない。とりあえず三浦圭一氏の業績は『中世民衆生活史の研究』(思文閣出版、一九八一年)、仲村研氏の業績は『荘園支配構造の研究』(吉川弘文館、一九七八年) などに収められている。
(4) 同氏著『中世村落の構造と領主制』(法政大学出版局、一九八六年)。
(5) 「戦国時代の村落」(『社会史研究』六号、日本エディタースクール出版部、一九八五年)。
(6) たとえば、『戦国の作法』(平凡社選書、一九八七年) 所収の各論稿など。
(7) 松浦義則「戦国期研究の動向」(『歴史評論』五二三号、一九九三年)。
(8) 「領主の危機管理」(『駒沢大学論集』二二号、一九九二年、のち『戦国史をみる目』所収、校倉書房、一九九五年) など。
(9) こうした在地領主、あるいは村落領主といったものの二面性などの再把握については、一九九五年夏の第三四回近世史サマーセミナーで報告した (「中近世移行期における侍衆の『解体』と村落社会の再編」、要旨は『ヒストリア』一四九号に掲載されているのでそちらをご参照いただきたい)。尚、同報告をもとにした別稿を予定している〔編者注：別稿とは本書第一部第四章のことと推定される〕。
(10) 「中世後期村落の侍身分と兵農分離」(『歴史評論』五二三号、一九九三年)。
(11) 「惣村の起源とその役割」(『史林』五〇巻二・三号、一九六七年、のちに同氏著『中世民衆生活史の研究』所収、思文閣出版、一九八一年)。
(12) 私は、「初期村方騒動」について、これまでの水本邦彦氏 (『近世の村社会と国家』、東京大学出版会、一九八七年) による通説的理解とは異なる見解を持っている。この点については、注(9)と同様にサマーセミナーにおいて報告したことがあり、別稿を予定している〔編者注：別稿とは本書第一部第四章のことと推定される〕。

第一章　一四・一五世紀大和における沙汰人・庄屋層の歴史的位置

はじめに――沙汰人・庄屋層研究によせて――

近年、中近世移行期村落をめぐる議論がさかんに行われている。その中で、中世史の側から庄屋やまた沙汰人等の中間層に注目して中近世移行期村落を考える議論が見られる。それは、庄屋を中心とした村請制システムは、幕藩制権力によって創出されたとする近世の水本邦彦氏の理解(1)に対するものである。一つには、庄屋は中世から存在しており、それを中心とした年貢等の村請や村落行政システムは中世村落のなかにすでに形成されつつあり、それが近世村落へと連続しているとされる藤木久志氏の議論(2)がある。さらには、藤木氏の中世庄屋論の考えを高く評価し継承された久留島典子氏の理解(3)がある。両氏ともに、庄屋等を中心とした近世村落のあり方は、中世村落の達成、つまり中世村落のなかで形成されてきた沙汰人・庄屋層による行政システムを前提として初めてなしうるものであるということを主張、その連続性を重視されている。

ただ、こうした中世から近世への連続性を指摘した藤木氏等の考え方に対して、近年、安国陽子氏が沙汰人、一四・一五世紀と一六世紀の庄屋、そして中世庄屋と近世庄屋ではその歴史的性格を全く異にしており、それぞれを安易に連続させてみるべきでない、という理解(4)を提起されている。こうした従来の議論は近世とのつながりのみに重点を置き過ぎたきらいもあり、沙汰人・庄屋層の村内における存在形態や、そして何が連続して何が連続していないのか、また何がその登場を要請したのか等、いまだ明らかになっていない点は多い。

本稿では、右のような研究状況をうけて、大和地域を素材として[5]沙汰人・庄屋層の諸形態について検討を加えていこうとするものである。当面の課題としては、今後一六世紀以降の庄屋を分析していく予備的考察として、こうした庄屋が何時、なぜ、どのようにして登場してきたのか、またその村内における存在形態の素描を試みたい。

一　「庄屋」──建物としての「庄屋」[6]──

「庄屋」という語そのものについては、一四世紀以前から史料上に見られる。最も早い事例としては徳治年間の若槻庄土帳に「庄屋垣内」という語が見られる。[7]この他、中世の帳簿類において羽津里井庄に「庄屋名」[8]とあるのが見えるし、また何時から言われているものなのかはよくわからないが番條庄には「庄屋口」、「庄屋堀」という名称が残っている。[9]これらは、そこに庄政所屋、つまり「庄屋」が所在していたところからくる地名と考えられる。この「庄屋」とは、むろん藤木氏等によって指摘されている役職としての庄屋ではなく、明らかに荘園領主の現地経営のための事務所的な役割を果たしていたと考えられる建物そのものを示す語である。後に現れる役職としての庄屋やその前の沙汰人を考える上で、彼らが所在し庄園経営の事務を担当してきたと考えられる、こうした建物の位置づけを明らかにしていくことは重要と思われる。備中新見庄や播磨鵤庄の政所を素材とした研究は見られるが、大和では、前述の安国論文を除けば若槻庄の「庄屋垣内」についての渡辺澄夫氏による若干の指摘[10]があるくらいで、「庄屋」に論及した研究はない。

そこで、氏の分析をふりかえりながら、まずこうした「庄屋」の持つ歴史的意義を考えてみよう。詳しくは氏の著作をご参照いただきたいが、結論的に言うと氏は同庄の集村化及び環濠化の過程を分析されたなかで、「庄屋垣内」が集村化の中核にあった事を指摘されているのである。同庄は、集村化以前においては屋敷地が庄内に散在して存在している散居形態を示すが、集村化とともに「庄屋垣内」内に屋敷地が全て集中する景観を呈し、かつ村の周囲に堀をめぐらす環濠集落となっている。それは、まず村の両端に所在する村鎮守の天満社と「庄屋垣内」の周囲に環濠がめぐらされ、その二つをつなぐ形で環濠化がなされているのである。氏は、これらの点から室町期の同庄が「村落の政治的中心である庄屋垣内と精神的中心たる鎮守天満社との二つを中核とする環濠集落に転化しつつある」と指摘されている。つまり、同庄の集村化は「庄屋垣内」を中心として行われているのである。

こうした若槻の事例は、「庄屋垣内」の村内における中核としての位置づけをうかがわせるに十分なものと言えよう。さらに言えば、この事はまた「庄屋垣内」に所在したであろう庄政所屋、つまり「庄屋」の村内における中心としての位置づけ、またそこに居住する者の政治的力量を示す事に他ならないと考えられないだろうか。なぜなら、散居から集居に屋敷地の形態を一変させるのは強力な指導性なしでは成しえる事ができないものであるからである。

確かに、こうした「庄政所屋」は庄園領主の支配の根幹として、その現地事務所的な側面を大いに持つものである。(11)しかし、はたしてそれだけの側面にとどまるものだろうか。集村化を主導した中核としての「庄屋」を考えた時、そこを拠点とする者の性格も含めてそれだけにとどまらない意義を持っているものと評価できるのではないだろうか。

そこで、こうした点を補足する意味で、もう少し建物としての「庄屋」の意義を考えていきたい。そのために次の二つの事例を提示しておきたい。

（事例その一）吉書始の場としての「庄屋」

村の一年は、領主から下される吉書始で始まるといってよいだろう。その儀式は、すでに研究史のなかで指摘されているように領主と村との契約の儀式である。とすれば、その儀が行われる場所がどこかという点は大きな問題である。なぜならば、そうした儀式はその性格上村の中心的な場で行われるに違いないからである。まず、こうした場としては惣鎮守等がすぐに想定できる。この点、大和ではあまり多くの史料は見られないが『多聞院日記』（別会五師宗栄記）天正一〇年（一五八二）正月八日条に次のような一つの興味ある史料をみいだせる。(12)

一京南東九条へ定使善三郎卜下部一人卜下畢、此時吉書遣之、（中略）

下　京南吉書始之事（以下、吉書文面写す、中略）

如此認調、四過ヨリ下ス、三升鏡一面クシカキ一クシ・ユカウ・タチハナ取副、庄屋孫九郎別会へ上之、幷此時善三郎幷下部ニハ庄屋所ニテ中飯汁二・菜五・不精進愚幷シセン毛立三切ニテ酒勧之、（後略）

右は、奈良から少し南に行ったところにある京南東九条庄に吉書が下された際の記事である。ここでは、定使により吉書とともに鏡、串柿、「ユカウ」、橘が下され、庄屋孫九郎が受け取り別会に上げ、その後定使等は「庄屋所」で饗応されている、というものである。ここで見られる「庄屋所」は、まさに先程から検討している「庄屋」のことで、これは「庄屋」で行われた吉書の執行について記した記事だと考えられる。ふつう、こうした吉書の執行には領主側の人と村側の人が立ち会う。荘園領主側の記録であり詳しいことはわからないが、前者が定使、そして後者の村の代表が庄屋なのであろう。ただ、記されてはいないが、村のオトナ格の人間が参列していた可能性が高いと考えられる。

確かに、これだけでは領主の命令を村に伝える場、領主支配のための場としてだけの意味しかとりえないかもしれない。しかし、吉書そのものの性格を考える時、このような両方の代表が立ち会い行われる年頭の契約の儀式である吉書の執行が(13)、領主の使いである「定使」を迎え「庄屋」で行われていることの意味を重視したい。つまり、あくまで双方の契約という意味から吉書始の儀を見るならば、そこに単に領主の命令を村に伝えるだけ以上の意味をとるのは考え過ぎであろうか。いずれにせよ、少なくともこうした事例に「庄屋」や「政所」の村内における中核としての位置づけを十分にうかがえよう。

（事例その二）「庄屋」と沙汰人・庄屋の私宅

酒井紀美氏は、新見庄の政所を素材として、それが沙汰人の私宅に置かれていた事を指摘されている。氏によると、こうした荘政所屋は通例「処々之習」として庄官・沙汰人の私宅に置かれていたのであるという(14)。では、若槻庄や事例（一）で検討してきた「庄屋」は、どのような場に設定されていたのであろうか。そうした点について少しみてみよう。

一、昨日神戸大柳生郷ヨリ調延（進カ）也、然ニ旧冬アフラ物以下如例庄屋ニテ神人等致沙汰候処ニ、アフラ物タイリヤクコトヲハル時分、火ヲ（ニテカ）庄屋カ家ヲヤキ早、然間アフラ物悉ヤク、其外御供米自余米悉ヤク、仍（カ）廿一日神戸御供米入目悉クワン□坊ヨリ引かへ被沙汰候、（以下略）(15)

右の史料は、奈良市の山間部にある大柳生郷に関する正月朔日の記事である。ここでは、「庄屋」という文言が二度みられるが、前者は明らかに役職としての呼称ではなく建物の名称であろうが、後者はおそらく役職者としての庄屋である。これは「庄屋」、つまり庄政所屋で領主から派遣された神人が公事を沙汰していたところ、終わり頃になって出火し、供物の「アフラ物」が焼け、さらには「庄屋カ家」も焼けたというものである。

「庄屋」という場において、公事の沙汰が行われているという事実は、支配の根幹としてのその側面を示しているものである。注目したいのは、ここで出火のため「庄屋カ家」が焼けたとある点である。この事から考えるに、「庄屋」と「庄屋カ家」、つまり庄屋の私宅は隣接しているか、あるいは私宅のなかに「庄屋」が設定されていたか、いずれにせよ一体化していた可能性が高い。

しかし、確かに両者は一体化していた可能性が高いにせよ、「庄屋」と「庄屋カ家」は文言の使い分けがなされており、空間としては別のものとして認識されていたのではないだろうか。今後、こうした視点で考えてみたい。

以上、二つの事例を検討してきたが、ある程度「庄屋」が村内の中核にあり、吉書の執行等も行われる庄園領主と村をつなぐ公的な空間として位置していたことを確認しえたと思う。ただ、酒井氏が指摘されているように、ここで示した以外にも村落間、または村民相互を結ぶ役割を果たすものでもあったと考えられる。それゆえに、若槻庄の事例で見られるように、集村化、環濠化の中核たりえたのである。これが、単に支配の根幹だけの側面を持つものであったならば集村化の核にはなりえなかったと言える。まさに村落の精神的紐帯の場が物鎮守ならば、現実の政治的な紐帯は「庄屋」であった。そこで、こうした場はどのような人々によって支えられてきたのであろうか、その点について次節以降で検討していく。

二　沙汰人と「庄屋」――人としての庄屋の登場前夜――

前節で見てきたような京南東九条や大柳生の事例の段階においては役職としての庄屋がすでに存在しているが、少なくとも一四世紀末より以前には役職としての庄屋はまだその姿を現さない。それ以前の若槻庄における事例の段階において、「庄屋」で事務にあたっている沙汰人と呼ばれるものである。前述の渡辺氏は、若槻庄の「庄屋垣内」を下司・公文等の庄官の支配下、つまり根拠地であったものとされている(16)が、若槻庄には公文と下司それぞれの屋敷地が別にあり、「庄屋垣内」が庄官屋敷の所在地とは考えにくい。おそらくは、沙汰人が居住して、荘園の事務にあたっていたところと考えられる。

従来、沙汰人と言えば下司・公文等と共に庄官として一括して扱われてきた。しかし、近年における久留島氏の研究等において庄官とは区別して扱うべきとの理解(17)が出されている。本稿も、基本的にはこの理解のもとに沙汰人を考えている。平安・鎌倉期においては沙汰人の上に庄官がおり、庄園の現地経営に当たっていたが[18]、少なくとも室町期においては庄官は職として完全に得分権化し、以下明らかにしていくように庄園経営の実務からは離れていた。そうしたなかで経営実務を担当していたのは沙汰人であった。その役割を検討しつつ、こうした室町期の沙汰人の実像にせまってみよう。

（1）年貢・反銭等の収納実務

まず、彼らの主要な役割の一つとして年貢・反銭等の収納実務担当という役割が考えられる。『大乗院寺社雑事記』には若槻庄の年貢算用状が一一通写し取られている。この内、署名が写し取られているのは三通のみであるが、内二通にはそれぞれ「若槻沙汰人」、「若ツキ」と当庄沙汰人の署名がみえる。この他の荘園に目を転じても高田庄や羽津里井庄においても沙汰人が大乗院に算用状を作成、提出している事が見える。

一、若槻庄日次瓜事、雖令下知、就筒井出頭、下司番条及合戦之間、沙汰人等令遂（逐）電之間、不致其沙汰、雖為以後、以代銭可進之由、百姓等以定使先日申入了[19]、

また、右は長禄二年（一四五九）当庄の下司番條氏が筒井氏と合戦し敗れたことにともなって、沙汰人若槻氏も逐電したことに関するものである。若槻庄では公事物として毎年瓜を納めているが、この時百姓は日次瓜を納入できないとして代銭納を願い出ている。この事は、実際に大乗院にどれだけの瓜を納入するか、どの畑にどれだけ瓜公事を割り付けたら良いのか等算用の実務を担当できる能力を持つ者が沙汰人以外に存在しなかったこと、つまり沙汰人が収取の実務一切を取り仕切っていたことを示していよう。

それに対して共に在地にあった庄官層はどのような役割を果たしていたのだろうか。

請乞申入候尺度庄公方御米并公事銭事

公方御米廿三石一斗五升（中略）
一当庄ニ付事、御米并公事物以下万一無沙汰仕候者、雖何時候可被召放候、其時更々兎角不可申候、惣別庄家ニ付聊も其違乱以下出来候とも、毎事下司方ニ不申、諸篇得上意、毎事可為御計候間、可応御下知候間、不可緩怠存候、仍請文状如件、
明応八年己未十一月六日　　沙汰人空源判[20]

右は、尺度庄沙汰人空源が提出した請文であるが、「惣別庄家ニ付」て「違乱以下」何か事件が起こっても「毎事下司方」に連絡せずに庄園領主興福寺の意向をまずうかがって対処しますとなっているのがおわかりいただけると思う。つまり、庄官層は直接庄園内の事に介入できない、庄園内の情報から遮断された立場にあったのである。すなわち庄官層は少なくともこの段階においては全く年貢・反銭収取等庄園経営の実務に直接はかかわっていなかったと考えられる。命令系統として下司等の庄官層の下に沙汰人が存在していたわけではなく、庄園領主が一応直接沙汰人を指揮しており、何事も沙汰人からまず庄園領主に報告が上げられ、領主の命令があって初めて荘官層は動きえたのであろう。

しかし、かと言って庄官層が年貢・反銭等収納に関して全く何もしなかったわけではない。興福寺領において大会反銭等が賦課される際の記録には「下司・公文以下方々、則遣集儀書状、（中略）反銭事早々可致其沙汰、若無沙汰候ハ、可及厳蜜沙汰、為面々堅名主百姓等ニ可被申付」[21]とある。つまり、庄官層は、前述のように収納実務を担当できるだけの在地状況を把握はしていなかったがその履行を促す、言わば督促人のような役目を果たしていたと考えられる。さらに、時代が下るにつれ次第に興福寺から在地に対して下されて来た算田使や毛見使が「凌礫」される事件が多発するが、それらに対応するため毛見使を「防御」し、制裁として「百姓沙汰人等住屋」

を「破却」する事が庄官に命じられている事例が見られる[22]。庄官は在地にありながら、時として沙汰人百姓に代表される庄園側に敵対した動きを取らなければならないことがあったのである。こうした事例から明らかなように庄官層はこの段階で惣庄そのものから遊離した存在になりつつあった[23]。

（2）「地下の案内者」

次は、在地状況を庄園領主に注進するという役割である。この機能の具体的な中身としては、隠田の摘発、注進等があげられる。『大乗院寺社雑事記』文正元年（一四六六）閏二月一六日条に、若槻庄の文正期の「土帳」[24]が記録されているが、その冒頭にこの「土帳」が「若槻散田事無為ニ沙汰、隠田分」を「悉以致注進」すため「百姓幷沙汰人」がやって来て「自地下沙汰進」めたものである旨が記されている。この場合は、百姓と共にではあるが沙汰人が「土帳」を提出しているのである。さらに、近隣の横田庄においては沙汰人が、「横田庄公方御米未進躰沙汰人注進之[25]」というように公方年貢未進者を注進しているのが見える。その他の事例を引いてみても、長屋庄では隣庄との庄域の入り組みについての訴訟沙汰について注進しており[26]、また『大乗院寺社雑事記』応仁二年（一四六八）一一月三日条には、「自地下沙汰人注進分」とあり沙汰人が田数について不審の事が有る旨を注進してきたと記されており、その後に尺度庄の田数が記録されているのが見える。

これらの事は、沙汰人が庄域や田数を熟知していたことを示すものであり、逆に言えば大乗院門跡は庄園の庄域や田数すら把握していなかった事を示しているものである。先程の年貢・反銭等の収納請負機能ともかかわってくるが、在地の事は沙汰人任せの状態であったし、領主にとって庄園から決められた量の年貢・反銭等が上がってくるならば庄園領主にとって在地の状況はどうであっても良いという認識があったのかもしれない。

それに対して、庄官層はこうした役割についても何も果たしていないのである。先に尺度庄沙汰人が提出した請文でも明らかになったように庄官は庄園内部において違乱が起こっても知らせられない存在であったし、また知りうるものではなかった。まさに、案内なき庄官であったのである。それに対して、沙汰人は庄園領主の求めに応じて在地状況を注進する責務があった。すでに、庄園領主が正確な田数すらも在地状況を沙汰人を通じてしか知りえなかった状態にあったことは注目すべきであろう。

（３）対外交渉（損免要求等）

今まで見てきた（1）と（2）の役割は、言わば庄園領主のための沙汰人の役割であった。沙汰人は、それとは逆に庄園村落側のための役割も果たしていた。『大乗院寺社雑事記』中に度々現れる領主との損免交渉がその一つである。

日次瓜十合到来、沙汰人・百姓等罷上、種々雖歎申入、不可依去年炎旱之由、堅仰付之間致其沙汰畢、二十合分御免可畏入之由申入之、猶以可叶旨仰了、(27)

右の史料は、よく見られる損免交渉の様子を記したものであるが、これらの事例は沙汰人が庄園村落側に位置する存在であったことを示している。なぜなら、こうした百姓を引き連れて庄園領主の元に参上している沙汰人の行動は、まさに庄園を代表してのものと言えると考えられるからである。また、沙汰人層のこうした対外交渉機能は庄園領主との間だけではなく、庄園と庄園の間の用水相論の場等においても発揮される事が常に要請されていた事も見逃せない。庄園に基盤を置く存在である限りは、百姓の要求を庄園領主に取り次ぐこの役割は必然的なものであったはずである。

（4）その他の役割

最後に、これまで述べてきた役割以外に沙汰人が果たした役割について触れておこう。まず、若槻庄では、もともと名主であった人物が名主得分が上がらないため名主職を返上してしまい、本所直務地となった名主跡地の管理を沙汰人が請け負っている事例がみられる。(28)

請文　高田庄残米事（中略）

右此米事ハ、清六カ名ニテ一円ニ請申候、若清六無沙汰仕候ハヽ、沙汰人トシテ弁申候へく候、（中略）仍後日証文状如件、

正長元年九月廿七日

右馬五郎判

清　六　判(29)

また、右のように名主が無沙汰した場合、「沙汰人トシテ弁」じますというように年貢・反銭等納入の請人になっている事例がある。この他、森川氏によって土地売買の口入人になっている事例が明らかになっている。(30)これらの機能は、それぞれ在地の農業経営に深くかかわるものであり、特に口入については前代の刀禰等の在地古老と呼ばれる階層が有していた保証機能等が沙汰人に吸収されていたものと考えられ、その在地性がうかがえる。

以上、（1）から（4）で見てきたように沙汰人は庄園領主の支配が後退しつつあるなかで、さらに庄官層すらも村から遊離してくるなかで、かつて庄園領主そのものや、その下の庄官層が把握していた機能を、かなりの部分において吸収し急成長していたと思われる。そうしたなかで、また自律化の動きも強め支配の末端としての位置を脱しつつあったのである。こうした機能、性格の変化を何時から見い出しうるのかは今後の課題であるが、おそらくは室町後期にはすでに村落の中心的存在としての位置を確立しえていたと考えられる。その一つの指標としては、若槻庄で見られた集村化、環濠化の進行をあげられるのではないだろうか。沙汰人は、これら村落の自

律化を主導するなかで、自らの性格をも大きく変えつつあったのではないだろうか。

三　役職としての庄屋の登場——沙汰人から庄屋へ——

(1) 庄屋を名乗る沙汰人の登場と変わる村

そうした沙汰人の役割における変化の過程で、庄屋という名称を名乗る沙汰人が現れてくる。

一、庄屋沙汰人事不法無沙汰仁躰也、剰他領中ニ止住為門跡難義也、発志院之内ニ器用躰可被仰付之事、此条尤也、早々可申付云々、(31)（以下略）

右は、横田沙汰人について記した『大乗院寺社雑事記』の記事の一部であるが、冒頭で「庄屋沙汰人事」と記されているのがおわかりいただけると思う。この書き方について庄屋と沙汰人が混同されているのでは等様々な見方ができると思うが、本稿では単なる混同ではなく沙汰人が庄屋という呼称を名乗っていると考える。また、曽我部庄から沙汰人が在地状況を注進している『三箇院家抄』の文明一一年の記事があるが、(32)そこで沙汰人の語の右上に庄屋という語が冠せられている。こうした沙汰人が庄屋を冠して称している事例は少なくなく、それは戦国初期にいたるまでみられる。

こうした中世庄屋の最も古い事例は、田村憲美氏によって指摘されている一四世紀末の東寺領平野殿庄におけるものであり、(33)氏によってすでに用水管理等村落運営にかかわる機能を有していた事が明らかにされている。興福寺領では法隆寺近郊の一乗院領五百井庄で一五世紀半ばに庄屋の存在が確認されるのが初見である。詳しくは別の機会に譲りたいが、この五百井の庄屋についてはオトナ衆の一人として存在し、他のオトナ衆を統括して近世でみられるような用水管理、村入用の管理運用から対外交渉に至るほぼ村政全般にかかわる役割を果たしている事例が確認できる。(34)ここで、あえて憶測を厭わず述べておくならば、庄屋を名乗る沙汰人が現れたという事実は、前節で検討してきたように、沙汰人が荘園領主が本来有する機能の一部やまた中世前期における古老等にみられる在地の指導者層の諸機能を吸収し、完全に村落指導者として成熟した事実を示すのではないだろうか。こうした中世庄屋は、一五世紀から一六世紀にかけてだんだんと事例が増え、一六世紀に入ると沙汰人あるいは庄屋を冠する沙汰人という形の呼称はあまりみられなくなり、ほぼ庄屋という呼称のみに統一される。その所見事例も一四・一五世紀段階ではまだ一〇例前後であるが、一六世紀になると大和国内のみで一一〇ケ村前後の村に分布しているのを確認することができるものである。

酒井氏は、庄園経営の現地事務所としての政所に着目され、そこで庄園経営のため果たされてきた役割や機能が、在地の側に実質的に掌握されていく過程を検討されたなかで、それら諸機能を吸収して政所を名乗る沙汰人、つまり百姓政所が現れてくることを指摘され、「このような政所と呼ばれる沙汰人が中世後期の在地の各所に現れてくること自体、在地社会の力量の進展を如実に示すものである」とされている。(35) 本稿で見た庄屋を名乗る沙汰人の場合もまさに同様のことが言えると考えられる。この点は、今後村落論と相俟って庄屋を扱うなかで明らかにしていく必要があろう。

(2) 庄屋と村、庄屋をめぐる村

沙汰人、庄屋と通して見てきたわけであるが、最後に彼らが村落の自律化、集村化を主導したのではないかという点を補足するために、沙汰人や庄屋が村のなかでどのような立場にあったのか検討しておく。それはまた、その歴史的性格を明らかにする鍵となるものであろう。少し時期がさがるが、一つの事例を検討しておこう。

①御神事及遅々儀者、神戸之御飯盛手知代神人ト郷人ト及喧嘩、手知代神人之打擲仕間、(中略)、神主江訴訟申間、従神主楊生郷人方へ曲事之由申付之、同神主色々中人被申間、楊生之庄屋幷老者衆手知人神人方へ礼ニ

罷出之、彼本人ヲ在所ニ不可置之由申間、以其筋目無事ニ相調者也、（後略）[36]

②今日大柳生郷人ト手知代神人ト御飯盛トテ喧嘩沙汰シテ、神人ノ頭ハルト云々、然間北郷之一座一味〆《シテ》御飯ヲ不盛間、御神事遅々、神主ヨリ色々仲人アリテ、大柳生郷人帳本人郷ヲヲ井ウシナ井、郷ノオトナ礼ニ出テ無事ニ成者也、[37]

右の史料は、①、②共に春日社の神官の日記で、①は「春日社司祐礒記」で、②は「春日社司祐金記」で、両方ともに同一事件とその後始末について記した永禄一三年（一五七〇）正月朔日条の記事である。この事件の概略は、大柳生郷の郷人が春日社の「手知代神人」に刃傷に及び、それについて「中人」が立ち事件は解決し、その後郷側から「手知代神人方」へ「礼」に参上した、というものである。ここで注目していただきたいのは、郷側から「手知代神人方」へ「礼」に出ている者達についてである。①では「庄屋幷老者衆」となっているのに対して、②では「郷ノオトナ」となっている。この「庄屋幷老者衆」と「郷ノオトナ」というのは、全く同一の存在を示すものと言えよう。つまり、庄屋の村落内身分はオトナ層として特定の階層に属する存在であった。少なくともオトナ層として特定の階層には存在していたのであり、庄屋がたとえ領主から一方的に設定されたものであったとしても名実ともに村落の指導者的な立場にあったのである。

しかも、この史料からは庄屋が領主と村落の中間に接点として位置するものではなく、むしろ村落側に位置する存在である事が読み取れる。なぜならば、庄屋が接点として中間に位置する者ならば、この事件においては庄屋が「中人」を務めるはずであるからである。この場合、「中人」は別の人物が務めており、庄屋はオトナ衆の一人として村落側の人間として「礼」に出ているのである。したがって、庄屋を庄官の一つとしてみるより集村化された村の中核として見るべきであると言ってさしつかえないだろう。沙汰人よりさらに庄園領主の支配機構末端構成員としての側面を払拭した姿をそこにみることができよう[38]。

おわりに――一四・一五世紀庄屋の歴史的位置――

以上、まことに粗雑な論であったが、建物としての「庄屋」、人としての庄屋、沙汰人と庄屋の連続面、そしてそれら沙汰人・庄屋層の存在形態の一端について検討を加えてきた。

建物としての「庄屋」を支えていた沙汰人は、庄官層が領主として村落を遊離した後に、それらの有していた機能、さらには庄園領主が本来有していた機能の一部までも吸収し、かつ村落の自律的結集を主導しつつ成長を遂げていた。そうしたなかで、庄屋を名乗る者が現れてきたが、これは単に名称の変化にとどまるものではなく、領主側の存在としての側面よりも、村落の指導者的な側面を強めつつあった事を示すものであった。庄屋は、支配を後退させつつあった庄園領主、それに対して自律的成長を遂げつつあった村、という時の政治状況の要請により登場したものであったのである。このような沙汰人・庄屋によって支えられてきた「庄屋」の位置もまた単なる庄園領主の現地事務所ではなく、村落結集の政治的中心たるものとして存在していたと言える。

安国氏は、本稿で見た一四世紀末から一五世紀の庄屋制は「例も少なく、個別的で共通の概念を有していたとは言い難い」とされ、後の一六世紀に一般化してくる庄屋制との違いを指摘されている(39)。確かに、一四、一五世紀の庄屋の事例は一六世紀に比べればはるかに少なく、沙汰人の存在する村、庄屋の存在する村の両方が混在して多々見られる。しかし、ある一時期において沙汰人が全て庄屋に変わるということはありえないし、むしろ一四世紀末から一五世紀段階はその移行過程としてみるべきであると思う。

さらに、この点に関して氏は「天文期になると、『池田領』『神殿領』のように村落は『領』と呼ばれるようになる。これは従来の『庄』が厳密には村落を示す語ではなく、庄園制下の一定の土地及びその集合体を示すものであったのに対し、庄園制的支配を乗り越えて村落が共同体として結集し、自律的に領域を確定していったものが『領』である」とされ、「領」に対応する貢納責任者として沙汰人とは別に新たに興福寺によって設定されたものが庄屋であるとされている。[40] 確かに氏の言われるように、沙汰人が存在した「庄」と氏の言われる庄屋が存在するところの「領」は異なるものである。

しかし、かと言って沙汰人と庄屋を全く別のものと見るという理解には、前述の点も含め本稿がこれまで明らかにしてきた点等において賛同できない。また、こうした村落の結集について氏は天文期以降とされるが、「領」の形成はすでに最も早くには文明期から見られている。[41] つまり、ほぼ徐々に役職としての庄屋が出現してくる時期に対応しているのである。こうした村落の自律的結集もまた一五世紀頃から段階的に進んでおり、それに合わすかのように前述の通り庄屋は登場してくるのである。その事実は大きな意味を持つものであり、見逃す事はできない。また、それらが何時完全に成し遂げられたかという事よりも村請の実現という一つの方向に向けて進んでいたという事実を重くみるべきではないだろうか。つまり、沙汰人と呼ばれた時代から、藤木氏の主張されるような庄屋を中心とした村落行政システム確立に向けて一つの方向に進みつつあり、そこには共通の概念が形成されつつあった。まさに、一四世紀から一五世紀は、来るべき時代を担う行政システムが形成される準備期間として位置づけられる。それゆえに沙汰人と庄屋、そして一四世紀から一五世紀の庄屋と一六世紀の庄屋に性格の違いを見るべきではないと考える。

（1）『近世の村社会と国家』（東京大学出版会、一九八七年）。
（2）「中世庄屋の実像」（『戦国の作法』所収、平凡社、一九八七年）等。
（3）「中世後期の村請について」（『歴史評論』四八八号、一九九〇年）。
（4）「戦国期『庄屋』考──大和を例として──」（『寧楽史苑』三六号、一九九一年）。
（5）大和に見られる中世庄屋については、古くから秋永政孝氏（『大和郡山市史』、一九五三年）等により指摘があり、早くから近世庄屋との連続性も含めて関心が持たれるところであった。

(6) 以下、本稿では庄屋について括弧付の「庄屋」と括弧なしの庄屋を使い分ける。前者については、建物としての庄屋を指し、後者については役職、人としての庄屋を指すものとして使用する。

(7) 徳治二年「大乗院御領若槻庄土帳幷同条里坪付図」(渡辺澄夫・喜多芳之編『大和国若槻庄史料・第一巻』所収)。

(8) 『三箇院家抄・第二巻』八二頁等。

(9) 『日本城郭大系・一〇』。

(10) 「環濠集落の形成と郷村制との関係――大乗院領大和国若槻庄を中心として――」(『史学研究』五〇号、一九五三年、のちに『畿内荘園の基礎構造』所収、吉川弘文館、一九五六年)。

(11) 清水三男『日本中世の村落』(日本評論社、一九四二年)。

(12) 臨川書店本を使用、以下同じ。

(13) 中野豈任『祝儀・吉書・呪符――中世村落の祈りと呪符――』(吉川弘文館、一九八八年)。

(14) 「中世後期の在地社会――村落間交渉の視角から――」(『日本史研究』三七九号、一九九四年)。

(15) 「春日社司祐恩記」永正一四年(一五一七)正月二日条(東京大学史料編纂所所蔵影写本)。

(16) 注(10)論文。

(17) 注(3)論文。

(18) 本稿は室町期以降を対象としたため、こうした鎌倉期の荘園経営にかかわる問題についてはふれえなかった。こうしたあり方は研究史の通説的理解によって考えている。これら鎌倉期とのかかわりについては別の機会に考えていきたい。

(19) 『大乗院寺社雑事記』長禄三年(一四五九)六月二七日条(以下、『大乗院寺社雑事記』は『雑』と略記する。さらに、以下全て臨川書店本による)。

(20) 『雑』明応八年(一四九九)一一月九日条。

(21) 『雑』応仁二年(一四六八)一〇月七日条。

(22) 『雑』寛正二年(一四六一)三月二七日条。

(23) 森川英純氏(「興福寺領における作主職と郷村制」、『ヒストリア』六六号、一九七五年)は、このような観点から当該期の庄官について論じられている。
(24) 文正元年「若槻庄土帳」(『雑』所収)。
(25) 『雑』明応六年(一四九七)二月二九日条。
(26) 『雑』応仁元年(一四六七)四月一八日条。
(27) 『雑』文明五年(一四七三)七月一二日条。
(28) 『雑』文明二年(一四七〇)一一月二九日条。
(29) 『雑』文明九年(一四七七)四月一〇日条。
(30) 注(23)論文。
(31) 『雑』応仁二年(一四六八)一一月二日条。
(32) 『三箇院家抄・第二』九七頁。
(33) 「室町期大和の在地寺院と土豪」(竹内理三先生喜寿記念論文集刊行会編『荘園制と中世社会』所収、東京堂、一九八五年)。
(34) 長禄二年一〇月二〇日「西之庄田数日記」(「大方保家文書」、同文書は大方家を数回訪れさせていただいた際に原文書を閲覧したものである。一部については『斑鳩町史・続史料編』等に翻刻されている)。冒頭に記されている同村の置文によって庄屋の存在を確認しえる。
さらに、この五百井庄屋に見られる機能や役割については、拙稿「中近世移行期大和における村落と権力――中世庄屋制をめぐって――」(未発表、別稿において発表予定)において検討した。その役割については庄屋によって作成された「西之庄田数日記」の記載事項の分析から明らかにしえる〔編者注:別稿とは本書第一部第五章のことと推定される〕。
(35) 注(14)論文。
(36) 「春日社司祐礒記」永禄一三年(一五七〇)正月朔日条(東京大学史料編纂所所蔵影写本)。
(37) 「春日社司祐金記」永禄一三年(一五七〇)正月朔日条(東京大学史料編纂所所蔵影写本)。
(38) ここで、提示するものは一六世紀の史料ではあるが、外から、まして荘園領主から派遣されてきたものが村の代表者にいきなりなるとは考えられない。つまり、性格そのものが急変するとは考えにくい。したがって、一六世紀庄屋の史料から一五世紀庄屋の性格をうかがっても問題はないと考える。

(39) 注(4)論文。

(40) 「戦国期大和の権力と在地構造」(『日本史研究』三四一号、一九九一年)。

(41) 『雑』文明四年(一四七二)八月八日条。

第二章　中世後期鵤庄の「政所」と在地社会の動向

はじめに

「政所」[1]は庄園領主の代官が在地において庄務をとったところである。そうした「政所」は庄園領主と地下をつなぐ接点に位置するもので、その位置づけは庄園村落をめぐる庄園領主、その代官、百姓などの諸関係を考えるうえでも重要な問題であり、これまでの村落研究のなかでも一つのキーワードであった。この庄園「政所」や役職としての政所については、早くに清水三男氏[2]により、庄園領主の支配のための根幹としての位置づけがなされたが、その後の中世後期村落論のなかでは必ずしも庄園領主の支配の根幹としてのみの性格ではとらえきれないものという評価がなされてきた。

鵤庄「政所」についても、「鵤庄引付」等史料に比較的恵まれたこともあって、その所在地や性格をめぐって早くから分析が進められている。そのなかで藤木久志氏[3]は、政所が「領主と農民の日常的な対立と交渉の場」、地下衆による集会の場であって、地下の「名主・百姓を不可欠の構成要素とし」ていた、と定義した。それはまた、「政所」も支配の出先機関という性格から自律的村落共同体の核、「惣庄結集の庭」に変質するというものである。この位置づけ方は当該期の村落の政治的成長を高く評価する研究動向とあいまって、興味深い論点を示したものと言えよう。

しかし、鵤庄は戦国期に至るまで法隆寺から預所が下向して直務支配を存続した庄園である。その事実をふまえて考えるとき、地下の成長のなかでどのような形で支配を実現しえたのかという問題をさけては通れない。研究史においても、その実現を、地下集会の意思決定によるところが大きかったとする前述の藤木氏の理解や、また基本的に藤木氏の理解を継承しつつ、公文、図師等の職をもつ地下の侍衆の機能によってなされていたとする稲葉継陽氏の理解がある。(4) これらの研究によって、収取や検断といった実務がいかなる形で果たされてきたのかという点が明らかになりつつある。だが、これらの研究は、地下の成長という視点からのみみたものであり、政所を下向させるまでの姿勢をみせた庄園領主法隆寺の支配権力とのかかわりがややもすれば曖昧なものになっている。そのため政所や「政所」のもつ意義を一五世紀から一六世紀にかけての社会構造の転換のなかで位置づけえない。その意味でもう少し、法隆寺の庄園支配という視点から「政所」や政所を再検討する必要を感じる。本稿は、こうした課題意識のもとに法隆寺の庄園支配という視点から政所の機能、「政所」という場を考え直そうとするものである。その上で、庄園制解体過程の具体像、その意義をあらためて考える事ができればと思う。

一　法隆寺の直務支配と「政所」

(1)「政所」組織とその構成員

鵤庄の支配は、法隆寺別当を頂点として小別当から五師所、預所と連なる系統によって実現されていた。なかでも、五師所のなかの年会五師が中核となって庄経営がおこなわれている。その下に六名の預所がおり、このなかから交代で二名が下向して現地で庄務をとったのが在庄預所で、それぞれ東政所、西政所という。(5) その政所が、庄務をとったのが政所屋、つまり建物としての「政所」である。その性格を考えるうえで、最も重要な点はその管理のあり方である。鵤庄政所の場合、それは本来的には「預所為大切」の地であり、所当供物も預所の沙汰であった[6]。すなわち、政所屋の管理権は政所、つまり預所、それにつながる本寺法隆寺にあり、まさに庄園領主の現地出先機関だったのである。

その組織は、責任者としての政所を初めとして、その下に政所と共に法隆寺より下向してくる「筆取」あるいは「筆師」がいた[7]。これは東西いずれかの政所一名のみが在庄している時には「政所代」[8]として署判している。この他、後見、定使、中間、雑司といった役人がみられる[9]。

さらに、在地から登用される「内衆」として「地家ノ殿原タチ、沙汰人、仏性院」がみえる[10]。「地家ノ殿原」とは、東西の公文、公文代、図師、図師代等庄官を勤める存在と考えられる。彼らは、それぞれに職の補任を伴うもので法隆寺から給田を与えられる存在だった。それに対して「沙汰人」はとくに職の補任を伴わないものであるが、図師あるいは図師代を勤めていたと考えられる。最後の「仏性院」は斑鳩寺の塔頭である。

以上のように、鵤庄の「政所」は法隆寺から下向してくるグループと在地出身者のグループの二つから形成されていたのである[11]。

(2) 法隆寺の直務支配と「政所」組織の機能

法隆寺の直務支配は、「政所」を通しておこなわれていたのである。その代官としての政所の役割は年貢・公事の収取、庄域の検断等だけでなく、斑鳩寺等惣庄の祭祀施設の経営にも及ぶものであった。ここでは、その具体的なあり方について検討しておきたい。

なかでも、年貢・公事の収取については、政所の根本的な機能の一つとして最も顕著に現れる。

一、実報寺方ヨリ出サル丶反白米以下ノ残ノ指出ニ、平方ノ図師算失五斗ト被戴之間、前々ノ指出ヲ見合スルニ無之、然間当年モ是ヲハ不承引候、実舜以前二个度下向ノサシタシ（指出）ニモ無之、大ニ不審ノ事也、若於後々

指出被戴此事ヲ者、古キ指出ヲ尋テ問答アルヘシ、

永亨五年癸丑十二月十八日　　　在庄　実舜

これは、「引付」に東方公文実報寺氏より出された「指出」の写しに続けて記されている記事である。(12)実報寺方より提出のあった「指出」に「平方ノ図師算失五斗」が記されているが、以前のものと照合してもそのような記載はない。したがって、そのような記載は承認できない、もしも今後もこのような記載をするのであれば「古キ指出」を出して問答するつもりである、と解釈できると思う。ここからわかるように年貢・公事収取の基礎となる「指出」は公文方からの申告によっていたのであり、その実務担当者は彼らであったと言えよう。公文や沙汰人は、より直接的に在地状況を把握するために「文書調進等之諸役」(13)を負う存在でもあった。政所の収取機能は庄官・沙汰人のこうした役割を基底として実現されていたのである。

次に検断についてみていこう。たとえば、次のような高札作成もその役割の一つとみることができるだろう。(14)

一、博奕政道之事、往古ヨリ堅禁制処仁、近年以外増倍□由及風聞間、札ヲ打テ、可然由沙汰人被出被申条相認、仁王堂并宿村ト両所トニ打之、文言ニ云ク、

定　政道事　　　　　　　　沙汰人　判

袖判政所沙汰之、

右子細者、於当庄内、博奕之事堅令停止之処、近般以外増倍之由及風聞之条、誠而猶有余者哉、所詮、致興行寄宿之仁躰尋捜、可処非常之厳科者也、仍下知如斯、

大永五年乙酉閏(閏)十一月　日

于時在庄　猛海　中院

筆取　暁乗

これは、庄内における「博奕」を停止し、それに違反したものについては「厳科」を処す旨を定めた高札であ

る。ここでも沙汰人方から申請があり、政所はそれを承認し、それを経て沙汰人によって高札が作成されている。この史料については、すでに稲葉氏が沙汰人の申請によって高札作成がなされている点を高く評価し、それが沙汰人の「領域検断の主導と実現」という「社会的機能」によるものであるとの解釈を示している。本稿の論旨とのかかわりでふれておくと、やはり政所の袖判による承認があることから言っても、これはあくまでも法隆寺の検断権の実務を庄官・沙汰人としての侍衆が担当しているものとみるべきであり、そこに「主導」性をみることはできないと考える。

また、こうした検断については永正六年（一五〇九）に井関人夫に不参したのみならず人数でもって反抗してきた「与七」に対して「沙汰人并後見中間衆」が検断に派遣されているように「政所」組織の持つ暴力装置による強制執行権をともなうものであった(15)。さらには検断した際に生ずる得分についても法隆寺は強い権利を持っていた(16)。

以上の年貢・公事収取権と検断権という二つの機能については、これまでみてきたように公文等庄官あるいは沙汰人といった「内衆」の機能がその実現の上で重要な役割を果たしていたのである。そこには直接現れてこないが、筆取以下の下向役人の役割も大きくかかわっていたと考えられ、こうした二系列の役人によって、法隆寺の支配は実現されていたと言える。

年貢収取や検断の実務、その権限の実質部分については在地の庄官・沙汰人に委ねられていたが、収取権や検断権の行使権そのものは代官政所あるいはその上の法隆寺に留保されていたのである。たとえば年貢・公事収取権に関して言えば確かにそれは庄官・沙汰人等の提出する「指出」によっていた。だが、注意しておきたいのは政所がその理非を糺す能力をこの段階においても維持していたということである。その基盤となる代々の収取にかかる記録も「古キ指出ヲ尋テ問答アルヘシ」とあるように「政所」のなかの「櫃」に納められ政所の手元に蓄積されていたのである。庄内の田地の状況については、収取の実態を別に考えるならば天正初年までは法隆寺は把握しえていたのである。

このように直務支配体制をなんとか法隆寺が維持しえた要因の一つには職の補任権、強制執行権があると思われる。それは庄内の名主職、大工職や惣社薭田社神主職等の補任権である。[17] たとえば、永正一四年（一五一七）に「高岡蔵仙寺分拘」の「吉次名」が「本役段銭以下」を無沙汰したため「名職」が「点定」されている。[18] それは、「政所」を構成する庄官の職についても及んでいる。ただ、名主職の改替が政所のみによっておこなわれているのに対して、庄官職の補任・改替については政所単独ではおこないえていない。永正一四年（一五一七）「西方図師代内山中与三兵衛」が「名田一色以下」の「本役反銭以下」を無沙汰した時には、政所も連判しているものの年会五師をはじめとする五師所の署判によって「点定」が実施されている。[19] 重要な点については、本寺の直轄事項となっていたと考えられる。こうした職の補任権は、政所にとって「政所」の内衆も含めた庄内の秩序編成にかかわる重要な権限だと言えよう。

さらに付け加えておくと、斑鳩寺の経営もまた政所の権限であったことである。たとえば、斑鳩寺に与えられている浮免一反は「預所サタ」[20] となっている。同寺でおこなわれる宗教行事もまた政所の担うところであったのである。この祭祀にかかわる権限、それに基づく宗教的支配は直務支配を維持する上で、職の補任権と共に非常に大きな役割を果たしたと考えられる。

こうした法隆寺による支配は非常に根強いものであったと言える。法隆寺は、政所を通じての支配と共に、庄官職の補任権の直轄にみられるような形でその維持に努めたのである。[21]

二　在地諸階層の動向と「政所」集会

（1）法隆寺の支配権の動揺と侍衆の動向

前節では、法隆寺の支配についてみてきたが、ではその支配を受ける側はどのような動向を示していたのだろうか。本節では、在地諸階層に視点を移して法隆寺による庄園支配とのかかわりでその動向をみておこう。

戦国期の鵤庄は全体として「惣庄」あるいは「村中」という政治的なまとまりをもっていた[22]。しかし、その内部構造は必ずしも一体化したものではなく、寺庵名主・長百姓・下百姓といったようにそれぞれに階層分化していた。この内寺庵名主は、たとえば大永五年（一五二五）六月朔日におこなわれた猿楽供養注文に[23]、「公文内山方」というように「方」を付けて呼ばれていた。彼らは、庄園制秩序のもとで寺庵名主層あるいは、個々人としては東西の庄官職あるいは沙汰人を勤める存在であったが、その一方で戦国大名下の秩序のもとでその被官となり衆、階層としてはいわゆる「地家ノ殿原」、つまり侍衆としての側面をもつ存在でもあった[24]。それに対して百姓は「方」を付けて呼ばれることはなく身分的にも明確に区別されるべき存在であった。

これら諸階層によって構成される「惣庄」は、対立と矛盾をはらむものであった。大永五年（一五二五）七月に平方村において、浦上小太郎方と円山三郎右衛門方等の下地田地の用水が切り落とされる事件が起きている[25]。

一、同五年乙酉六月廿四日、於平方条浦上小太郎方之拘下地楽々山分之下地、円山三郎右衛門方之下地田ノ水ヲ、主不知ニ切落之、此夏ハ村々ニ水入ト云人躰ヲ相定テ、両人在之間、定而此者大底可存知之由彼両三人ヨリ被申之間、則彼水入之人躰九郎兵衛・左□郎両人ヲ奥村ヨリ召捕之糺問ス、（中略）

白状曰、

今度両三人ノ下地用水切落事者、奥村三郎兵衛申付候間、左衛門五郎切落候、何モ三郎兵衛本人無紛候、并

同村八郎兵衛・九郎衛門此両人モ□（同カ）[redacted]、如此重而白状仕候間、則各々召捕之、（後略）

再度にわたる尋問の結果、奥村の三郎兵衛、八郎兵衛等が「召捕」らえられている。この事件で、水を切り落とされている浦上や円山は名主層であり、それに対して犯人とされているのは何れも「方」を付けて称されない階層の百姓、おそらくは「下百姓」とみられる存在である。池上裕子氏[26]によると、この事件の背景には名主層と他の百姓層との階層間になんらかの対立がみられるという。氏の理解は妥当なものであり、名主層と下百姓層の用水管理をめぐる矛盾の現れととらえるものではないだろうか。つまりは、鵤庄の名主百姓は、階層間矛盾を抱えており必ずしも一枚岩と言える状態ではなかったのである。

しかし、そのような矛盾をはらみつつも「惣庄」はしばしば一つの枠組みとして、法隆寺に対抗する動向をも示している。応永二五年（一四一八）九月には「地下名主百姓等」が「蒔田集会」を開き、そこから逃散するという事件が起きている[27]。これは盗人の処分についての名主百姓等の願い出や「井料、名主地上検断、百姓三分一」の三箇条を法隆寺が認めなかったため逃散したものである。後者の三箇条の内、名主地上検断については、検断対象の土地にある作物については名主の得分として欲しいというものであるが、結局これのみ法隆寺が認めることで落居して、名主百姓等は還住している。前に述べたようにこうした得分は、法隆寺が本来強い権利を維持してきたと考えられるものであった。その権利が一部変更されていることは重要な点だろう。それはまた単に得分の問題にとどまらず、法隆寺の固有のものであった検断権の一部が、ここで名主百姓等に移されていることにも通じるのではなかろうか。

また文明六年（一四七四）八月には、政所が新規に選定した「会米之斗」に対して、「名主同百姓集会」が開かれ抗議がなされた結果、やむなく政所は法隆寺の了解をとって「元之斗」に戻している[28]。庄園支配権の最も根幹である年貢・公事収取権すらも在地勢力がおびやかし始めていたのである。

こうした「惣庄」的行動だけではなく、たとえば寺庵名主層は彼ら独自の動向をみせている。文亀三年（一五〇三）に、政所は玉田被官で「腰刀」を盗んだ「傍輩」を「生涯」させた者の家を検断した。それに対して玉田方は政所よりの検断は故なきことで承服できないとして「□（名カ）衆寺庵ノ衆会（集）」を開いて抗議している[29]。彼らの言い分は「傍輩幷サカヒ」であり、「侍衆之披官」のことであるから法隆寺の介入は不当というものであった。ここでは「侍衆之披官」という理論を持ち出し介入に反発している。寺庵名主層が戦国大名赤松氏の被官となり衆として侍身分をもっていたことは前述したが、そうした庄園制秩序にとらわれない側面をもつ彼らは政治的にもその立場を強めつつあったのである。彼らは、おそらく先の「惣庄」的行動の主導者であり、その政治的な立場、成長は法隆寺が本来的に維持していた庄園支配権そのものを侵害しつつあったのである。

このような政治的力量を強めつつあったのは寺庵名主層だけではない。「下百姓」と称される階層にしても独自の動向を示している。永正一五年（一五一八）八月には、平方吉平・吉永名を法隆寺が借銭返済のために平井助九郎方へ売却したところ、「下百姓」が迷惑であると言って「惣庄名主百姓等」を巻き込み「六个村分名主百姓等」が逃散している[30]。これは「下百姓」の動向が「惣庄名主百姓等」を巻き込むという事例であり、その力量をうかがえよう。

以上のような在地の政治的動向に現地出先機関の代表者として直接対峙したのが政所である。先の文明六年の事例にしても、政所が窓口となっている。永正一七年（一五二〇）一一月には損免の取り決めをめぐって「地家名主百姓等与東西政所問答」があった。そこでは、結局名主百姓の要求が押し通されている[31]。このように政所は法隆寺の代官として在地としばしば対立する可能性をはらんでいたのである。政所は「政所」組織の一員として在地と交渉する回路を当該段階においても維持していたのである。少し時間が遡るが応永二五年の事例をみるとわかるように、その逃散には「五人沙汰所・寺庵・神子・神人」は参加していない。「五人沙汰所」というのは、おそらく庄官・沙汰人たちのことであろう。彼らは、逃散には参加せず名主百姓等と法隆寺・政所の交渉回路として残り、しかも「東西図師」は還住するように説得にかかっている。公文もまた両者の調整に動いており、事件落居の際には名主百姓等を同道して政所に出仕しているのである。法隆寺が「政所」組織のなかに「内衆」として彼らを編成していた最大の要因は彼らがもつ調整能力に期待するところがあったからではないだろうか。まさに権力と在地の直接の衝突を回避する中間機構がここに形成されているのをみることができると思う。それは法隆寺の直務支配を存続させた大きな要因だったのである。その事は、また「内衆」にとってみるならば、そこには庄内の身分秩序としては侍衆という集団において自律的立場を強めつつ、おそらくはこうした逃散を指導しながらも、個々人においては庄官・沙汰人あるいは名主として庄園制的秩序にからめとられ法隆寺のために働くという、彼らの立場の矛盾、政治的限界の一面を示していると言えよう。

しかし、そうしたなかでも庄内諸階層、諸集団の様々な利害の主張や行動、政治的力量は法隆寺の直務支配を変質させつつあった事実も見のがすことはできない。

（2）「政所」集会の歴史的意義

以上みてきたような在地の政治的動向に対処するなかで、法隆寺の支配実現の手続き、過程はどのように変わってきたのだろうか。そうした点について、冒頭でもふれたが藤木氏による「政所寄合」、「地下集会」についての理解がみられる。氏の理解は、名主百姓等が「政所」においておこなう集会の意思決定によって、ここまでみてきたような政所の様々な機能が実現されていたとするものである。しかしそこでは、法隆寺の庄園支配という視角からはあまり論じられていないように思う。そこで、あらためて氏の理解に学びつつ鵤庄「政所」でおこなわれた地下集会について再検討しておきたい。

先に大永五年（一五二五）に浦上小太郎と円山三郎右衛門方の下地の用水が下百姓等によって切り落とされるという事件があったことをふれたが、その事件の処理が「政所」において「集会評定」されている。まず、史料を提示しておこう。(32)

一、同九日、此儀付地下衆於政所集会評定曰、
今度奥村三郎兵衛・八郎兵衛・九郎衛門此三人カ事、既野州(赤松村秀)ヨリ以上使糺明之段堅被申之間、糺問之処ニ、白状明鏡之上者、先代未聞之重科不可過之間、任庄例勧文ニ可被放之由、群議既事切之間、則高札相認、大寺本堂ニ打之、
　其札ニ曰、
放　勧文事　　袖判政所　沙汰之、
右子細者、当庄平方村内田地用水切落之条、希代未聞次第也、誡而猶有余者哉、所詮彼犯過人奥村三郎兵衛於誅出輩者、実検之後五貫文勧賞可宛行者也、同村八郎兵衛於誅出輩者□文勧賞可宛行者也、仍下知如件、
　大永五年七月　日　　役人三人ノ判形［　　］
　　于時在庄　暁秀　金光院
　　　　　　　　　　筆取　祐舜

藤木氏は、ここから政所において「地下衆」が「政所に集まって『集会評定』を開き、『庄例に任せ、勧文に放たるべし』と『群議』決定し、その旨を『高札』に記し、政所の袖判を付して、『大寺本堂に打つ』という措置をとった」ものであると解釈している。つまりは、「地下衆」の「政所」における「集会評定」によって検断という政所の機能が発動されているという理解だと思われる。

たしかに高札が沙汰人の署判によって立てられ、それに政所が袖判を加えるという形式をとっていることは、庄園領主法隆寺、その出先機関の政所と在地の当該段階の力関係をうかがわせてくれる。それはまた、法隆寺の庄園支配というものの変質をはかる上で重要な点と言える。しかし、政所において「地下衆」が評定を行っていたということのみにおいて氏のような結論に直ちに結びつくかどうかには疑問が残る。問題なのは、どのような存在がこうした集会を開いていたかである。先に提示した名主百姓等による集会の事例の場合は、明らかに政所の方針に異議を唱えるために意思統一をはかった集会であり、それは、文明六年の事例にみられるように名主百姓によって開かれたものであろう。また、応永二五年の事例は「稗田集会」とあるが、それは惣社稗田神社で開かれた集会と考えられ、おそらくはその集会の目的から言って、政所でおこなわれたものではないだろう。しかし、この大永五年の場合は政所においておこなわれているのである。

そこで、もう一つ地下集会にかかわる史料を検討しておきたい。

一、自寺門任先例之旨、東大門ノ脇築地クツル、事在之ハ、鵤庄地家ノ沙汰タル間、其分永享七年乙卯在庄西薗院懐弘之御時、堅自寺地家衛下知畢、雖然菟角難渋申テ注進斗ニテ、次年幸前房覚英在庄之時マテ延引畢、永享九年丁巳阿ミ陀院在庄ノ時、夏中ニ堅地家衛下知在之、然間八月マテト地家請乞申畢、八月七日ニ中院良快下向ナリ、廳而衆中寺門ノ評定トメ地家衛彼代物先規ハ六十貫文ナル間、其程ノ員数可有沙汰旨、以沙汰人、地家ノ集会ヲナシ堅被下知了、返事ニ既題目ノ事、御請ヲ申候上者、菟角今不及申候、雖然、地下人当時計会ニ依テ員数之事半分計ト侘申畢、雖然、未定員数ハ不定也、次八月廿八日ニ地家人名主ヲヨヒ政所トメ口入アリテ此築地ノ入目用途六十余貫文ヲ三分二沙汰候テ免三分一ニテ被請候者、随分寺門衛内書ヲ以無為ノ由堅可申間、沙汰人可有地家衛(脚)披露由下知畢、地家之評定ニハ四十貫文ノ分請ニテ寺へ御注進候者、可然之由被申也、然間、廳而飛却立畢、沙汰人物労ニテ落居畢、

右の史料は、「日記」[33]の一文である、法隆寺が東大門の脇築地を作事する際の先例により鵤庄の負担となっているので、その沙汰をしたところ難渋を申し立てるので何度か延引した。その後に「寺門ノ評定」により「代物六十貫文」と定め、沙汰人に命じて「地家ノ集会」を開かせて厳しく命じた。さらに地下の方から減免の願い出があり、四十貫文で決着したというものである。地下は容易に賦課に納得せず、その減額を勝ち取っている。これ自体、地下の政治的成長の有様を物語るものではある。

しかし、ここで注目したいのは「以沙汰人、地下ノ集会ヲナシ堅被下知了」とある点である。この「集会」が先の政所における集会と同質のものかどうかはここではわからないが、庄務にかかわるものという点から言ってもおそらくは同質のものと考えてよいだろう。つまりは、こうした集会は、政所の指示によるものであったという点である。この事例をもって、先の政所における事例に立ち戻ってみるならば、その集会もまた庄園領主の代官たる政所の下知によって開かれた可能性が強いと言えるのではなかろうか。そう考えると、藤木氏の評価は再考すべき余地があると言えよう。

次に、「地下衆」の実態を検討してみよう。政所の役人とは言えないが、名主百姓が政所に日常的に出仕していたことは前述した。藤木氏は、これら名主百姓によってこの集会が開かれていたものと理解を示している。ただ、この場合の「地下衆」は名主百姓だけに限ったものだったのだろうか。「地下」と言った場合、「地下名主百姓」あるいは「地下寺庵」等のように在地の階層に冠して付けられており、「地下衆」というのも政所に出仕していたとされる名主百姓を想定する。しかし、「日記」にみえる政所新任の際の「地家衆引物注文」[34]には「東方政所殿」、「筆取」や後見、東西の図師の名がみえるのである。つまり、「地下」という語の用い方は、庄園領主法隆寺に対するもので鵤庄現地総体を意味するものだろう。断定は避けなければならないが、その内実は名主百姓に限定されるものではなく、在庄の政所から庄官・沙汰人を勤める侍衆、名主百姓までの政所出仕資格をもつ階層だった可能性があるのではないだろうか。少なくとも、庄官・沙汰人層は入れて考える必要があると思われる。

いずれにせよ政所の機能の基盤としては、このような地下集会の形をとる意思決定があったのである。しかし、これだけをとって法隆寺の直務支配の後退と在地の成長を安易にみてとることができないのは、その集会が法隆寺側の下知によって開かれていたことからいっても明らかであろう。むしろ、弛緩しつつあった支配の再編のために、前述のように「惣庄」を主導し、政治的立場を強めつつあった寺庵名主層、つまり侍衆を庄園支配の意思決定機関に取り込む狙いでこうした「地下衆」による評定という新たなシステムを法隆寺・政所は創出したのではないだろうか。それとともに、その意思を法隆寺・政所が無視しえないまでになってきた在地の側の成長もまたそこにみていかねばならないのも事実であろう。

このような事態は、他の事例においてもみることができる。永正一八年（一五二一）に赤松が鵤庄近辺に出陣した際に戦乱に巻き込まれるのを避けるために庄民が「政所」と斑鳩寺のある「城ノ内」に避難した際、赤松に軍勢が庄内に在陣しないように「制札」を下付してもらうのに掛かった費用をどうするか「地下エ相談」したところ、「名主百姓」等が「城ノ内」に避難して小屋を懸けている者に賦課するようにと申してきたので、小屋に筆取等が入って取り立てた、という記事が「引付」のなかにみえる。[35] この一件は地下の意向が政所を動かしていたことをうかがわせる素材として評価されてきた。そこにみえるように確かに地下の意向を無視した庄運営は難しい状況になりつつあった。それは、「政所」集会と同様に法隆寺が直務支配を存続していくために新たに創り出した手続きであり、地下への諮問としてとらえるのではないだろうか。そうした手続きなしには、もはや支配は実現しえない状況にあったのである。

おわりに

最後に、これまで述べてきた論旨と今後の展望を述べて本稿を擱筆することにしたい。

戦国期の鵤庄では、これまでの藤木氏等による豊かな先行研究で明らかになってきたように庄官・沙汰人層を含む地下の勢力の成長がみられた。それは、法隆寺のもつ庄園領主権力と鋭い対立をはらむものであった。法隆寺は、在地の政治的要求に対して様々な回路で対処した。一つには、それは「政所」組織のなかの「内衆」と呼ばれる在地出身者の存在であった。そのなかでも、特に庄官・沙汰人を勤める侍衆の役割が大きかったと考えられる。彼らは、庄官・沙汰人としての年貢・公事収取等の諸機能だけではなく、権力と在地の間にあってその諸矛盾を解消する緩衝役としての役割を果たしていたのである。これまでも明らかにされてきたように彼らは領主化をめざして守護勢力と結ぶ等して庄園制的秩序から自立しようとしていた。また、その政治的動向は法隆寺の庄園支配権の在地の側への一部移譲を実現しつつあった。その意味で彼らを支配組織として編成した体制はくずれつつあったのである。

しかし、それは簡単には崩壊しなかった。守護に被官化していき一度は公文職を改替された内山氏は、結局は復帰を望んで「侘言」を続け、天正三年（一五七五）にあらためて補任されている(36)。内山の場合、彼が望んだ領主化への道は挫折したのである。また、彼らは庄内において政治的行動の主導権を掌握しつつあったとは言え、一方で下百姓層との構造的対立をはらんでいたのであり、その基盤は必ずしも確固たるものとは言えなかったのである。その意味で、自らの基盤である庄園制的職の秩序を簡単には否定しえなかったことも、こうした体制がどうにか維持されていた要因であろう。法隆寺の支配権は庄内の階層間矛盾の微妙な均衡の上に成り立っていたのである。

そして、もう一つは、「政所」でおこなわれる地下集会である。それは、在地の意思決定によって「政所」組織を動かすというには至らなかったが、在地の意向を取り込んだ形で庄務にあたっていかなければならない段階にあったのである。「政所」集会はそのために法隆寺が創出した新たなシステムだったのである。鵤庄の「惣庄」あるいは「村中」という政治的枠組みは諸矛盾を抱えつつも、当初のような法隆寺による直接的な支配は許さなかった。その支配の性質は、変わっていかざるをえなかったのである。

一五～一六世紀において法隆寺は弛緩しつつあった庄園制支配を再編成するなかでこのような二つの回路をもつ中間支配機構を維持していたのである。特に後者の政所における地下集会はおそらく一六世紀段階において形成されたものであろう。そこに再編された庄園支配の特質をみることができると思う。

庄園領主の膝下庄園ではなく、遠隔地にある鵤庄のこのような事例は特殊事項なのかもしれない。しかし、単に太閤検地に向かって庄園制は直線的に解体されていく筋道をたどるものなのだろうか。やはり、それは簡単には解体されずに、一六世紀において揺り戻しととらえるものなのかもしれないが、一つ庄園制支配の再編成をみることは可能であろう。ともかくも天正初年段階まで法隆寺はその収取をどのような形であれ存続しえたのである。

最後に付け加えておくと、庄園制秩序の存続という点について言えば、さらに鵤庄の祭祀への法隆寺の権限という問題をいれて考える必要がある。それらについては、ここで明らかになった政治的側面からの指摘とあわせて今後考えていきたいと思う。

（1） 政所については人、役職としてのそれと、建物としてのそれ、つまり政所屋を示す場合がある。本稿では前者を括弧なしの政所と記し、後者を括弧をつけて「政所」と記して区別する。

（2）『日本中世の村落』（日本評論社、一九四二年）。
（3）「領主政所と村寄合」（『戦国の作法』、平凡社、一九八七年）。以下、本稿中での藤木氏についての引用は全てこれによる。
（4）「中世後期村落の侍身分と兵農分離」（『歴史評論』五二三号、一九九三年）。以下、本稿中での稲葉氏についての引用は全てこれによる。
（5）政所は常時二名が在庄していたのではない。その勤務サイクルは、小林基伸氏によると次の通りである。夏は預所一名が庄務をつかさどる。これを「在庄」と称する。秋にもう一人の預所が下向してきて西政所となる。それにより在庄は東政所となる。翌年の一月か二月頃東政所は法隆寺へ帰り、西政所が在庄となる（『播磨国鵤庄現況調査報告Ⅱ』「Ⅴ斑鳩寺・政所・稗田社」）。氏の見解に付け加えておくと、勤務サイクルとしては鵤庄政所を勤めた後、本寺の公文目代に補任されている。
（6）「鵤庄引付」（以下「引付」と略記する）応永年間条（『太子町史・第三巻』一八八頁、以下『町史』と略記する）。
（7）「引付」永正一四年一〇月七日条（『町史』二一八頁）、永正一五年三月二〇日条（『町史』二一九頁）等。
（8）たとえば、「引付」永正一五年条（『町史』二二〇頁）をみると政所は東方猛海、西方快親で、筆取は暁秀であるが、同年暁秀は政所代としても署判している。
（9）「引付」永正九年七月二九日条（『町史』二一〇～二一一頁）。
（10）「鵤庄当時日記」（以下「日記」と略記する、『町史』四四四頁）。
（11）この他、「政所」組織としては「定衆」というものもみられる（「日記」、『町史』四七四頁）。おそらくは、「政所」組織構成員全員を指すものではないだろうか。
（12）「引付」永享年間条（『町史』二〇二～二〇三頁）。
（13）「五師所方引付」永享一二年条（『町史』四一七～四一八頁）。
（14）「引付」大永五年条（『町史』二二八～二二九頁）。
（15）注（9）。
（16）池上裕子「戦国時代の村落」（『武田氏研究』一五号、一九九五年）。

(17) 大工職については、「引付」正長元年補任状他（『町史』一九七頁）。神主職については、「引付」応永年間条（『町史』一九四～一九五頁）。
(18) 「引付」永正一四年一〇月七日条（『町史』二一八頁）。
(19) 「引付」永正一四年閏一〇月条（『町史』二一八～二一九頁）。
(20) 「綱封蔵沙汰人頼祐五師日記」（『町史』三五九頁）。
(21) 法隆寺の直務支配は、政所を通じてのものばかりであったのではない。年会五師は、庄内の円山氏や寺庵名主中へ対しても直接に書状を発している。そこにみられるように年会五師は、直接的にも様々な回路を持っていたのである。政所の下向だけでなく、これらの面にも法隆寺の根強い支配への意欲を垣間見れよう。
(22) 永禄八年（一五六五）正月二八日付快真等連署書状（『町史』三一〇頁）。
(23) 「引付」大永五年条（『町史』二二六頁）。
(24) 鵤庄における被官化状況の進展については天文一〇年（一五四一）三月日付鵤庄政所快栄未済人数注進状（『町史』三〇五頁）にみることができる。本史料は政所から法隆寺に出されたもので、年貢等未済者を報告したものであるがその理由としてほとんどが「大田籠城」と注記されている。これは、同年尼子氏が播磨に侵攻してきた時に、庄内の寺庵名主が赤松方の被官として籠城した状況を示しているものである。こうした被官化状況については、本稿では紙幅の関係で検討できない。詳しくは注(16)池上論文をご参照いただきたい。
　また本稿の論旨とのかかわりで付け加えておくと、こうした被官化やそれにともなう給人体制の進展は法隆寺の庄園支配を形骸化していくものであった。たとえば法隆寺が固有の権限として維持していた庄内の庄官職や名主職の改替権は、守護勢力の浸透のなかで大永五年（一五二五）の東方公文職の勘落（大永五年六月日付鵤庄公文勘落算用状、『町史』二九二～二九七頁）以降、事例としては確認できなくなる。
(25) 「引付」大永五年六月二四日条（『町史』二二七～二二八頁）。
(26) 注(16)池上論文。
(27) 「引付」応永二五年条（『町史』一九五～一九六頁）。
(28) 「引付」文明年間条（『町史』二〇五頁）。

(29)「引付」文亀三年条（『町史』二〇七～二〇八頁）。
(30)「引付」永正一五年条（『町史』二一九～二二〇頁）。
(31)「引付」永正一七年条（『町史』二二一～二二二頁）。
(32)「引付」大永五年七月九日条（『町史』二二八頁）。
(33)「日記」（『町史』四四二頁）。
(34)「日記」（『町史』四四一頁）。
(35)「引付」永正一八年正月二八日条（『町史』二二二～二二三頁）。
(36)天正三年一一月日付内山通行鵤庄公文職請文付田数注文（『町史』三一一～三一三頁）。

［付記］　本稿は、一九九七年一月に脱稿したものである。鵤庄政所に関する研究は、その後、志賀節子「戦国期法隆寺領播磨国鵤庄の支配機構をめぐって」（『古代中世の社会と国家』、清文堂、一九九八年）等がみられるが、ここでは検討できていない。この点については、後考を期すこととしたい。

第三章　今堀日吉神社文書の村掟とその署判

はじめに——村掟をめぐって——

村掟は、惣村の成立をはかる三つの指標（村掟、自検断、地下請）の一つとされ早くから村落研究の俎上にのるところであった。その検討は、惣村をはじめとする戦国期〜近世初期村落研究には不可欠のものであるが、多くは村掟の署判からオトナの構成を割り出したり、またその箇条を部分的にとりあげるかたちのものであった。

その解釈の難しさもあって村掟そのものについての研究成果はそう多くはなかった。近世村法のながれを追うなかで中世の村掟を位置づけた前田正治氏の研究[1]がみられるぐらいであった。しかし、一九八一年に刊行された『中世政治社会思想』下巻[2]に多くの村掟が収められ、研究の素地はかためられ、その後はかなりの展開がみられた。戦国期村落の村掟が近世初頭に幕藩領主の法に組み込まれていく過程を明らかにした横田冬彦氏の研究[3]、また村掟の変容と村落構造の変化を連関的に検討した勝俣鎮夫氏の研究[4]など、村掟といった法制史の研究にとどまらず、中近世移行期の社会構造論に大きな示唆を与えるものも少なくない。

佐藤進一氏は先にあげた『中世政治社会思想』下巻の解説のなかで「村掟、町掟、惣掟などとよばれる地縁共同体の内部規律は、一部の地域では鎌倉中期にその萌芽を見ることができるけれど、畿内を中心とする、近世でいう上方地方にそれが盛行するのは一六世紀以降である」とその成立に見通しを述べている。つまりは、中近世移行期の社会変動のなかで生み出されてきたものという位置づけであろうか。

こうした村掟の歴史的変容と社会変動のかかわりをめぐっては、これまで二つの画期が示されてきている。まず第一の画期が鎌倉末・南北朝期である。これは、固定された少数による宮座から大座形式の宮座への転換のなかで、村掟の性質が宮座法から村法へ転換されたという見解である。(5) そして、第二の画期は近世初期となる。これは、中世の村掟が限定されたメンバーのみによる署判であるのに対して、太閤検地による名請けを契機とする小百姓の成長とによって、村人全員による連署形式の村掟が成立するというものである。(6) また一方そうした転換とからんで惣村自治の根幹であった村法が領主法の体系に組み込まれていく過程が明らかにされている。(7)

これらの研究成果は、正鵠を射たものであり、本稿でも継承していきたいと思う。しかし、たとえば勝俣氏の指摘するように鎌倉末・南北朝期を最大の転換点として重視する見解には物足りなさを感じる点も否めない。すなわち、惣村が成立したといわれる時期から、太閤検地までを一つの段階とみなしえるのか、その間の歴史的段階差をどうみていくべきなのかについて検討を深めていく必要を感じる。

この点については、村掟の署判形式が一六世紀前後を境として転換しているとする薗部寿樹氏の重要な指摘がある。(8) 氏の指摘は、一六世紀前後から村掟の署判がより共同体の結束をはかるため、「惣分」あるいは「惣中」といった表現でなされるというものである。本稿でも、当面の課題として村掟とその署判に着目して、その作成手続きの歴史的変容を明らかにしていきたい。署判に着目するのは、署判が文書作成者の意思決定の明示であると考えるからである。そのなかで、とくにこれまでの研究があまり重視してこなかった戦国期前後の段階差とその意義について検討したいと思う。

そのことは、今後の惣村を含めた地域社会構造の見直しにつながるものであるし、現在閉塞状況にある戦国期・中近世移行期村落論の新たな視座を見いだすことにつながると考えるからである。

図1　保内惣庄の構造

○上四郷（田方）
- 上大森
- 下大森
- 尻　無
- 平　尾
- 芝原〈野背（二俣？）・南・西村〉

○下四郷（野方）
- 蛇　溝
- 今堀・東破塚
- 今在家・小今在家
- 中野・金屋

注：「野々引山出入一件覚書」（『今堀日吉神社文書集成』1012号）より作成

その際、素材としては近江国蒲生郡の今堀に残された今堀日吉神社文書[9]のなかの村掟を扱う。今堀郷は惣村の典型として早くから研究[10]が進められてきた地域であり、そこに残された村掟の検討は今後の村落論の見直しにとっても有効であろう。

一　今堀日吉神社文書に残された村掟

(1) 署判のない村掟

今堀日吉神社文書に残された掟書は、表1のように三八通存在する。このうち、文書名の後ろに☆を付けた大永七年（一五二七）の「山越衆中掟書」などあきらかに商人集団の掟書と考えられるもの五通をのぞく三三通が、今堀郷あるいは今堀郷を含めた保内惣庄にかかわるものである。その初見は永徳三年（一三八三）「今堀郷結鎮頭定書」、終焉は寛永一六年（一六三九）「今堀惣分連署覚書」となる。★印を付けたもののように、掟書のなかに「今堀」という地名表記がないため、今堀郷だけにかかわるものなのか、あるいは今堀も含めた保内惣庄全体にかかわるものなのかは判然としないものが含まれるため、その点を留意して検討を進めていく必要がある。

これら商人掟も含めて今堀日吉神社文書に残されたこれら掟書の最大の特徴は、大半のものにいわゆる個人名の署判がないことである。郷あるいは保内にかかわる掟書三三通のうち、実に三〇通が署判をもたない。そのため仲村研氏によって編纂された『今堀日吉神社文書集成』では、これら署判を持たない掟書を案文として扱い、表題に「△△案」というように全て「案」を付けている。しかし、一方でこれらの大部分を収めた『中世政治社会思想』下巻では「案」を付していない。この点はいかに解すべきであろうか。薗部氏がすでに指摘するように、正文がなくこれだけ多数の案文のみが残されているのは不自然であり考えにくい。

さらに個々について例をあげるならば、たとえば表１の３は端裏書に「置手状」とあるのみである。表１の備考欄に、端裏書があるものについては全て記載してあるが、そちらをみればわかるように「案」のついているものは皆無である。今堀日吉神社文書の他の用例からすると、これが案文ならば端裏書にも「案」という文言が入るべきものであろう。これは作成当時から案文という認識がなかったことを示しているものと言ってよいのではないだろうか。むしろ案文と理解するよりも個人名の署判がないことに意味を見い出すべきではなかろうか。やはり本来的に今堀あるいは保内や商人集団の掟書作成のプロセスとしては、個人名の署判を据えることはなかったと考える。

では村掟がそのようなプロセスで作成されているかと言えば、そうではない。菅浦や奥島など近江国の同じ惣村とされる地域の事例に同じタイプのものを見い出すことはできない。村掟の初見例である弘長二年（一二六二）の「奥島庄隠規文」は裏書というかたちではあるが一五人の個人名による署判が据えられている。確かに永仁六年（一二九八）以降は個人名の署判はみられなくなるのであるが。無署判の村掟は、今堀の村掟の一つの特徴であると言える。

(2)村掟の署判文言

では、署判が全くなかったというとそうではない。正しくは個人名の連署というかたちの署判はないが、本来署判の据えられる位置、つまり日下かその奥に署判に代わる文言が記されているのである。

止宿	屋敷	憑支	概　　要	分　類	備　　考
――	――	――	結鎮頭勤仕に付	宮座掟	(端裏書)「けちのとうにつき」
――	――	――	結鎮頭勤仕の入物に付	宮座掟	―――
――	――	――	承仕給分に付	宮座掟	(端裏書)「かうとのせうしの事」
――	――	――	座公事納入義務に付	宮座掟	(端裏書)「置手状」
――	――	――	座主衆の堂宮における禁止事項に付	宮座掟	(端裏書)「置手状」
――	――	――	寄合触に二度出ない者、惣山林を切りたる者への処罰に付	宮座＋行政掟	―――
――	――	――	村堂の聖に付	宮座掟	(端裏書)「夏中之置状」
○	――	――	神事、旅人止宿禁止などに付	宮座＋行政掟	―――
――	――	――	堂頭勤仕順に付	宮座掟	本文は道林の書カ
――	――	――	東西両座オトナの座公事に付	宮座掟	―――
――	○	○	村落生活全般に付	行政掟	―――
――	――	――	惣私森林管理等規定に付	行政掟	―――
――	――	――	官途成の費用などに付	行政掟	―――
――	――	――	保内商売中諸規定に付	商業掟	―――
――	――	○	博打、惣の森林、菜地畠における不法行為などに付	行政掟	―――
――	――	――	山越商売諸規定に付	商業掟	―――
――	――	――	公事出銭に付	行政掟	―――
――	――	――	今年は12月20日以降はゑほし、おとな神事万なおし申間敷候旨に付	行政掟	―――
○	――	○	とまり客人、博打・喧嘩、新座の者惣並の異見禁制に付	行政掟	―――
――	――	――	山越聞き出し人数に付	商業掟	―――
――	――	――	地下の事談合の上多数決で決めるべき旨に付	行政掟	―――
――	――	――	指出検地実施に付	行政掟	―――
――	――	――	年貢率減免等訴訟に際し一味同心の旨誓約に付	行政掟	―――
――	――	――	再検地反対訴訟に際し一味同心の旨誓約に付	行政掟	―――
――	――	――	野良の盗みなどの処罰規定に付	行政掟	―――
――	――	――	同心申し合わせに付	行政掟	―――
――	――	――	年貢上納の連帯責任等に付	行政掟	今堀惣分の花押は田中久蔵のもの
――	――	――	用水、惣森の管理に付	行政掟	―――
――	――	――	役負担に付	行政掟	以下、書体が一変する
――	――	――	用水、惣森の管理に付	行政掟	―――
――	――	――	村八分に付	行政掟	―――
――	――	――	種籾盗難事件入札に付	行政掟	―――
――	――	――	寄合参集に付	行政掟	―――
――	――	――	惣山管理等に付	行政掟	―――
――	――	――	商売行人は百文庵室差出事に付	商業掟	―――
――	――	――	徒は其一代駄荷扱べき事に付	商業掟	―――
――	――	――	七人組としての連帯責任等に付	行政掟	―――
――	――	――	中世カ?、一和尚、二和尚の役負担免除の特権規定に付	行政掟	―――

表１　今堀郷関係村掟一覧

	和暦	西暦	文書名	署判文書	宮座	惣森	農作	公事
1	永徳３	1383	今堀郷結鎮頭定書	「衆議之評定如斯」	○	－－	－－	－－
2	永徳４	1383	結鎮頭等入物定書	「依衆議、評定所定如件」	○	－－	－－	－－
3	応永４	1397	衆議定書★	「衆議如件」	○	－－	－－	○
4	応永10	1403	座公事定書	ナシ	－－	－－	－－	○
5	応永32	1425	今堀郷座主衆議定書	「衆儀」	○	－－	－－	－－
6	文安５	1448	衆議定書	「依衆議、所定如件」	－－	○	－－	－－
7	宝徳３	1451	村人等夏中定書	「村人等定所如件」	○	－－	－－	－－
8	長禄４	1460	神事定書★	ナシ	○	－－	－－	－－
9	文明６	1474	堂頭勤仕人数定書	道林（花押）、〈東〉宮内（略押）、道金（略押）、藤内（花押）	○	－－	－－	－－
10	長享２	1488	老人定書	ナシ	○	－－	－－	○
11	延徳元	1489	今堀地下掟書	「依衆議、定所如件」	○	○	－－	○
12	文亀２	1502	衆議定書★	「依衆議、所定如件」	－－	○	○	－－
13	永正元	1504	直物定書	「衆儀定之」	－－	－－	－－	○
14	永正15	1518	南郷諸商売定書☆	ナシ	－－	－－	－－	－－
15	永正17	1520	衆議定書	「依衆議、所定如件」	－－	○	○	－－
16	大永７	1527	山越衆中掟書☆	山越衆中	－－	－－	－－	－－
17	享禄２	1529	今堀惣中定書	今堀惣中（花押）	－－	－－	－－	－－
18	天文23	1554	今堀惣分定書	今堀惣分	○	－－	－－	○
19	弘治２	1556	惣中掟書★	ナシ	－－	－－	－－	－－
20	弘治３	1557	山越惣中定書☆	山越惣	－－	－－	－－	－－
21	天正10	1582	年寄若衆置状	年寄惣分（略押）、若衆惣分（花押）	－－	－－	－－	－－
22	天正11	1583	今堀惣中定書案	今堀惣中連判	－－	－－	－－	－－
23	天正11	1583	今堀惣分連署置文	今堀惣分、徳千代（略押）ほか花押14名、略押65名、印ナシ10名（うち有姓１名、尉５名）	－－	－－	－－	－－
24	天正12	1584	今堀惣分定書	今堀惣分	－－	－－	－－	－－
25	天正16	1588	今堀惣分置状	今堀惣分（花押）	－－	－－	○	－－
26	天正18	1590	今堀惣分掟書	今堀惣分、平二郎左衛門、浄慶（花押）、道順（花押）、五郎衛門	－－	－－	－－	－－
27	天正19	1591	今堀惣分連署定書	今堀惣分（花押）、四郎左衛門（略押）ほか、花押10名、略押39名、印ナシ26名	－－	－－	－－	－－
28	慶長４	1599	今堀惣分置文	道正（略押）、今堀惣分（花押）	－－	○	○	－－
29	元和３	1617	今堀村置文	今堀惣代神主（略押）	－－	－－	－－	○
30	寛永３	1626	惣中置文	惣中	－－	○	○	－－
31	寛永16	1639	今堀惣分連署定状	今堀惣分神主、文一（略押）・他69名	－－	－－	－－	－－
32	寛永16	1639	今堀惣分連署覚書	彦三（筆軸印）・他67名	－－	－－	○	－－
33	午		今堀惣中掟書	惣中	－－	－－	－－	－－
34	亥		今堀村掟写	庄屋半九郎、庄屋次左衛門、半左衛門、角兵衛	－－	○	－－	－－
35	年不詳		四郷定書☆	ナシ	－－	－－	－－	－－
36	年不詳		徒定書☆	〈卯法師〉右馬五郎（略押）、若衛門入道、四郎太郎（略押）、〈子、〉左近三郎（略押）	－－	－－	－－	－－
37	年不詳		今堀村惣中置文	ナシ（後欠）	－－	○	○	－－
38	年不詳		今堀惣衆議定書★	ナシ	－－	－－	－－	○

【史料1】今堀惣中衆議定書

（端裏書）「かうとのせうしの事」

当承仕ハかうのとう《（講　頭カ）》、さるかく《（猿楽）》のきやう《（料カ）》をのそく、こも《（薦）》ハかうとの一まい、承仕一まいあむへし、

た丶しよそよりうちこ《（氏子）》のまいらせたるものをハ、かんぬし《（神主）》なうらう《（直会）》へし、

応永二二年六月　衆儀《（議）》如件、　　　　（傍線筆者、以下同）

【史料2】村人等夏中定書

（端裏書）「夏中之置状」

一聖之間并夏中之常住物日記

一椀《半》一具折敷一足在之、若此内分失之時者、当聖如元可弁進者也、若相違之時者、請人之可為沙汰者也、

一夏中間之味曾《（噌）》等、其余之有者、料足ニ成、器物等可買者也、

一又聖のかわりめに、ひくつ《（火屑）》五きん《（斤）》、油二合、当聖之手仁可渡者也、

右所定如件、

村人等定所如件

宝徳三年十一月六日

【史料1】は解釈が難しいが、講頭や承仕といった今堀郷における神事を司る役の者や他郷よりの加入者の役負担を規定したものである。その大意をとると、承仕は講頭の勤仕と猿楽の饗宴にかかる費用の負担を免除される。神事に使用する薦については講頭、承仕それぞれ一枚ずつ納入せねばならない。また他郷より養子に入った者については神事後の神主たちの酒宴の費用を負担せねばならない、というものである。

また【史料2】は今堀の庵室を守る聖についての規定で、①庵室の備品を聖が紛失した場合は弁償しなければな

らない。それができない時は聖の請人が代わって弁償せよ。②神事のための味噌等で余った物があれば金に換えて、庵室の備品を購入すること。③聖の交替に際して、新しい聖に火屑・油を支給する、という三ヶ条を定めたものである。

両者ともに、今堀郷の根幹である神事に関する規定であり、その制定プロセスは今堀郷の村掟を考えるうえで重要なものである。ここでまず注目したいのは本来個人名の署判が据えられるべき日下に、それぞれ「衆儀如件」「村人等定所如件」という文言（以下、仮に「署判文言」とよぶ）が記されている点である。

これらは、いずれもがスペースの都合で末尾文言が日下やその奥の位置に記されたものではない。【史料1】の本文末尾の後ろには影写本で確認すると十分なスペースがあるし、また【史料2】は「右所定如件」という末尾文言が別にあって、「村人等定所如件」という文言が記されており、明らかに何らかの意味をもってそこに記されたと考えるほかはないであろう。

その署判文言を表1のように整理してみた。これらは①「衆議如件」あるいは「村人等定所如件」という文言（以下、これらの文言を仮に「衆議文言」とよぶ）が記されているタイプのものと、②「○○如件」というかたちで結ばれる衆議文言と違って「今堀惣分」あるいは「今堀惣中」というような集団名による署判が記されたタイプのものの二通りに分けることができる。

①のタイプのものは、これまで述べてきたように日下に衆議文言のあるタイプ（①―1）と、日下には署判がなく文中に衆議文言が含まれるもの（①―2）の二つが含まれる。これに対して②のものには、集団名のみの署判のもの（②―1）と、集団名が記された後に個人名の連署がつづくもの（②―2）の二つが含まれる。

この他、三五通のなかには8や10あるいは19のように例外的に衆議文言も集団名の署判もどちらもないタイプのものがみられる。また村掟ではないが16の「山越衆中掟書」のように衆議文言、集団名の署判両方を兼ね備えたものがあるが、これらは過渡的なものとして理解しておきたい。
これらの村掟を年代順に並べると表1にみられるように、次にあげる三つの画期がうかびあがってくる。第一の転換点は永正一七年（一五二〇）前後、一六世紀初頭と言える。永正一七年のものを最後に村掟からは衆議文言がみられなくなるのである。そして第二の転換点が天正一一年で、ここからは集団名の署判に引き続き、個人名による全員連署型の村掟が出現する。

【村掟の画期】

(1)一六世紀初頭以前…署判なし　①

△「衆議」文言「衆議定之」

(2)一六世紀初頭以降…物分の署判　②—1

△「衆議」文言の喪失と集団名による署判の登場

(3)天正一一年以降…全員連署型署判　②—2

△集団名の署判につづき全員の連署

一、二の例外はあるものの今堀日吉神社文書のなかの村掟の一つの傾向を読みとることができるだろう。ではなぜこのような署判形式の転換がみられるのであろうか。署判が一つの共同体意思決定の明示だとすれば、その変化には社会構造変換の解明につながる鍵があると思われる。では、その歴史的意義を次節以降で明らかにしていこう。

二 「衆議」から「惣」へ

(1)署判のない村掟1──「衆議」文言──

まず(1)のタイプについて検討していこう。

これらのタイプの村掟がみられる時期の初期段階では、初見の永徳三年（一三八三）の「今堀郷結鎮頭定書」のように日記形式で時々の寄合で定められた事項を書き留めたものもあり、また書体も稚拙なたどたどしいものも少なくなく、まだ村掟としての体裁が確立されていない。

それが、ほぼ村掟としての体裁を確立するのは11の延徳元年（一四八九）「今堀地下掟書」前後からである。それ以前は表1によると例外的に6・8のように行政掟的な性格を併せ持つものがみられるが、ほぼ宮座関係に限定された内容であるのに対して、それ以降は書体も確立され、「地下」構成員の生活全般を規制する村法としての性格を持つに至る。

このように段階的に体裁が整えられてくるこの時期の村掟であるが、署判からみるならば前述のように一つの共通点をみてとることができる。つまり、日下に衆議文言が入っている点である。では、はたしてなぜこのような文言が入れられたのであろうか。

薗部氏によるとこの文言は「村落集団の衆議による意思決定を明示したもの」であるという。確かに、集団の意思決定という点は異論はないが、問題にすべきなのは「衆議」を行う「衆」はいかなる存在であるかという点である。【史料2】の場合はその制定主体は「村人」（むろと）、つまり今堀郷の宮座を構成するメンバーであることは明らかである。この他に制定主体が明らかになるのは【史料3】であろう。

【史料3】今堀郷座主衆議定書

（端裏書）
「置手状」

今堀郷座主衆議定条々事

一堂拝殿蔀私不可立、

一大鼓私不可打、

一堂宮前私物旱、勝灰不可行、

一打板私敷不可置、

右於此旨違背輩者、可三百文咎行、猶以任我意人者、

末代可被停止座主者也、仍所定如件、

応永三十二年十一月　日

【史料3】は、宮座の場である宮堂の管理について定めた掟書である。この掟書は本文一行目の文言に「今堀郷座主衆議」とあることからわかるように「座主」（座衆）、つまり【史料2】と同様に宮座の構成メンバーによって制定されたものであることがわかる。

この場合、「座主」（座衆）が生活空間としての今堀「地下」の構成員全員の意味ではないところに注意しなければならない。「地下」には、「村人ニテ無物」も含まれるのであり[11]、彼らには村掟に連署する資格は与えられていない。今堀郷の場合、「衆」を構成しうるのは「村人」のみなのである。今堀郷の村掟にみられる処罰規定に不始末を犯した際には「村人ニテ無物」は「地下」から追放し、「村人」は「村」を払う、つまり座を抜くべしというくだりがある[12]。これはすなわち「衆」が「村人」のみによって構成されていたことを示すものであろう。【史料2】の署判文言は以上のことを端的に示しているものと考えられる。

このように村掟の制定は「村落集団」全員の衆議によるものではなく、あくまでも村人座の座衆の寄合におけ

る衆議、多数決による決定だったのである。このように位置づけておかなければ、この後の歴史的変化をとらえていくことはできないであろう。

本来的に村掟はこうした座衆によって宮座運営のための決めごとが成文化されたものだったのである。それが前述のように、次第に一五世紀末頃より地下構成員の生活を規制する村法という性格を帯びるようになってくるのである。それは、すなわち座衆を中心とした村落秩序がこの段階で確立されたということのあらわれではなかろうか。少なくとも今堀郷の村掟について言えば、鎌倉末・南北朝期における宮座法から村法への変質という図式は見直されなければならない。

同じ衆議というかたちをとりながらも、村掟が一五世紀末の段階で一つの変化を迎えることが、社会変動とのかかわりでいかなる意味を持つのかは今後の課題として考えていきたい。見通しだけを述べておくならば、やはり鎌倉末・南北朝期に成立した村落と老人（オトナ、今堀ではオトナのことを「老人」と表記している。以下、本稿でも史料用例にしたがい「老人」の語を用いる）層を中心とした村落秩序が確立する戦国期の村落では、その性格が全く異なるのではないだろうか。今一度こうした視点から戦国期・中近世移行期村落の成立状況を再検討していく必要を感じる。

図２　今堀郷の住民構成

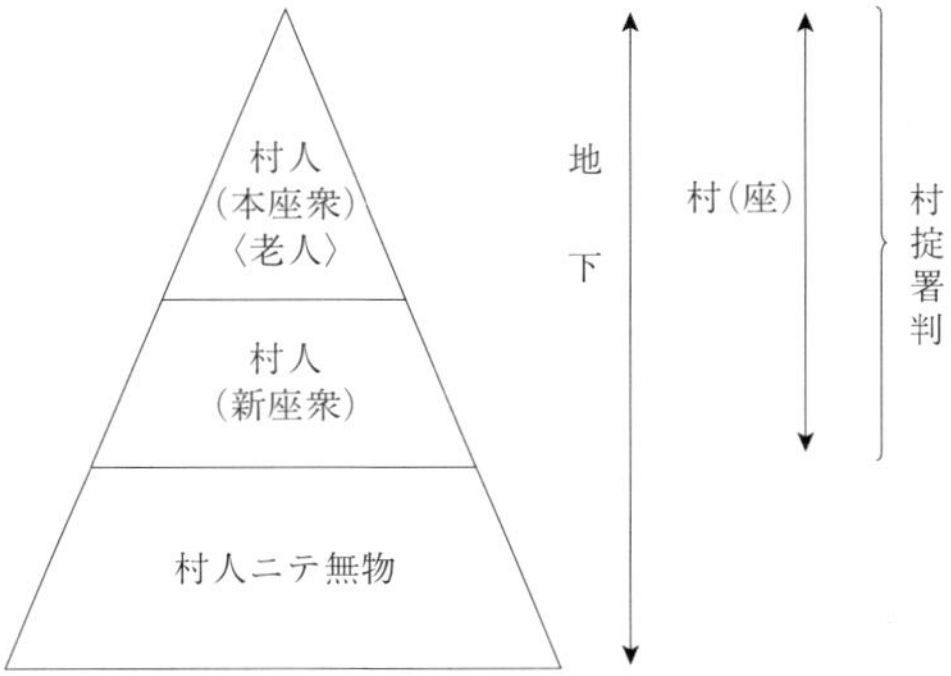

以上検討してきた衆議文言の据えられた村掟は永正一七年（一五二〇）「衆議定書」を最後にみられなくなる。それに代わって日下に登場するのが「今堀惣分」・「今堀惣中」という集団名による署判である。項をあらためて新たな段階の村掟の検討に移ろう。

（2）署判のない村掟2──「惣分」の創出──

衆議文言の入った村掟が姿を消すとともに、登場してくるのが「今堀惣分」といった集団名の署判によって作成された村掟である。このタイプには、「今堀惣分」といった署名のみのものと、その下に花押が据えられたものの二種類がみられる。

その初見は次にあげる享禄二年（一五二九）の「今堀惣中定書」である。

【史料4】

就今度九里半公事之儀、惣分江御合力之儀を申入候処仁、少事酒ノ代ヲ預御扶持候、衆悦候、於向後諸商売之中仁、何様之御公事出来候而、出銭雖有之、引此例、以後一言之子細申間敷者也、仍為以後、衆儀シテ堅定所之状如件、

享禄弐己丑十二月四日　今堀郷惣中（花押）

これは、九里半街道の商品搬送をめぐる相論の際に、保内商人惣分に合力を求めたところ、酒の代の扶持に預かった。将来、「諸商売之中」（今堀郷商人中）にどのような公事が出来しても、この例を引いて再度扶持を要求したりはしない、との旨を誓約したものである。

今堀日吉神社文書に残された村掟のなかで、「今堀惣分」あるいは「今堀惣中」の下に花押が据えられている事例は【史料4】を含めて全部で四点みられるが、これらの花押はいずれも形の違うもので、一致するものは全くみられない。これはいったい何を意味するのであろうか。

薗部氏によると、今堀郷の場合その時々の老人の代表者が自分の花押を代用して据えたものであるという。近世初期の事例になってしまうが、唯一花押を据えた人間が判明する事例があるので、氏の見解を検討してみよう。

【史料5】

定　掟目条々事

一御代官より被仰付御年貢米之事、地下人内うけ状仕候上者、自前はしり候者見かくし候ハヽ、となり為三間御年貢納所可仕候、

一御検地御帳儀、御代官より御以礼（ママ）候間者、そしやう（訴訟）可申候条、相かな候（い脱カ）ハすハ、地下儀はしり候共、一味同心ニ可仕候事、

右之掟目やふり申物これあら者、やくそく定付あい不可申者也、

天正十九八月廿一日　今堀惣分（花押）

四郎左衛門（略押）	五郎兵へ（略押）	二郎四郎（略押）	左衛門太郎（花押）
四郎太郎（略押）	左衛門二郎（略押）	与九郎	二郎左衛門（花押）
弥三郎（花押）	又五郎（略押）	左衛門二郎（略押）	宗みん
左衛門三郎（略押）	新兵へ（略押）	慶民	兵衛門
藤内	又三郎（略押）	となり（略押）	正珍
又左衛門（略押）	正善	太郎兵へ	二郎左衛門
すいきう（瑞玖）	南左衛門二郎	道順（略押）	左衛門三郎
智春	介三郎	宗演（略押）	孫六（略押）
新三郎（花押）	源衛門（花押）	宗正	介一
三郎四郎（略押）	太郎衛門（略押）	三郎五郎（略押）	介左衛門

太郎二郎　兵衛四郎（略押）　加兵衛（略押）　力一（略押）
七郎太郎　孫二郎（略押）　三郎二郎（略押）　山城（略押）
菊　弥一郎（花押）　文阿弥（略押）　中坊（略押）
左衛門三郎（略押）　岩　周才（花押）　若衛門
弥衛門（花押）　兵衛太郎（略押）　正久　太郎兵衛
二郎兵へ　九郎兵へ（略押）　衛門四郎　又左衛門（略押）
源香（略押）　弥三郎　与三郎（花押）　弥左衛門（花押）
四郎左衛門（略押）　よめ千代（略押）　小兵へ（略押）　三郎衛門（略押）
弥太郎（略押）　江寺孫三郎（略押）

【史料5】は天正一九年（一五九一）「今堀惣分連署定書」である。その内容は、太閤検地に際しての一味同心を誓約したものである。

ここに据えられている惣分の花押は『今堀日吉神社文書集成』の花押影印によって天正一七年（一五八九）に梶村仲吉と連署で今堀惣中に下地を寄進している田中久蔵という人物のものであることがわかる[13]。しかし、これをはたして薗部氏の言うように老人の代表者が自分の花押を代用して据えたものと理解するには若干のためらいを感じる。なぜなら、田中久蔵の名あるいはその花押は、惣分の署判の後に続く連署のなかに見い出すことができないからである。ここに二つの可能性をあげることができると思う。

①老人衆が作成し、その代表者が署判。そして残りの老人と村落住民が連署する。
②老人衆を含めた全員が連署する。

②については、田中久蔵の名がみえないことから【史料5】は該当しない。また老人が全く署判せずに、その下

の村落構成員に連署させている可能性も考えられるが、連署者を子細に検討すると、別の史料[14]から老人と判断される道順などの名もみえることから考えることはできない。そうすると、この場合は①の可能性をとらざるをえなくなる。しかし、惣分の下に自分の花押を代用して据えたからと言って、その老人が連署を加えないということがあるだろうか。それもまた考えにくいが、今これ以上の判断をする材料はないので、今後他地域の事例を勘案して考えることとしたい。

ただ、いずれの可能性をとるにせよ、老人代表者の個人名の署判ではなく、あえて「今堀惣分」あるいは「今堀惣中」という集団名の署判形式をとっていることは重要である。それはすなわち村掟の制定が老人衆の恣意的な意図によるものではなく、あくまでも共同体全体の公的な意思決定によりなされたものであるということを主張したものと言えるのではなかろうか。そのためには、日下には老人たちの署判ではなく、惣分文言のようなものが必要だったのである。

そうした公的意思決定のもとにつくられた村法のなかに老人たちは自分自身の村落運営を位置づけようとしていたのであろう[15]。むしろ、そうせざるをえない状況に陥っていたものと言えるかもしれない。だからある意味で言えば、「惣分」は老人層が自己の権益保持のために創出した論理と言えよう。つまり、「惣分」という新たな公を作りだし、そこに自分たちの権威を委ねたと考えられるのではなかろうか。

では今堀日吉神社文書のなかで、こうした「惣」という文言が立ち現れるのは何時の段階からであろうか。表2は今堀郷が作成者として「惣」を名乗っている文書の一覧であるが、その初見例は享禄二年（一五二九）の「今堀惣中定書」である。ほぼ集団名の署判が登場する時期と同じである。ここにおいても一つの村落秩序の変化をみてとることは可能ではなかろうか[16]。ただ、この場合の「惣」は、これ以前のように村人座とイコールでむすばれる「惣」ではない。あくまでも村落共同体の意思決定明示というかたちをとるために新たに生み出された公共

宛　　所	内　　　容	文書番号
－－	九里半公事合力の儀に付	20
松村七郎右衛門尉	塩宿年貢銭の儀に付	130
亀泉庵	今堀惣中ヨリ亀泉庵へ替地銭ノ払口に付き	239
－－	役負担に付	247
－－	惣山林入会規定等に付	254
－－	惣山林入会規定等に付	255
－－	烏帽子直料請取に付	270
－－	長兵衛村八分に付	296
－－	12月20日以降の烏帽子・おとな直停止に付	347
兵四郎	的前神事次第に付	358
－－	地下談合多分につくべき儀等に付	366
－－	郷内取締に付	367
－－	諸事申合多分につくべき儀等に付	368
市地五郎三（伊知地五郎三）	十禅師御供米事等条々に付	381
－－	勧進猿楽太刀日記	387
－－	田中久蔵・梶村長衛門尉寄進下地に付	455
－－	検地水帳記載田畠さばきの儀等に付	467
－－	免相等三箇条訴訟不相叶ニおいてハ逃散の儀約定に付	468
－－	検地件訴訟に付	469
－－	年貢地下請の儀遵守等に付	470
－－	－－	586-3
－－	－－	592-2
－－	－－	593
－－	寄合触に付	870

表２　今堀日吉神社文書にみられる惣文言一覧

	和暦	西暦	月日	文　書　名	差　　　出
1	享禄２	1529	12．4	今堀惣中定書	今堀郷惣中（花押）
2	天文21	1552	2．13	今堀惣中書状案	今ほり惣判
3	永禄４	1561	12.13	替地銭注文案	今堀惣中
4	元和３	1617	12.27	今堀村置文	今堀惣代神主（略押）
5	慶長４	1599	5．10	今堀惣分置文	道正（略押）、今堀惣分（花押）
6	寛永３	1626	6．3	今堀惣中置文案	惣中
7	天正13	1585	4．10	今堀惣分烏帽子直分請取状案	今堀惣分
8	寛永16	1639	8．21	今堀惣分連署定状	今堀惣分神主・他70名
9	天文23	1554	12.11	今堀惣分定書	今堀惣分
10	天正19	1591	11.11	的前御供次第	今ほり惣分（今堀惣分）
11	天正10	1582	12．8	年寄若衆置状	年寄惣分（略押）、若衆惣分（花押）
12	天正16	1588	7．11	今堀惣分置状	今堀惣分（花押）
13	天正18	1590	10．6	今堀惣分掟書	今堀惣分、平二郎左衛門、浄慶（花押）、道順（花押）、五郎衛門
14	年不詳		1．9	今堀惣分申状	惣分
15	永正14	1517	10.17	勧進猿楽日記	今堀惣分
16	天正17	1589	3．27	今堀惣分寄進下地請状案	今堀惣分
17	天正11	1583	7．－	今堀惣中定書案	今堀惣中連判
18	天正11	1583	11.13	今堀惣分連署置文	今堀惣分、善左衛門（略押）・他91名
19	天正12	1584	12．2	今堀惣分定書	今堀惣分
20	天正19	1591	8．21	今堀惣分連署定書	今堀惣分（花押）、四郎左衛門（略押）・他74名
21	永正７	1510	12.19	今堀十禅師田畠年貢目録帳	今堀惣
22	天文10	1541	11．4	今堀郷神田納帳	今堀惣
23	永禄元	1558	12．4	万日記	今堀惣
24	午		12.11	今堀惣中掟書案	惣中

性を標榜する論理なのである。まさに村掟の制定はここに新たな段階を迎えていたと言えよう。戦国期の村掟のほとんどに再三にわたってみられる一味同心を制約する文言の存在は、「惣分」の論理のもとへの締め付けをはかったものと位置づけられる。

また、もう一つ付け加えておくならば、この段階では表1の18のように「今堀惣分」だけではなく、その構成要素である年寄衆、若衆レベルにおいても「惣分」というかたちでの意思表示がなされている。衆の結合原理もまた大きく変容をせまられていたのであろう。

今堀日吉神社文書ではみられないが、他地域では散見される村の花押（代表者の花押の代用ではなく、村独自のもの）や黒印などの登場もまた、こうした集団名による署判と同じ効果をねらってのものと考えられる。

三　全員連署型村掟の出現

以上のように署判者を変えつつ展開してきた村掟にさらなる展開がみられるのが太閤検地前後を一つの画期とする一六世紀初頭である。今堀日吉神社文書の村掟でも天正一一年（一五八三）の「今堀惣分連署置文」になると、これまでの「今堀惣分」という文言に加えて全員の連署が据えられた署判形式がみられるようになる。

こうした全員連署型村掟については、太閤検地による小百姓層の成長を如実に示すものであるという前田氏の見解、そして惣結合維持、統制強化のために地下構成員全員を連署に参加させざるをえない段階になっていた、という薗部氏の指摘がある。

おおむね、こうした小百姓の成長をみていこうという理解に異論をさしはさむことはない。ただ、これだけでは全員連署型の村掟登場までの変容過程やその意義が十分に論じられてはいない。

ここで、あらためていくつかの点を指摘しておきたい。まず第一点が次にあげる天正一一年（一五八三）の「今堀惣分連署置文」と【史料5】としてあげた天正一九年（一五九一）の「今堀惣分連署定書」の連署形式の違いである。

【史料6】

定そせう（訴訟）の事

一めん問之事
一十四反（年段銭カ）せに之事
一舛計とりの事
右三ヶちやう（条）、そせう（訴訟）かなわ（叶）さるニおいてハ、一とうニいゑ（家）をあけ、御事ハり（断）可申候者也、若一ミ（一味）ニ仕不申物（者脱カ）在之、惣分より事ハり可申候、仍定おき目如件、

天正十壱年霜月十三日　今堀惣分

善左衛門（略押）　五郎兵へ　徳千代（略押）
四郎左衛門尉（略押）　東左衛門尉（略押）　与九郎
東ノ二郎左衛門尉（略押）　弥三郎　二郎衛門
衛門太郎（略押）　中左衛門尉（略押）　村田弥三郎
南門左衛門二郎（略押）　若兵へ（略押）　九兵へ（略押）
左近太郎　兵衛門尉　又三郎
四郎兵衛（略押）　四郎太郎（略押）　兵四郎（略押）
与二郎（略押）　久次（略押）　二郎太郎（花押）
喜蔵（略押）　九左衛門（花押）　仁兵衛（花押）　二吉（花押）

二蔵（略押）	又市（花押）	与左衛門（略押）又右衛門（略押）	十吉（略押）
喜太郎（花押）	源右衛門（略押）	又三郎（花押）	又次（花押）
又左衛門（略押）	加右衛門（略押）	長次郎（略押）	左衛門二郎（略押）
平左衛門（略押）	藤兵衛（略押）	長兵衛（花押）	孫十郎（略押）
勝右衛門（略押）	吉次（略押）	清三郎（略押）	彦四郎（略押）
久三郎（花押）	新蔵（花押）	兵四郎（略押）	喜右衛門（花押）
喜三郎（略押）	理右衛門（略押）	勘右衛門（略押）	助衛門（略押）
助市（略押）	又七（略押）	介十郎	奥左衛門（略押）
孫四郎（略押）	久八（略押）	左吉（略押）	福松（略押）
兵次（略押）	半左衛門（花押）	文右衛門（花押）	お伝（略押）
左市（略押）	孫作（略押）	二郎介（略押）	二郎三郎（略押）
又蔵（略押）	次郎大夫（略押）	作五（花押）	弥二郎（略押）
太郎衛門（略押）	小作（略押）	二郎介（略押）	助三
茂左衛門（略押）	小三郎（略押）	仁左衛門（略押）	作蔵（略押）
勘十郎（略押）	与七（略押）	左近太郎（略押）	与市（略押）
又次郎（略押）			

一見すると、どちらも「今堀惣分」の後に連署が続けられた同じ様式にみえる。しかし、連署部分をみると【史料6】は前半三分の一の連署者名とその後では文字の大きさが全く違うことに気が付く。この両者が同等の資格で連署したものとはみることはできないであろう。

では、比較的文字の大きな前半三分の一に連署している人々はどのような存在なのであろうか。そこにあげられた名前を検討すると、たとえば村田弥三郎は近世今堀村の庄屋を勤めた村田家の人であるし、また中左衛門尉や東左衛門尉のように侍成している者など老人層の名が並んでいることがわかる。おそらく、この段階では全員連署型の村掟とは言っても、旧来の老人中心の村落秩序にもとづく村掟作成であったと考えられる。

それは、【史料5】との比較においても明瞭に読みとることができる。【史料5】は一見してわかるように連署者は全く同じ大きさで署判を加えている。それに加えて、もはや【史料6】のように老人が前半に連署して、その後に一般の者が連署を据えるという型式ではなく、双方の署判が入り交じって据えられているのである。先ほどの村田弥左衛門は末尾から数えて七番目の位置に署判を据えている。さらに言うならば、ここでは姓を記していない。全く対等の村落構成員の一員として署判を据えているのである。おそらくは、同等の資格での連署が要求されていたのであろう。そうすると、この二つの全員連署型村掟の間にはやはり大きな段階差をみるべきである。全員連署型村掟の登場は確かに小百姓層の政治的成長を物語って余りあるものであったことは否めない。しかし、それはまた直ちに小百姓も含めた近世今堀村につながるものではなかったのである。

さらに言えば、【史料5】の天正一九年段階に至っても近世今堀村への移行はスムーズにはいかなかった。その連署者総数七四名のうち、二七名が判を据えていないのである。老人層が惣分の論理のもとにいくら締め付けをはかろうとも、また全員に連署をさせて村掟の遵守を誓約させようとしても村内部の動揺を簡単にはおさえることはできなかったのである。

近世今堀村の村惣中成立のためにはまだいくつかの転換が必要であった。それに向けた一つの変化が天正期以降の村掟のなかに読みとることができる。元和三年（一六一七）の「今堀村置文」以降、村掟の書体が一変しているのである。戦国期段階までの村掟は影写本で確認してもわかるように、整然としたまとまった書体で本文が記されている。それに対して元和三年以降は、きわめてたどたどしい稚拙とも言える書体になっているのである。これは、一つには村掟の作成主体に旧来の老人層とは異なる階層の者が進出してきたことを示唆する事例ではないだろうか。村掟だけに限らず、各地の近世初期の村方文書の書体が非常にたどたどしい稚拙とも言えるものが多いのは、やはり村落中枢が入れ替わりつつあることを示したものであろう。

こうした事例と相前後して今堀でも近世初期村方騒動の一つとして見なしうる騒動が起きている。老人衆の一人として村掟作成にもかかわった前述の道順が、詳細はよくわからないが慶長期に村の不利益になる行動があったとして糾弾され、村中に対して詫び状を出さされている(17)。そこに村掟作成の変化にもつながる階層秩序の変質をみてとることができよう。かつて村掟制定の中心であった老人層が一歩後退し、これまで村掟制定にかかわれなかった階層が進出してくるのが近世初期という時代であったのである。

おわりに

以上、三節にわたって今堀日吉神社文書の村掟を検討してきた。村掟の署判を通して三つの大きな画期、さらにはそのもとにあるいくつかの転換点を明らかにしてきた。今後は、こうした画期が村落あるいは地域構造の転換といかなるかたちで結びつくのかという点について検討を深めることが大きな課題となる。

そのため、述べてきた論点を整理しておくならば次の点にまとめることができる。村掟は、その署判形式からみると「衆議」文言から「惣分」文言への変化の画期となった一六世紀初頭、そして全員連署型署判のあらわれる天正末年、と二つの大きな画期がある。さらにはそのなかでも一五世紀段階や、また天正一〇年代というつかの転換点があったことが明らかになった。

これまで今堀郷の研究では、村掟の初見である永徳三年が惣村化のはじまりとして重視され(18)、その後の段階差というものはあまり考慮されずに検討が進められてきたように思える。そこでは、惣村成立以降太閤検地に至るまで村が不変のものとして位置づけられてきたと言って良いだろう。これは惣村研究だけではなく、勝俣氏などが提起する戦国期に近代にまでつながる村落が成立したという見解[19]にもつながるものでもあろう。

しかし、本稿で明らかにしてきたようにこれまでの見方は全面的に再考されなければならない。これは、今堀郷だけの事例にとどまるものではおそらくないのではなかろうか。今後、惣村という語で一括りにされがちな戦国・中近世移行期村落史の歴史的段階差を重視していかなければならない。

では、こうした段階差はいかなる理由で生じてきたのであろうか。本文中ではあまり詳しく述べることはできなかったが、見通しだけを最後に述べておくと、やはりその背景としては商業にかかわるなかで市場経済に巻き込まれたことによる階層構造の流動化があったのではないかと思われる。今堀郷の掟書の一つの特徴である罰金条項は、これまで今堀の村人たちの拝金主義を示すものと評価されてきたが[20]、それはまた当該期の今堀郷周辺地域にいかに市場経済が浸透してきていたかを示したものと言えよう。

そうした市場経済のうねりは今堀郷の階層秩序を大きく変容させたと考えられる。少し時代が遡及してしまうが表1の4の応永一〇年（一四〇三）の「座公事定書」は公事銭未進者を座からはずすことを定めたものである。ここでは八人の座衆が座を外されている。一五世紀初頭から早くも没落する本座衆が現れているのである。このような傾向は一六世紀にはより顕著なものになっていたのではなかろうか。

第一の画期となる一六世紀初頭の変化を惹起したのは、こうした経済変動の続く時期数多くみられた「マウト」（間人）層の老人成であろう[21]。「マウト」が多く宮座入りしたため、旧来の座衆による衆議というかたちの村落運営では、もともとの村人（本座衆／村落上層）の優位を保てない状況に陥っていたのではなかろうか。旧来の身分秩序が大きく瓦解を始めていたのである。

そうした身分秩序を再編成するためにも、老人衆は新たに自らの権力を委ねることのできる論理を創出する必要性にせまられていたと考えられる。そこで創出されたのが惣分文言だったのではなかろうか。薗部氏は、これを深刻な分裂状況にあった今堀郷の結合維持のための方策であったと位置づけたが、むしろすぐれた新座衆（「マウト」）対策であったと言えよう。弘治二年（一五五六）の「今堀惣掟書」にみえる「新座之者、惣並之異見きんせひ事」という、新座衆（「マウト」）の本座衆並の異見申し立てを禁ずる一文は「惣分」創出のねらいをうかがわせるに十分なものではないだろうか。

しかし、その試みが実現されたのは短期間に過ぎない。戦国期の動乱による身分秩序の流動化は、本座衆の試みさえも呑み込んでいったのである。村掟も結局は地下構成員全員連署の手続によってしか制定しえない状況に至っていたのである。それすらも数多くの未署判という事実が端的に表しているように困難な段階にあった。やがて本座衆が創出した惣分の論理は新座衆の成長のなかでとらえ直され、近世の村惣中という新たな公の論理に転換されていくことになる。

本稿は、薗部氏の論の域にとどまったかもしれないが、戦国期村落のなかから近世村落の秩序が生み出されてくる過程を描き出す一つの視角を示せたと思う。今後は、ここで得られた視角からあらためて中近世移行期における村落構造の変容過程を問い直していきたいと考える。

（1） 同氏著『近世村法の研究』（有斐閣、一九五〇年）。
（2） 岩波書店、一九八一年。
（3） 「近世村落における法と掟」（『文化学年報』五号、一九八六年）
（4） 「近世村訓の世界」（週刊朝日百科第4巻中世Ⅰ『徳政令――中世の法と裁判』、一九八九年）、「『村訓』の世界」（週刊朝日百科・歴史の読み方5『文献史料を読む・中世』、一九八九年）。

(5)　注(4)勝俣論文。
(6)　注(1)前田論文。
(7)　注(3)横田論文。
(8)　「中世惣村定書の署判に関する覚書」(『古代中世の政治と地域社会』、雄山閣出版、一九八六年)、「中世村落における惣判・惣印について」(『国立歴史民俗博物館研究報告』七七号、一九九九年)。これらの論稿は今堀郷村掟を直接扱ったものであり、本稿もその成果によるところが大きい。以下、本稿で引用する薗部氏の見解はこの二つの論文により、逐一表記することはしない。
(9)　本稿では、仲村研編『今堀日吉神社文書集成』(雄山閣出版、一九八一年)を底本に、東京大学史料編纂所および京都大学古文書室架蔵の影写本によって校訂したものを使用した。なお、以下本稿で使用する史料は全て同文書である。
(10)　たとえば仲村研『中世惣村の研究――近江国得珍保今堀郷――』(法政大学出版局、一九八四年)など。村掟に即したものとしては仲村「近江国得珍保今堀郷の村掟」(『日本宗教の歴史と民俗』、隆文館、一九七六年)、同「中世村落文書の読み方(一～六)」(『歴史公論』一九七六年五～一〇月号)など。
(11)　今堀のもっとも完備された地下掟である延徳元年(一四八九)「今堀地下掟書」では、犯罪者の処罰について、村人は惣を払い、村人にて無き物は地下を払えとある。このことから言って、惣が村人座を示し、地下は非人を含めた生活空間としての今堀全体を指し示すものと考えられる。宮座法段階では、非村人は規制の対象にすら入っていない。
(12)　延徳元年(一四八九)「今堀地下掟書」(『今堀日吉神社文書集成』三六三)など。
(13)　「田中久蔵・梶村仲吉連署下地寄進状」(『今堀日吉神社文書集成』三五四)。田中久蔵は「今堀惣分寄進下地請人定状」(『今堀日吉神社文書集成』四五五)では「殿」呼称される存在であり、村の老人層とみなして良いと思われる。
(14)　たとえば、天正一八年(一五九〇)「今堀惣分掟書」(『今堀日吉神社文書集成』三六八)などで道順は老人四人の一人として署判を加えている。
(15)　ただし、これは近年盛んに主張されている「公」論に賛同するものではない。あくまでも老人層が自己の権益保存、正当化のためにとった一つのレトリックに過ぎないと考えるものである。
(16)　文書の差し出しとして「今堀惣」の文言が立ち現れるのはこれより遡る永享六年(一四三六)の「こくり女畠売券」

からである。しかし、本稿では今堀郷が主体的に「惣」「惣分」を名乗って文書を作成している事実を重視したい。

(17) 「与左衛門等連署請文」(『今堀日吉神社文書集成』五七七)など。

(18) 注(10)仲村著書。

(19) 「戦国時代の村落」(『社会史研究』六号、一九八五年、のち『戦国時代論』所収、岩波書店、一九九六年。

(20) 注(10)仲村著書。

(21) 天文二年(一五三三)「老人直納状」(『今堀日吉神社文書集成』三一二)。

第四章　中近世移行期における侍衆と在地構造の転換

はじめに――中近世移行期侍身分論への視座――

中世から近世への移行期を考えるとき、その課題は中世社会の抱える諸矛盾が如何に近世社会へ展開していくかを見据えることにある。その際、一つのキーワードとなるのが、研究史上小領主、地主等と概念化された中間層であろう。なぜなら、中間層は、領主権力と在地の接点に位置し、在地社会の諸階層をめぐる社会矛盾が体現されていると考えられるからである。

これまでも、一九六〇年代に、こうした視角により中間層の運動方向から中近世の移行を説明しようとする議論があった[1]。そこでは、近世封建制に収斂しきれない当該段階の中間層の様々な展開の可能性が明らかにされたが、概念規定が複雑化するなかで停滞した。

その後の一九八〇～九〇年代の中世後期村落論は、それまでの中間層論を克服することなく進められたきた。それは、村と村をとり結ぶ世界を素材とし、そこにおける村の自力等の機能を分析したものであり、言うならば村落間社会論として展開されてきた[2]。その成果としては、①一六世紀には、近世へとつながる村が形成されてきたことが明らかになった。②戦国期村落の自力と自律性が明らかにされ、村が「高度に政治的な社会的団体」としてあったことが明らかになった。③村落と領主権力の関係が相互依存的なものとして捉えられるようになった、等の点があげられる。しかし、これらの研究動向は、あたかも村落を一枚岩のものとして扱い、村落内の階層矛盾への視座を捨象している。なおかつ、領主権力の存在意義を過小視するものであった。このため、近世への転換を説明できず、そこに描かれた移行期像も平板な印象を受けるものになっている感があり、移行期の議論としては不十分さが否めない。その後、歴史学研究会中世史部会の運営委員会ワーキンググループが、一九八〇年代以降の研究成果を『地域社会論』の視座と方法」(3)として総括しているが、同様の課題をはらんでいる。

近年では、中間層を「地下の侍身分」として捉え、村落の視点から中間層論を再構成しようとする視角が久留島典子(4)、稲葉継陽(5)、湯浅治久(6)の各氏によって提起されている。しかし、依然として前記の課題は解消されていない。

以上の課題意識のもとに、本稿は、あらためて在地の侍衆(7)に着目し、それをめぐる中近世移行期における身分構造の転換に視点を限定して、兵農分離、初期村方騒動といった移行期の問題を再検討していこうとするものである。

一　戦国期的侍身分の形成と歴史的背景

(1)戦国期在地社会の身分構成

一六世紀半ばの近江国で、「犬上郡中百姓」が「名字」を蒙り、「新侍」と称して郡鎮守多賀大社の社役を忌避する事態が起こっている(8)。一五～一六世紀において、こうした新たな侍身分が立ち現れてきていることはすでに研究史の明らかにするところである(9)。以下の所論の前提として、こうした侍衆が現れてくる段階の在地社会の身分構成を確認しておきたい。

〔史料一〕伊佐野衆連署申合条々（小佐治文書(10)）

伊佐野八幡前野并八面カケ之□□付而双方申合条々

一、伊佐野百姓家並ニ中食迄ニて年ニ壱度可被召使候事、

一、毎年無懈怠わら貳十駄、自百姓中可被召事、

一、寺庵同名并名主若党之儀者、右之貳ヶ条被相除候事、

一、鹿狩之時、名主若党百姓中、可罷立事、

一、八幡之前野并八面カケニ付而於向後□□新儀之題目申間敷候、万可為如此間事、

右之五ヶ条、（中略）永代不可有相違者也、仍為後日一行之状、如件、

天文十六年（一五四七）丁未三月十四日　　伊佐野藤八郎為長（花押）

（他六名連署略）

太郎左衛門尉殿参

〔史料一二〕坂合部郷定書（古沢準司氏所蔵文書）[11]

大和国宇智郡坂合部郷中領内之四方限之事（中略）

一、宮ノ社人水主神主侍ノ家ヨリ仕ナリ其外ハ百姓ヨリ仕ナリ　一、神子ノ事ハ神ノ御縁次第ニ仕ヘシ、

一、ヤブサメ乗テ同アゲノ乗テ侍等ノ者ナリ、（中略）

一、心経会諸堂ノ坊主同銘若トウ参候事、巳時迄ハ侍申事ニ候、巳ノ時過候ハヽ、同名衆同名寺衆ハ心経千巻ノクワタイ、若トウ衆諸堂ノ坊主衆ハ心経五百巻ノクワタイ此心経毎月ケダイアルヘカラス、是ニ付シサイ有、

（中略）

一、念仏寺ノ寺衆モ上下候モ侍ノ坊主ハ侍ヨリ次候事、下トヲリハ百姓ヨリ次候事、念仏寺衆知行諸ノ法度前々之コトクニ可仕候事、六人ノ頭人若トウ百姓ニヨラス可仕候事、

一、花ミトウ二人ハ同名ヨリ被立候事、（中略）

正永七年五月十一日（永正、一五一〇）

坂合部出羽守頼房（花押）

辻本甚左衛門尉政次（花押）

誠神兵部卿久秀（花押）

まず史料一は、近江甲賀郡伊佐野村に居住する在地領主佐治氏の庶子の流れをひく伊佐野衆が連判して佐治家惣領太郎左衛門尉と、伊佐野村の役負担を取り決めたものである。全箇条を通して伊佐野村の寺庵、同名、名主、若党、百姓の五身分を析出できよう。同じ甲賀郡の牛飼村では、草刈場相論についての多喜資忠他の郡内在地領主の判状[12]が残されているが、その宛所をみると「牛飼村御名主中」「若党中」、そして一段下げて「百姓中」と記されている。その記され方からすると名主と若党は並列的に位置づけられる身分、つまり同じ身分階層と考えられる。この内、「若党」については、すでに村田修三氏によって在地領主の同名中の被官から編成された身分であることが明らかにされている。[13]おそらくは、名主についても、在地領主層との被官関係を想定できると思う。この二つの身分集団は被官として編成された側面を持つものではなかろうか。侍衆としての側面を持っていたのは、こうした階層だと考えられる。百姓については、宛所の記し方からして、名主・若党とは身分的階層差がうかがえる。再び、史料一に戻るがその三ヶ条から寺庵、同名、名主、若党と百姓の間に、そして四ヶ条目から寺庵、同名と名主、若党の間に役負担において差異があったことがわかる。こうした役負担は、それぞれの身分に応じたものとしてなされていたのではなかろうか。つまり、役と身分の対応関係をみてとることができると考えられる。したがって、役負担の差異は、単なる役負担の差異にとどまらず、おそらくは身分的階層差にもつながるものであろう。

史料二は、大和国宇智郡坂合部郷の在地領主坂合部氏惣領と同名が郷鎮守の役負担について取り決めた定書である。ここからも坂合部郷の基本身分として、甲賀郡とほぼ同様の同名、若党、百姓を析出できる。それをみると一、四ヶ条目から役負担や座次が個々の身分に対応した形に決められているのがわかる。

以上の考察から当該期の身分が地域祭祀を中心として位置づけられていることは明らかだろう。先の伊佐野村の事例もまた、同様に理解できるのではなかろうか。冒頭でふれた多賀大社の事例での「犬上郡百姓」の場合も役そのものの拒否ではなく、百姓役勤仕を忌避し侍役を勤めようとしたものと考えられるのではなかろうか。つまり、侍衆もまた固有の役を担うものとして地域祭祀のなかに位置づけられていたのである。

(2)戦国期の侍身分の特質

本項では、具体的に戦国期の侍身分の特質について検討したい。

まず、成立の契機であるが、やはり被官化というタテの編成をうけるところから生み出されてくるものと考えられる。伊賀国の「惣国一揆掟書案」[14]のなかに「国中ニあしかる他国へ行候てさへ城を取事ニ従他国城を仕候て、足軽として其城を取、忠節仕百姓有之ハ過分ニ褒美あるへく候、そのみニおゐてハ侍ニ被成候事、」という箇条がみられる。これは、侍成の契機を示す数少ない史料の一つであるが、戦場で軍功をたてた百姓を侍に取り立てるというものと解釈できるものである。「多聞院日記」[15]にも、「中間ノ源八当年数度高名了、二迄首ヲ取了、依之侍ニ成シ、名字ヲ川辺新介ト云々」という記事がみえる。これは、大和の庄村氏の中間が戦場での「高名」により侍成しているものであり、伊賀と同様の事例をここでも確認できよう。

しかし、断っておくならば、誰もが被官化することで、直ぐに侍になっていったとは考えられない。この点については、稲葉氏が侍身分形成の前提として在地の横断的な身分階層の存在を指摘している[16]。氏によると、「当該期村落内の侍身分とは、従来から村落内に存在した横断的身分階層上層内の個々人が、その身分階層制を維持

付表　明応4年(1495)油日神社造営奉加札(抄出)一覧

奉加物	人数	抄出
米50石台	1	天竜寺
10石台	1	〈亀井〉母儀
5石台	4	中安殿、帯刀殿、福田庵、〈同当住房〉営舜
3石台	2	五郎左衛門殿、左衛門殿
2石台	16	篠山殿、〈大原〉奥殿、対馬殿、河合宮、東光寺、薬師寺
1石台	52	大原下村、〈大原〉上村之惣、小佐治惣、寺庄村、頓宮殿、岩室殿、山岡殿、河合寺惣、照養院
5斗台	35	〈多喜〉南殿、中島殿、岩尾殿、〈上野〉井上方、弥三郎殿、福井殿、堀殿、〈上野〉田中兵衛
3斗以下	19	大智庵、慈雲庵、島村殿、森村方、松屋紺屋、興隆寺、宰相女、九郎兵衛、猿女、田代方
銭1貫文台	13	〈佐治〉平兵衛殿、〈佐治〉福地殿、〈岩室〉福千代丸、寺庄殿、伴左衛門殿、〈大原〉源左衛門殿
500文	4	多喜殿大吉、村島殿、乾殿、十郎
300文台	5	〈佐治〉石見殿、高井殿、中殿大方、明等院旅沙
200文	17	〈大原〉徳田殿、〈多喜〉清水殿、〈和田〉佐渡殿、〈湯船〉増地殿、〈佐治〉六夫公、丈六寺
100文以下	191	〈池田〉今西殿、〈大原〉岡殿、〈多喜〉清水殿、和田殿、〈上野〉加治、田代方、西村方、阿伽女

注：明応4年(1495)「油日神社奉加札」より作成

したまま、同時に、村落外の既成武士団との主従関係を締結するという、社会的身分の縦と横の編成原理の交錯状況のなかで独自に形成されたもの」であるという。ただ、侍成の契機における被官化の問題を考えるとき、「独自に形成」されるという点は果たしてどのように理解して良いのか、にわかには賛同しかねる部分もある。また、このような一定階層に属することが侍成の絶対条件とはならないことは、先にみた「川辺新介」のように中間から侍へと進む事例があったことから明らかである。しかし、侍成の前提あるいは十分条件としての「横断的身分階層」の指摘については重要なものと考える。

そこで、その点をふまえて稲葉氏がまだ踏み込んで検討されていない「横断的身分階層」の実態について検討しておきたい。結論から言うと、「横断的身分階層」は惣郷クラスの祭祀に集う階層だと考えて良いと思う。例えば、近江甲賀郡の郡惣鎮守は油日神社である。当社が、明応四年（一四九五）に社殿を造営した際の奉加札一覧[17]（付表）をみると村惣や寺社等と共に、「殿」や「方」を付けられ個人として奉加に参加している階層が存在しているのがわかる。このように郡の鎮守の祭祀に個人として参加する力量をもった階層が横断的に連帯しているものを「横断的身分階層」と想定できよう。さらに言えば、そうした階層は祭祀を担う集団としてあった階層に限定しうる。

〔史料三〕交野郡五ヶ郷惣侍中連名帳（三宮神社所蔵文書[18]）

此度当郷侍中令集会、誓神明何事茂一統打寄、無贔屓偏頗、令熟談可申候、将又何時ニても、南都官務公ゟ之御下知之節、出勢者勿論、其外被仰付儀相背申間敷候、随他ゟ被相頼出勢之時者、一統申談進退共ニ可仕候、此段無批判之条、各連判仍如件、

永禄二（一五五九）己未年八月廿日

津田村惣侍中

山下外記秀時執筆

生嶋信濃守盛澄　　山村助治郎春則
田中内記房高　　山本三郎国次
西村庄司三郎俊夏　　岡沢集人允政長
川嶋壱岐介長春　　津熊次郎左衛門尉義秀
津熊源左衛門尉茂安　　片岡式部允国任
吉田民部入道順覚　　南勘六左衛門尉茂也
岩村帯刀忠澄　　大津五郎左衛門尉行勝

上田新五郎助道　　　篠田源内左衛門尉定澄
塚□伊賀守盛重　　　谷岡兵庫允頼治
小崎三左衛門尉次光　三宅刑部少輔重仲
森田紀内丞義末　　　岡本備後丞勝泰
村田四郎左衛門尉興俊
（以下、藤坂村・杉村・芝村・穂谷村惣侍中の連判あり中略）
神主逸見志摩守義繁
祢宜津熊中務敦弘
宮坊光学院頼観
永禄二年所定置也
別当津田筑後守中原範長

史料三は、河内国交野郡の「五ヶ郷惣侍中」が郡惣鎮守である三宮神社に集って、「南都官務公」、つまり当該期の官符衆徒筒井順慶よりの下知次第に出陣する誓約を交わしているものである。これらは、地域の侍衆が集団のまま筒井氏の被官となっていたと考えられる興味深い事例である。この内、一番最後に名がみえる別当津田範長を核として結集し、郡鎮守の祭祀を司っていたものと考えられるもので、まさに「横断的身分階層」と言えよう。これら当該階層を可視的に言うと、官途成と名字をあげることができる。史料三でも、最初の「津田村惣侍中」だけをみてもほとんどの侍が官途成しているのがわかろう。また、名字については前に「多聞院日記」でみた「川辺新介」の事例からも明らかと思う。このような階層が侍衆として在地社会のなかに存在したのである。

以上、侍概念について検討してきた。しかし、これらの概念は固定的な形態を示すものとは言えない。侍身分について言えば、在地祭祀の運営集団に入っておらず中間として戦場に出たものであっても、前述のように軍功によって侍成する機会があったのである。むしろ固定化されず、常に流動化していたのが第一項で確認したような戦国期の身分関係、そして侍身分の特質だったと考えられる。強調しておきたいのは、侍身分が戦場での軍功、戦時体制下のなかから創り出されてきたものということである。まさに、戦乱の時代といえる一五～一六世紀の身分変動を特徴づける身分であった。

二　戦国期の侍衆と在地社会の動向

これまでの研究史において惣村のなかにも侍衆が存在しうることは明らかになったと言って良いだろう[19]。では、惣村的結合を強める戦国期村落と侍衆はどのような関係にあったのであろうか。以下、本節では、視点を村落とのかかわりにうつして考えていきたい。

(1)侍衆の動向とその基盤となった在地構造

①衆惣／侍衆の横の連帯

侍衆にはいくつかの道があったと考えられる。その一つが侍衆レベルの連帯の動向であった。戦国期の甲賀郡では侍衆が「衆惣」という形で結集しているのが久留島氏によって指摘されている[20]。史料一は、前述のように伊佐野の侍衆が佐治惣領家に出したもので、久留島氏の理解によると、伊佐野の侍衆は、村の地縁的結合の論理に取り込まれている。その結果、村の利害を代表して惣領家の村の役負担について取り決めているものという。しかし、全箇条を通してみる限りにおいて村の利害を代表してという点には疑問が残ると言わざるをえない。史料一は、あくまでも自らは役負担はせず、自らの居住村の住民の役負担について惣領家と申し合わせたものであり、そこに地縁的関係にとりこまれた衆惣の姿をみることはできない。むしろ、この申し合わせを結んだ衆惣の側に百姓との身分差の意識がみてとれる。そこに、久留島氏の指摘するような村の論理に取り込まれ、その利害を代表しているような侍衆をみてとることはできない。

この点を補足するために、永禄元年の野洲川用水相論における侍衆の動向についてさらに検討したい。

〔史料四〕檜物下庄井水ニ付相極条々（山本順蔵氏所蔵文書）[21]

条々

一、檜物下庄井口之儀、於此方領内仁者、一の井口無別儀候、則檜物下庄より給候、□□双方百姓参会仕、此方於川原にた人来候事候はかくれなき事、

一、当所と檜物下庄井水之儀申合相極事、代々を不刻候、万一当所地下人同岩根名主百姓対正福寺え何様之書物出候共、正に立間敷事、

一、従正福寺榑を入井水遣候事、近年新儀候事、然考其方井口より上へかき可申との儀一切に無理に候事、

永禄元（一五五八）戊午年八月三日　　花薗二郎兵衛入道

安次（印）

青木岩崎殿

同　南　殿

同　上田殿

同　石部殿参

史料四は永禄元年に起きた野洲川用水をめぐる花園村と石部三郷の相論文書で、花園村の侍花園安次が石部三郷の侍衆の青木同名中に対して出したものである。村田修三氏がすでに検討されており、用水相論の際に土豪が

村を代表して出て、解決に苦慮している様がよくわかると指摘されている[22]。氏は、一ヶ条目と三ヶ条目から檜物下庄井口の利用については檜物下庄と花園の双方の百姓が河原で参会して利用の仕方を取り決めている、それなのに今更新儀の申し立ては納得できないと言ったものと理解されている。しかし、そこには二ヶ条目の解釈がなされていない。ここでの花園安次の立場をはかるに二ヶ条目の解釈は欠かせないと思われる。ここで解釈を試みておくと、これは花園村と檜物下庄とで井水の利用については申し合わせてきた。その事は、代々不変のものである。今さら、万一花園の地下人や岩根村の名主百姓が正福寺村へ対してどのような証文類を遣わそうとも無効である、と理解できる。つまり、ここで花園安次は今新たに地下人レベルで用水利用の取り決めを変更しようとしていた動きを認めようとはしなかったわけで、侍衆と地下人レベルの意思は一致したとは言い難い状況にあったと考えられる。そこに、村田氏の指摘するような村を代表して、と言った侍衆の姿を容易にはみてとれない。このような衆惣のあり方は村側との矛盾緊張関係を惹起しかねないものであったのではなかろうか。

②村人化／村惣の構成員として

また、衆惣として横の連帯を結ぶ他に、村人となっていく選択があった。山門領である惣郷今堀得珍保には、両沙汰人が代官として存在していたが、その一人図師谷氏が、「得珍保名主百姓等」から、「切米」の取り立ての過酷さをめぐってその代官支配を糾弾されるという騒動がおこっている[23]。本騒動は、研究史上百姓側が庄園領主山門と代官谷氏の分断を謀ったものと位置づけられている。しかし、谷氏は単に山門の忠実な代官としてのみしか行動していなかったのか疑問が残る。やはり図師職を通じて村落支配を試みようとする谷氏と村落の摩擦ともみていくこともできるのではないだろうか。いずれにせよ、この場合は結果的には谷氏の意図は成功しえなかった。その後の谷氏は、今堀得珍保の地縁的結合に取り込まれ、図師職を返上し村人として生きる道を選択している。太閤検地期の「今堀村人交名[24]」には「谷二郎左衛門」「谷太郎左衛門」といった谷氏一族の名前がみえる。今堀のように特に惣村結合の強固な地域では多分に侍衆にこうした選択がありえた。

しかし、いずれの選択をとるにしても侍衆と村落の間は、前述のように一枚岩たりえず、両者は矛盾をはらみつつ存在していたと言えよう。

(2)戦時下における村落の運動

村落の自力等の力量が高まるなかで、被官化の拒否という事態が起こってくる。

大永五年（一五二五）には、竹生島領近江国早崎村では百姓四〇名が連署して、「以後余人之被官」とはならない旨を起請している[25]。こうした事件の背景には当該期の百姓意識の高揚があったと考えられる。

「本福寺跡書」[26]には「諸国ノ百姓ミナ主ヲモタシモタシトスルモノ多アリ、（中略）百姓ハ王孫ノユヘナレハ也、（中略）侍モノ、フハ百姓ヲハサケシムルソ、」という文言がある。この文言は、御百姓意識の高まりを示す語句と理解できるものであろう。さらには、「侍モノ、フハ百姓ヲハサケシムルソ」という一節等は侍とは違うものであるという侍衆の論理への反発を根底にみてとれよう。こうした百姓意識は、大浦北庄では直接的に、浅井氏の家臣中村儀種の被官となった庄民が殺害されるという形で暴発している[27]。また、永禄一一年（一五六八）菅浦庄では「在所之置目」に背いて「地頭」の被官となった庄民四人が処罰されている[28]。

前項でみたような惣村と侍衆との矛盾をこのように激化させたものは何だったのか。その一つが、戦争の惨禍の問題だったと考えられる。史料五は、弘治三年（一五五七）六角氏から軍事動員が課せられてきた際に今堀の両沙汰人が出した書状の一部である。

〔史料五〕得珍保両沙汰人書状案（「今堀日吉神社文書」[29]）

当郷諸百性（姓）、右ノ衆与力・被官ニはつれたる物無御座候、勿論しゆう（主）なしの百姓ハ無御座候、何様ニ可申付候哉、家別と被仰出候、或寺庵僧坊侍なとにも可申付候也、於地下かうかい仕候間、得御意候、或兵粮取帰候者、又病気手負、或ハ番替なと申候て、少の間罷帰候者、はしく〳〵ニ少し御座候為躰候、御詫次第可申付候、被得　御意候て預御返事候者、可畏入候、

これは、研究史上その性格をめぐって、被官拒否の虚構とみるかどうか議論が繰り返されたものであるが、少なくとも実際に被官が動員されているのは確認できよう。しかし、その動員体制は「与力・被官ニはつれたる物」がないという文言にみられるように破綻をきたしつつあり、村物にとって負担になるものであったと考えられる。そのようななかで、動員体制のために動く両沙汰人としての谷氏等侍衆と村惣の間に矛盾が生じたのは容易に想定できよう。そうした矛盾が、前述のような谷氏の村人化をせまったのであろう。また、永禄一三年（一五七〇）には甲賀郡同名中体制下においても、他との弓矢沙汰の際に、「於鐘鳴者惣庄之百姓等、至堂僧迄、悉得道具を持可罷出者也」(30)というような「百姓」をも巻き込む動員体制を同名中掟のなかで定めている。甲賀郡は、六角氏とつながりが深く、この時期は織田信長の上洛戦に敗れた六角氏が甲賀へ滞在している。その事もあって事実上臨戦態勢をとらざるをえなかったと考えられる。このような「惣庄之百姓」まで巻き込んだ動員体制は戦時下の緊張のなかで限界に達し、破綻しつつあったのではないだろうか。村落にとっては、侍衆がいる以上、中間や人夫役として百姓も戦場に行かざるをえなくなるわけで、戦争の惨禍に巻き込まれることは避けられない状況にあった。そうした状況のもとで村落は、一つの動向を示してくる。

〔史料六〕下市地下掟（「米田治兵衛文書」(31)）

掟

一、今度就下市一乱、落城可在之迄、直間敷事、若於背此旨輩者、作生害、一跡地下へ可為検断事、

一、下市へも城へも不可出入、於背此旨仁躰者、不寄長衆脇衆、末代可抜地下事、

一、牢人衆於所々喧嘩口論之仁躰者、不寄理非可退失事、

右条々堅相定所也、并何之親類衆与力地之上、不寄各可加成敗、其時節介錯之仁躰者、可為同罪者也、仍如件、

天正六年戊寅（一五七八）　十一月六日　　　　下市地下

ヤ八（略押）　守知（花押）　与一郎（花押）（以下略）

右は、大和国吉野郡の下市郷のものである。下市は、一向宗の道場を中核として発展している郷村で、これは天正六年に筒井順慶が一向宗討伐のために吉野下市一帯に侵攻した際に、「下市地下」のオトナ衆によって作られた掟書である。この二ヶ条目で「下市へも城へも」出入りすべからずとあるのは、「下市」は一向宗方で「城」は筒井方が築いた城であり、[32]下市地下は両者に加担しないことを約定しているのである。つまり、ここで下市郷は自らを戦争の惨禍から守るために中立を宣言していると言えよう。さらに三ヶ条目では、牢人を郷内から退去させることを定めている。これ自体は、牢人を対象としたものであり、侍衆の退去に直接結びつくものではないが、そのあり方に少なからず影響を与えたと考えられる。こうした村落の平和への志向は、当該期の村々に広範にありえたものではなかろうか。

三　侍衆の解体と在地構造の転換

(1)織豊政権の「侍払」と被官化の道の断絶

統一政権の登場によって、争乱の時代は終息を迎える。それは、侍衆のあり方にも少なからず影響を与えた。第一節でみてきたように侍衆の身分を認定してきたものは在地領主あるいは在地領主の連合であった。しかし、そうした身分編成の主体が統一政権によって否定されてくるのである。

天正九年（一五八一）から一四年（一五八六）にかけて大和、近江甲賀、伊賀といった地域にかけて、在地領主層の改易あるいは追放といった政策が進められている。天正一三年（一五八五）には、小田原攻めの際の内通を疑われた甲賀郡の在地領主が「甲賀郡中改易」[33]により知行を豊臣政権によって没収されている。また同年には、大和でも豊臣政権によって戦国大名筒井氏の伊賀への国替がおこなわれている[34]。それと共に伊賀へ移った在地領主層も多く、残った者は帰農しており、実質上在地領主層は一掃されている[35]。それは、徹底され翌一四年には十市郷において「侍払」が断行されているのである。

以上の状況は、侍衆にとってみるならば、自らの身分を認定してくれるものがいなくなるということであり、その存立基盤にとって深刻な事態だったと考えられる。ここで、在地領主等に被官化し侍身分の保証を得る道は絶たれたといって良い[36]。

そして、このような在地の身分認定の主体の否定と共に統一政権の施策として同時期におこなわれたものとして、注目せねばならないものに惣郷レベルの祭祀の解体あるいは縮小があった。

〔史料七〕油日神社社領ニ付願書（北野氏所蔵文書[37]）

一、江州甲賀郡油日大明神者聖徳太子開起也、古者寺社領大分御座候、甲賀乱之砌御公儀様の上り地に被成候、其後中村式部少輔殿高十七石之処地方にて御寄進御座候、其後増田右衛門尉殿、長束大蔵殿、山岡八郎左衛門殿、同主計頭殿迄被下候、廿ケ年以前山岡主計頭殿替目より御公儀へ上り申候、唯今者寺社領は少も無御座候、若次而無御座候者御訴訟申上度候、

寛文五乙巳年（一六六五）六月吉日　　油日山寺中
成就院
本寺比叡山總持坊法流共　　照養院

進上

住心院様

目覚院様

灯明院無住

甲賀郡の郡鎮守油日神社では、右にみえるように社領が「甲賀乱之砌御公儀様の上り地」になっている。ここで言われている「甲賀乱」というのは、乱後に社領を寄進している中村式部少輔が甲賀へ入部したのが天正一三年であるから、それ以前ということは明らかである。おそらくは、天正一三年の「甲賀郡中改易」にともなうものと考えられる。こうした社領の上知は、その惣郷祭祀にも大きな影響を与えたものと考えられる。こうした一連の政策は、侍衆の存立基盤に大きな影響を与えた。

以上の状況のもとで侍衆はその身分の認定あるいは編成主体を失い、なおかつ身分そのものの存立基盤も揺るがされることになった。このような戦時体制の終息と、在地領主層の改易あるいは追放といった政策は、侍衆にとっては深刻な状況であったが、村落にとっては戦争の惨禍から救ってくれるものであった。それらの政策を喚起したのは前節でみた戦国最末期段階での村落の志向だったと考えられるのではなかろうか。

(2)「初期村方騒動」の構造と歴史的背景

しかし、その後も、村落から侍衆がいなくなったわけではない。近江等で近世初期の村落にかつての侍衆が広範に存在していたことが原田敏丸氏によって明らかにされている。[39] かつて、甲賀郡中惣を構成した山中氏が在村に残った宇田村周辺では、侍衆が滞留しており、山中氏の同名、若党が近世段階でも残存あるいは再生産されている。[40]

以上の状況は、山中氏のように旧在地領主層が残った地域に限ったことではない。甲賀郡近隣の蒲生郡下大森村では侍衆が、百姓方との出入りに際して「侍衆きわめ之事」[41]を作成し、「壱人なりとも百姓かたへなり候ハヽ」、つまり百姓方につくようなことがあれば、「しばつ」（処罰）するとの旨等を定め結束をはかっている。この他では、近江栗太郡手原村の侍衆は「連判定書」を作り、百姓とは同じ役を勤めない旨等を誓約している[42]。こうした事例からは、百姓とは自分たちは違う身分であるといった意識を、侍衆がもっていたことが明らかであろう。侍衆は、自らの身分を認定してくれた主体を失いつつも、集団としての結束をみせていたのである。ただ、この段階での侍身分というものは極めて不安定なものであり、それだけに殊更こうした掟書を作成することで「一身同心」して、自分たちの身分を主張していく必要があったと考えられる。しかし、そうした彼らの主張は、村方とは当然のごとく相容れないものであり、摩擦を生ずるのは必然的だった。

〔史料八〕庄屋侍分・百姓方出入ニ付扱状（中野家文書）[43]

覚

一、今度庄屋侍分と百姓方出入□、去四月〔　　　〕御裁許之上ニ而御条目頂戴以後役方手違申事御座候而、百姓方ゟ目安指上ケ申候分ニ罷成、御吟味之上ニて急度可被仰付処、我々共罷出目安申請役方よりまかセ状を請取扱申候、自今以後ハ御条目頂戴之節□□行様ゟ被仰渡候通ニ相守可被申候、

一、侍分ハ籠廻シ・荷物持申候儀御免之事、

一、草津石部へ夫役ニ参候儀侍分御免之事、

右弐ケ条之外百姓並ニ相勤被申候筈也、

貞享元年（一六八三）子ノ六月十二日

中野村庄屋　庄右衛門（印）

神免村庄屋　新　　介（印）

平野村庄屋　三右衛門（印）
牧　村　庄　屋　久　次　郎（印）

芝原村　庄　兵　衛殿
　半右衛門殿
　三左衛門殿
　　惣百姓中

〔史料九〕膳所藩奉行中裁許状写（芝原区有文書）(44)

一、金銀米銭之入用者高掛に可致事、
一、人足役者家別に出し可申候、但奉公人之分ハ足役をゆるし可申候事、
一、佐右衛門儀者庄屋致候内足役をゆるし可申候、庄屋不仕候ハヽ、侍分之並たるへき事、
一、伊兵衛・久右衛門・市右衛門三人者侍分ニ候間、肩之上之役儀をゆるし足役を可相勤、但堤・井溝之普請致候時もつかうをハ持可申候事、
一、御免状村中に見せ、地下割百姓中立合可仕候事、
一、御年貢米納方面〻に請取之通帳を相渡し可申候事、
一、今度庄屋と小百姓出入仕候ニ付、双方申分承届、
　右之通申付候間堅可相守者也、
貞享元（一六八三）甲子年四月廿一日

榊　原　新　八　郎　御在判
中神藤左衛門尉　御在判
村松伴右衛門尉　御在判
高橋彦右衛門尉　御在判

芝原村庄屋

小百姓中（以下略）

史料八・九は、近江栗太郡芝原村でおこった貞享元年（一六八四）の関係文書である。史料八の一ヶ条目によると、当所の騒動は史料九の裁許状でもって解決したが、極められた役の勤め方について手違いがあり、再び近隣の庄屋衆が扱いに入って作成したのが史料八の扱状である。本騒動は、庄屋個人と「小百姓」の対立ではなく、史料八の一ケ条目に「庄屋侍分」とあるように、「庄屋侍分」と「小百姓」の集団間の社会構造的対立として惹起されているのである。

次に、その争点となっているのは、役の負担の免除特権の扱いである。史料九の四ケ条目に「侍分に候間、肩之上之役儀をゆるし足役を可相勤」とあるのは、侍身分の持つ免除特権を示すものであろう。同様に、史料八の二・三ケ条目においても「侍分」の身分的特権が認められている。結果的に、本騒動を通じて、こうした「侍分」の持つ身分的特権は一部を除いて「百姓並」とされ、縮小の方向に進みつつあったと考えられる。付け加えておくと、庄屋が侍分から出ていたため、年貢の割付もまた争点とされているのであろう。

水本氏が理念化した元和・寛永期の大和国平群郡五百井村における村方騒動(45)の庄屋大方家と年寄中・百姓中という対立の構図もまた、芝原村と同様にその歴史的背景には侍衆の由緒をひき、その利益を守ろうとする大方家とそれを打破しようとする村惣中の対立に読み替え得るものである。多少の時期のずれはあっても戦国期の侍衆というタテの編成原理のなかから生み出されてきた身分は、初期村方騒動を通じて村落共同体という地縁的身分集団の論理によって呑み込まれていったと言えよう。

おわりに

最後に、これまでの総括を試み、本稿を擱筆することにしたい。これまでみてきたように戦国期の侍身分は、まさに戦場のなかから創り出されてきた身分だった。動乱の時代であった一五、一六世紀を特徴づけるものとしてとらえるものと言える。そうした侍身分は、統一政権によって戦時体制が解消され、その後の兵農分離、初期村方騒動という過程を経るなかで解体されてくると考えられる。第三節で検討したように初期村方騒動は、まさに侍衆にみられる、戦国期の身分変動の結果の精算、地縁的共同体の原理によるタテの身分編成の原理の否定としてとらえ直せるのではないだろうか。すなわち、ここで近世の身分はそれが属する共同体によって決定される、百姓の身分は村が決めるという朝尾直弘氏の理解[46]にある段階にここに来て至ったと言える。

そうした視点からとらえた時、兵農分離体制の確立も戦国最末期の段階から一七世紀中葉の段階までのスパンのなかで考えて行くべきものではないのかという点をあらためて強調したい。甲賀郡でも在地に残った山中氏等の一部の旧在地領主層が「古士」[47]格を江戸後期に認められたりするが、全体としてこれ以降の地下の侍身分は、新たに身分意識を高揚させることなく百姓身分のなかに取り込まれていったのである。

(1) たとえば、朝尾直弘「兵農分離をめぐって——小領主層の動向を中心に——」(『日本史研究』七一号、一九六四年)、大山喬平「室町末・戦国初期の権力と農民」(『日本史研究』七九号、一九六五年)、村田修三「兵農分離の歴史的前提」(『日本史研究』一一八号、一九七一年)等。

(2) たとえば、『戦国の作法』(平凡社、一九八七年)に所収されている藤木久志氏の一連の業績等。

(3) 『歴史学研究』六七四号、一九九五年。

(4) 「中世後期の村請制について」(『歴史評論』四八八号、一九九〇年)。

(5)「中世後期の侍身分と兵農分離」(『歴史評論』五二三号、一九九三年)。
(6)「『惣国一揆』と『侍』身分論」(『歴史評論』五二三号、一九九三年)。
(7)以下、本稿では一五、六世紀段階の在地社会から生み出されてくる侍身分、言うならば在地の侍衆について検討していくわけであるが、当該階層の呼称については、繁雑をさけるため単に侍衆とのみ記す。また、本稿で言う侍衆は、中世前期における「凡下」身分とは明確に区別される「侍」身分とは全く別概念のものを想定している。この点、あらかじめお断りしておきたい。
(8)「多賀大社文書」(東京大学史料編纂所架蔵影写本、以下、東影写と略記する)。
(9)注(5)稲葉論文。
(10)東京大学史料編纂所架蔵写真帖(以下、東写真と略記する)。
(11)『新修五条市史　史料編二』。
(12)天正一一年(一五八三)多喜資忠等連署判状(東影写「坂上市太郎所蔵文書」)。
(13)「戦国時代の小領主」(『日本史研究』一三四号、一九七三年)。
(14)『山中文書』三八六号(東写真。参考のため、『水口町志・下巻』の山中文書目録番号を付す。同文書一〜三〇〇号については、同書で翻刻がされている)。
(15)臨川書店本による(以下、同じ)。
(16)注(5)稲葉論文。
(17)『重要文化財油日神社本・楼・拝門及廻廊・殿修理工事報告書』(滋賀県教育委員会事務局社会教育課、一九六二年)による。同報告書に翻刻がなされている。
(18)『枚方市史・第五巻』。
(19)注(6)湯浅論文。
(20)「中世後期在地領主層の一動向——甲賀郡山中氏について——」(『歴史学研究』四九七号、一九八一年、のちに『中部大名の研究　戦国大名論集4』所収、吉川弘文館、一九八三年)。
(21)『甲賀郡志・上巻』。

(22)「用水支配と小領主連合」(『奈良女子大学文学部研究年報』一六号、一九六三年、のちに『中部大名の研究　戦国大名論集4』所収、吉川弘文館、一九八三年)。
(23) 寛正四年(一四六三)一二月一二日「得珍保名主百姓等言上状案」(「今堀日吉神社文書」、『今堀日吉神社文書集成』六〇二号)。今堀得珍保の図師職を谷氏とする点や本史料の位置、具体的経過については、仲村研『中世惣村史の研究』(法政大学出版局、一九八四年)「第十章　守護六角氏の支配と得珍保」の分析によるところが大きい。
(24)「今堀日吉神社文書」(『今堀日吉神社文書集成』三〇〇号)。
(25) 大永五年(一五二五)八月七日「早崎村百姓等起請文」(「竹生島文書」)。
(26)「堅田本福寺旧記」(笠原一男『真宗における異端の系譜』、東京大学出版会、一九六二年)。
(27) 欠年七月二二日「中村儀種書状」(『菅浦文書』九〇一号)。
(28) 永禄一一年(一五六八)一二月一四日「菅浦惣中壁書案」(『菅浦文書』九二五号)。
(29)『今堀日吉神社文書集成』一一五号。
(30) 永禄一三年三月二四日「大原同名中与掟」。石田善人「甲賀郡中惣と大原同名中惣について」(柴田実先生古稀記念会編『柴田実先生古稀記念　日本文化史論叢』所収、一九七六年)に全文翻刻と史料の背景について解説がある。
(31) 天正六年(一五七八)一一月六日「下市地下掟」(『下市史・本文編』)。
(32)「多聞院日記」天正六年(一五七八)一〇月二八日条。
(33) 享保六年(一七二一)二月日「山中家相伝居屋敷由緒置文」(「山中文書」二七八号)。
(34)「多聞院日記」天正一三年閏八月二四日条等、この間の大和在地領主層の動向は、朝倉弘著『奈良県史一一・大和武士』(名著出版、一九九三年)が詳しいので、そちらをご参照いただきたい。
(35)「多聞院日記」天正一三年(一五八六)閏八月二四日条。
(36) 天正四年(一五七六)の「柴田勝家掟書」(「大連三郎左衛門家文書」、『福井県史・資料編四』)等は、このような政策の線上にとらえ得るものであろう。
(37)『甲賀郡志・下巻』。
(38) 近世段階では、侍衆の由緒をひく者、言うならば旧侍衆と称すべきものであるが、本稿では以下そのまま侍衆と記す。

(39)「近世の近江における侍分百姓」(『彦根論叢』八号、一九五七年）等。近世近江の「侍分」については原田氏による多大な研究成果がある。本節の分析も、その成果によるところが多い。
(40) 山中氏の同名、若党と言った制度が近世においても残存していることは、年月日未詳「山中同名衆交名」(「山中文書」二七二号)、年月日未詳「山中家若党交名」(「山中文書」四五六号）等からわかる。また、近世山中家の被官については注(13)の村田論文でも論及がある。
(41) 元和三年（一六一七）一二月一二日「下大森侍衆法度」(「山田義雄家文書」、『八日市市史・第六巻』)
(42)『滋賀県史・第五巻』。
(43) 注(39)原田論文所収。
(44)『栗太郡志・第二巻』〔編者注：但し、『栗太郡志』刊本とは異同が多い〕。
(45)「初期『村方騒動』と近世村落」(『日本史研究』一三九・一四〇合併号、一九七四年)、「土免仕法と元和・寛永期の『村』」(『日本史研究』一九六・一九七号　一九七八・七九年)。両稿共に、のち『近世の村社会と国家』(東京大学出版会、一九八七年）所収。
(46)「近世の身分制と賤民」(『部落問題研究』六八号、一九八一年)。
(47)「山中文書」四三九・四四六・四四七・四四八号等。

第五章　中近世移行期の在地祭祀と地域社会——大和国平群郡の事例から——

はじめに——本稿の視角と課題——

近年、「地域社会論」という視角が重視されつつある。中世史においても、「地域」という枠組みから、これまでの研究成果を総括し、新たな展望を示そうとする試みがみられている。(1)こうした枠組みは、これまでの議論を再構成するうえで有効なものと考えられる。しかし、いまだ「地域」を形成する個々の村の内部構造、階層矛盾への視角がとりいれられず、またその変容が考慮されず中近世移行期における社会秩序の転換を十分に説明できていない等課題が残されていることも否めない。

そうした課題をふまえたとき、今後重要なポイントとなるのが中間層論と考えられる。かつて、中近世移行期における社会秩序転換の方向を決定づけたものとして、中間層に着目する動向がみられた。(2)それは、内部構造に視角を据え、社会総体をその形成主体から見通そうとするものであった。こうした視点は、今もなお重要であると考えられる。この間も、かつての小領主論や地主論をふまえて、在地の侍身分へ着目する動向があり、中世後期から近世初期にかけての村の侍衆の存在形態が明らかにされつつある。(3)ただ、こうした侍身分をどう「地域」のなかに位置づけていくかという点ではいまだ十分に議論がつくされていないと思われる。

そこで、本稿は、当面の課題として、①村々のつながりによって形成された「地域」を、そのつながりを形成した主体、つまり中間層を中心に内部構造の視角からとらえ直す。②それがいかなる形で近世へ展開していったのかを明らかにすることを試みようとするものである。

素材としては、大和平群郡法隆寺近郊の庄々をとりあげて前記の課題を考えてみたい。

一　在地祭祀と地域社会の身分階層

(1)「三里」「三里八講」について

法隆寺周辺の庄々は、惣鎮守竜田神社において法隆寺等と共に「竜田三十講」という共同祭祀をおこなっていた。その奉仕組織の一つに「三里八講」がある。これは、五百井庄、服部庄、丹後庄、三ケ庄の共同祭祀組織であった。(4)

三ケ庄は、いずれとも①領主関係は極めて錯綜しており、また在地領主の在村はみられない。②そして一庄一村型の小規模庄園であり、③錯綜した耕地景観を示している。④文禄検地期では出入り作が激しい。特に服部村から五百井村への入作人は四〇人と五百井村の名請け人五一人と比べてもほぼ同程度である。さらに、丹後村から五百井村への入作は服部・吉田に次いで七人である。(5)

こうした状況にある三ケ庄のつながりは、竜田会の奉仕組織というだけでなく、独自に様々な機能を果たしていた。早くに鎌倉期においては、共同で灌漑施設の工事をおこなっている事例がみられる。(6)また、遅くとも一六世紀初頭には、農民金融、頼母子講としての側面を持つようになる。(7)

さらには、その共有財産として講田を持っている。

○「三里八講」講有田（各年八講納帳・大方家文書より作成）

神田、六ノツホ、キタクラワセ、アシタ、コイツミカイト、イヲノイカイト、タンコ、イノモトカイト、ヤ

シキ、タイコンタウ、ニシノカイト、イヲノイハタケ、ハチコハタケ、ニシウラノカイト

当初は、九筆の講有田があり、その後、買得等で若干の増加があり、戦国末期には一四筆となっている。それは中世を通じてほぼ固定されていた。こうした共有財産の存在から言っても、三ケ庄は政治的にも、経済的にも、また先の出入作関係等から言っても生活空間として一体化した関係にあったのである。「三里八講」という在地祭祀は、そうした関係の中核、精神的紐帯だったのである。

(2)在地祭祀と地域の身分階層

このような「三里八講」を支えていたのは、「ケッシウ」（結衆）と呼ばれる存在であった。「三里八講」には、「ヲトナシウ十人」によって作成された天文二二年（一五五三）の「ミサトハッカウヲキテノ事」という運営を定めた掟書があるが、それよると「三里八講」の「ソウイトナミ」の用途米は「ケッシウニンヘツ一升ツヽ」賦課されていたという。では、こうした結衆とはいかなる存在だったのだろうか。

次にあげる史料は、長禄二年（一四五五）に「大方助次郎」が書き記した「西之庄田数日記」という記録のなかにみられる五百井庄の「大百姓」（おとな百姓）成の規定である。

【史料1】

一　いしはしの庄百姓の事、大百姓十八人にさたまり候、此百姓ニハうちなくしてハゑならす候、たとひうち候へ共いしはしの庄のうちに田を五反もち候ハてハゑならす候、百姓ニなり候時、壱石弐百文入事候、壱石ハ庄屋の得分、二百文ハ百姓たちの酒ニまいり候、兄弟いくたりも候へ、一人ならてハゑならす候、

これによると五百井庄には、「大百姓」が一八人いたことがわかる。近世の村明細帳よると五百井庄は、文正〜天正期で家数五七軒(8)、文禄検地における五百井村在住の名請け人で五一人である。この点から言って、一八人と

いう数字はかなり限定されたものと言えるだろう。しかも、このおとな成には、庄内に田を五反持っていなければならない等厳しい財産規定がある。五百井庄は、長禄三年（一四五九）段階で田畠合わせて一四町余り、文禄検地で田地九町余りであり、この五反という数字は、新たなおとな成を極めて困難にするものであったと考えられる。

五百井庄は、このような「大百姓」と小百姓の二階層に階層分化していたのである。おそらく服部や丹後も、同様な状況にあったと思われ、「三里八講」の結衆は、こうした三ケ庄のおとな層、つまりは地主層が出仕していたものと考えられる。そして、これら結衆の中枢として存在していたのが、先の掟書の作成者である「ヲトナシウ十人」と呼ばれる存在であろう。

(3)祭祀の役負担とその意義

こうした結衆は、講の祭祀を運営していくうえで、「ネンヨ」（年預）や「トウニン」（頭人）、頭役あるいは講田作人といったいくつかの役を果たしていた。

[一]年預、頭人、頭役

この内、年預と頭人あるいは頭役は、おそらく同じ役と考えられるもので、講祭祀の運営を取り仕切る存在だったと考えられる。

表1は、勤仕者の名がわかる天正一七年（一五八九）から寛永二一年（一六四三）までの頭役勤仕者の一覧である。これらは、前述の「ヲトナシウ」一〇人のなかから勤めていたものと考えられる。五百井庄で言えば、前述の五〇数件という家数から言っても、頭人を勤めた階層が極めて限定されたものであることが言えるだろう。

この内、大方助次郎と大方助左衛門、大方助右衛門は大方家の一族である。大方家は、五百井庄の中世庄屋を

表1　三里八講頭役勤仕者一覧

和暦(西暦)	頭　　役	在　　所	備　考	新　　頭
天正17年(1589)	ケン三郎			
18年(1590)	森井四郎三郎	服　部		
19年(1591)	甚三郎	五百井		甚九郎(五)
20年(1592)	中屋助次郎	服　部		
文禄2年(1593)	甚九郎	五百井		
3年(1594)	道仙房	五百井		
4年(1595)	中屋真入房	服　部		
5年(1596)	左近	五百井		五郎(五)
慶長2年(1597)	兵衛	五百井		大屋善七郎(服)
3年(1598)	五郎	五百井		
4年(1599)	大屋善七郎	服　部		
5年(1600)	大方助次郎	五百井	(庄屋)	大方助右衛門(五)
6年(1601)	源三郎	五百井		清三郎(服)
7年(1602)	大方助右衛門	五百井		
8年(1603)	清三郎	服部高イト		
9年(1604)	甚九郎	五百井		
10年(1605)	甚三郎	五百井		甚六(五)、新三郎(服)
11年(1606)	助次郎	服　部		
12年(1607)	甚六	五百井	連署	
13年(1608)	新三郎	服　部		
14年(1609)	善七郎	服　部		
15年(1610)	甚六	五百井	連署	
16年(1611)	新三郎	服　部		
17年(1612)	藤四郎	五百井	年寄	
18年(1613)	左右衛門	五百井		
19年(1614)	源五	五百井		
20年(1615)	甚九郎	五百井	連署	
元和2年(1616)	中屋	服　部		
3年(1617)	大屋善七郎	服　部		
4年(1618)	大方助左衛門	五百井	庄屋	
5年(1619)	甚六	五百井	連署	
6年(1620)	新三郎	服　部		
7年(1621)	藤四郎	五百井	年寄	
8年(1622)	(大方)正ト	五百井	(庄屋)	
9年(1623)	中屋(大屋)	服　部		
10年(1624)	大屋善七郎(中屋)	服　部		西浦喜衛門(五)
寛永2年(1625)	(大方)助左衛門	五百井	庄屋	
3年(1626)	喜衛門(新頭)	五百井	年寄	
4年(1627)	甚六	五百井	連署	
5年(1628)	新三郎	服　部		
6年(1629)	藤四郎	五百井	年寄	
7年(1630)	喜右衛門	五百井	年寄	
8年(1631)	大方正ト	五百井	(庄屋)	
9年(1632)	中屋助二郎	服　部		
10年(1633)	大方助左衛門	五百井	庄屋	
11年(1634)	新三郎	服　部		
12年(1635)	藤四郎	五百井	年寄	
13年(1636)	喜右衛門	五百井	年寄	

14年（1637）	大方正ト	五百井	（庄屋）	
15年（1638）	（大方）助右衛門	五百井		
16年（1639）	新三郎	服　部		
17年（1640）	中屋庄二郎	服　部		
18年（1641）	藤四郎	五百井	年寄	
19年（1642）	喜右衛門	五百井	年寄	
20年（1643）	庄二郎	服　部		
21年（1644）	（大方）正ト	五百井	（庄屋）	

注１：「大方家文書」各年八講帳より作成
　２：備考欄の庄屋年寄は、その前後で庄屋年寄を勤めている者。（庄屋）は、元庄屋を勤めていた者。連署は、村内の免割目録に連署している「在所の年寄」である。
　３：新頭名の（五）は五百井居住者、（服）は服部居住者。

表２　文禄検地期の五百井村住人持高上位一覧

名請人	持高（石）	村内持高（石）
甚三郎	55.14346	13.88146
助	30.11362	6.97462
甚　六	15.6467	9.9737
甚九郎	13.9151	3.3711
源四郎	13.5543	2.9623
源三郎	11.8517	5.447

注：「五百井村文禄検地帳」（大方家文書）より作成

勤める家であり、表２によると文禄検地では村内第二位の三〇石余りを持つ地主である。また甚三郎、甚九郎、甚六もそれぞれ一〇石以上の地主層である。また、源三郎も同様の存在である。いずれとも、五百井の上層に位置すると考えられる存在なのである。

服部の場合も、同様のことがうかがえる。服部で頭人を勤めている八人の内三人は中屋という一族あるいは同じ家の者である。この中屋は、元亀三年（一五七二）の法隆寺金光院御堂造営奉加には、服部庄から上納された五石余りの内三石を中屋が一家で出しており、同庄の庄屋と考えられる家である(9)。

これらの事例以外でも、慶長期以降をみると村役人あるいは「在所の年寄(10)」層が毎年のように頭役を勤めている。この点からしても、頭役、頭人という役を勤めることの地域社会における位置づけをはかりうるであろう。

（二）講田作人

もう一つ重要な役として、前述の講田を請作していた作人がある。

表３は、永正三年（一五〇六）から寛永二一年（一六四四）にかけての作人を村別にまとめたものであるが、これら作人については、以下のことが

表3　三里八講作人一覧

五百井(29人)
衛門次郎、三郎二郎、源五、又六、六二郎、サコ、サコノ太郎、サコノ二郎、サコノ三郎、サコノ五郎、サエモン、ヤ六、サイミチハウ、又三郎、タウキン、エモン、ヨ二郎、源三郎、源四郎、北房、やくめ、コ四郎、又二郎、定介殿、甚六、助、中、タツイシ、ニウタウスケ二郎
服部(7人)
中屋左近(サコ)、中屋サコノ二郎、中屋スケ二郎、ヤ三郎、ヨ三郎、新三郎、弥二郎
丹後(8人)
キヤウフ太郎、衛門次郎(エモン)、ヒコ二郎、スケ三郎、二郎四郎、又七、サコノ二郎、ヤ三郎

注：各年八講納帳(大方家文書)より作成

言える。まず、①朝倉弘氏がすでに指摘するように、結衆のなかの輪番による耕作とは言えない[11]。②年預や頭人は、作人のなかから出ている。たとえば五百井の源三郎・甚六あるいは、服部の中屋助次郎は、表1にもその名がみえる。また、③近世においては頭役が、作人を勤めている場合が多い。慶長期以降の「神田」や「六ノツホ」の作人は、元和期以降は変化があるものの、頭役が作人を兼ねている[12]。

　個々の作人についてみると、五百井で作人を勤めている者、たとえば助は、前述の大方家の一員であり、文禄検地期で持高三〇石余りの地主である。この他でも、表2によると源四郎は一三石余り等というように、頭人と同様にかなり大きな経営規模を持つ地主層である。

　つまり、頭人あるいは作人についても、その役負担は多くの経済的負担を伴ったものであり、地主層でなければ経済的に困難であったのである。特に頭人の場合、元和二年(一六一六)には、講田の毛付きが良くなかったため、頭役が自分の「ワキマエ」にて営んでいる[13]。このように年によっては祭祀執行の用途を全て負担する必要もあったわけで、それなりの経済的力量を要求されるものであった。

彼らにとって、この役負担は地域社会における一つのステータスだったと考えられる。「三里八講」は、このような三ケ庄の地主層の横の連合と位置づけえる。三ケ庄は、前述のように一庄一村型の庄園であり、惣庄的なものとして「三里八講」組織があったと言えよう。また、その運営は掟書の末尾文言に「コノヲキテ衆中トシテ定ヲキ申候」[14]とあることからも明らかなように、頭人を勤めることができた階層、「ヲトナシウ」一〇人の衆儀、つまり構成員の平等性を前提としておこなわれていたのである。

二　戦国期における「頭人」層の位置

本節では、三ケ庄の枠組みを祭祀とは違った水利という面から検討していく。

(1)頭人層大方家とその政治的立場

【史料2】

石橋庄井水之事

龍田殿被仰候処、自筒井殿此事可致沙汰ニて候処ニ、成心院中人として、以先例井水を五ニわけて、二をは戸のうらへおとし、三をは五百井の助二郎方へくたされ候、此水を一をはこ吉田ゑおとし、又一をは志んわんとはつとりの庄と二にわけてくたし候、のこり一をはいしはしの庄へ入候、此事龍田殿・筒井殿、たつたとのよりは南殿・兵庫殿御出候て戸の水を御はかり候、又筒井殿よりおわ田殿、同じく助二郎と両人を上候て、むかしのことく水をわけ候事、かくれなく候、仍為後日支証、筒井成心院よりの御状そへ候て置候、まきれなく候、為又後日いかやの子細候とも、此御状を□て筒井殿へまいり、沙汰有へく候、

長禄三（一四五八）庚辰八月十日　定之　大助二郎（花押）

右にあげたのは、前述の「西之庄田数日記」に収められている竜田庄と五百井庄による竜田川の井水相論の記録である。ここで注目したいのは井水の分配法である。それによると「井水を五ニわけて」、二つを「戸のうら」（竜田庄の一部か）に入れ、三つを「五百井の助二郎方」へ下し、そこからさらに「こ吉田」（小吉田）と「志んわん」（神南）・「はつとり」（服部）に分けて、残りを五百井に入れるという取り決めがなされているのである。つまりは、五百井と服部、そしてこの他小吉田、神南という庄々は、「五百井の助二郎」を中心とする水利関係で結ばれていたのである。

そのような枠組みの中で、水利を握る「五百井の助二郎」の立場は卓越したものであったのではなかろうか。この周辺地域は、用水の多くを竜田川水系によらざるをえない状況であり、それだけに、水利権を握っている「助二郎」の立場は周辺地域において強いものだったと考えられる。

この「五百井の助二郎」とは、「西之庄田数日記」の作成者「大方助次郎」のことであり、前述の大方家の惣領と考えられる人物である。大方家は、「三里八講」の頭人、あるいはヲトナ衆としては他の頭人を勤める家等と同列にあったわけであるが、水利という違った角度からみると、このように地域社会のなかで卓越したものとして立ち現れてくるのである。また、政治的にみても、中世庄屋としての大方家は、年貢算用を単独で行う等様々な機能を「庄屋請」としておこなう等卓越した存在であったのである。(15)

（2）大方家の政治的基盤

そうした大方家の立場を支えたものは、当地を支配する国人の筒井氏との関係にあったと考えられる。大方家文書のなかには、筒井氏にしたがって数々の戦に出たことを記す由緒書が見られる。(16)さらには、それを裏付けるものとして表4にまとめたように、大方家には筒井氏からくだされた知行宛行状が残されている。(17)それによると

表4　大方家宛知行宛行状一覧（大方家文書より作成）

和暦（西暦）　月　日	知行内容	差　出	宛　所	備　考
長享3年（1489）6月3日	興富庄神主山半名	筒井順尊	大方左衛門尉	写1通有り
天正4年（1576）12月18日	堀江源六跡職一円并被官、河原庄入地分	筒井順慶	稲地主水	写1通有り
天正10年（1582）9月2日	松川跡并小夫郷之内和田庄半分	筒井順慶	稲地主水助	写2通有り
天正14年（1586）3月8日	堀江源六・松川九郎跡職	筒井定次	稲地主水助	写1通有り
天正17年（1589）10月15日	阿閉郡湯舟跡職	筒井定次	稲地主水助	

遅くとも長享三年（一四八九）の段階、おそらくは長禄三年（一四五九）には被官関係にあったと考えられる。

ここで、在地祭祀の「ヲトナシウ」あるいは頭人として、地域社会における最上層の身分階層にある大方家は、筒井の被官というタテの権力編成と接触することで侍身分を獲得していたのである。(18)

近年の侍身分論では、こうした被官化を村のものとしてとらえる考え方が主張されている。(19) 確かに、大方家のような場合でもそうした側面が読みとれないわけではない。

【史料3】　（傍線筆者）

（前略）天正八庚辰六月十日ノ晩ニ小吉田村又三郎と申もの、彼水斗之石をはねおこし水を盗申候ニ付、筒井殿へ其由申上候へハ、六月十九日ニ為御穿鑿、小路殿・高山殿両人小吉田村庄屋宗五郎所へ曲事之旨被仰遣候、立野殿へハ今中殿・竹村殿両人を右同日御使被立御撰錯被成候、小吉田村ハ立野殿被官ニて候故如此、然者彼曲事人又三郎可被成御成敗旨候処ニ、既ニ致逐電候ニ付、此上者不及了簡候間、御才覚次第御成敗被成被下候様ニと、色々立野殿ゟ御理りニ而、則放状被出置候、（中略）其上堀へ水通申故ニ如此曲事を仕、立野殿迷惑仕候間、小吉田村之堀之堤之際ニ新溝を付、向後右之族無之様ニと立野殿ゟ御懇望ニ而、則立野殿ゟ藪田との・安村殿両人并小吉田村庄屋宗五郎被罷出、此方ゟハ小路殿・大方助二郎両人出合、同年七月十八日ニ縄はりを致、小吉田之未申ノ角ゟ辰巳ノ角迄堀之際ニ、同七月廿日ニ新溝を被付置候、此方ゟノ奉行ニハ少路殿ゟ大方助二郎并井司罷出候、小吉田村ゟハ庄屋宗五郎被罷出、新溝相付申候也、（後略）

右は、五百井が優先権を持つ小吉田の堀水を、又三郎という者が分水のための石を動かして盗んだ一件の記録である。[20] この一件の始末には、小吉田の在地領主立野氏と五百井側の筒井氏が介入しているが、傍線部をみると、その決着の際には小吉田から立野氏の御内と共に庄屋宗五郎が、五百井からは筒井の御内と共に五百井の庄屋大方助二郎が出ているのがおわかりいただけると思う。

これは、村落間交渉の際の窓口としての庄屋の位置をうかがわせてくれるものであるが、それはまさに庄屋を勤め、村を代表して働く地侍の姿としてとれるかもしれない。しかし、その前提に【史料2】にみられた大方家の竜田川用水に関する卓越した権益をおいて考えるならば、それが村のためというだけでとらえるものではないのは明らかだろう。その行為は、村のためという面も否定できないが、それはやはり自己の権益を守っていくものでもあったのである。

近世段階の村明細帳のなかには、「当村之儀」は「文正年中ゟ天正之比迄」は大方家に知行にくだされと記すものがある。[21] こうした由緒は、筒井氏との関係、それによって大方家が得たものを物語っていよう。

（3）大方家の基盤の脆弱さ

こうした大方家のような存在が村落領主化して村落共同体、あるいは三里八講という横の枠組みそのものを破壊するに至らなかったのは、被官化関係によったその立場の不安定性のためだと考えられる。つまり、大方家の被官主筒井氏の戦国期段階での立場が大和のなかで確立されていなかったことからくるものと考えられる。

この点は、竜田川用水相論の関係史料からもうかがえる。筒井氏在国時の天正八年（一五八〇）に筒井家の奉行中からくだされている裁定状は、「五百井諸百姓中、同大方助次郎殿」と記されている。[22]つまりは、大方家は諸百姓中とは別個に独立した形で記載されている。

それに対して、筒井順慶が松永久秀に敗れ、没落中の用水相論にかかわる松永方からの裁許状の宛所は、大方家が別個に記載されることなく、「五百井在所中」とのみある。[23]松永在国時には、筒井氏と共に大方家が没落していたか、あるいは存在していたとしても政治的に立ち現れえない状況にあったのではなかろうか。この事例は、五百井庄における大方家の不安定な立場を明確に示していると言えよう。大方家にすればそうした不安定性もあって、三里八講というような横の連帯にもありつづけなければならなかったのである。こうした状況は、戦国期の中間層、侍の身分的な流動性、不安定性を物語っている。

さらに付け加えておくならば、こうした大方家をめぐる不安定要素は、大方家そのものにとどまらず五百井をめぐる在地秩序にもすくなからず影響を及ぼしていたと考えられる。永禄七年（一五六四）には、竜田川用水をめぐって「筒井順慶様御牢人被成候」おりに「竜田村ゟ新儀を企押領仕懸」けられるという事件が起きている。[24]この事は、大方家を統合の主体とする五百井庄をめぐる用水秩序が、極めて不安定であったことを示していよう。

三　中近世移行期における「頭人」層と地域社会の転換

(1)大方助二郎の離村と「三里八講」の再編

天正一三年（一五八五）豊臣政権によって筒井氏の伊賀への国替がおこなわれる。それと共に、大方家を中心とした在地秩序も大きく転換していくことになる。[25]

大方家では、当該期惣領の助二郎政次が筒井氏にしたがい、伊賀へ移転する。そのことは、先に見た表４によると伊賀国湯船に所領を与えられていることからもうかがえる。[26]この移転は、大方家のあり方にも大きな影響を

売得物件所在地	売却理由
中カイト(五百井村カ)	年貢差し支え
風呂ノカイト(五百井村カ)	年貢差し支え
吉田領字尾崎	年貢差し支え
興富領字めらけ、字せん田	年貢差し支え
五百井村	年貢差し支え
タイコン堂〆二め	年貢差し支え
五百井村字藤の前他村内3カ所	年貢差し支え
興富領あらけ内2カ所、字八之坪	年貢差し支え
法隆寺領新在家	

及ぼした。たとえば、大方家が持っていた興留神主山の山入りの権利は、「御国替え時伊州へ罷越候ニ付、かりおくれ」たことにより失われている(27)。文禄期には大方家が庄屋を勤めている事例がみられるが(28)、その位置は大きく揺れ動いていた。

また、中世後期~戦国期を通じて、三ケ庄の枠組みを統合していた大方家惣領の離村のなかで、三里八講組織も大きな画期を迎える。天正一六年(一五八八)には「三里八講」の財政基盤であった講田が「キタクラワセ」と「シンテン」の二筆を残して「ケッシヨ」(闕所)処分に付せられるのである(29)。

この闕所は、天正一六年(一五八八)という年代からみて大和にあった豊臣秀吉の手によるものであったと考えられる。この処置は、単なる在地祭祀の弱体化ではなく、戦国期以来の三ケ村の頭人層による在地支配の解体につながりかねないものであった(30)。

しかし、そうした戦国期以来の在地祭祀の解体がすんなりと進んだわけではなかった。そのなかで、講組織の再編もはかられていく。その一つが新頭の加入である。「三里八講新頭人ニ付定置条々」によると天正一九年(一五九一)から元和一〇年(一六二四)にかけて八人が新たに加入している。この表1をみると、八人のなかには天正一九年に新入した五百井の甚三郎や慶長一〇年(一六〇五)に新入した甚六のような地主層、また大方助右衛門のような元々の有力構成員の一族を含むが、ここで講の再編をはかりつつあったと理解できるだろう。

表5　大方家宛近世初期売券

和暦(西暦)　月　日	差　　出	売得物件
慶長3年(1598)12月14日	五百井甚六後家	屋敷地作一円(2石9斗2合2夕)
3年(1598)12月14日	五百井甚六後家	畠地(2斗4升3合6夕)
7年(1602)3月29日	吉田庄屋宗右衛門家	水田(作)主職(2石4斗2升9合)
7年(1602)12月28日	服部村与七郎	水田(作)主職(2石9斗5升4合)
11年(1606)9月13日	新屋甚九郎	屋敷地(1石1斗8升5合9夕)
11年(1606)12月16日	久助	田地(9斗4升5合)
12年(1607)11月3日	五百井甚三郎、藤四郎	田地(6石8斗1升9合)
12年(1607)11月9日	五百井観春、甚六後家等	田地(3石9斗5升6合)
元和元年(1615)11月11日	法隆寺西南院	畠地(2石3斗9升8合)
合　　計		23石8斗3升2合7夕

注：大方家文書より作成

この時点においても、なお「三里八講」のつながりは、意味を失ってはいなかった。表1の慶長五年（一六〇〇）の箇所にみえるように、伊賀へ行っている大方助次郎までもが、頭役を勤めていることからもその事は十分にうかがえる。これは、伊賀で筒井氏の代官となってもなお在地性を捨てきれない大方家の限界を示すとともに、横のつながりの強固さを物語っている。

(2)「郷侍」百姓の形成

そうしたなかで、慶長一三年（一六〇八）筒井氏改易と共に、助二郎政次は「旧里五百井」に立ち帰り、帰農する。助二郎政次が、五百井に帰農できたのは一族が同地にあったからだと考えられるが[31]、慶長五年に頭役を勤めていることからわかるように、彼自身在地性を残していたからだと考えられる。

しかし、ここに大方家の侍として生きていく道は、完全に絶たれたといって良いだろう。前述のように文禄期の大方家は、甚三郎に次いで三〇石余りの高を持っており、それは村内二位の持高であった。しかし、甚三郎、甚六、甚九郎は、「甚」という名前の共通点からみて同族の可能性が極めて高く、その三人を合わせると持ち高八四石余りとなり、大方家が経済的に卓越した存在とは言えないもの

表6　大方家持高変遷

	持　　高（石）
文禄期	30.11362
慶長期	53.94632＋（α）→この時点で村内1位
延宝8	47.315　＋（村外分23.139？＋α）
元禄2	199.3892
6	224.811
12	89.603　＋（村外分23.139？＋α）
享保9	286.771　※但し、養子分108.061（村外分含む）が別にあり

注：大方家文書より作成

表7　五百井村近世初期免状宛所の変遷

和暦（西暦）	宛　　所	差　　出	備考
慶長13年（1608）	大方助左衛門とのへ、五百井村・服部村庄や百姓中	梅平右衛門子良	
14年（1609）	大方助左衛門殿	梅戸平右衛門	写し
16年（1611）	大方助左衛門とのへ、庄屋百姓中	梅戸平右衛門	写し
寛永3年（1626）	五百井村惣百姓中	富田小右衛門他3名	
明暦2年（1656）	庄屋惣百姓中	中坊美作	
元禄6年（1693）	庄屋百姓中	高木宇左衛門他1名	
7年（1694）	五百井村庄屋百姓	石原新左衛門	

注：大方家文書より作成

であった。

こうした大方家は、慶長期を一つの転換点として、しだいに力を回復していく。それは、同家の土地集積に端的に現れている。表5は、慶長期の大方家宛の売券の一覧であるが、それによると大方家は二三石余りを集積している。単純に計算して文禄期の持ち高に加えて、この時点で五三石余りになる。しかも、その売得相手は、甚六家、甚三郎家といったように文禄期の有力地主層である。甚三郎家の場合、六石余りをここで手放しているので、単純計算で四九石余りとなり大方家が一位に躍り出ることになる。

以上のことは、現存している売券においてであり、無役地の存在や、これ以外の移動の可能性を考えなければならないが、一つの目安とはなりうる事例と言えよう。また、それと共に、中世以来の山野にかかわる権利を回復し、また新たに自分持ちの脇田池という用水池を造成する等、生産条件の寡占化を進めている[32]。

その後も大方家は、土地集積を進め、表６にまとめたように最高時には養子分あわせて三九〇石余りの大地主になっていく。慶長期以降も急速に集積を進めていったのである。

しかも、その一方で、政治的にもその位置を強いものとしていった。表７は、近世初期の年貢免状の宛所の一覧であるが、慶長期のものは大方助左衛門殿というように助左衛門が別個に記されているのがおわかりいただけると思う。特に、慶長一四年（一六〇九）のものは助左衛門個人宛である。同一四、一六年のものは写しであるので、慎重にみていく必要があるかもしれないが、これらはまさに旧土豪の年貢個人請である。

ここで特に注目したいのは、次にあげる慶長一三年（一六〇八）の免状である。

【史料４】

一弐百卅八石五斗五升　　　服部村
　内壱石弐斗六升　　永荒
　拾五石　　　　　毛見中下
　此物成五石五斗
〆弐百廿弐石弐斗九升
此物成百八拾八石九斗四升六合
　八ツ五分成
物成〆百九拾四石四斗四升六合
一弐百三石四斗六升　　　五百井村

内八斗五升　　永荒
三石九斗三升　　新池分
五拾弐石四斗五升　毛見上中下下々うへ荒共ニ
此物成拾六石七斗五升五合
〆百五拾六石弐斗三升
此物成百廿九石六斗八升　　八ツ三分成
物成〆百四拾六石四斗三升五合
合参百四拾石八斗八升壱合　此外口米有
慶長十三（一六〇八）　梅　平右衛門
申十二月十二日　　子良（花押）
大方助左衛門とのへ
五百井村 服部村 庄や百姓中

その宛所は、「大方助左衛門との」と「五百井村服部村庄や百姓中」となっているのがおわかりいただけると思う。つまりは、五百井村、服部村両村分が一つの免状としてまとめてくだされているのである。これは、事実上両村分の年貢上納の責任が大方助左衛門に課されているものと理解できる。幕藩領主の側も両村が戦国期以来実質的に一体化しているのに対応し、年貢収取のシステムをそれにあわせているものととらえるのではなかろうか。

こうした状況下において、大方家はしだいに他の頭役層を経済的に圧倒、再びそのなかでも卓越したものとなっていく。かつての小領主論で描かれるような完全に抜きんでた「個」として立ち現れてくる姿は、まさにこうした慶長期の問題としてとらえていくべきものだったのである。

しかし、その一方で、政治的にみれば、そうした大方家の支配を許さない状況もまた生まれつつあったことも忘れてはならない。中世以来大方家がその基盤として持っていた侍身分の側面が失われた状況のなかで、「初期村方騒動」という形で、それは現出していく[33]。

おわりに――若干の総括と展望――

最後に、本稿の論旨のまとめと展望を示しておきたい。

「三里八講」を形成する三ケ庄のつながりは、灌漑施設の管理、在地祭祀の運営といった様々な機能を地域社会のなかにおいて果たしてきた。それらは、まさに近年の「地域社会論」、移行期村落論で描かれた村の自力、自律の世界である。

しかし、それは、大方家のような抜きんでた侍の家が主導したものだった。一つ見方を変えるならば、「三里」といった枠組みは、そうした侍の村落領主化の基盤ともなりえたものでもあった。あらためて指摘しておきたいのは、村のため、公共性という位置づけだけではなく、そこに隠れた大方家の領主化への志向、可能性をもあわせてみていかねばならないということである。今後とも、その両義性をどう理解していくかは重要な課題であろう。

（1）歴史学研究会中世史部会運営委員会ワーキンググループ「『地域社会論』の視座と方法」（『歴史学研究』六七四号、一九九五年）。

（2）たとえば、朝尾直弘「兵農分離をめぐって――小領主層の動向を中心に――」（『日本史研究』七一号、一九六四年）、村田修三「兵農分離の歴史的前提」（『日本史研究』一一八号、一九七一年）等。

（3）久留島典子「中世後期の村請制について」（『歴史評論』四八八号、一九九〇年）、稲葉継陽「中世後期の侍身分と兵農分離」（『歴史評論』五二三号、一九九三年）、湯浅治久「『惣国一揆』と『侍』身分論」（『歴史評論』五二三号、一九九三年)、池上裕子「戦国時代の村落」(『岩波講座　日本通史一〇・中世四』、岩波書店、一九九四年)。

(4) 竜田三十講、「三里八講」と五百井庄の概観については、朝倉弘「戦国期物結合の動向について」(『日本歴史』二〇六号、一九六五年)、『斑鳩町史・本文編』を参照いただきたい。

(5) 「五百井村文禄検地帳」(「大方家文書」)。以下、本稿で用いる史料で、特に注記しないものについては全て大方家文書による。本文書は、大方家において原本を閲覧させていただいた。その内容は『斑鳩町史』の他、舘鼻誠「大和国大方家文書　稿本」(平成三年度科研費補助金報告書『中世庄屋史料の研究』所収)に中世文書全部と近世初期文書の一部が紹介されている。本稿で用いた近世初期文書は、その存在を「稿本」やその解説によって知ったものが少なくない。

(6) 「嘉元記」(『史籍集覧』所収)。

(7) 売券等に「五百井服丹後三ケ所之頼支八講」(永正一〇年卯月二〇日「立田藤若磨田地売券」)と記されている。

(8) 天明八年七月一〇日「村反別并明細書帳」(「来田斉家文書」、『斑鳩町史・続史料編』所収)。

(9) 「金光院御堂造営奉加帳」(東京大学史料編纂所架蔵「法隆寺文書」写真帳)。

(10) 水本邦彦「土免仕法と元和・寛永期の『村』」(『日本史研究』一五四号、一九七五年)。このなかで、氏は免割目録に連署する階層を「在所の年寄衆」と称している。

(11) 朝倉、前掲論文。

(12) 各年「八講頭役帳」。

(13) 注(12)。

(14) 天正一六年卯月一二日「三里八講掟条々」。

(15) 同庄の年貢算用状としては、天正二年三月一九日付「五百井庄反銭反米御算用状写」があるが、庄屋の(大方)助二郎が単独で作成し、署判している。

(16) 年未詳「大方家家譜」等。

(17) 一覧の宛所に「稲地」とあるが、これは筒井順慶の妻が大方氏であるのを憚って、一時期大方家が稲地姓を名乗っていた時のものである。

(18) こうした侍身分の成立については、拙稿「中近世移行期における侍衆と在地構造の転換」(『ヒストリア』一五三号、一九九六年→本書第一部第四章）において検討した。
(19) 稲葉、前掲論文等。
(20) 天正一二年六月一一日「西之庄井手水覚書」所収。
(21) 注(8)。
(22) (天正八年)七月二六日松田成勝・沢田一兵衛連署書状。
(23) (永禄七年)六月二六日渡辺出雲守某書状。
(24) 注(20)。
(25) 『多聞院日記』同年条等。
(26) 助二郎が、慶長二年（一五九七）から一一年（一六〇六）にかけて伊賀で筒井家の代官を勤めていた際の史料が大方家文書のなかに数点みられる。少なくとも、この間は伊賀にあったものと考えて良いだろう。
(27) 年未詳二月日「興留山出入ニ付返答書」、年未詳九月日「興留山出入ニ付願書」等。
(28) 文禄期の五百井村庄屋が大方家の助という人物であるという点については、（文禄四年）九月一〇日「検地衆某判物」にみえる。本文書と、助が大方家の一員であるという解釈については「稿本」によった。
(29) 注(14)。
(30) この闕所処分の背景や歴史的意義については、注(18)の拙稿において検討した。
(31) 注(16)等。この間、弟助左衛門は帰農しており、もう一人の弟と考えられる正重は五百井の在地の土豪と考えられる石橋氏の養子となっている。
(32) 注(27)等。
(33) 注(10)の水本論文等。

〔付記〕　本稿は、一九九七年六月八日におこなわれた大阪歴史科学協議会大会における口頭報告を原稿化したものである。「三里八講」については大会後、舘鼻誠「村の動揺」（『荘園と村を歩く』、校倉書房、一九九七年）が発表されたが、本稿では検討することはできなかった。別の機会を期したい。

第六章　書評　坂田聡著『日本中世の氏・家・村』

本書は、家論、村落論と取り組まれてきた著者の処女論文を含む八〇年代から九〇年代にかけての業績がまとめられたものである。そのテーマは、表題が示すように中世村落、家を題材としたものであるが、しかし近代まで視野に入れた幅の広いものとなっている。さらには、詳しくは後述していくが歴史学という枠組みだけに収まらず社会学、民俗学といった隣接諸科学の成果にも目を向けており、村落史研究のなかでも出色のものとなっている。その内容は、評者の力量を越えた部分も少なくないが、小稿では評者なりの紹介と若干の感想を記すことで書評の任を果たすことにしたい。

一

まず、その構成を示しておくと次の通りである。

序　章　中世村落史研究の現状と本書の問題関心

第一部　家と村——主に丹波国山国荘を例に

第一章　中世家論の視角

第二章　中世村落の構造と家

第三章　氏連合的村落から家連合的村落へ——構成原理よりみた中世村落の歴史的変化の様相——

まず序章において、村落史研究の整理をおこない、本書全体の視角と立場を示す。中世村落の研究は非常に膨大なものであるが、一九七〇年代頃までを従来のものとして第一節で整理する。そこで、従来の研究が基本的には政治史的視角あるいは階層構造論的視角に限定され、「あまりにも抽象的かつ図式的にすぎ」たものであったとする。つづいて第二節では、一九八〇年以降の傾向を第二節において景観論、社会関係論、社会集団論の三つから整理する。そのなかでは、著者自身の研究は社会関係論のなかに位置づけられている。これは「家論、親族論、宮座論等、村人どうしの具体的な人間関係の解明をめざす研究」であり、「先祖代々相伝永続性をもった家が成立した中世後期に、家を基礎単位とした村落や、父系制的な家連合たる同族も形成され、日本民俗社会とでも呼びうるような伝統的な村社会が姿をあらわすとみる」立場をとるという。本書の問題関心や立場も、ここに現れていると言える。その上で、①これらの研究の大半が中世後期村落を対象としており、前期村落との関連が必ずしも明確になっていない点、②中世後期村落と近世村落の断絶を強調する従来の近世村落論と議論が嚙み合っていない点等が課題としてあげられている。二点とも、議論が中世後期に限定されてしまっているところからくると思われるが、きわめて的確かつ重要な課題点の提示である。

つづいて、第三節で本書の問題関心を示す。著者によると自身のこれまでの村落史研究に一貫していた問題関心は、「村人相互の人的結合関係を地縁的結合・血縁的結合といった抽象レベルではなく、具体的なレベルで把握するという」ことにあったという。これは、すなわち本書の問題関心でもあろう。この点をふまえて、以下本論の紹介にはいる。

二

第一部は、主として丹波山国荘を素材として中世百姓の家を通して村落の構成原理にせまろうとする。第一章はその総論にあたり、第一部全体の視角と立場、目的が示されている。まず第一節において家論の傾向を整理し、その確立期を明らかにする必要性を主張する。その目的は「日本文化論的観点から、永続性をもった家の成立過程に着目し、中世後期を通じてかような家が形成され、それが村社会の基礎単位になった」点等を明らかにすることにあるという。つづいて第二節で家論の視角から中世後期の位置づけがおこなわれている。そこでは、中世後期を転換点と位置づける時代区分を考えていくことにより、近代の相対化をはかる視角が提起されている。さらにそうした普遍的な問題にあわせて日本的な家制度の特殊性の部分についてもあわせて論じていくと結論している。時代区分認識等きわめて大きな問題までも視野に入れられた意欲的な問題設定となっている。

第二章は、永続的な家が何時成立したのかを明らかにし、中世前期村落と後期村落の段階差を確立しようとする。中世前期には夫婦は別の姓、財産をもち、それぞれ個々に上位の親族集団である氏に属し自立性をもっていた。それが戦国期になると①夫婦別財制は衰退し、家産が成立するという。②また百姓の定着性が強まり、家名としての苗字が成立する。ここに「安定的な屋敷地と固有の財産とを有しており、基本的には父子相伝により代々継承される」永続的な家が成立するという。中世後期村落はこのような家を基礎単位とするものであり、それに対して永続的な家が未成立な中世前期では基本的な単位としては「氏的な族集団」があったのではないかと主張する。

前章で明らかになった「氏」についてさらに検討が進められている第三章は、氏の役割をいくつか指摘し、それが家の連合体ではなく、女性を含む個々人を構成単位とするものであったことを明らかにしている。その上で当該段階の村落構成員に姓をもつ者が多くいたことを指摘し、「氏」がその基礎単位であったと主張する。著者は、この段階の村落の構造的特質を「氏連合的村落」として把握している。これは、本書を通じての最も重要な論点の一つである。そして、そこから中世後期への変化をあらためて確認している。ただ〔史料１〕から、「氏」の代表者によって村座が構成されているという理解を導き出している点については論証的に補強する必要性を感じる。確かに「氏」の存在はある程度論証されていると思われるが、本書の重要な論点だけに今少し論証が必要ではないだろうか。しかし、いずれにせよ「氏」を中世前期村落の構成単位として理解する提起はたいへん興味深いものである。

以上における中世を通じての分析を受けて、あらためて中世後期における永続的な家の確立期やその連合体である同族の起源について検証しているのが第四・五章である。第四章では百姓の屋敷地の安定化と永続的な家の成立が、苗字成立の前提条件であったこと、逆に言うと苗字の出現をもって永続的な家が成立していたことの証拠とみなしうるとする。また、同族は本家を中心として同じ苗字を名乗る集団であり、その起源が中世後期にあること等を明らかにしている。この点については、第五章において山国荘西家の家譜の復元から論証されている。この点、評者としても賛同を示したい。

第五章ではこの他、隣接諸科学の村落類型論への批判を念頭に、惣村をいくつかの原理が複雑にからみあった最も高度な組織編成をとる村落であり、日本民俗社会の典型的な村落であるとの主張がある。この点きわめて大きな問題であり、もう少し他地域も含めて検討を続ける必要があるのではないだろうか。

三

第二部は、葛川を素材として村落身分の具体的形態を明らかにしつつ、上層住民を中心とした村落の動向を論じている。

まず最初に、第一章において葛川研究の整理をおこなう。そのなかで従来の研究は、人民闘争史、荘園支配体制史といった限られた視角によっていた。それに対して近年の研究が「中世民衆の空間認識や村人相互の結合関係といった一般的な問題」を考えるものであったとする。ここに収められた各論文もこの問題関心によるものである。

第二章は、「根本浪人」という形で、住人身分とは区別され領主により認識されていた者が実際には有力住民であり、彼らを中心とした上層住民たちが村落共同体のなかで特権的な地位を維持しながら、在地における人間関係を広げていたことを明らかにする。そこから、彼らが「古老住人」と呼ばれ、「根本住人」や「根本浪人」といった領主の身分編成とは別次元の「在地独自の身分秩序」の中核にある存在であったことを主張している。その過程で、領主の身分編成とは必ずしも一致しない形で、それらの間に身分差があったことを指摘している点は重要である。鎌倉末の葛川には座的構造をもつ村落共同体が成立していたという。現在、村落内身分についてさかんに議論がなされているが、その基本的論文の一つと言えるものである。

次に第三章は、明王院が村堂化する過程をあとづけ、住人等の動向を明らかにする。鎌倉末期の葛川明王院では常住の黙許のもとに住人等の集会がおこなわれており、明王院は村落結合の基盤（村堂化）となりつつあった。南北朝期には常住は集会を黙許するばかりでなくすすんで集会を事実上指導する立場になっていったという。さらに一四世紀中葉には住人の集会も「評定衆」という形で制度化され、評定衆の指導のもと葛川は地下請を実現し、惣村となっていったと結論する。引き続き第四章では、その村堂化に大きな役割を果たしていた上層住民でもある明王院の山守、小常住にスポットをあて、その一五世紀における上層住民の政治的動向を検討する。そこでは山守のように武家被官となり地侍化し、評定衆を離脱していった者がいる一方で、小常住のように半僧半俗の準聖職者として在地住人の側面を持ち続け、なおかつその明王院の宗教的権威を背景に地主化していった者がいたことを明らかにする。彼らは、寺社勢力の支配を存続させる役割を果たしたが、一方で村落結合を破壊することもなかったと結論づける。準聖職者としての上層住民の方向性とその契機については、第五章における山門公人の分析のなかでさらに深められている。寺社勢力の在地支配において大きな役割を果たした山門公人は、古老住人と呼ばれる村落運営の実権をにぎる集団の一員であったという。そうした彼らが公人となっていった契機を、公人の地位が彼ら自身にとっても古老層内部における対立関係をのりきり、自らの立場を強化するためにも必要という点に求めている。そして、このような形で在地の対立関係の中で、寺社勢力の権威が必要とされる限り、その支配は維持されたと結論する。

以上、第三・四・五章は著者自身の整理によると「寺社勢力の末端論」として位置づけられている。ここで示された準聖職者としての方向性はこれまであまりふれられてこず、その意味で重要な論証である。

こうした葛川上層住民の結合の具体的形態についてさらに検証を進めたのが第六章である。そこでは、古老住人等がそれぞれの一族の中心として複雑な婚姻関係を取り結び、協力関係を保っていたこと。また政治的な面でも各単位村落の代表として「惣庄」の成員権を独占し、その合議により村政運営をおこなっていたことを論証しており、前の三つの章の分析をさらに深めている。

最後の第七・八章は近年の成果で、村落内身分を主として扱った第二部のなかでは若干趣を異にするものであるが、第七章は、村落間相論における「村の武力」を担う若衆組織の実態分析から、第八章は、ムラ・ノラ・ヤマの三重の同心円でモデル化しうる近世的な領域構成の形成過程から、それぞれ本書の課題とも言うべき中世後期、戦国期という段階の位置づけを試みたものである。

最後に、終章として本書の結論が①家論・親族論、②村落内身分論、③寺社勢力の末端論の三点からまとめられている。その内容をここで繰り返すことはしないが、著者自身による的確な内容整理がなされている。

四

以上、各章ごとに順をおって整理してきた。

本書は、政治史等従来の視角にとらわれることなく、人的結合関係を分析する際の人名を武器とした著者独自の方法論、着眼点からまとめられたものである。その論の進め方は、いたずらに何々層という階層としては処理せずに、個々人あるいは家を詳細に分析していくものであった。それだけに論証に説得力が感じられた。これは、本書の「……具体的なレベルで把握」という問題関心を如実にあらわすものであろう。この事は本来あるべき姿勢なのかもしれないが、あらためてその大切さを感じさせられた。

ここでは、本書の成果や意義のなかでも特に大きい二点についてのべておきたい。

まず第一には、構成原理から村落を分析する方法を提起したことである。これは本書の最大の成果であると思う。近年の村落論の傾向をみても、村の機能へ注目した研究は多いがそれを構成する原理を検討したものはあまりみられないのではないだろうか。本書では、中世前期村落を「氏連合的村落」、後期村落を家連合的村落として把握している。「氏連合的村落」については前述したように今後の検討の余地があると思われるが、こうした構成原理への着目は村落のとらえ方としては大変重要なものであることは否めない。従来からも政治史レベルで前期と後期の間の段階差をみることはできたが、ここで新たに民衆史レベルでもその段階差を確認できたことは大きな成果であろう。さらに、こうした構成原理への着目は著者が指摘しているように民俗学、社会学等隣接諸科学と問題関心を共有するものであり、我々歴史学の立場から村落研究にたずさわる者へ、その枠を越えた幅広い村落研究への道を開く重要な視角であろう。

そして、次に以上のような視角や方法によって中世村落の家や同族が復元されたことをあげておきたい。これまでも民俗学等隣接諸科学によるものも含めて、近世後期に例をとった家やあるいは同族の復元は比較的多く見られている。しかし、本書ではそれが中世のものとして復元されているのである。この点、大きな評価があってしかるべきであろう。評者は中近世移行期の研究にたずさわるものであるが、その関心に引きつけて述べさせていただくならば、特に興味深かったのは著者は不十分さが残ると言われてはいるが第一部第五章の「西家永代書留」を用いた中世末から近世前期西家とその親族関係の復元であった。これまでも中近世移行期村落研究については数多くの議論が進められてきたが、このように一個の家の歴史、人物史にここまでこだわり復元した成果はみられないのではないか。

以上、本書について評者として思うところを述べてきた。もとより、その意義や本書の魅力はここにあげたものにとどまらない。それらが、今後著者が進められる「家を基軸に据えた村社会論」のなかでどのような形で展開されていくのか、氏の次著に期待して小稿を終えたい。

（一九九七年一月刊、校倉書房、四二八頁、一〇五〇〇円）

第七章　書評　酒井紀美著『日本中世の在地社会』

はじめに

酒井氏は、これまで中世の在地社会、とくに村落間交渉の実態について精力的に分析を進めてきた。本書は、前著『中世のうわさ』に続く第二作である。本書の対象とする時代は一二世紀から一六世紀と幅広く、史料の発掘と精緻な検討により、様々な情報で取り結ばれた村落間社会を豊かに描き出している。うわさなどの情報伝達のあり方をとりあげた方法論は、著者ならではの面も少なくなく、その書評は私の力量の及ぶところではないが、ここでは筆者なりのまとめを試み、いくつかの疑問点を示すことで書評の任を果たしたい。

一　本書の構成

本書の構成は、Ⅰでは土一揆あるいは村落間の相論における一定の作法の存在、そしてそれによって結ばれた在地の関係を明らかにしている。Ⅱにおいては、検断をキーワードとして村々のつながりを明らかにする。そしてⅢは、ⅠやⅡにおいて明らかにした在地社会のつながりを形成する契機となる情報伝達のあり方を検討するという章立てとなっている。そのなかでも、ⅠあるいはⅡのそれぞれ第一章が議論の出発点、中心であり、第二章以降につながる分析視角が提示される形となっており、研究史的にも重要な問題提起がみられる。

その章立ては次の通りである。

まず序において、研究史の整理とともに視角が提示されている。著者の言葉を借りると「村落と村落は互いに関係しあい共存しながら中世社会を生きぬいた。強く結合することもあれば、鋭く対立して戦闘に及ぶこともある。互いに承認し扶助し合うときもあれば、厳しく拒絶し排除し合うこともある。相矛盾する関係が、そこには同居している」という、そうした関係のなかにこそ当該期在地社会の独自のあり方がみられるとし、以下その関係を解き明かす形で論は展開されている。

著者によると、本書は、一九七〇年代の研究が「どちらかといえば村落を単独の存在としてとらえ、領主と村落という関係を主軸に据えて、村落の内部構造や身分階層関係の解明に力」を注ぎ、階層分化の進展、矛盾の激化へと「ただ坂道をころがり落ちるだけであるかのように描いてきた」研究状況を受けて、新たな展開を模索したものであるという。ここに収められた各論稿は、一九七〇年の終わりから一九九〇年の終わりにかけて書かれたものである。この時期は、ちょうど村落論が停滞の時期を脱して中近世移行期村落論として再び盛んになる時期である。すなわち、どちらかと言えば村落の力量が否定的にとらえられていたとされる段階から、村落の政治的力量が高く評価されていく段階への転換期に書かれたものであり、随所にその主張点が強く現れている。ただ、著者の移行期村落像は、後述していくがⅠ第一章に強く表されているように藤木久志氏などの議論とは違いがみられ、独自の主張がなされている。

二　Ⅰについて

前述のように本書の出発点ともいうべき位置にあるのが、本書冒頭のⅠ第一章である。そこでは中世国家の解体、統一政権の成立が村落のあり方にどのような影響を与えたか、中近世の転換の意味を探る。その論点は、次の三点であろう。

①戦国期村落がおこなった相論が無秩序暴力的なものではなく、一定のルールを備えたものであった。
②その相論解決の決定権を村々が掌握していた。著者の言葉を借りると「相論の武力的対立の経緯を具体的に追いかけてみると、そこには在地社会が作り上げたルールのようなものが垣間見えてくる。……むしろ武力的決着をも含む方法を駆使して自分たちの側に決定権を保持しているところにこそ、中世在地社会の力量の核心があったのではないか」という。
③そうした村落の機能を否定するのが、統一政権の最大の課題であったとする。そのことによって初めて統一政権は唯一の決定権者として自らを位置づけることができた。

このなかでも①②は、本書において首尾一貫して主張されている点である。また、藤木氏の豊臣平和令が、何時の頃からか過酷なものとなっていった戦国期村落の自力から農民を解放する役割を担ったものと位置づけたのに対して、自力というものが農民にとって過酷なものとなっていったのはむしろ統一政権成立後であり、戦国期村落の自力を過酷なものとはとらえないと主張する（補論1「豊臣平和令によせて」など）。こうした見方は、著者独自なものであり、移行期社会の転換を説明する一つの見方である。

しかし、③に関して言えば、中近世移行期の転換という視角は、著者のその後の研究のなかにはあまりみられなくなる。本書所収の各論のなかでも残念ながら議論の深化はみてとれない。著者自身も、序のなかで移行期の転換をどうみていくかは課題として残ると言う点であり、今後の分析の深化を待ちたい。さらに、これは何も著者だけの問題ではないが、戦国期村落の自力を高く評価する場合、では統一政権登場の歴史的な意味、つまり著者の強調する成熟した自力をそなえた戦国期村落にとって統一政権とはいかなるものであったのかという疑問が生じざるをえない。

その後の、著者の議論は断絶させられたものへのこだわり、つまり戦国期村落が積み重ねてきた自力のあり方やそれをともなう村落間交渉の世界の解明へと向かう。その分析は、第二〜四章あるいはⅡのなかでさらに具体化されている。第二章では、村々の連合がいかなる契機で形成されてくるのかを論じる。そこでは、農民たちが損免要求などの様々な経験の積み重ねのなかから領主支配の枠組み（「庄家」）を越えた、次第に耕作者としての共通認識（「御百姓意識」）を得て、その行動形態を土一揆という大規模なものに展開させていったとする。

一方、第三章は村落間の相論の際に、相論解決のために様々な形で寄り合い、文書をとりかわすなどしている実態を論じ、そのような経験こそが土一揆のような大規模な結合形態を作り出す基礎となったと主張する。これは、対立の局面における経験のなかにも村落連合の基盤となるものがあったとの主張であり、序で述べられた著者の視角がよく表れている。

そして、まとめの第四章では村落間交渉を通して在地の力量を三つの点から論じる。一つは村がおこなった路次を塞ぐ行為の分析から、庄家の一揆、徳政一揆あるいは堺相論といったものが村落が示した多様な政治的行動の具現化として統一的に把握することを主張する。そして、そうした在地の行動の基盤となった合力などの関係は領主をも含み込んだ形で成立していたとする。また、中世後期には領主支配の根幹であった庄政所もまた在地の力量によって支えられる状況に至っており、それは村落間交渉の窓口としても機能していたとする。

三　Ⅱについて

Ⅱでは、検断のあり方から在地の力量を考える。第一章では、検断における風聞の位置づけから、中世の検断の重層性に着目する。そこでは、検断の第一段階として在地側の手によって、風聞に基づいた犯罪者の特定がなされ、それを起請文などの手続きを経て処理されていた過程を豊富な史料からあとづけている。その論点は、次の通りである。

①領主検断は、在地の村々のつながりのなかで形成される秩序維持機能と、それによる検断を基盤としていた。②在地の検断は、時として武力発動をともなうものであり、また在地側が領主検断を拒否することもありえた。③在地検断は、それを「私検断」として抑制しようとする領主検断との間にしばしば鋭い対立をもたらした。

領主検断と在地検断の関係については、法隆寺と近隣一七ヶ村の事例から具体的に描き出されている。そこでは、法隆寺が在地の自検断を吸収する形で自己の検断を発動しようとしていたとする。つまり、ここでは在地の側が領主検断権を請け負ったものではなく、在地の側に検断権があったとする点を強調しているのである。ただ、もし決定権が著者の主張のように在地の側にあるとするならば、それは在地の側が根源的に保持しているものなのだろうか。あるいは何時の段階で、どのような形で獲得されたのか、明らかにしてほしい気がする。また、領主検断権と在地の検断の関係については、むしろ領主検断権の分与により、在地の検断が可能となっているのではなかろうか。在地の集会での決定がなければ、本当に領主検断が不可能となる事態がありえたのか今少し論証の必要性を感じる。

次の第二章は、荘園領主の文書の中から村落による自検断を読みとる試みがなされており、そのなかで検断にかかわる村落内の諸階層の動きが描き出されている。そこでは、検断の仕組みが具体的に論証される他、村落の上層が沙汰人あるいは、年寄・老者といったいくつかの顔をもっていたことが明らかにされている。村落内身分への目配りなど、この段階での戦国期村落研究の成果が議論に組み込まれている。

なかでも、荘園領主のもとに残る荘園文書・惣村文書・上級領主との関係が中心に記された地侍の家の文書が、実際の中世村落のある限られた部分だけを拡大させ、強調したものであり、そこからそれぞれに特徴を持ったいくつかの類型的な中世村落を描くのではなく、この三種の文書を互いに欠落部分を補完しあうものとして位置づけ、そこから総体として中世村落に共通する像を見つけださなければならない、という指摘は重要な指摘であろう。

序の研究史整理で述べられている、村の機能を侍衆の活動に全て収斂させる最近の研究動向（いわゆる侍身分論、研究史整理が何を念頭においたものか全く明記されていないのでわからないが）への批判は、この指摘とも関連するのであろう。その指摘の重要さは認めるが、それでもなお浮かび上がってくる村々のつながりのなかにおける侍衆の重要な位置をどう考えるのか、本書の中では不明確である。異議を申し立てるだけではなく、ではどのように位置づければ良いのか著者の具体的な理解を今後示して欲しい。

最後の第三章は、「在地社会の検断」というテーマからすると、少し趣を異にしている。ここでは、籠名という寺社が在地を支配する際の手だての一つを検討しており、それが大和の寺社においてのみ立ち現れることを指摘している。むしろ、在地社会の検断と対立する領主検断を扱っている。

四　Ⅲについて

Ⅲは Ⅰ や Ⅱ でみられた土一揆など様々な行動を起こす契機となる情報伝達のあり方を明らかにする。

第一章は、中世のなかでうわさを意味する言葉の一つである「物言」という文言に注目する。その事例分析から、「物言」はまだ起こっていないが、近い将来世間の秩序を揺るがすような事件が必ず起きるといううわさであり、「風聞」や「雑説」とは違い、既成秩序への抵抗を準備し、それを突き崩す契機を作り出す力があったとする。具体的には、中世百姓の世界が個々のせまい荘園村落の中にのみ閉じこめられたものではなく、京都の情報すらも、京都と田舎を往復する商人などから得ており、よく知り得る環境にあったことを主張する。そして、百姓たちは近隣の村落が領主との交渉のなかで勝ち取った年貢減免などの情報を集めていたとする。なかでも、「物言」は荘内に不穏な空気をもたらし、領主への抵抗の動きを作り出すものとして警戒しており、規制の対象とされていたという。つまりは、このような情報伝達が、百姓が個々の荘園村落の枠をうち破った土一揆のような大規模な政治行動に出る原動力となっていたとするのである。

本章では、われわれが何気なく見逃してしまう文言から、実に豊かな中世百姓の情報世界が描かれている。何が村々を連合へと駆り立てる原動力となったのか、はたまたそれがなぜ可能となったのかを考えていく新たな視角を提示しており、本書の大きな成果の一つであろう。

一方、第二章は「政基公旅引付」を素材として、中世における情報伝達について検討する。具体的には「旅引付」の筆者である政基の耳にどのような形で情報が入り、そしてどのように記されているかを「旅引付」のなかにみられる文言から分析している。日記を史料として活用していくうえで、新たな視角を提示してくれている。

著者ならではの世界がもっとも色濃く現れているのがこのⅢといえる。一つの文言へのこだわりから、実に豊富な情報世界が提示されている。その方法論についての評価は筆者の力量でなかなかなしえるものではないが、今後のよりいっそうの深まりが期待される。

五

以上、その論点について、若干の筆者なりの意見をまじえながら述べてきた。この他、本論中ではとりあげなかったが、いささか本書のなかでは色合いの違う論稿が付論として収められている。

本書は、豊富な史料をもとに中世の在地社会像を描き出している。今後、中世の情報社会というものを考えていくうえで欠かすことのできない基本文献になるのは間違いないところであろう。

しかし、全体を通していくつかの疑問点も残った。本書では、自律化した村落のあり方を一二・三世紀にまで遡及させているが、はたして戦国期以降との段階差、時期区分は考える必要はないのだろうか。あるいは、そこまで自律化を遡及させることが妥当であろうかという疑問が生じる。たとえば、本書一五〇頁三行目から七行目にかけての論述で、一一・二世紀段階で在地独自に検断がなされていたと主張するが、いささか論証不十分である。また、この点ともかかわって、無い物ねだりなのかも知れないが、先に述べたように著者の主張する検断などにみられる在地の力量は何時の段階で、どのようにして獲得されたものなのだろうか、もう少し全体としても時期的変化を考慮していく必要を感じる。そして、やはり繰り返しになるが先に述べたように、成熟したとされる在地の力量が織豊期の社会転換のなかでどのように変わっていくのか。在地の力量をより明確に位置づけるためにも明らかにする必要があるのではなかろうか。

最後に疑問とも意見ともつかないことを述べてきたが、いずれにせよ本書は、現在の在地研究における一つの到達点を示しており、今後の議論の出発点となる問題提起も多く含まれている。著者の研究も含め、中世の在地社会研究がここからよりいっそう展開されることを期待して小稿を終えたい。

（一九九九年九月刊、吉川弘文館、三九〇頁、八四〇〇円）

第八章　書評　深谷幸治著『戦国織豊期の在地支配と村落』

はじめに

戦国織豊期の村落研究は、一九八〇年代における藤木久志氏の「自力の村」論以来活発に進められてきた。その論点は、戦国期村請、村落間交渉やまたあるいは戦国期と近世の連続性・非連続性といったものであった。こうした動向は村の機能やまた村と村をつなぐ社会を主にみていこうという視角によるものであり、村の自力をはじめとして多くの研究成果をもたらした。しかし、村のもつ内部矛盾などその内部構造がかえりみられることはあまりなかった。そのため、たとえば村の自力とよばれるものが、村のどの階層で実現されてきたのか、村の具体像がみえにくくなっていることも否めない。

そうしたなかで、近年「在地の侍」身分をはじめとして領主権力と在地村落の中間にある階層に関心が集まっている。その議論はまだ始まったばかりであり、個別事例の蓄積の段階であるが、前述の課題を考えるとその議論の展開は注目される。

本書の著者深谷幸治氏もその論者の一人である。氏は、長年近江国を中心として中間層と村落社会の研究にとりくんでこられた。その研究は慎重な個別事例の積み重ねであり、その業績により残存史料の希薄な織豊政権期近江の在地構造は少しずつ明らかになりつつある。本書はその集大成ともいうべき第一作である。その対象とする時代は戦国時代から織豊期を経て江戸時代前期にいたるまでという大変幅広く、地道な史料の発掘により豊かな社会像が描き出されている。本書のその書評は私の力量の及ぶところではないが、ここでは筆者なりのまとめを試み、いくつかの疑問点を示すことで書評の任を果たしたい。

一　本書の構成

本書の構成は、序論においてその分析の主対象となる「中間」的存在にかかわる概念規定と分析方法についての位置づけをおこなった後、まず第一部では領主権力による在地支配という視点から在地諸階層のうち、とくに領主権力と村落の「中間」にある「下代」の位置づけと存在形態の検討をおこなう。そして、第二部では村落の内部構造に視点を移し、当該期村落の運営と村落間結合という視点から「下代」を勤めたと考えられる在地「侍分」の存在意義を明らかにするというかたちをとる。それぞれ第一章が議論の出発点となり、問題提起をおこなったうえで全体像を描いた後に、第二・三章において分析が深められていくというスタイルをとっている。

その章立ては次の通りである。

序　本書の課題と視角

第一部　戦国・織豊政権期の在地支配

第一章　織豊政権期近江の代官支配

第二章　織豊政権期近江の在地支配と「下代」

第三章　織豊政権期近江の在地「侍分」

第二部　戦国・織豊政権期の村落組織と村落間結合

第一章　織豊政権期近江村落の組織維持と運営

第二章　「元亀の起請文」と村落主導層・村落間結合
第三章　織豊政権期から江戸時代前期近江の「侍分」と村方騒動
終論　結論と展望

序論において、本書の意図や課題について整理がなされている。
著者によると本書の対象となる戦国から織豊政権期にかけての時代は、政治・社会や経済などだけではなく、在地民衆の置かれている生活環境の変化という点からも重要な転換点となった時期であり、続く江戸時代の初期から前期を含む時期に、それぞれの段階における権力による在地支配がある部分では「変質」し、ある部分では「同質性」を保ちつつ連続していく時期であるという。かつての中近世移行期村落論ではとかく議論が連続か非連続かという二者択一的なものに陥りがちであった。その意味で言えば、本書のこの基本的な認識は重要である。そうした時代認識のもと、本書のメインテーマは、領主権力と在地村落の「中間」的存在である諸階層や諸組織の実態相の分析と歴史的な意味づけにある。

ここで分析の主対象となっている「中間」としての存在は、在地にあり村落の行動を規制することを権力に期待されるものであるとともに、権力の在地支配のあり方を規定する存在であるという。その基底には、本書が書かれた前提にある中近世移行期村落論などの成果がおかれている。しかし、移行期とは言っても戦国期で分析を止める研究も少なくないなか、江戸時代前期にまで踏み込んだ考察により、その随所には著者ならではの論及もみられる。

二　第一部について

第一部は、前述の通り、「下代」層の実態解明をめぐって議論が展開されている。

まず第一章では織豊政権期近江南部の信長・秀吉直領の代官行政の実態解明と「下代」の位置づけを試みる。その主張点は次のとおりにまとめられる。当該期の代官は在地諸階層に大きな影響を与える存在であるとともに、逆に支配の実際面で在地の慣習や勢力関係に規制される存在であった。代官と在地村落側の関係は「契約的関係」であり、代官の交替にあたっては村内状況調査などを通じて、それを更新していく。こうした状況のなかで、織豊政権期近江の代官支配は錯綜した知行状況の未整理という状態に制約され、代官業務の根幹である年貢収納すらもそのままでは容易に実現しえず、その支配は「下代」を勤める在地「侍分」の影響力・支配力に乗るかたちで実現されていた。

このうち代官支配の限界という点については自明の前提ということであろうか、あまり検討が深められない。おそらく前述のように中近世移行期村落論の成果を念頭においているものであろうが、重要な点だけに今少し論及がほしい。

以下、二・三章では「下代」の歴史的位置づけをめぐって議論が展開されている。

まず第二章では、「下代」を勤めた階層の実態を明らかにする。「下代」は在地村落から登用されるもので、在地「侍分」であった可能性が高い。彼らは代官・給人の代理人でありつつも、その出自や活動範囲などから言って在地村落側の代表者的な意味合いも兼ね備えていたとする。この点については第二部各章でさらに検討が深められていくことになる。織豊政権は、こうした「下代」を勤める在地「侍分」と村落の関係を兵農分離によっても、最後まで決定的に分断することは出来ず、彼を通じた間接支配によらざるをえなかった。それは江戸時代前期にいたるまで存続していくもので、各段階の領主権力による支配を在地の側から規定してしまうという性格を持つものであった、という。

最後に第三章では、織豊政権期に「下代」を勤めていた在地「侍分」の村落とのつながり、在地における立場や実態をさらに論及していく。それによると、この時期の近江南部の村落では、「侍分」の「物代」と百姓「物代」が連立して村落を主導していた。「侍分」は在地の代表として地域・村落の利益を体現し、何らかの行動を共同でとることにより、百姓側からもその立場をある程度承認されていたのではないかと考えられる。当該期の「侍分」は村落に強い帰属性を持つ存在であった。「侍分」の給人化と同時に存在したこのような村落への強い属性は、織豊政権期の兵農分離の実質面での徹底性の限界をうかがわせるものである、と結論する。

三　第二部について

第二部では、村落と在地「侍分」の関係が主題となる。両者の関係については第一部第三章ですでに検証がなされているが、ここでは視点がさらに深められ、村落運営あるいは村落間結合における在地「侍分」の存在意義を論じる。

第一章では村落の内部構造への視座も採り入れながら、安治村を中心に近江南部の村々の運営形態を明らかにする。その結果、安治村にも在地「侍分」が存在し、彼らを含めた現地居住者全体で「惣」を形成していた。こうした「侍分」は給人化しているにもかかわらず村落との「一定のつながり」をまだ保っていた。しかし、その関与は部分的なものであり、その実質的な部分は百姓「物代」によって主導されていた。しかも、それは一部に固定化の傾向を示しつつも、依然として固定化されるものではなく、村落構成員による互選を経て村政執行権を委任されるものであった。安治村では、村内に「侍分」と百姓というかたちや、また「物代」層と他の百姓というかたちでの明確な階層分化はなく、「惣村」型共同体運営の典型を表す村であった。しかし、その一方でそうした平準化は江戸初期にかけて変動のきざしをみせている、と結論する。惣村型村落の平準性が江戸初期になにゆえにまた何を契機として変化していくのか、移行期の村落像を考えるうえで興味深い指摘であり、今後の研究の深化が期待される点である。

つづいて第二章では、「元亀の起請文」の分析から、近江南部の村々に横断的に広がる村落間結合をかたちづくった村々では、「侍分」の「惣代」と百姓「惣代」が共立して村落を主導しており、彼らは共同して村落の行動を保証するなどさまざまな役割を果たしていた。元亀年間には、「侍分」の人的なコネクションに加え、百姓「惣代」の同意や協力により、惣郷などのかつての枠組みとは違ったかたちの村落結合が形成されていた。また、「侍分」の「惣代」と百姓「惣代」との間にはかなり明確な身分的区別があった。今後は両者の関係や「侍分」と村落の行動方針決定のかかわりなどを解明していくことが重要な課題となる、とする。この点は今後の中間層論のひとつの鍵となる課題点であろう。

そして最後に第三章では、江戸時代初期から前期にかけての時期における「侍分」の地位・立場とその変容を検討する。これまでの第一部および第二部第一・二章では主として著者が序論であげた「同質性」と「変質」のうち、前者について明らかにされてきたが、ここではそれらがどのように変容していくのかについて明らかにされていく。その主張点は、江戸時代前期あるいはそれ以降の村落のなかにも役負担などにおいて自らを百姓と区別し、独自の利害を持つ「侍分」と総称すべき階層が存在していた。彼らは「惣代」という肩書きを持ち、あるいはそれを持っていなくても村落構成員の行動を規制しえるだけの地位・立場あるいは権威・実力というべきものを実効的に所持していた。近世社会が深まるなかで彼らとそれ以外の百姓たちの間では「侍分」の特権やその裏付けとなる論理・アイデンティティーをめぐって対立・騒動が生じていた。彼ら「侍分」のそうした騒動と、庄屋の村政運営をめぐる「初期村方騒動」とのかかわりを位置づけていくことが今後の課題のひとつとなる、というものである。この「変質」の側面については、まだ検討が始められたばかりで残された課題は多い。著者自身があげている点でもあるが、いかなる論理で「侍分」たちが村政へ関与しえたのか解明が待たれる。そしてまた、いかなる契機・背景により「侍分」と他の百姓たちの力関係がくずれ、村方騒動へと結びつくのか論及が必要であろう。

四　若干のコメント

以上、本書の内容について、若干の意見もまじえながら筆者なりのまとめを紹介してきた。最後に終論として、「中間的」階層の研究意義や今後の課題など本書全体の結論と展望が示されている。

本書は、冒頭でも述べたように徹底した史料の博捜と個別事例の積み重ねにより、議論が組み立てられている。その対象は近江南部を中心としたものであり、著者自身があげているように他地域の事例との比較検討など残された課題もみられるが、本書で明らかにされた村落や中間的階層の具体的実態は近江地域の村落研究にとってまさに金字塔であり、それだけでなく村落論や中間層論の進展にとっても大変意義あるものである。また近年の村落論のなかでは、地域差やそこから生じるであろう村の類型というものはあまり念頭におかれてこなかったように考えるが、本書のなかではこの点は慎重に処理されている。その意味でも、本書における個別事例の蓄積をきわめて有効なものとしている。

そのうえで、無い物ねだりの部分もあるが、いくつか疑問点も残った。筆者の誤解を恐れずにいくつかの点について述べておきたい。

基本的な点に関して言えば、戦国期から織豊政権期、そして江戸前期へと続く時期を検討するなかで織豊政権期の画期性をどう評価していけば良いのか、織豊政権期の「指出」や「太閤検地」という権力の政策を限界あるものという位置づけのみで評価しえるのか疑問が残ったことも否めない。さらに言えば「下代」の位置・役割など著者のいう「同質性」の部分はよく論じられていると思うが、では「変質」した部分というものはどこに求められるのであろうか。江戸時代前期の村方騒動の事例からその「変質」は説明されてはいるが、領主権力とのかかわり方も含めて説明していく必要があるのではないだろうか。さらに、言ってしまえば、新しい時代に移り変わろうとする時、ある程度旧来の秩序がそこに含みこまれ、残ることは当然のことであり、それをもって限定的なものという評価をするのはいささか早計ではなかろうか。

また第一部では権力の在地支配というフィルターから「下代」や在地村落といったものの具体像が明らかにされてきた。基本的に「下代」を中心とした「中間」的存在を登用することが、在地支配のうえで不可欠であったという理解に異論はないし、また代官が知行関係の錯綜により容易に業務を実現しえなかった可能性は否定できない。しかし、それをもって織豊政権期の在地支配の限界をみる、という評価が妥当なものか疑問が残る。知行の錯綜状況により他の知行主とのかかわりでその一元的な支配を容易に実現できなかったということと、「下代」の登用という問題は少し分けて考える必要があるのではなかろうか。また関連して言えば、第一部で示された史料からは領主権力と在地村落の関係が「契約的」なものであった、また領主権力の支配を在地村落の側から規定していた、あるいはその可能性があったとするだけの論拠を得られないのではないかと感じる。領主と村落との関係を「契約的」なものとしてみる理解は近年多くの研究者によって強調されるところではあるが、では何をもってどのような関係のあり方を「契約的」なものと位置づけるのか十分にその内容が議論されていないのではなかろうか。やはり、この点ももう少し補足の必要があるように思えてならない。

また、在地の側から規定したという場合、在地村落としてなのか、あるいは在地「侍分」を含めた村落上層に限定されることなのかわかりづらさが残る。その点に関連して言うと、著者自身も課題としてあげていることではあるが、在地「侍分」と村落との関係についてやや論及に物足りなさを感じた。本書のなかで、在地「侍分」など中間的存在は「両属的性格」を持つものとされる一方、在地村落への帰属性が強調され、村落の利害を代表することによりその地位は百姓たちからある程度承認されており、また村落のルールに強く制約を受ける存在であった、とされる。その理解はかつて惣村研究のなかでさかんに指摘されてきた惣村の規制により、ここで言われる「侍分」などが領主化しえなかったという見解と共通のものであろうか。しかし、そうした規制あるいは制約といったものは本書のなかでも説明されてこなかったように思う。史料の残存状況からいってもいたしかたないことであるが、村落が中間的存在である在地「侍分」をいかなるかたちで規制しえたのか、在地「侍分」と村落の関係についての解明が中間層論進展の鍵となるものであろう。その点が明らかになったとき、本書第一部で指摘された「下代」の機能・役割の位置づけもまた可能なものとなってくると考える。

また重ねて愚見を述べることを許されるならば、今現時点でその答えを求めるのは早計なのかもしれないし、けっして批判点として述べているわけではないが、本書のなかでかつての小領主論で指摘されたような存在はどう位置づけ得るのであろうか。近江国のなかでも、「惣村」型村落とは違った「侍分」主導型村落も存在していると考えられるが、ぜひ今後そうしたタイプとの比較検討も深めてほしい。

最後に若干の愚見を述べてきたが、本書が中間層論あるいは村落論のなかで大きく位置づけられる成果であることはまちがいないところであり、当該期の研究を進める上であらためてふまえなければならない重要な問題提起もみられる。著者による今後の研究の展開に期待して小稿を終えることにしたい。

（二〇〇三年六月刊、校倉書房、四四八頁、一〇五〇〇円）

第九章　書評　黒田基樹著『中近世移行期の大名権力と村落』

はじめに

本書は、戦国大名と国衆、とくに後北条氏の研究にとりくんできた黒田氏の五冊目の著作にあたる。本書は、自立的村落論や地域社会論のなかで主張されてきた「領主の責務」の問題などの議論を受けて、あらたな戦国大名権力論の展開をはかろうとするものである。

筆者は、これまで畿内の中近世移行期村落を中心に研究を進めており、もとより戦国大名論を軸とした本書の書評は私の力量の及ぶところではない。ここはあくまでも村落論の立場から、どう本書を読めるのか、筆者なりのまとめを試み、いくつかの点について論評することで書評の任を果たしたいと思う。

一　本書の構成と内容

本書の章立ては次の通りである。

まず序章においては、著者の関心からの研究史の整理とともに、研究視角が提示されている。その最たるものは、「日本の中世から近世への移行期社会における大名権力について、主として村落の視点から追究することによって、その歴史的性格を明らかにし、あわせて当該期社会の特質について考察しようとするものである」という。以下、序章のなかでは、(1)「中世」と「近世」、(2)大名権力論、(3)大名権力と村落、の三点にわたる視角と、さらに結論が予見的に提示されている。その内容は非常に多くの論点・問題点を含むが、要点は二点にまとめることができる。第一点は戦国大名と織豊・近世大名との間に決定的な歴史的段階差はなく、むしろ共通性、連続性をみるべきものではないかというみかたである。これは、戦国期にその後近代に至る社会体制を規定するものが成立したという理解であり、勝俣鎮夫の村町制論、藤木久志の自力の村論につながる。第二点は近年の地域社会論でかたちづくられた領主像ともむすびつくもので、戦国大名をはじめとする領主の存在意義を「村落の視点」から見直す必要性を提起したものである。「権力はそれを受容する人々の存在があってはじめて権力たりうるのであり、それは必ず民衆レベルの『実質的共同性』を体現するものである」との著者の言葉がこのみかたをよくあらわしている。これらの点は、これまでの中近世移行期村落論・地域社会論などで議論されてきた視角であり、さして目新しいものではないかもしれない。ことに中世と近世の連続性のくだりなどはどちらかと言えば古い命題である。しかし、いまだ中近世移行期をどう位置づけていくかというこの命題に対する答えは提示されるに至っていない。あらためて、ここで東国の大名権力を素材にこの命題に挑もうというのが本書である。

第一部では、領域権力としての戦国大名がいかなる過程で形成されたのかを論じる。第一章では恒常化していく戦争状況のなかで、大名の「家」権力の拡大を通して領域権力が成立していくとする。その領域はまた、大名権力による惣国レベルの領域権力だけではなく、そのもとに統合された国衆レベルの国々（郡）においても領域権力が形成されており、重層構造をなしているという。また、ここで形成された領域権力のあり方は、織豊大名、近世大名につながっていくものである、と結論する。本書の重要な主張点につながるものであり、首尾一貫した本書の根幹をなす論点の一つである。第二章では、大名と国衆の関係について起請文の交換を通した「契約」として成立したものであったとする。

第二部では、北条領国下にみられる小代官やそれと同質の存在と想定される土豪層代官を含めた「小代官層」の歴史的性格の解明、これまで中近世移行期研究の大きな柱であった小領主・地主といった中間層論の見直しをはかる。第三章では、小代官層を含む当該期の土豪層のなかにはよそで給恩地を与えられ領主化していく者もいたが、必ずしもすべてが領主化の指向をもっていたわけではない。彼らとても小代官という側面を離れると一人の有力百姓であり、在住する郷村の村落組織から自由たりえなかった。その小代官への登用は、公方役などの納入を郷村側で請け負うことを条件として代官・給人の恣意的収奪の軽減のために、村の側から村落の保全のため獲得したものと位置づけられるとする。こうした「土豪層の被官化を領主化として把握し、これを権力側としてのみ位置づけ、村落・百姓との対抗関係のみを問題とするならば、彼らが有する両面性を捨象することとなる」と主張している。第四章では、村落の再生産、保全という視点からあらためて土豪層の被官化の歴史的性格を問い直している。その要旨は次の点にまとめられる。土豪は、飢饉と戦争が続くなかで、自らのさまざまな能力によって再生産の維持、平和の確保に努めてきた存在であり、彼らが村内において得た身分的優越・特権もその見返りとして把握しうるものであった。戦国期村落の再生産において彼らの存在は不可欠なものであったと位置づける。また、そうした存在は平和の確立された近世社会のなかで必要性が減退し、村方騒動などを通して変質していくことになる、と結論する。

第三部では、大名権力の諸々の政策について「村の成立」の視点から、その歴史的位置づけを試みる。第五章では、戦国大名の「国役」賦課をとりあげる。ここでは「国役」が「守護公権」に代表される前代の国家公権に由来するものではなく、日常的に続く戦争遂行のために軍役として大名・国衆によって創出されたものであったこと、そして、それは領域の安全保障の実現のための負担として位置づけられるものであったという。大名は、「国役」賦課の円滑な実現のため給人・代官の私的賦課を抑制する方針をとり、「国役」の定数化をはかった。その基調には民衆の生活と再生産の維持を根幹とする「村の成立」があったとする。その展開のなかで「国役」も軍役だけではなく、灌漑工事などの民衆の生活保障にも転用されていくという。そこには戦国大名が領国内の民衆の生活と再生産の維持を果たしていくことで、はじめてその存立が遂げられるという、その歴史的性格が明確に示されているという。こうした「国役」の性格は織豊・近世大名に引き継がれていくと結論する。一方、第六章では在地紛争の処理のあり方から戦国大名など領域権力と近世権力の同質性、連続性を論じる。そのなかで戦国大名が山論を契機として立山・立林設定など紛争停止のための強制措置をとりえる段階にあったことを指摘する。近世幕藩権力の内済などの紛争解決システムは、戦国期段階でみられた中人制などのシステムを前提として継承したものであるという。また第七章では、戦国大名の発布した撰銭禁令が穀物不足に起因する飢饉状況下において、売買紛争を抑止し価格の高騰をおさえる目的から、百姓側の要求によって実現されたものであると主張する。

二　若干のコメント

以上、みてきたように本書は、一九八〇年代以来議論されてきた勝俣鎮夫の村町制論、藤木久志の自立的村落論から近年の地域社会論につながる研究動向のなかで描かれてきた領主像を、著者の立場から戦国大名という素材において結実させたものである。そのみかたや問題提起は、ひじょうに多くの論点や問題点を含んでいる。それらについて逐一コメントする紙幅の余裕はないので、いくつかの点に限定してコメントをしておきたい。

本書がもっとも強く主張する点のひとつは、戦国期から近世への連続性であろう。たしかに戦国期から近世へさまざまなレベルにおいて連続性、共通性がみられるのは著者の指摘するとおりであろう。しかし、連続面をみていくだけでは不十分なことも否めないのではなかろうか。具体的に言うと、本書では連続面を強調するあまりに、織豊政権やそれに続く江戸幕府といった統一政権登場の歴史的意義を十分に論じえないのではないだろうか。戦国期から近世初期にかけての時期を扱う以上、統一政権の登場の意義というものをどう位置づけるのかという問題はやはり明示すべきであろう。

こうした問題点は、太閤検地論、兵農分離論という研究史についての認識に起因すると思われる。確かに太閤検地を絶対的な画期とするみかたは現状の研究段階ではもはや成り立たない。しかし、戦国期社会のなかで準備されてきた次の時代を規定する体制やその方向性を決定づけたものとしての太閤検地のもつ画期性やその意義はいささかも変わるところはない。また兵農分離論についてもあくまでも観念的なレベルにとどまる中世の職能上の兵農分離と、それとは違い、統一政権が強制力をもって政策として実施した兵農分離を同一視することはできないし、部分的に在村給人が存在するという事例をもってしても（しかも、そうした在村給人のあり方は整理されていく）、その画期性を否定することにはならないのではなかろうか。

著者自身守護大名権力と戦国大名権力の段階差を指摘するなかで「転換期においても旧来の社会秩序の一定の存続は当然であり」（一四三頁）と述べられているように、在地紛争の調停といったレベルなどにおいて戦国期社会と近世社会の共通性を指摘するだけでは、大きな歴史像の展開を説明しえない。もはや連続か非連続かを議論する段階ではないのではないだろうかと感じる。すでに多くの研究者によって早くからいわれていることであるが、一九八〇年代の中近世移行期村落論で明らかにされてきた連続面、そして太閤検地論や兵農分離論で明らかにされた断絶面の両方を一体的にどうとらえていくかが今後の課題となると考える。

次にあげておきたいのは、本書の主要な視角となっている「村落の視点」からの権力の再把握という点についてである。「権力はそれを受容する人々の存在があってはじめて権力たりうるのであり、それは必ず民衆レベルの『実質的共同性』を体現するものである」という著者の言葉が、その視角をよくあらわしている。これは、領主は領民保護、村落再生産の維持という義務を果たしている限りにおいて領主たりえるといういわゆる「領主の責務」論ともつながる理解であろう。

そのなかで、戦国大名権力の諸々の政策やその指向性は「村の成立」を基調としたものと位置づけられている。著者が論じるように、戦国大名の法令や発給文書のなかに「村の成立」を基調としているかのような文言がみられる。しかし、それは権力の側が自己の政策を正当化するために持ち出した論理なのであり、あくまでも観念的なものではなかろうか。領主が自己の財政基盤となる村落の再生産を保全するのは当然のことであり、それを「領主の義務」というかたちでとらえ直すことはできないと考える。「御国論理」など領主権力の打ち出す論理を実態のものととらえる歴史観には危惧さえ覚える。

また、この点に関連していっておくと著者がたびたびとりあげている「契約」関係についてもとりあげておきたい。本書でも領主権力と村との間に村請というかたちで、「契約」関係があったことを指摘している。しかし、破棄の自由のない関係を「契約」という語で表現しえるものなのか疑問を感じざるをえない。仮に民衆闘争史観一辺倒の歴史観が問題あるものだとしても、近世社会において百姓一揆が繰り返された歴史的事実を前に、彼らが何ゆえに何を相手として立ち上がったのかということを考えたとき、このような領主史観が成り立ちえるのかどうか疑問が残ることも否めない。

こうしたみかたに対して著者は序章における研究史整理のなかで、自立的村落論やそれにもとづく権力論が持つ「パラダイム転換」を看過していると批判を加えている。著者の言うところの「パラダイム転換」とは自立的村落論などが、それまでの議論が権力の指向性のみから当該期社会を説明しようとしていたのに対して（その整理にも問題はあるのであるが）、下からの視点、つまり「村落からの視点」から社会構造を説明する視角を提起したという点を指していると筆者は理解している。しかし、ではなぜそれが「パラダイム転換」と評価しえるのか、何がどう転換されているのか残念ながら理解することはできなかった。下からの視点自体目新しいものではない。

むしろ「パラダイム転換」は、上からの視点でもなく、また下からの視点でもない、それらを包括して当該期の社会構造を見通す視点が提起されたときにはじめて実現したといえるのではなかろうか。残念ながら現状では、多くの研究者によってそうした課題認識は共有されつつも、新たな見通しを提起するには至っていない。これは著者だけの問題ではなく、筆者自身の大きな課題でもあるわけであるが。中近世移行期村落論が長い停滞期にある現状を思うに、「パラダイム転換」の必要性は痛感する。

以上、戦国期から近世への連続性、「村落の視点」から見通した領主像という二点に限定して筆者なりの意見を述べてきた。また筆者の力量不足で十分に豊富な個々の論点や、本書の意義について論じることができなかったこともあると思う。この点、著者の御寛容を乞うところである。ただ、いずれにせよ、本書が中近世移行期研究のある意味での現状、到達点を示していることにはちがいない。ここで示された著者の歴史像がいかなるかたちで具体化され、展開されていくのか、著者の今後に期待して書評を終えることにしたい。

（二〇〇三年一月刊、校倉書房、三九二頁、一〇〇〇〇円）

終章 「自力の村」論の軌跡と課題――藤木久志氏の批判に答えて――

はじめに

中近世移行期の村落あるいは地域社会をどうとらえるかという課題に対して、現在われわれはいかなる答えをもっているだろうか。一九八〇年代中近世移行期村落論への関心が高まり、勝俣鎮夫氏、藤木久志氏をはじめとして多くの議論が提起された。(1) それは、「自力の村」論などの形で体系化されている。そのながれは、現在の「侍身分」論に代表される村落内身分論、(2) 地域社会論(3) に展開されている。

だが、一九九〇年代に入ると中近世移行期村落論としてはある意味で停滞傾向を示す。八〇年代の移行期村落論が問題としてきた論点がある程度深められてきたことによって、議論が閉塞状況に陥ってしまっているのではなかろうか。

八〇年代の中近世移行期村落論は本文中で述べるように、村の自律性を高く評価し、いかなる力量（「自力」）を村々が持っていたのかを具体的に明らかにすること、また中世・近世村落の連続、非連続を問い、中世史と近世史が切り結びうる論点などを示してきた。しかし、近年の移行期村落・地域社会論が新たな論点を提起しえているかというとまだ不十分さが否めない。むしろ、今なお八〇年代の議論の枠組みのなかにあると言わざるを得ない。近年の「侍身分」論の論者の一人である稲葉継陽氏が八〇年代の移行期村落論に対応した「村の視座」からの、つまり村にひきつけた中間層論を提起していることも、[4] 現在の議論の位置を良く示しているのではなかろうか。こうした観点だけでは、新たな移行期像を描いていくには不十分さを残すと言わざるをえない。

以上のような研究状況に至ったのはなぜか、あるいはその理解が正しいとすれば、今後新たな中近世移行期村落・地域社会論を組み立てていくとすればどのような研究視角、論点が残されているのであろうか。本稿は、こうした観点をふまえて、研究史のなかから新たな課題をさぐろうとするものである。

一　藤木久志氏の再批判に接して

「はじめに」で示した意図をもう少し敷衍するために、本稿を書く契機となった拙稿に対する一つの批判を取り上げておきたい。
私はこれまで、中間層論の視角から中近世移行期の村落・地域社会の構造について分析を進めてきた。その主張点は、移行期の村落が卓越した村落上層（＝侍身分）とその他の百姓の間に厳しい階層矛盾が存在し、村落は一枚岩たりえるものではなかった。村落や地域社会は、個々の卓越した侍によって編成されていた、そのような構造が精算される契機となるのが兵農分離、近世初期村方騒動といったものであった事などの点である。
その意図は、次節以降で述べていくが、一九八〇年代以降の藤木久志氏等の移行期村落論を批判的に継承していくことをねらったものであった。そのなかで、私は移行期村落論の研究史について「これらの研究は、あたかも村落を一枚岩のものとして扱い、村落内の階層矛盾への視座を捨象している。なおかつ、領主権力の存在意義を過小視するものであった。このため、近世への転換を説明できず、そこに描かれた移行期像も平板な印象を受けるものになっている感が否めない」と批判した。[5]
それに対して、藤木久志氏は著書『村と領主の戦国世界』（以下、G著と略す）のなかで次のように反論されている。詳しくは、氏の著書を参照していただきたいが、その大要は①「村の自力」がどのような内部矛盾を抱え込んでいたのか、どのような負の刻印をおっていたのかは、村の犠牲者・身代わり・扶養者などの追究を通じて重視し明らかにしてきた。②領主の存在意義は「村の視座」から一貫して追及してきた。③村内の階層矛盾を重視し、領主権力の存在意義を強調することは「土一揆敗北論」への逆戻りである、などの点である。(6)

この反批判に答えるには、前述の拙稿の論点を実証研究のなかで深めていくしかないと思い、あえて反論はしてこなかった。ただ、今回このような研究史批判をする機会を与えていただいたこともあり、思うところを以下述べておきたい。以下の点は、いずれも一九八〇年代の移行期村落論をどうとらえていくかという点と深くかかわるものである。それゆえ藤木氏の反批判に応えることは「はじめに」で示した課題にも答えることになると考える。

二 「自力の村」論の軌跡

藤木氏の「自力の村」論は、周知のように戦国時代の村落が、①自律性をそなえ、かつ高度に政治的な主体であった。②そして村落間争議や領主権力に対する際などにみられる「自力」を持つ存在であった、ことなどを主張している。その議論は、「村の視座」から組み立てられ、領主と村との関係を契約的なものとしてとらえるところに特質を持つ。

この議論はどのような経過のなかで生みだされてきたのであろうか。その背景を中近世移行期村落にかかわる研究のながれをたどるなかで考えてみたい。

(1)中近世移行期村落論のなかの「自力の村」論

ⓐ第一期のながれ　　戦国期村落に関する研究は早くからみられたが、一九七〇年代に入ると急速に高まりをみせはじめる。この段階の村落研究の関心は、戦国期畿内に立ち現れた惣村という村落の一形態にそそがれた。惣村の研究史については枚挙にいとまがないが、その代表的な仕事としては石田善人氏の業績があげられよう。そこで、①年貢の地下請を実現し、②村掟を制定していた、③自検断をおこなう能力を持っていたこと、④惣有地等惣有財産を保有していたことなどが惣村の指標とされ、その概念づけがなされていた。(7)

しかし、近年こうした概念は拡大解釈される傾向にある。石田氏の概念提起は重要なものであり、今一度見直す必要を感じる。このような概念提起を受けて、さらに議論は戦国期村落を惣庄＝惣村あるいは惣郷＝惣村といった二重構造論でとらえようとする動向に展開されている。(8)惣村を平百姓の成長として把握し、それに対する土豪あるいは村落領主のヨコのつながりを惣庄あるいは惣郷とみる動向である。この村落をめぐる地域社会の重層性への着目は、今なお重要な視点だと考えられるが、その後の研究のなかには受け継がれていかなかった。

このような二重構造論のなかからは、村落上層への関心が高まり、このような階層をどうとらえるかという問題をめぐって、小領主論、地主論が展開されている。(9)これらは、村落上層の動向が移行期社会の変動を呼び起こしたものとして評価し、その具体的動向の解明と理論的な位置づけがおこなわれた。この段階の中間層論の特徴は、異同はあるものの中間層を主体的にとらえようとした点にある。このような中間層論が行き詰まりをみせるなかで、村落論自体も急速に停滞傾向を示すようになる。

この段階の特徴は、惣村自治というものを評価しつつも、それが厳しい内部矛盾をはらむがゆえに、全面的に開花しえなかった点も明らかにしていることは重要な論点である。つまり、この段階の自治というものが必ずしも農民全体のものではなかったことを主張しているのである。

藤木氏自身もこの段階においては、惣村自治の限界性を重視している。氏は、戦国期における地下請の実現を、それがすぐさま個々の農民を領主的収奪から解放するものではなかった、惣村指導者である宿老層による年貢徴収の強制、つまり惣規制が領主規制へと転化していたという位置づけをされているのである(10)。

では、こうした視点は、第二期の研究にどう受け継がれていくのであろうか。

ⓑ第二期のながれ　一九八〇年代に入ると、停滞傾向を示してきた移行期村落論に新しい研究動向が立ち現れる。その端緒となったのが勝俣鎮夫氏の「戦国時代の村落」である。その主張の要点は、戦国時代の村落が実現した村請を自律化した村落の指標として高く評価するべき、それによって村落は社会体制上の基礎単位として承認された、などの点である。また、一六世紀を近代につながる社会体制が形成された一大転換期としてとらえる議論である。この提起は、第一期の研究において描かれた村落像とはきわめて対照的なものとなっており、中近世移行期における連続面の評価も含めて、この後の研究に強く受け継がれている。

この新しい村落像の提起と時期を同じくして、立ち現れてきたのが、藤木氏の「自力の村」論であった。先にふれたように氏の村落論は、第一期においては階層矛盾を重視した階層構造論にもとづく、どちらかと言えば惣村自治の限界性を重視したものであった。

しかし、第二期において藤木氏の村落論は大きく転換することになる。その契機は、『豊臣平和令と戦国社会』(以下、B著と略す)である。このなかで豊臣政権の「喧嘩停止令」、「刀狩令」の分析を通じて、中世村落が武装し、村落間の紛争解決に際して一定の作法を持っていた事実を明らかにしている。ここに「自力の村」の姿が初めて具体化されたといって良いだろう。その議論の重点としては、①豊臣平和令を中世土着の過酷な自力の法から農民を解放する役割を担ったものと位置づけ、自力の剝奪・中世農民の敗北というそれまでの移行期社会像は見直されるべき、②中世村落の自検断・自力の慣習が近世社会のなかに存続したこと、などが主張されている。

こうした移行期村落への見方については、G著補論の「移行期村落論」[11]においてさらに展開されている。その要点は、①戦国期の村落間争論解決の自力の作法が、近世社会のなかに存続している。つまり、近世の法秩序を規定している。②刀狩令が「武装解除された丸腰の民衆」というあり方につながるものではなかった。そこに、中世農民の自律性の喪失をみることはできない。③近世村落の庄屋を中心とする村請といった仕組みは、幕藩領主によって近世段階で創出されたものではなく、戦国期村落の仕組みを引き継いだものである、などの点にある。全体として、戦国期村落の自律性を高く評価し、それがどのような形で近世村落社会を規定していったかを重視する論調である。

このB著で得られた視角は、更に『戦国の作法』（以下、D著と略す）、G著における「村のナゾとき」のなかで具体化されていく。そこでは、村の武力を担った若衆の存在、また村落間争論における自検断、さらには「中世庄屋」などの語をキーワードとして戦国時代の村の姿が描き出されている。ここにおいて、藤木氏の言う「自力の村」論がはっきりと示されるに至っている。

さらに、このような「村の視座」からの移行期の見直しは、領主像にも及んでいる。藤木氏に限らず一九八〇年代の近年の移行期村落論の特徴の一つとして、領主との関係を契約的なものと見なす点がある。たとえば、藤木氏は勝俣氏の研究を引用し、「中世の領主と百姓はもともと互換的・双務的な関係にあり、大名領主には国民への保護義務つまり危機管理の責務があり、それを果たすかぎりで絶対的支配権を主張しえたという（勝俣氏の）指摘は、ことのほか重要である」と述べられている。[12]

また、村請の誓詞という「手続は……領主と百姓の間に設定された『合点』の回路にほかならず、まさにこの点で、（村請の際に提出された）百姓起請文は領主側の恣意を下から拘束しえた。つまり、豊臣の支配に、天下統一の強力による脅迫よりは、仏神の名による誓約という道が選ばれたのであった。……成敗の正当性もまた権力と村のあいだの誓約によって担保された」[13]のだという。

つまり、B著からD著に至るながれの中で形成されてきた「自力の村」を前提とする「村の視座」からの領主論である。ここで示された領主観は、領主権力の強圧性など通説的理解に見直しをせまろうという試みによるものであり、近年の領主論にも大きな影響を与えている。

(2)二つの移行期村落像

前項においてみたように、氏の村落像は一九八〇年代初頭を境として大きく変化している。第二期において描き出された村落像は、階層構造論的な視角によっていた段階のものとは、同じ村落を分析しながら対照的なものとなっている。

その変化の中から「自力の村」論は生みだされてきたのである。その変化はどこからきたものであったのだろうか。第二期の研究は「村の視座」からの分析が首尾一貫している。その研究背景について誤解を恐れずに考えてみると次のようなものであろうか。村という枠組みそのものは、中世から近世へ変わらずに永続した。それは、農民が生産活動をし、生きていくために必要不可欠なものであった。そのような村というものをどう評価すれば良いのか、などの思いも垣間見ることができる。確かに、村をネガティブな側面からのみ分析していたのでは、このような問題への答えは出てこない。その研究意図自体は魅力のあるものであり、少なからず私自身も惹かれるところがある。

ただ、藤木氏の議論をとらえる場合、ポジティブな側面を強調してきた第二期の研究、「自力の村」論だけを継承するのは問題があると考える。第一期、第二期の研究を両方ふまえたうえで、その議論はとらえられなければならない。藤木氏自身、B著において「中世末に到達した在地における自力・自検断の体系については、村落の自立・自由という正《ポジ》の側面だけではなく、負《ネガ》の側面をも厳しく見据えることが必要となろう」[14]と述べられている。ポジ、ネガの両面を見据えながら村共同体を分析していくことは重要である。藤木氏の第一期、第二期の研究視角は大きく異なるものではあるが、それぞれの視角から、村共同体のもつネガティブ、ポジティブな両側面を解き明かしたものと考えるべきだと思う。

この点から言って、氏の議論に対する、安穏な村落像を描きすぎているという批判は慎重になされなければならないと考えている。藤木氏の業績の一面だけをとらえて評価することは避けねばならないだろう。

ただ、以上のような私の理解が藤木氏自身の意図と同じかどうかは別に考えねばならない。たとえば、G著の「はしがき」のなかで、第一期段階の研究を次のように位置づけられている。「地下請の成立とは、惣内部の農民ひとりひとりにとって、そのまま直ちに、領主的収奪からの解放を展望しうるような事態では、けっしてなかったのではあるまいか。……この拙い叙述は、……そのころ全盛をきわめていた『明るい中世』観の相対化をつよく意図していたのであった。そのため、地下請を村の共同体規制の重さなど否定的な側面でとらえすぎて、その積極的な側面を正当に評価する道を自ら閉ざす結果に陥ってしまっていた」という。

この位置づけ方を考えるに、藤木氏の研究の中で、第一期の研究にあったネガの側面への配慮が「自力の村」論のなかに薄れつつあるのだろうかという思いもする。だとすれば、第一期と二期の間には、研究史的に大きな溝が存在することを感じるのであるが、的はずれな理解だろうか。この断絶は、第二期の研究のなかに様々な問題点として立ち現れているように思える。

以下、次節においてその問題点を明らかにしておきたい。そのことは、氏の議論の継承に不可欠なことであろう。

三 「自力の村」論の問題点

ここで、「自力の村」論が残したいくつかの課題について考えていきたい。その中で、第一節で示した藤木氏の拙稿研究史整理に対する反批判についても答えていければと思う。

(1)戦国期村落をみる目

まず、第一の課題は階層矛盾など村の内部構造をどうとらえていくかという点である。「自力の村」論で描き出された村は、きわめて強い力量を備えた自律化した村である。村請の実現など、戦国時代において村が勝ち取った様々な権利は高く評価されねばならない。

しかし、はたしてそれが村人全体にとってどのようなものであったのかという点については、十分な答えをそこから見出しにくいと言わざるをえない。それは拙稿で批判したように、階層矛盾への視角が捨象されているところからくるように思える。

確かに藤木氏が描かれた中近世移行期村落像には、氏の言われるように共同体の持つ冷静さ、陰湿さの一面が示されている。しかし、私が「階層矛盾を捨象し……」と批判する意図は、そのような共同体の持つ冷酷さの側面があるかどうかではなく、全く反論としては論点がずれている。

私は、藤木氏がこれまで明らかにされてきた様々な戦国期村落の自力の解明そのものは何ら否定する意図を持っているものではない。藤木氏が明らかにしてきた「自力」にかかわる諸事例は明確に論証されてきた事実であろう。しかし、ここで問題としたいのは、その「自力」の持つ深刻さを冒頭であげた「村の扶養者」などにみられるような冷酷さという形で説明するのではなく、大多数の中世農民にとって「自力」とはどのようなものであったのか、つまり村の「自律」・「自力」というものの本質を村共同体が宿老と平百姓に階層分化している事実をふまえて、そうした観点から問いつめていく必要があるのではなかろうか、ということを言いたかったのである。

戦国期村落の平百姓層にとって自治を謳歌できるような状況になかったことは、藤木氏などが第一期の研究の中でかつて明らかにした事実であろう。このような視点が、「自力の村」論へは十分に受け継がれていないと考える。そのため、そこに描かれた村落像はきわめて牧歌的なものになってしまっているのではないだろうか。

藤木氏によって進められてきた「村のナゾ解き」によって、戦国時代の村の姿については具体的に明らかにされるところとなった。村をネガティブな側面のみにおいて位置づけることには疑問を感じるし、その意味でポジティブな側面においての評価は欠くことのできないものだろう。しかし、ポジティブな側面に比重を置きすぎた評価も、また村共同体を正当に位置づける道を閉ざしてしまうことになるのも事実である。

第一期の研究が明らかにしてきた階層矛盾などをその議論のなかにどう組み込んでいくかが、今後の研究を考える一つの鍵となるのではなかろうか。また、これからの研究課題としては、「自力」の具体的な事例解明から一歩進めて、その「自力」の内実を問題としていくべき段階に入っていると考える。

次に、もう一点これからの課題としてあげておきたいのが、村落の多様性をどう考えていくかという点である。この問題は、藤木氏の議論だけに限ったものではないが、一九八〇年代以降、近年に至る中世後期村落の研究動向をみてみるに、村落の多様性が十分に考慮されていないのではないかと考える。

村落の地域性、多様性をどう考えるかという点については、すでに民俗学の立場から福田アジオ氏が、物村を畿内、北陸などの地域に固有のものであると重要な提起をされている(15)。

具体的に言うと、一九八〇年代以降の研究においては、物村を戦国期村落の典型として扱い、その他のタイプの村落をどう位置づけるかという点が不明確なままになっているのではないだろうか。さらに言えば、惣村＝戦国期村落として議論されてはこなかっただろうか。断片的な史料を惣村像にあてはめることによって論証がなされてはこなかっただろうか。

畿内においては、通説的には惣村が村落形態の典型と位置づけられている。しかし、個々の村落構造を検討するに、畿内でも盆地・平地部の村落にはいわゆる土豪あるいは地侍型の村落が少なくないのである。たとえば、藤木氏が自検断などを論じる際に使われている大和国法隆寺周辺の一七ヶ村にしても、卓越した地侍個人主導型の村落である。[16]

惣村自体は、今堀のような事例はあるが比較的山間部など限定された地域にのみみられる村落形態であって、これをとうてい一般化することはできないと考える。そのような惣村型以外の村落については、「自力の村」論などはどのような形で当てはめることができるのだろうか。今後、戦国期村落を考えていく場合、もっとこのような多様性が十分に認識されていかねばならないのではなかろうか。

(2) 領主をみる目

前述したように、藤木氏は領主の保護義務と絶対支配権を表裏一体のものとしてとらえている。つまり、領主が保護義務を果たす限りにおいて、その支配権が認められるという。領主と村人の関係も個別的な主従関係ではなく、村請的な関係、つまり契約関係であると論じられている。

しかし、その典拠とされる史料は織豊期のものであり、また権力が支配の正当性を示す論理として持ち出したものを実態と見なしているのではなかろうか。たとえば、E著[17]に引用されている豊臣秀吉のバテレン追放令第三条の解釈である。

一、その国郡知行の儀、給人に下され候ことは、当座の儀に候、給人は替り候といえども、百姓は替らざる者に候条、理不尽の儀、何かに付けて、これ有るにおいては、給人を曲事に仰せ出され候あいだ、その意を成さるべく候こと、

ここから「領主の非法から村むらを護るという、秀吉の新しい社会づくりの基調をあらわす言葉」であると位置づけられている。しかし、この一文は実態を示す語であるのか、慎重に考えねばならないと思われる。また、たとえば戦国時代の村落が負った年貢納入義務は「契約」概念のなかでとらえるべきものであろうか。それは、おそらく破棄の自由のないものであり、とうてい契約としてみうるものではなかったのである。それは、先の秀吉の時代においても同様の状況にあったのではなかろうか。

藤木氏の考えの根底にあるのは、領主を領主たらしめていたものは何か、領主像を村の視座から見直すという視角である。それは、「民衆はいつも被害者か」という語にみられるように戦国時代の民衆史観の見直しを意図されているものである。確かに現在の研究段階において、再び領主強圧・専制史観に陥ることは避けなければならない。

しかし、だからといって領主が持ち出す支配論理をそのまま受け取ることの出来るような状況ではなかったことを認識せねばならない。それは、近世を通じて頻発した百姓一揆が何に対して反発したものかを考えると自ずから明らかになるのではないだろうか。

そのことから言っても、E著、G著における領主像には大きな疑問を感じざるをえない。

領主にせよ、村にせよ、いずれか一辺倒の視座から論ずることは慎重に避けねばならないと考える。今後は、領主専制史観、「村の視座」どちらからも等距離の領主像構築が必要となってくると思う。

(3) 中近世移行期をみる目

藤木氏の移行期村落への視角については、G著「移行期村落論」においてまとめられている。そのなかの要点については、先にふれた通りである。

そのなかでは、戦国村落から近世村落への連続性を重視しながらも、その一方で「移行期の研究がいま当面する課題は、断絶か連続かを論ずることではない。まず何よりも、実際に認められる移行期の両側面をできるだけ具体的に明らかにしてみることが必要であり、どちらが本質かというような二者択一の結論だけ性急に求めて、この作業を妨げてはならない」(18)と結んでいる点は重要である。

しかし、このような認識をふまえつつも、「自力の村」論においては戦国期村落の自力が近世村落へ連続している面が過度に強調される傾向にあると言わざるをえない。たとえば、「自力の村」論において、戦国期の村落間における紛争解決の「自力」の作法が近世の法秩序のなかにも引き継がれ、その秩序を規定しているとする主張がある。はたしてそのような見方が可能であろうか。「自力」の作法は、近世の法秩序のなかに組み込まれた段階でその性格、位置づけは大きく変化しているのではなかろうか。確かに、藤木氏がB著で論証されているように幕藩領主の紛争に対する裁許の前提に、在地社会における様々な戦国期以来の慣行があったことは事実である。

その意味で言えば、現象だけをみるならば、在地の慣行が近世法秩序を規定したという見方が成り立つのかもしれない。しかし、在地レベルでの慣行をふまえて最終的に裁許をくだすのは幕藩領主である。そこには、もう在地の村落レベルで紛争解決がなされていた段階とは違う新たな段階に入っていることがみてとれるのではなかろうか。藤木氏自身も、D著の「落書・高札・褒美」の考察のなかで、盗みの犯人の処刑成敗権にかかわって、村の自力の範囲で処刑が執行されうる段階(中世)から処刑に領主の許可を必要とする段階(近世)への変化を指摘されている(19)。

もしも、連続か否かという問題を考えるのであれば、「村の視座」からというだけではなく、もっと幕藩領主の位置づけ、指向性を十分に考慮に入れる必要があるのではないだろうか。
以上のような問題は、権力側の指向や意図を視野に入れたB著から、村へ焦点があわされ、「村の自力」を解き明かすことに終始したD著へのながれのなかで顕在化していると考える。議論が、民俗慣行レベルの「村のナゾ解き」に終始されたために、織豊政権登場の歴史的意味をはじめとして移行期の社会構造転換の意味がとらえられなくなっていると考えられる。

さらに言えば、勝俣氏の議論にも同様のことが言えるのであるが、連続面を過度に強調することにどのような意義があるのであろうか。そのことによって、「自力の村」論や「村町制」論が高く評価しようとした戦国期村落の自力というものの歴史的な意義がかえって見えにくくなっているのではないだろうか。

おわりに――二つの移行期村落像――

以上、「自力の村」論の軌跡とその問題点について考えてきた。最後に、第一節で示した藤木氏の反批判の③の階層矛盾を重視し、領主権力の存在意義を重視すれば「土一揆敗北論」への回帰になるという点について答えて小稿を結びたい。

結論的に言えば、なぜ階層矛盾の存在という歴史的事実を認識し、かつ領主権力の存在意義を重視することが「土一揆敗北論」、つまりは民衆蔑視の歴史観になるのか私には理解できないし、納得できない。

このような批判は、農民の闘争を戦国期で完結、つまり達成させて評価しようとするところから出てくるのであろうか(20)。では、はたして農民の闘争は、戦国時代で完結、達成されなければならないものなのだろうか。農民の政治的闘争は、戦国時代から近世、あるいは近代に続くものではないのだろうか。戦国期村落が獲得した自律性は、近世初期村方騒動など近世の農民の権利獲得のための闘いの第一歩として、その歴史的意義はきわめて高いと考える。

しかし、それは、そこで完結されるものではなく、まだまだ限界性のあるものであったのである。第一期の階層構造論的村落論が階層矛盾の事実をふまえて明らかにした事実は、その一面を鋭く明らかにしたものだったと言えるのではなかろうか。したがって、階層矛盾をみることが「土一揆敗北」論に直ちにつながるという批判はあたらないものだと考えるが、どうであろうか。

藤木氏によって進められてきた「村のナゾ解き」によって、戦国時代の村の姿については具体的に明らかにされるところとなった。そこで、豊かにされた戦国期村落の様相は今後の研究においても受け継いでゆくべきものであろう。本論中でも述べたことの繰り返しになるが、そこで明らかにされた諸事例は、中世農民にとって村とは何であったのかを考えさせてくれるものであった。

村をネガティブな側面のみにおいて位置づけるのではなく、よりポジティブな側面によって位置づける事の必要性を提起した「自力の村」論は研究史上大きな意義を持つものだし、評価されねばならないものであると考える。

しかし、今後如何なる村落を描いていくかという課題を考えたとき、ポジティブな側面のみに比重を置きすぎた評価だけでは不十分なのではないだろうか。第一期の研究が明らかにしてきた階層矛盾などをその議論の中にどう組み込んでいくかが、今後の研究を考える一つの鍵となるのではなかろうか。階層矛盾をみていくことを「土一揆敗北論」と決めつける議論では、今後の研究の深化というものは全く考えられなくなると思うがいかがであろうか。

【藤木久志氏著作一覧】

A	『戦国社会史論』	東京大学出版会	一九七四年
B	『豊臣平和令と戦国社会』	東京大学出版会	一九八五年
C	『戦国大名の権力構造』	吉川弘文館	一九八七年
D	『戦国の作法』	平凡社	一九八七年
E	『戦国史をみる目』	校倉書房	一九九五年
F	『雑兵たちの戦場』	朝日新聞社	一九九五年
G	『村と領主の戦国世界』	東京大学出版会	一九九七年
H	『戦国の村を歩く』	朝日新聞社	一九九七年

（1）勝俣鎮夫「戦国時代の村落」（『社会史研究』六号、一九八五年、のち『戦国時代論』所収、岩波書店、一九九六年）。藤木氏の業績については右の一覧に収めた著作を参照いただきたい。

（2）たとえば稲葉継陽「中世後期村落の侍身分と兵農分離」（『歴史評論』五二三号、一九九三年、のち『戦国時代の荘園制と村落』所収、校倉書房、一九九八年）など。

（3）歴史学研究会中世史部会運営委員会ワーキンググループ「『地域社会論』の視座と方法」（『歴史学研究』六七四号、一九九五年）、拙稿「中近世移行期の在地祭祀と地域社会」（『歴史科学』一五二号、一九九八年→第一部第五章）など。

（4）注(2)稲葉論文。

（5）「中近世移行期における侍衆と在地構造の転換」（『ヒストリア』一五三号、一九九六年→第一部第四章）。

（6）『村と領主の戦国世界』はしがき。このなかで、名前をあげられず反批判の対象とされている一人は私のことだと思う。引用されている文章は、注(5)拙稿の「はじめに」の一文である。反批判の対象の名前を出さない、つまり読者が反批判の対象にたどり着けない叙述のされ方には大きな疑問を感じる。反批判されるのであれば、その対象がどの論文であるか明らかにすべきではないだろうか。

また、この応答については、池享氏が「戦国とは何か」（『歴史評論』五七二号、一九九七年）の注(20)のなかで的確なコメントを加えていただいている。この応答の三点も含めて、本稿作成は池氏の問題提起によるところが大きい。

(7)「郷村制の形成」(『岩波講座日本歴史・中世四』、一九六三年)。

(8)たとえば、仲村研「中世後期の村落」(『日本史研究』九〇号、一九六七年、のちに『荘園支配の構造』所収、吉川弘文館、一九七八年)など。

(9)関係論文はきわめて多い。たとえば小領主論については、村田修三「兵農分離の歴史的前提」(『日本史研究』一一八号、一九七一年)、地主論については藤木『戦国社会史論』などを参照いただきたい。

(10)『戦国社会史論』所収の各論文など。

(11)初出は、『日本中世史研究の軌跡』(東京大学出版会、一九八八年)である。

(12)G著七章、一六一頁。

(13)G著一一章、二九九頁。

(14)B著一三六頁。

(15)『可能性としてのムラ社会』(青弓社、一九九〇年)。

(16)注(3)の拙稿は、自検断をおこなっていたとされる法隆寺周辺一七ヶ村の一つである五百井村について扱ったものである。そのなかで、五百井などが卓越した土豪によって指導されていた村であったことを明らかにした。法隆寺周辺十七ヶ村の自検断については、藤木氏D著を参照いただきたい。

(17)「村からみた戦国大名」一二六頁~一二七頁、初出は『長岡市史研究』五号(一九九四年)の「はじめに」で引用された一文である。

(18)G著補論、三二五頁。

(19)D著七四~七六頁。

(20)以下、このような戦国期村落の達成(「中世村落の達成」)という位置づけ方への疑問については、石本倫子氏の稲葉継陽著『戦国時代の荘園制と村落』(校倉書房、一九九八年)の書評準備会における報告(一九九九年六月二六日・大阪歴史科学協議会前近代史部会)によって、あらためて感じさせられた点である。その内容については、『歴史科学』一五八号(一九九九年)の石本氏の書評論文を参照いただきたい。

〔付記〕本稿は、一九九七年一〇月三〇日の大阪市立大学中世史研究会での報告を、一九九九年大阪歴史科学協議会一月例会の準備会などにおける議論をふまえつつまとめ直したものである。貴重な意見をいただいた仁木宏氏他中世史研究会のメンバー、一月例会を共に準備した石本倫子氏に記して謝すところである。

付論　近国・遠国の鹿王院領の構成と展開

〔編者注：この付論は原著では藤田励夫氏との共同執筆である〕

鹿王院文書のなかには、鹿王院とその本寺宝幢寺の所領関係文書が数多く含まれている。近年、馬田綾子・新田英治両氏等によってその検討が進められつつある。小稿は、そのうち山城国以外の近国・遠国所領について概観し、鹿王院文書研究会編『鹿王院文書の研究』（思文閣出版）に収められた近国・遠国所領関係文書理解の便に供することを目的とする。

そこで、まず馬田氏の論稿によりながら近国・遠国所領の概容を示す文書をあげ、その性格をまとめておきたい。

A　永徳二年（一三八二）一二月一五日　春屋妙葩管領寺院目録〈一二一七〉

（以下〈　〉内は『鹿王院文書の研究』所収の文書番号）

B　至徳元年（一三八四）一一月　三日　太政官牒・官宣旨〈二四三～二五八〉

C　応永一八年（一四一一）　三月　日　宝幢寺領・鹿王院領・諸末寺目録〈三四三〉

D　永享七年（一四三五）　三月　日　宝幢寺領・鹿王院領・諸末寺目録〈四二八〉

E　寛正二年（一四六一）一〇月　日　鹿王院散在所領目録〈四五二〉

F　文明七年（一四七五）　五月一六日　室町幕府奉行人連署奉書〈四五九〉

G　文明一〇年（一四七八）　五月二七日　足利義政御判御教書〈四六三〉

H　文明一〇年（一四七八）　五月二八日　足利義政御判御教書〈四六五〉

Aは春屋妙葩が管領する宝幢寺・鹿王院領と末寺を書きあげたものである。袖には「此所々可令為寺領矣」として足利義満の外題が記されている。康暦二年（一三八〇）の宝幢寺・鹿王院の建立を受けて、その寺領をあらためて安堵したものであろう。最も早い段階の宝幢寺領・鹿王院領の構成を示す文書と考えられる。Bは伊勢太神宮役夫工米等の免除を命じた太政官牒・官宣旨である。太政官牒は宝幢寺・鹿王院宛のものが、官宣旨は宝幢寺及び鹿王院と相模等一一カ国宛のものが残っている。Bは、文書の性格からみてこの段階の宝幢寺・鹿王院領の全体を示していると考えられる。CとDは宝幢寺領・鹿王院領と諸末寺を書きあげ、それぞれ寺領安堵の外題が記されている。Eは山城国・近江国・丹波国の散在所領だけを書きあげたものである。最後のF・G・Hは応仁・文明の乱で退転した所領の宝幢寺・鹿王院への返付を命じたものである。

では、以上八点を中心に、その他の寄進状等をあわせて宝幢寺・鹿王院領の近国・遠国所領を概観していきたい。

武蔵国

鹿王院領としては現在の板橋区赤塚・成増・徳丸周辺に比定される赤塚郷と、現在の東松山市高坂周辺に比定される高坂郷がある。

赤塚郷は、如春（渋川幸子、二代将軍足利義詮室）の寄進にかかるものである。鹿王院文書中には康暦元年（一三七九）と永徳三年（一三八三）の二通の如春所領寄進状案〈一七三・二三一〉が残されている。それによると、康暦元年に如春が義詮の菩提と自身の後生のために春屋妙葩に寄進し、それが永徳三年にあらためて当時天龍寺方丈であった春屋に宛てて「鹿王院へ一円になかくきしむ申候」として寄進されている。Aにはまだ鹿王院領としてはその名がみえない。まだこの段階では春屋個人の所領とされていたのであろうか。Aでみられる井見庄のように「国師寄付」という形で記されることはないが、鹿王院建立にともなって春屋個人の所領から鹿王院へ移管された庄園の一つにあげられる。Bにはその名がみえる。

遠隔地ということもあって、支配の存続は困難な状況にあった。寛正三年(一四六二)には守護代長尾景信が千葉氏に同郷を兵粮所として与える事件が起きている〈四五四〉。この際は寛正四年二月二七日堀越公方家奉行人連署奉書で寺家への返付が命じられている〈四五五〉。その後も困難な状況は続いていたと思われ、応仁・文明期には退転していたようであり、Gで鹿王院に返付されている。しかしG以降は、鹿王院文書のなかに全くみられなくなっており、退転したものと思われる。

次に高坂郷は、康暦三年に上杉朝房から雲香庵宛に寄進されている〈一七一〉。この雲香庵が雲居庵だとすれば、春屋妙葩がこの時期雲居庵塔主を勤めているから、春屋個人への寄進ということになる。同郷は永徳三年に理常から鹿王院へ寄進されている〈二三四〉。さらに、その翌年に鎌倉公方足利氏満が理常の素願を受けて重ねて鹿王院に寄進している〈二三八〉。このことを考えると、先の雲香庵を雲居庵、つまり春屋妙葩とする理解はさらなる検討を要する。むしろ、〈一七一〉の上杉朝房(道真)書状は手継文書として鹿王院に入った可能性が残る。同郷は、永徳三年の段階で鹿王院領となったと考えられる。B・C・Dにはその名がみえるが、Dを最後に鹿王院文書のなかにはその名がみえなくなる。おそくとも永享七年には退転していたのではなかろうか。

相模国

三浦庄内長沢郷は鹿王院文書ではBにだけみえる。現在の横須賀市域に長沢の地名が残る。応永七年(一四〇〇)には建長寺龍興院主中晃が建長寺大工左衛門三郎へ大工免として「三浦長沢郷之内浦免之事合 年貢壱貫五百文」を宛行っている(『神奈川県史』資料編三)。龍興院はAにみえ、春屋の管領する寺院であった。

遠江国

小高郷は現在の掛川市東南部に比定される。鹿王院は同地の地頭職を所有していた。小高郷は伊勢神宮領の御厨の一つとして知られているが、その地頭職がどのような理由で鹿王院領となったかは定かではない。C以前はその名がみえないことから、至徳元年(一三八四)から応永一八年(一四一一)の間に鹿王院領となったものと考えられる。

加賀国

宝幢寺領の倉月庄内松寺東西・赤浜両村は、現在の金沢市域に比定される。鹿王院文書における初見史料は、康暦二年（一三八〇）に足利義満が同地と摂津国阿古谷村を宝幢寺に寄進した際の寄進状であり〈一九三〉、Aにも載せられていて、もっとも早い時期に宝幢寺領となった庄園の一つである。Bにもその名がみえている。

「美吉文書」等によると、鎌倉期の倉月庄は中原氏の傍流である摂津氏が領家職・地頭職を相伝していたようである。それが康暦元年に室町幕府により守護不入の地とされ、その翌年、庄内の「松寺・赤浜両村」が細分化され寄進された。その後も、摂津氏の影響は続いたようである。長禄二年（一四五八）には、摂津氏によって違乱されている（『蔭凉軒日録』同年一二月一九日条）。

その後、赤松村については、D以降は鹿王院文書のなかにはみられなくなる。あるいは摂津氏等の違乱や応仁の乱の混乱のなかで退転してしまったのかもしれない。G・Hでも松寺村は寺家に返付されているが、赤浜村については返付の対象になっていない。松寺東西は戦国末期まで宝幢寺・鹿王院領として維持されている。戦国期の松寺村関係文書では、「松寺御百姓中東西」が花押を記している天文二〇年（一五五一）卯月二〇日付加賀国松寺御百姓中東西書状〈六一七〉が注目される。同村は、おそらく戦国期には惣的結合をなしていたのであろう。また、同村は東方と西方に分かれそれぞれ「番頭」がいた〈六一五・六一六〉。この「番頭」は、おそらく惣の中心的役割を果たす存在であり、宝幢寺の年貢収取もこのような番頭を中心とした惣による地下請によって支えられていたと考えられる。

この他、同地関係では永禄元年（一五五八）九月に本願寺坊官から「名主百姓中」等に対して発給された鹿王院への年貢上納を命じる文書が注目される〈六四六等〉。これは、本願寺が加賀において守護権を行使していた証左として注目される史料であり、それとともに松寺に対する支配が戦国期まで維持されていたことがわかる。

越中国

鹿王院領としては、現在の富山県中新川郡上市町に比定される井見庄領家職と、現在の富山県下新川郡入善町周辺に比定される小佐味庄三分二、立山寺領内寺田・岩崎がある。

井見庄の領家職は、観応の擾乱により足利将軍家に没収され、北向（足利義詮妻）の料所となり、貞治五年（一三六六）に北向から春屋妙葩に寄進されたものである〈一三八・一三九〉。Aで「国師寄付」とされていることからわかるように、春屋妙葩の管領する所領が鹿王院建立にともない移管されたものの一つである。Bにも名前があがっている。

同庄への支配は応仁の乱のなかで退転していたようであり、FやGによって返付・安堵されている。しかし、その後も同庄の支配は困難をともなったようである。戦国期には、守護畠山尚順の守護請の地とされていた。年月日未詳であるが某書状案では、鹿王院が土肥美作入道に対して、井見庄帳写を在地に下すので、未納になっている公用を納めることを求めている〈七三〇〉。この文書からすると、実質的には守護被官土肥氏が井見庄の代官を勤めていたと考えられる。この他、鹿王院文書のなかには、二通の常仙書状がみえる〈五〇二・五〇三〉。『富山県史』は、この常仙を井見庄代官と比定している。この比定を前提とすると、この二通の書状は領家帳を下すことを求めたものであり、内容から判断して〈七三〇〉と一連と考えられる。あるいは常仙と土肥美作入道は同一人物なのかもしれない。この二通には、百姓等が一向一揆として逃亡しているので公用が上納できない旨が語られており、困難化していく遠国庄園支配の実態がよくわかる。井見庄の史料は、永正期頃を最後にみえなくなる。おそらく、この段階で退転したのではなかろうか。

次に小佐味庄は、鹿王院領本支証目録案〈四四六〉によると、如菅より寄進されたものであることがわかる。寄進状そのものは鹿王院文書のなかにはみえず、時期は定かではない。Bには「領家職并地頭職」とあがっている。康暦元年（一三七九）には、中条秀長が「小佐味庄内半分地頭職」を南禅寺龍華院に寄進しているから（「南禅寺文書」）、その残りの半分の地頭職ならびに領家職が鹿王院領とされたものと考えられる。

小佐味庄の所領単位については、Ｃでは退転していたのかその名がみえないが、Ｄ以降記載のあり方が度々変わっている。Ｄでは「小佐味庄地頭職」であるが、Ｆは「小佐味庄参分壱」、Ｇは「小佐味庄参分弐方」となっている。三分二あるいは三分一といった表記は得分権にもとづく所有形態から一円所領に変化していたことを示しているのかもしれない。

その後、同庄は度々退転していたようである。長禄二年（一四五八）に「小佐味庄二方参分壱」が鹿王院に還付されている〈四四七〉。Ｇを最後に鹿王院文書からその名がみえなくなっており、戦国期にはいるとその支配の実態は失われていたと思われる。

最後の立山寺領内寺田・岩崎は、現在の立山町岩峅にあった立山寺跡周辺の田地であろうか。Ｂのなかにしかその名はみられない。その寺領化の契機等全く定かではない。

飛驒国

鹿王院領として現在の岐阜県高山市域に比定される大八賀粛条庵分がみえる。同地は、Ｃ以降鹿王院領として安堵されており、その支配が維持されていたことがわかるが、いつ頃鹿王院領となったのかは史料上に確認することができない。Ａ・Ｂの段階ではまだその名はみえず、至徳元年（一三八四）から応永一八年（一四一一）の間に鹿王院領となったと思われる。

若狭国

倉見庄は三方湖に注ぐ鰣川の中・上流部周辺、現在の三方町倉見を中心とし、それとは別に飛地のような形で常神半島の先端に近い御賀尾浦、現在の三方町神子をも含む庄園で、鎌倉時代には新日吉社が領家職をもっていた。永仁四年（一二九六）の倉見荘実検田目録（「大音正和家文書」、『福井県史』資料編八）から田数は一〇〇町を超える。なお、のちに鹿王院領となる黒田と小野の名が同目録にもみえている。

鹿王院領としてはCに「倉見庄内黒田・小野・加屋三名」がみえる。応永二〇年（一四一三）には足利義持が安禅寺領太郎丸・五郎丸両名、脇山名等を除いて等持院に寄進しているが（「等持院常住記録」、『大日本史料』七―一九）、Dにも鹿王院領として先の三名が記されている。長禄二年（一四五八）には、この三名を鹿王院に還補すべき旨の室町幕府管領施行状が守護武田信賢宛に出されており（「田所市太氏所蔵文書」、『福井県史』資料編二）、一時、違乱を受けていたらしい。その後、文明七年（一四七五）と同一〇年にもこの三名について幕府から鹿王院への返付が命じられている（F・G）。長禄二年に幕府奉行人飯尾為数に渡した鹿王院領本支証目録案〈四四六〉に「黒田・加屋・小野三名　小河御所御寄進状一通」とあることから、小河御所の寄進によることがわかる。

近江国

忍海庄は長浜市布施町・小一条町に比定される。貞応三年（一二二四）の宣陽門院所領目録（『鎌倉遺文』三―三二七四）には女房別当三位家領とある。応永一四年（一四〇七）の長講堂領目録（「八代恒治氏所蔵文書」、『大日本史料』七―八）には「女房別当三位家領　近江国忍海庄　鹿王院、被寄進清閑寺」とある。B～Gにみえるほか、年月日未詳で後欠の某書状の端裏書に「江州忍海之証文」とある〈四九二〉。なお、『島記録』（小和田哲男氏『戦国史叢書6近江浅井氏』、新人物往来社、一九七三年）に所収の天文二一年（一五五二）の国人領主今井定清書状には、浅井氏の安堵をうけるにあたって「忍海庄本所事、元者嵯峨鹿苑《マヽ》院領候、有子細而代官職預り申沙汰仕候、然処寺社本所国押領ニ成候時、私云今井十五代秀遠代也」とあり、今井氏が代官職を有していたことがわかる。同書状によれば、今井氏は文明年中から知行し幾度もの断絶期を経て天文二一年にいたっている。この頃には鹿王院の支配は全く及ばなかったのであろう。近江にはほかに散在所領しかなく、近江でもっともまとまった鹿王院領であったと考えられる。

C・Dには忍海庄に加えて「同国散在注文在別紙」と記されているが、いま、別紙に該当する史料は存在しない。これらは、E～Gにみえる各所領に該当するものであろう。このうち伊庭下司名は寄進者がわかる唯一の所領で、明徳三年（一三九二）に左衛門尉頼景が「二親之追善并頼景菩提」のために鹿王院へ伊庭庄下司職を寄進している〈二九一〉。伊庭庄は現在の能登川町内にあたり九条家領などがあった。伊香新庄は現在の木之本町内にあたる。福永庄は現在の長浜市内にあたり、永久年中（一一一三〜八）に成立した伊勢神宮領福永御厨の領域とほぼ一致していたと考えられている。石灰新庄は現在の多賀町内にあたる。石塔観音坊跡は現在の蒲生町内にあたり、石塔寺は阿育王の説話をもつ重要文化財の石造三重塔を中心に数千基の石仏・石塔があることで有名である。観音坊のほかに多くの坊が存在していたことが伝えられている。玉造庄は現在の野洲町内にあたり室町時代には相国寺領であったが、『近江輿地志略』は「（大津市）松本馬場の辺をいう」と記す。粟津は現在の大津市内で玉蘊庵はその内であろう。ここには臨川寺三会院領もあった。このほか平江田の名がみえる。

また、田根庄は現在の浅井町内、田川中流域に所在する久我家領庄園。丁野郷は隣接する田河庄の内。「鹿王院文書」中にこれらの管領を認めた文和四年（一三五五）の久我通相宛の後光厳天皇綸旨案があり〈七九〉、正文は「久我家文書」にある。本文書が鹿王院に伝来したのは、田根庄内に雲居庵領があったためかと推測される。『伺事記録』延徳二年（一四九〇）九月一五日条には雲居庵雑掌が当知行の安堵を申請していることがみえる。

摂津国

鹿王院領として比定地未詳の犬居庄花枝名が、また宝幢寺領として吹田市域に比定される吹田西庄内倉殿地頭職、川西市域に比定される多田庄内阿古屋谷上下、さらには比定地未詳の江口吾ヶ庄などがある。

最初の犬居庄花枝名は、Bに名があらわれるが、その寺領化の契機は不明である。B以降全く鹿王院文書のなかにみえないことから、早くに鹿王院領を離れたと考えられる。

次の吹田西庄内倉殿地頭職関係については、その寺領化の契機は明らかにならないが、CやDにはその名がみえることから、この段階には宝幢寺領となっていたと考えられる。この他、同地関係では戦国期のものと推定される摂津国吹田西庄内倉殿地頭分由来書がみられる〈五七五〉。本文書によると、天文年間（一五三二〜五五）頃作阿弥という人物により押領される事件があったようである。このことからすると、実態を有していたかどうかはわからないが、なんらかの形で寺領としては存続していたのであろうか。

多田庄内阿古屋村であるが、これは加賀国の項でもふれたように康暦二年（一三八〇）に足利義満によって寄進されたものである。そして、その寄進を認める室町幕府御教書が発給されている〈一九四〉。その後は、Cにはその名がみえるが、Dではみえなくなっている。応永一八年（一四一一）から永享七年（一四三五）の間には退転していたと考えられる。

最後に、江口吾ヶ庄であるが永徳元年（一三八一）一一月一九日に足利義満によって寄進されている〈二一八〉。この後、Hで寺家に摂津国五箇庄が返付されているのがみえるが、あるいはこれが吾ヶ庄にあたるものか。

丹波国

丹波は大堰川の水運によって嵯峨に直結した地で、鹿王院領が多い。康暦元年（一三七九）、足利義満は春屋に天田宗我部国衙分と瓦屋御封米を管領させている〈一七五〉。天田宗我部国衙分は現福知山市内にあたり、B・E・F・Gにもみえる。瓦屋庄内の鹿王院領は複数の名で称される。Aにみえる瓦屋北庄内勝林寺は、貞治三年（一三六四）に左衛門尉為永が亡父の追善のために金剛院へ寄進したもので〈一一一〉、その後に鹿王院へ付されている。勝林寺は現在の亀岡市勝林島に比定される。Bには瓦屋南庄内成時名がみえる。Eには丹波国散在として瓦屋南北庄国衙、少林寺島、瓦屋北庄内地利とある。享禄元年（一五二八）には茨木長隆が山城国内の所領とともに「丹州瓦屋北庄内国衙分等」を安堵しており、鹿王院領としてかなり遅くまで実体を保っていたらしい。瓦屋庄は観応二年（一三五一）に足利尊氏が天龍寺に寄進したもので、このうちの一部には春屋から鹿王院に付されたものもあったのであろう。

Bには、ほかに河口庄地頭職と上林庄下村内多田・佃、野口庄内小河方行元・武里両名がみえる。河口庄は福知山市の北部に比定され、醍醐寺領、上林庄は現綾部市内で相国寺領であった。野口庄内小河方は古代の桑田郡小川郷内（現亀岡市）にあったと考えられる。関連文書は比較的多く、古くは永仁六年（一二九八）のいそへの家安の小河郷つかめへ里内の畠地売券があるほか〈一五〉、鎌倉時代の文書が四通あり〈一九・二〇・二二・二三〉、延文六年（一三六一）に心了が行元名ほかを治部はうへ譲った譲状案ものこる〈九一〉。応永九年（一四〇二）の小河方行元名・武里名の不知行分の注文があり、比較的はやくから鹿王院の支配は行き届かなかったこともあったらしい〈三二五〉。ほかに後欠で年未詳の丹波国野口庄小河方坪付注文がある〈四八七〉。小河方以外には、至徳二年（一三八五）の春屋書状に野口庄内上村方所務職について年貢三万五千疋とある〈二六〇〉。

知見谷は現在の美山町域に含まれる。永徳四年（一三八四）に守清庵真当（洞院公賢女）が、光厳院の安堵と龍湫周沢の契状を添えて、一期の後と断って鹿王院へ寄進している。この寄進は真当の持っていた知見谷の得分の半分で、いま半分は南禅寺上生院へ寄進していた。また、真当跡のことは円鑑梵相に申し置かれている〈二三六・二三七〉。この後、C・D・F・Gにもみえ、F・Gでは「知見谷四分壱」とあらわされる。

丹後国

余戸里は現在の舞鶴市に含まれ、丹後国田数帳（『舞鶴市史・資料編』）には「余戸里　六十町八段二百九歩　鹿王院」とみえる。貞和二年（一三四六）の足利直義袖判下文では余戸里勝浦村地頭職が佐々木加地有王丸に安堵されている〈五八〉。勝浦村は市内長浜にある小字加津良に比定できる。『尊卑分脉』宇多源氏のながれに佐々木加地氏がある。石川登志雄氏は貞信の項に「康永天龍寺供養日御調度役」とあることから、康永四年（一三四五）の天龍寺供養に関わった貞信が有王丸にあたる可能性を示唆されている。延文三年（一三五八）には沙弥昌皎（饗庭氏直・彈正少弼尊宣法師）が夢窓疎石への報恩と足利尊氏の追善・卵塔造営料所として雲居庵に寄進し〈八八〉、同日付で足利義詮に安堵されている〈八七〉。貞治元年（一三六二）には洞院実夏が余戸里国衙方を春屋に寄進している〈一〇二・一〇三〉。翌二年三月には、足利義詮が官符宣のことについて武家安堵の地においては本寺が直奏することに子細が無い旨を天龍寺長老宛に伝え〈一〇七〉、九月には官宣旨が丹後国に下されて伊勢太神宮役夫工米などが免除された〈一〇八〉。また、実夏は寄進後も寺領への違乱を心配して天龍寺や雲居庵へ書状を送っている〈一〇九・一一〇・一一七〉。余部里内安井への軍勢の防を退けることについての春屋宛の年未詳の義詮御内書があるが〈一四五〉、この頃のものであろうか。

応安二年（一三六九）、比叡山に屈した管領細川頼之は南禅寺山門を破却させた。同四年一一月、春屋はまず嵯峨勝光庵に潜居し、さらに余戸里へ移り雲門寺を創建して、頼之が失脚する康暦元年（一三七九）閏四月までここにあった。春屋がこの地に匿れたのも、余戸里の領家職と地頭職をあわせもっていたためと考えられている。応安三年の春屋の勝光庵宛の寄進状には「金剛院丹後国余部里領家年貢内弐拾貫文事」とあり（「雲門寺文書」）、この頃、天龍寺金剛院が領家職を有していたらしい。康暦元年九月には、足利義満が「余部里地頭・領家両職」等を春屋が管領するように御内書を発している〈一七五〉。

鹿王院領としてはAに「地頭職半分・領家一円」とみえるのが最初である。これ以降も嘉慶元年（一三八七）には相国寺塔頭大智院主事昌寛等が余戸里内門名々主職半分を順済法橋に宛行っている〈二七七〉。応永四年（一三九七）には浄智法橋が余戸里内上岩根名主職を鹿王院に売り渡しているし〈三〇六〉、同六年には浄倉が是安名名主職を昌韜庵主に去渡した文書がある〈三一〇〉。名主職については他者の有するところとなっていたものが多かったのであろうが徐々に集積も行われていたものと推測される。

C・Dにも鹿王院領として「地頭職半分・領家一円」とみえるが、年未詳八月五日付丹後守護一色義範書状には「雲居庵并鹿王院領丹州余戸里事」とある〈四三四〉。義範の守護在任は応永一六年から永享一二年（一四四〇）で、この間に雲居庵領も存在していたらしい。この書状には、先年の地下人等の嗷訴により鹿王院と年貢六〇貫文の契約を結んでいたが、三〇貫文に引き下げて地下人の沙汰として納めることが記されている。この頃、領主支配の衰退がみられ、嗷訴による年貢の減免や地下請が行われていた。

Ｆ・Ｇでは他の鹿王院領とともに元の如く寺家の領知すべきことが命じられてはいるが、文明一八年（一四八六）には『蔭凉軒日録』（七月五日条、一一月二八日条、一二月二七日条）に来年に春屋の一〇〇年忌をひかえているにもかかわらず宝幢寺・鹿王院両寺領が尽く不知行になっていることがみえる。「遠国又者敵国事」は訴訟に及ばないが丹州余部庄については三会院主松嶺和尚等が連署して訴状を呈し、足利義政が還付されるよう命じている。

但馬国　鎌田庄は古代の城崎郡三江郷の一部で現在の豊岡市にあたり、弘安八年（一二八五）の但馬国太田文（『鎌倉遺文』一五七七四）には松尾社領として「下三江庄　五拾四町三反三百分　号鎌田庄」とみえる。永仁六年（一二九八）には建長寺造営料所とされるが〈一四〉、貞治五年（一三六六）に建長寺領鎌田庄と天龍寺領武蔵国津田郷は相博されて天龍寺領となる〈一三五〉。応安二年（一三六九）には天龍寺金剛院領として太政官符・官宣旨により伊勢太神宮役夫工米などが免除された〈一四六・一四七〉。同五年には、管領奉書により下地を金剛院雑掌に沙汰付るよう命じられ〈一五三〉、守護長伊豆入道が遵行している〈一五五〉。同七年には足利義満から但馬国東河庄と周防国玖珂庄とともに、金剛院が「勅裁寄進状以下証文」を紛失したが知行に相違ない旨を安堵されている。

さて、康暦元年（一三七九）、康暦の政変の後、鎌田庄は九月一五日付で義満から但馬国太多庄などとともに春屋妙葩に安堵され〈一七五〉、Ａに宝幢寺領として「鎌田庄地頭・領家一円」とみえ「国師寄附」の注記があることから、この間に春屋から宝幢寺へ寄付されたものである。また、ＣとＤにも「鎌田庄地頭・領家一円」とある。Ｈが史料にみえる最後である。

播磨国　姫路市内に比定される飾磨津別符が鹿王院領として、また、兵庫県多可郡中町周辺に比定される安田庄が宝幢寺領としてみられる。

飾磨津別符については、応永二六年（一四一九）九月二七日付伏見宮貞成親王令旨によって、鹿王院に「御祈禱料所」として寄付される以前の手継文書がまとまって鹿王院文書のなかにみられる〈三七一〉。飾磨津の相伝由緒を示す文書としては〈三七八・三八三・三八四〉等がみられる。この飾磨津別符にかかわる一連の文書を理解するためには、鹿王院文書だけでは不十分である。

同地は、萩原宮（直仁親王）が没した後に足利義満によって伏見宮家に進められたものであったという。しかし、その管領をめぐって伏見宮と鹿王院の間に相論が起きている。その経過は『看聞日記』応永二六年九月一八・二二～二七日条に詳しい。経過を簡単にまとめると次のようになる。一八日に、伏見宮貞成親王のもとに、鹿王院が飾磨津別符本主萩原宮殿（徳光院周高、応永二六年八月一三日没）から寄進を受けたと称して飾磨津別符に庄主を下すという話が伝わった。それを聞いた伏見宮は、二二日に用健の挙状を得て、飾磨津別符に対して庄主を下すことをやめるように鹿王院へ交渉した。鹿王院側は強硬で、翌二四日鹿王院側から使いがやって来て言うには、鹿王院への寄付の令旨が出されなかった場合は、「他之了簡」を致すべしという。そこで、仕方なく寄付の令旨を出したことが記されている。

先にあげた相伝由緒を示す文書はこの交渉を有利に進めるために作成された可能性があると思われる。ともあれ、この段階で鹿王院領とされたのは間違いない。しかし、その後同地はＤには名があげられていない。永享七年（一四三五）には早くも鹿王院領を離れていたのであろうか。

次に安田庄については、宝幢寺領であった有田庄と替えて所領とされた庄園である。有田庄はもともと春屋妙葩の所領であったのが、康暦二年（一三八〇）九月二六日に足利義満によって返付されている〈一九八〉。それが、同年の一〇月二一日に安田庄領家職と相博され、安田庄が宝幢寺領となっている〈一九九〉。安田庄はその後Ｄにも宝幢寺領としてあがっているが、応仁の乱で退転していたようであり、Ｈで寺家に返付されているのがみえる。

備前国

備前国では、鹿王院領として現在の岡山県赤磐郡赤坂町に比定される軽部庄山手村、そして宝幢寺領の岡山県御津郡加茂川町に比定される長田庄がある。

軽部庄内山手村は、真当寄進状によると真当（洞院公賢女）から鹿王院に対して、貞治二〜四年（一三六三〜五）の頃に寄進されたものである〈一三一等〉。貞治五年には後光厳天皇綸旨によってその寄進が認められている〈一三六〉。長禄二年（一四五八）の鹿王院領本支証目録案には「軽部庄内山手村　院宣一通并真当大姉寄進状一通此二枚」とあり〈四四六〉、長禄段階までその支配が維持されたことがうかがえる。その相伝過程については、宝幢寺鹿王院雑掌申状案に相伝系図が記されている〈一三二〉。

次に長田庄については、Bにその名がみえる程度であり、至徳元年ですでに宝幢寺領となっていたことはわかるが、その寺領化の契機については知りえない。

周防国

牟礼保は現在の防府市に含まれ、近世の牟礼村を中心とした。国衙領でおもに牟礼令とみえる。域内に建久八年（一一九七）に俊乗房重源が開いた阿弥陀寺があり、その寺領も多かった。鹿王院領としては、応永三三年（一四二六）に本光院秀清が雪渓・華屋・秀清・理賢・貞固五人の追善のために私領を鹿王院へ寄進したことに始まる〈四二〇〉。その後、F・Gにみえる。

玉祖は周防一宮玉祖神社（現防府市）の所在するあたりのことであろう。至徳三年（一三八六）に春屋等が連署して玉林昌旒に対し玉祖の替として毎年一五貫文を沙汰するよう請文を出している〈一七六〉。玉林は周防の人で春屋の印可を受けており、その地を鹿王院に寄進したのであろう。なお玉林はのちに岩国永興寺の住持にもなっている。

阿波国

那賀山庄の庄域は那賀川上流域の木頭村から下流域の那賀川町にいたる一帯に比定される。暦応三年（一三四〇）には足利尊氏が天龍寺に寄進している。

康暦元年（一三七九）に足利義満から那賀山庄内賀茂・和食郷并関等が興聖寺（のちに宝幢寺）領として安堵されている〈一八二〉。その後、Hに賀茂・和食がみえるまで史料にあらわれない。このことから、AやC・Dが宝幢寺・鹿王院領の全貌を示したものであるのか疑問が持たれるが、あるいは宝幢寺領を離れて他の所領になっていた時期が長かったのかもしれない。

土佐国

宝幢寺領吾川山は吾川郡内の仁淀川北岸にあたる。Aに宝幢寺領として国師寄付「吾川山地頭職」がみえる。これより以前、文和三年（一三五四）には、三浦道祐から「吾川山庄内上谷川村」が、道祐が先年に吸江庵へ寄進した一〇貫文を除いて「美作国西高田庄内甘波村并安名」の替わりとして春屋に寄進されている（『南北朝遺文』中国・四国編二五七五）。上谷川村は上八川村のことで、Bに「小河村地頭職」とみえる小河村も上八川一帯をさしている。吸江庵は高知市五台山に所在し、文保二年（一三一八）に夢窓疎石により開かれた。至徳元年（一三八四）四月二日付で春屋は「吾川山之内吸江庵分桃木谷」を厳密に吸江庵へ渡すよう吾川山庄主中逸御房へ命じている（「吸江寺文書」、『高知県史』）。この桃木谷は道祐が吸江庵へ寄進した一〇貫文である。また、応永四年（一三九七）には道祐の寄進した桃木谷からの吸江庵の得分について宝幢寺の庄主が違乱している（「吸江寺文書」）。

吾川山はC・Dにもみえるが、Cでは「吾川山地頭職」が、Dでは「吾川山地頭・領家一円」が将軍から安堵されている。Dを素直に読めば永享七年（一四三五）には地頭職に加えて領家職まで有していたことになるが、CとDでは若干の寺領の異動はあるが、同一寺領に見える記載は吾川山を除いて全て同一である。吾川山の前行に「但馬国鎌田庄地頭・領家一円」とあるのに引きずられて誤記した可能性もあるので検討を要する。Hが史料に見える最後である。

吾川山は春屋個人に寄進された所領に始まるもので、宝幢寺からは現地に庄主をおいて知行していた。

豊前国　鹿王院領としてBに現在の福岡県田川郡糸田町に比定される田原村・糸田庄がみえる。いつの段階で同地が鹿王院領となったのか明らかにしえる文書はみられない。Cのなかにはすでにみえなくなっているので、応永一八年（一四一一）段階には鹿王院領を離れたと考えられる。なお新田氏によると、足利義持が応永二一年（一四一四）に南禅寺龍華院領の諸公事を免除して、守護不入の地とした際に同院所領としてその名がみえることから（「南禅寺文書」）、鹿王院領を離れたのち龍華院へ移管されたのであろう。

日向国　穆佐院は現在の宮崎県東諸県郡高岡町南東部から宮崎市西部にあたる。南北朝末期には相国寺が領家職を有していた。宝幢寺領としてHにだけみえるもので、どのていど実質的な支配がおよんでいたものか不明。

宝幢寺・鹿王院領は、おもに春屋個人へ寄進された所領を附されることにより成立していった。たとえば宝幢寺の開かれる康暦二年（一三八〇）以前の貞治元年（一三六二）に、洞院実夏から丹後国余戸国衙方が春屋へ寄進され〈一〇二・一〇三〉、のちに鹿王院領になっている。Aには余戸里地頭職半分・領家一円など六カ所に「国師寄附」という添え書きがある。なお、春屋の管領する寺院間での寺領の移動もあり、貞治三年の左衛門尉為永から天龍寺金剛院への丹波国勝林寺地頭職の寄進状には、春屋自筆で「今者附于鹿王院（花押）」とある〈一二一〉。

また、寺領の成立には足利義満の厚い庇護があり、自らも康暦二年六月には摂津国多田院内上下阿古谷村などを寄進している〈一九三〉。くわえて、同年か翌年の七月には、天龍寺の例にならって宝幢寺領の役夫工米以下恒例臨時課役等を停止するよう命じている〈二一七〉。同様の命令が応永一九年（一四一二）、永享二年（一四三〇）、長禄三年（一四五九）に発せられるなど〈三四六・四二四・四四九〉、引き続き幕府の庇護をうけていた。寺領の集積は応永年間頃までは続き、開創後も武蔵国高坂郷、丹波国知見谷、播磨国飾磨津別符、周防国牟礼保などが寄進されている。

応仁の乱ではかなりの寺領が退転したらしく、F・G・Hにより幕府から寺家の領知を全うすべきことが命じられているが、それ以降、寺領に関する史料は激減し幕府の庇護も期待できなくなっていたものと考えられる。文明一八年（一四八六）は春屋一〇〇年忌にあたるが、丹後の項で述べたように『蔭凉軒日録』に寺領は尽く不知行であると記されている。ただし、近国・遠国所領は皆無になったわけではなく、永禄元年（一五五八）にいたっても、加賀国松寺保の年貢諸公事物等を鹿王院庄主へ沙汰するよう本願寺坊官が命じているように〈六四〇～六四三〉、僅かに保たれていた所領もあったらしい。松寺保は宝幢寺領であるが子細があって鹿王院が進止している。天正八年（一五八〇）には鹿王院住持心叔守厚が、宝幢寺について「一切無寺領」と述べているように〈七七五〉、この時期、宝幢寺はかなり衰退していた。

以上の通り、近国・遠国所領は春屋個人の所領からはじまり、その後も寄進等により集積されたが、応仁の乱以降、衰退の途をたどった。

〔参考文献〕
石川登志雄「丹後国余戸里について」（『鹿王院文書目録』、京都府教育委員会編集、一九九七年）
馬田綾子「鹿王院領について」（同右）
新田英治「室町期禅宗寺院領荘園の推移――鹿王院領の場合――」（『講座日本荘園史4荘園の解体』、吉川弘文館、一九九九年）
（はじめの部分と武蔵・遠江・飛驒・加賀・越中・摂津・播磨・備前・豊前は西村執筆、相模・若狭・近江・丹波・丹後・但馬・周防・阿波・土佐・日向とまとめの部分は藤田執筆）

第二部

地域研究の試み——大和の近世村落から——

第一章　近世初期の村支配のしくみ

中世から近世へ

大和をはじめとして畿内近国の戦国期村落は、村掟という法を自分たちで定め、ほかの村との紛争などに対応するための武力を持ち、農業用水などの管理を自分たちで行う力量をもっていた。そうした村を学説上惣村とよぶ。畿内近国にはこのような歴史を持つ村々が多く存在した。幕藩領主の村支配は、そのような惣村と向き合うところから始まったのである。

それは、基本的には中世以来百姓と村が築き上げてきた生きていくためのさまざまなシステムを前提としたものであった。つまり用水管理や紛争解決のための慣習などを自らの支配システムに組み込み活用することによって村落支配を実現した。むしろそこでは戦国期以来の村の慣習は領主の支配を妨げるものでないかぎりは積極的に受け入れられたといってよい。これらの支配は「村請」とよばれ、近世村落でもある程度の自治は認められ、多くは百姓たちに任されていたのである。

例えば近世村社会でも用水争論など村と村が権益をめぐって争う場面がたびたびみられたが、そうした争いごとは出来るかぎり内済というかたちで、村社会の秩序維持機能に解決が委ねられていた。どうしてもそのようなレベルで解決がつかない場合、公儀の法廷で裁きが行われたのである。

しかし、だからといって戦国期村落の自治が全てそのまま受け入れられたわけではない。領主にとって百姓は「死なぬ様に、生きぬ様にと合点致し、収納申付」(高野昇平『昇平夜話』)ける存在であって、確かに年貢上納の責務を果たすかぎりにおいて、ある程度の自治が認められたといっても、領主の治政に口を出すような政治的力量を持っていては不都合だった。先の内済などを含めた争論解決にしても、それは公儀の法の範囲内で行われなければならなかったし、内済に委ねるかどうかの判断、また最終的な裁判権は全て公儀のもとにあった。領主たちは支配を進めていくうえで、村々の慣習を認めつつも、それを自らの法体系のなかに組み込み規制していく必要があったのである。

そのためいろいろな法令をつくり百姓たちの生活を緊縛していった。例えば寛永二〇年（一六四三）田畑永代売買禁止令、延宝元年（一六七三）分地制限令をはじめとして年貢収奪の対象となる百姓経営破綻を防ぐための法令を定め、また寛永二〇年土民仕置覚を定め、百姓の日々の生活の細かなところまで規制した。こうした法令を作り上げたうえで、その範囲を越えないなかで村々の自治を認めていたのである。

では、具体的に近世幕藩領主はどのように村を支配しようとしていたのだろうか。

代官

その支配は代官や郡奉行を通じてのものであった。幕府直轄の御蔵入地では、前述のように南郷村あるいは箸尾村に陣屋を設置して支配を行った北見五郎左衛門の名が知られている。郡山藩領では初期の状況はほとんどわからないが、寛文一二年（一六七二）で吉弘甚左衛門、元禄五年（一六九二）では坪内九兵衛・岡本甚介・松本善左衛門・松本猪左衛門・村沢藤左衛門・大井田十郎兵衛の名がみえる。

また広陵町域に多い寺社領についてはどうであろうか。多武峰領については第四章で詳しく述べていくが、それ以外の寺社領については残念ながらわかることはほとんどない。法隆寺の場合で、担当の奉行が設置されており、庄屋などと協力して年貢の収納を行っていたことがわかるぐらいである（貞享元年〈一六八四〉「上納米通」、安部・巽利弘文書）。

大庄屋と組

このような支配機構と村落の間に置かれたのが大庄屋である。大庄屋は領主の命令の伝達、年貢米の徴収や納入の監督、村落間争論の調停など民政全般をつかさどった。

大庄屋は、中世以来の土豪の系譜を引く家や村内で家格の高い家が世襲で任命されていた。広陵町域では具体的な事例をみることはできないが、郡山藩領の十市郡上品寺村《じょんぼうじ》（現橿原市）の庄屋あるいは上品寺組大庄屋を勤めた上田家は戦国時代越智氏などの家臣として活躍した家として知られる（橿原市・上田長守文書）。そこには中世以来彼らが村のなかで培ってきた支配のための機能を自己の領主支配に取り込もうとするねらいがあった。その一方で、近世初期においては彼らに一定の格式や権限を与えることで、彼らを懐柔し支配を実現しようとする目的もあったと考えられる。そうした意味で、大庄屋は村々の代表者であるとともに支配機構の末端という性格を負わされた存在でもあったのである。

〔多武峰領〕

多武峰領では百済村・広瀬村・藤森村にそれぞれ大庄屋が設置された。ただし、百済村については北方（今市・渕口・森）、南方（神主・二条・新子・市場）にそれぞれ一名が設置されており、合計四名の大庄屋が任命されていた。赤部村の寺領分については時期によって異なると考えられるが、広瀬村大庄屋の管轄下にあった。北方の大庄屋は近世の早い時期では渕本家が勤め、その後は森村の林家が世襲したと考えられる。また南方は多くの時期を松村家が勤めているほか、治田家・今敷家などが勤めているのがわかる。

彼らは年頭に多武峰に登山し多武峰の代表である学頭への年始御目見えを許され、また多武峰の祭礼にあたっては先駆けの徒士《かち》役を勤める格式を認められた家であり、一般の百姓とは別格に位置づけられていた存在であった。

また、広瀬村大庄屋は在役中持高のうち三〇石分について「諸役掛り物」が免除されるのが通例であった（「執行代事記」天保五年（一八三四）二月三日条、近世後期になると免除高は一〇石に減額されている）。百済村大庄屋についても記録はみられないが、おそらく同様の特権が与えられていたのではなかろうか。

さらに多武峰領大庄屋は「領内取締役」を兼帯する場合があった。現在確認できる事例としては天保七年（一八三六）に死んだ百済南方大庄屋松村仁右衛門が亡くなるまでこの役を勤めているほか、同じく天保期と考えられるが百済北方大庄屋林重三郎が任命されている。これは、収納所より任命され、収納所触書によって領内に通知されるものであった（年不詳「触書」、談山神社所蔵文書）。しかし、この役職が常設のものであったかは不明で、確認される事例が天保期だけなので、ききん発生など危機的状況に応じて任命されるものだった可能性も強い。大庄屋を領主支配の末端に組み込むことで支配の強化をねらったものだろう。

〔郡山藩領〕

郡山藩領の場合、大庄屋は一〇ヶ村前後の村々を管轄していた。こうした村々は大庄屋の居村名を冠した組に編成されていた。表1は、南郷村の和田家が大庄屋を勤めた南郷組の構成を示したものであるが、ここからわかるように組はその時々によって組み替えが行われており一定したものではなかった。

このほかの広陵町域の郡山藩領村々についてみると、表2にみえるように文久二年（一八六二）では沢村が小柳組に、そして古寺村の堀内家が大庄屋を勤めていたと考えられる古寺組に笠・大垣内・中・古寺・赤部・斎音寺・寺戸・大野などが所属している。

享保九年（一七二四）の柳沢氏入部以前の大庄屋についてはほとんどわからないが、元禄年間に寺戸村を含む寺戸組の大庄屋を勤めた植村孫左衛門の名がみえる。また元禄年間の後本多郡山藩時代には藩財政再建のための年貢増徴策のなかで大庄屋層が「代官」成している事例がみられる（第七章参照）。

柳沢氏のもとでは享保一五年（一七三〇）から寛延三年（一七五〇）まで赤部村滝井兵四郎が大庄屋役を、その後

表1　南郷組を構成する村々の変遷

年　代	村　　名
明和7年(1770)	大垣内、笠、斎音寺、山ノ坊、寺戸、上牧、赤部、佐味田、池部、沢、南郷
明和9年(1772)	五位堂、狐井、磯壁、加守、畑、穴虫、関屋、田尻、北今市、高、中筋、上里、南郷
安永2年(1773)	高、中筋、上里、関屋、狐井、北今市、田尻、穴蒸、畑、加守、磯壁、五位堂、南郷
安永5年(1776)	南郷、五位堂、磯壁、加守、畑、穴蒸、田尻、北今市、狐井、関屋、上里、中筋、高
弘化2年(1845)	南郷、但馬、但馬之内出屋敷、富本、黒田、古寺、上品寺、多、磯野、大垣内、笠、赤部
嘉永6年(1853)	南郷、但馬、出屋敷、黒田、富本、笠、大垣内、赤部、古寺、磯野、上品寺、多
嘉永7年(1854)	南郷、磯野、上品寺、多、黒田、但馬、出屋敷、富本、笠、大垣内、赤部、古寺、中、萱野、南、弁財天、的場
安政2年(1855)	南郷、磯野、上品寺、多、富本、笠、大垣内、赤部
安政3年(1856)	南郷、磯野、上品寺、多、富本、笠、大垣内、赤部、古寺、中、萱野、南、弁財天、的場、矢部、大垣
安政5年(1858)	南郷、磯野、上品寺、多、矢部、大垣、富本、笠、大垣内、赤部、古寺、中、萱野、南、弁財天、的場
万延2年(1861)	南郷、磯野、上品寺、多、矢部、大垣、富本、萱野、南、弁財天、的場、五位堂
文久2年(1862)	南郷、磯野、上品寺、多、矢部、大垣、富本、萱野、南、弁財天、的場、五位堂
文久3年(1863)	南郷、磯野、上品寺、多、矢部、大垣、富本、萱野、南、弁財天、的場、五位堂
元治2年(1865)	南郷、磯野、上品寺、多、矢部、大垣、富本、萱野、南、弁財天、的場、五位堂
明治2年(1869)	五位堂、多、大垣、笠、赤部、古寺、中、磯野、上品寺、矢部、富本、南郷、大垣内、飯高、新木、内膳
明治4年(1871)	南郷、富本、多、上品寺、磯野、矢部、大垣、五位堂、古寺、中、笠、赤部、大垣内、内膳、新木、飯高

注：各年「御用書留帳」(南郷・和田俊逸文書)などより作成

表2　文久2年段階で本町域村々の属した大庄屋組

組　名	村　　名
古寺組	笠、大垣内、中、古寺、赤部、斎音寺、寺戸、大野、佐味田、山之坊、川合、城内、大輪田
小柳組	沢、池部、黒田、但馬、金剛寺、松本
中筋組	下牧、畠田、上里、中筋、上牧
市場組	長楽、穴闇、上品寺、多、大垣、矢部、富本、南、弁財天、的場

注：文久2年「御用書留帳」(南郷・和田俊逸文書)より作成

表3　安部村庄屋引き継ぎ文書一覧

分　類	帳　簿　名
年貢関係	本作年貢取帳、出作年貢取帳、中地年貢取帳、未進帳、御納所蔵米切付帳、九月十一月上納各割算勘帳、御納所帳、枡改帳、御免惣高へ割付帳、縄俵小割渡帳、郷蔵米納名前帳、御納不米納名割帳、野山川中荒年貢取帳、花薗院様・西南院様入用帳、山田・前田稲方綿方毛見帳、地役掛米帳、九月上納切付帳、田畑算帳、御上納御通袋共、中地順番帳、本作出作中地名前帳、載郷定目録、古未進帳、弐歩大帳、蔵米売揚帳、月算用帳、古未進銀年々請取差引帳、地役帳へ弐ヶ国惣差引勘定帳、未進銀名前改帳
用水管理関係	大川西東順番帳
治安維持関係	手錠人封改□日延帳、南都手錠帳、番人飯料帳
村財政関係	惣出過不足帳、載郷村諸算用勘定帳、勘定帳
戸籍関係	宗旨帳
村政その他関係	村高百姓へ合力帳、御合力帳、南都御奉行御巡見帳、郷宮様雨乞願満シ帳、平四郎沽却代銀受取帳、年中村合力相働帳、御救割帳、同農帳、珍事帳、他借方取締帳、御請書、御領分絵図、諸秤改帳、毛見日雇人足帳、公事人相働帳、年中相働雇帳

注：文政2年「庄屋諸帳面・付巡り道具目録」(安部・大原伊平文書)より作成

を受けて兵四郎子源八が明和五年まで大庄屋役を勤めているのがみえる（享和四年（一八〇四）「滝井山四郎隠居願控」、『広陵町史』史料編下巻五七五～五七六頁）。また、このほかでは明和七年（一七七〇）以降の南郷和田家が大庄屋を代々勤めているのがわかる（各年「御用書留帳」、南郷・和田俊逸文書）。

彼ら郡山藩領大庄屋もまた、多武峰領大庄屋と同じように、帯刀を免許され「小給人格」を与えられ大庄屋役を勤めており、一般の農民とは違った格式を持つ存在であった（前掲「滝井山四郎隠居願控」）。

村方三役　大庄屋のもとで実際に村政を担当する村役人の中心が庄屋である。地域あるいは領主によって、そのよび方はさまざまであり、例えば多武峰領では「捌《さばき》」という名でよばれていた。

庄屋の権限は幅広く、年貢の徴収・上納、領主の命令の伝達、宗門改など戸籍の管理事務、村内の風紀取締、用水の管理など村の暮らしにかかわること全般に及んでいた。庄屋が交替する際に作成される引継目録を表3にまとめたが、ここからもその権限の広範さがわかる。

近世村落のシステムが確立される以前の村政はこうした庄屋の力量によるところが大きく、村政も個々の庄屋の裁量に任されていた面も少なくない。例えば多武峰領百済村の場合だと享保年間までは「領分庄屋之儀先規より大勢ニ而相勤、仕置不一統候」状態にあったという（享保十五年〈一七三〇〉「談山学頭江被　仰渡覚書」、談山神社所蔵文書）。つまり、庄屋が大勢任命されているため、それぞれの仕置き（年貢収納など村政のやり方）の不統一が起きているということである。

その権限の大きさゆえに近世も中後期になると、入札制度（現在でいう選挙、ただし選出後領主の認可を必要とした）や、あるいはまた一年交替に庄屋を勤める制度が採用されるようになってくる。例えば、内山永久寺領乍相村の場合だと「隔年庄屋役」（年不詳「乍恐書附を以奉願上候」、乍相・吉井英一郎文書）が採用され、隔年ごとに庄屋を勤めるシステムになっていた。また、郡山藩領大野村でも「年番」というかたちで年寄と組頭のなかの特定の家が交替で庄屋役を勤めている（年不詳「覚」、大野・植村達郎文書）。これらのシステムは村政における大きな権限が特定の家に集中するのを防ぐねらいがあったと考えられる。

そして庄屋を補佐するのが年寄である。一ヶ村に一〜三名程度置かれ、庄屋家につぐ家格の家から任命された。近世中期になると、郡山藩領赤部村では年寄のほかに「添年寄」役（第八章参照）が設置され、従来の年寄格の家以外から登用され、村政の恣意的運営を抑止する役割を果たした。このほか近世中後期以降になると百姓代という役職が設けられる。これは一般の百姓から選ばれ、庄屋・年寄の村政運営の監査役的な役割を果たすものであった。

彼らの役務に対しては、給米が与えられていた。その額は時期や村によってさまざまであったが、例えば享保九年（一七二四）の寺戸村では庄屋給米一〇石、年寄給米一石、などであった（「寺戸村明細帳控」、『広陵町史』史料編下巻八六五～八七八頁）。百姓代については無給を原則としていた。

〔相給村の村役人〕

また、彼らは村の代表者ではあったが、それとともに支配の受皿となるべき存在でもあった。したがって、広陵町域の大塚村や大垣内村・赤部村などでみられるように複数の領主によって支配される村（相給村）の場合は、一ヶ村に一人の庄屋ではなかった。多くの場合、領主ごとに庄屋が設定されていた。例えば大垣内村は幕府領（近世初期は大知院領）・郡山藩領・秋篠寺領・法隆寺領の四領が設定されていたが、庄屋など村役人も四組存在したのである。しかし、所領が小さいなどわざわざ別に任命するまでもないような場合や、何か庄屋に故障が生じるような場合などは近隣の村の庄屋が兼帯することもあった。

また相給村の場合、例えば当麻寺と三輪社の相給大塚村では、領主支配にかかわらない惣寺の管理運営など村の生活に関することは当麻寺方、三輪社方の庄屋が隔年で勤める「年行司」が一括して取り扱うなど便宜をはかっている（元文四年〈一七三九〉「本堂普請入用銀借用証文」、大塚・浄徳寺所蔵文書）。

〔巨大村の村役人〕

このほか相給村ではないが、多武峰領百済村の場合は、内部にある七つの垣内村落（神主、今市、一条、市場、渕口、新子、森）ごとに庄屋（捌）・年寄がそれぞれ設定され年貢収納など村政にあたっている。領主支配において、例えば年貢賦課単位としては百済北方・南方かあるいは百済村というまとまりであるが、年貢収納以外の事柄の場合は垣内村落としてのまとまりで動いている。そのようなかで百済七ヶ村全体にかかわる事項については各垣内の庄屋が廻り持ちで勤める「年番庄屋」が管轄した（延享三年〈一七四六〉「寺院本末改帳控」、『広陵町史』史料編下巻六八四～六九六頁など）。

広陵町域では、同じ多武峰領広瀬村でもこのようなシステムを採っている。このほか法隆寺領安部村や郡山藩領南郷村は千石を超える大きな村であるが、百済村のように垣内村落ごとの村方三役という事例はみられず、多武峰領百済・広瀬両村の場合のみにみられる。もちろん領主側が支配が煩雑になることを嫌って一本化してしまったのかもしれないが、本来それぞれの垣内村落が一村立ちすべきところを、村切りが不十分で中世以来の荘園の枠組みがそのまま近世村に移行してしまった百済村のような場合にみられたシステムであろうか。

村の暮らしを守る役

村方三役以外に村々にはさまざまな村人の暮らしを守る役を勤める人たちがいた。例えば村に設置された下級警察組織として非人番がいた。もともと村の治安維持のために各村に抱えられていたが、近世中期になると奈良奉行―奈良長吏―小頭―非人番という機構のなかに組み込まれ、必要に応じて村々に雇用されるようになった。非人番は村にある番小屋などに住み村内を廻って治安風紀の取締りにあたり、無宿人や犯罪者の探索や逮捕、行き倒れ人の始末などの職務にあたるほか、領主の意を受けて村内の情報収集なども行った。

このほかの役務についてみると、大垣内村の享保九年（一七二四）「大和郡山藩領諸色明細帳控」（『広陵町史』史料編下巻五四九～五五四頁）のなかには、庄屋給などとともに「歩キ給」「池守給」の書き上げがある。「歩キ」は、「肝煎」（前掲「寺戸村明細帳控」）などともよばれ、村内に触を伝達して歩く役のことであり、また「池守」は「水番」ともいい、溜池の水の管理をする役のことである。また入会山を管理する山番や用水樋の管理をする樋守などの役務があった。

五人組

ここまで述べてきたとおり、幕藩領主は村を基礎単位として支配を行ってきたが、その村内部に五人組という制度を設けていた。五人組は、中世以来続いてきた村の組織のなかに幕藩領主が新たに持ち込んだ組織であり、その大きな目的は年貢上納の際に連帯責任を負わせ、組内で未進者が出た際に共同で不足分を弁済させるところにあった。

領主は早い段階からこの制度を採り入れ村落支配に利用していた。多武峰領村々では、慶長期ごろには五人組の原型ともいうべき「村組」の制度が成立している（第四章参照）。

また、村では毎年「五人組帳」を作成して領主に提出した。「五人組帳」は領主が日々の生活などについて発令した法令をまとめ、それを誓約する旨を組ごとに村人全員に連署させたもので、庄屋はこの前文を毎年読み聞かせ、村の生活の規範とした。村人は、庄屋を除いて組頭のもと五人組にあますところなく編成されていたのである。その数は必ずしも五軒というわけではなく、場合によっては四〜六軒などの場合もあった。

領主は、こうした五人組によってキリシタンなどの内部告発を奨励するなど村人の相互監視を徹底し、自らの治政に不満を持つ者が出て、それが一揆などにつながることを防ぐねらいを持っていたのである。これは、まさに領主が矢面に立って村人の日々の生活にまで強圧な取り締まりを行うことを避けつつ、支配の実効をあげるきわめて狡猾ともいえる政策であった。

第二章　文禄・慶長期の村と小領主

文禄検地帳にあらわれた村

広陵町域の文禄検地帳は、『広陵町史』史料編下巻に収めた大垣内・疋相・寺戸・笠の各村について完全なかたちで残されている。そこにはどのような村が描かれているのだろうか。近世の出発時点の村落がどのような姿をしていたのか、残された検地帳のなかから考えてみよう。

表1は、検地帳の持高からみた階層構成を示したものである。これをみるかぎりにおいて各村ともにめだった大地主の存在はうかがえない。

笠村の持高一位の弥九郎は村内持高は三一石二斗一升四合二勺であるが、大垣内村に一〇石七斗九升一合を所有しており、合計四二石五合二勺となる。萱野村の弥右衛門尉は、寺戸村で三一石六斗九升を所持している。疋相村新蔵は、疋相村で一三石一斗一升七合、大垣内村で一五石三斗九升八合、笠村で四石八斗三升四合八勺所持しており、合計で三三石三斗四升九合八勺となる。このほか、大垣内村では一位の助三郎が一八石一升三合である。

また、こうした地主層のなかには名前に「尉」を付けた百姓たちが少なからず含まれていることがわかる。例えば、表2に示したように寺戸村検地帳に名がみえる弥右衛門尉・孫左衛門尉などである。彼らはおそらく小領主的な存在であり、中世以来村のなかである程度の勢力を持っていた者たちと考えられる。

このようにみてくると、小領主を中心とする緩やかなピラミッド型の階層構成を持った村の姿がそこから浮かびあがってきた。

さらにみていくと、四ヶ村の検地帳には次にあげるいくつかの特徴がみえる。

①自立した経営が困難と考えられる零細農が半数近く存在する。

四ヶ村に共通して持高一石未満の零細農の占める割合が高い。名請人のなかに占める割合を示すと、大垣内村四六パーセント、疋相村四九パーセント、笠村三九パーセント、寺戸村四七パーセントとなる。必ずしも、ここに現れた数字がその名請人の持高の全てを表すとはかぎらないし、周辺村落への出作高を加える必要があるが、半数前後の零細農の存在は無視できない。

②名請人の総数に比べて屋敷地が少ない。

各村の屋敷地の筆数は表3にみえるとおりである。村内居住者との比率をみると大垣内村二一パーセント、疋相村二六パーセント、笠村三パーセント、寺戸村六パーセントであり、屋敷地の登録が極めて少ないことがわかる。

また、必ずしも持高の多さと屋敷地の所持が結びついていないことがわかる。大垣内村を例にとってみると、同村の名請人は表4のとおりであるが、屋敷地所有者（名前の後に＊のある者）のなかでもっとも持高の多いのは持高一〇位の与五郎（九石七斗八升七合）であり、そのほか一〇石以上を所持している村内居住者は五人いるが、誰も屋敷地を所有していない。逆に持高四升三合の介三郎が屋敷地を所持している。ほかの三ヶ村についても同様の傾向がみられる。なかでも寺戸村の場合だと屋敷地四筆のうち三筆は箸尾大福寺の塔頭宝光院であり、一筆のみが村内の持高一一位甚五郎（七石三斗六升八合）の所持となっている。

③各村ともに出作の占める割合が極めて高い。

表3によると、疋相村・寺戸村に顕著に現れているが、出作人の方が村内居住者よりも人数・持高ともに多い

表 1　文禄検地帳にみえる各村の持高階層構成

	大垣内村	疋 相 村	笠　　村	寺 戸 村
20石以上	0	0	1	3
15石以上　20石未満	3	0	2	1
10石以上　15石未満	5	3	7	2
9 石以上　10石未満	2	1	2	1
8 石以上　9 石未満	1	0	3	2
7 石以上　8 石未満	4	1	3	2
6 石以上　7 石未満	5	7	3	4
5 石以上　6 石未満	6	2	5	4
4 石以上　5 石未満	9	8	12	10
3 石以上　4 石未満	8	14	9	11
2 石以上　3 石未満	18	17	11	27
1 石以上　2 石未満	55	28	36	58
1 石未満	97	78	61	112

注：各村文禄検地帳より作成

表 2　尉を名乗りに持つ名請人

名　請　人	在　所	持　高
弥右衛門尉	萱　野	31.69
孫左衛門尉	箸　尾	10.047
孫左衛門尉	南　の	1.974
善 衛 門 尉	箸　尾	1.944
与右衛門尉	的　場	0.107

注：文禄 4 年「寺戸村検地帳」より作成

表 3　文禄期における名請人の構成

村　　名	名請人 総　数	村　内 居住者	出作人	村内居住者 持　　高	出作者持高	屋敷数
大垣内村	215	126	89	336.7155	191.7895	25
疋 相 村	157	61	96	79.1049	264.4889	16
笠　　村	157	154	2	465.2006	2.5338	5
寺 戸 村	237	68	169	61.837	435.84	4

注：各村文禄検地帳より作成

孫　八	赤　部	3.261
助九郎、与右衛門	下　田	3.25
孫三郎	——	3.228
喜三郎	疋　相	3.149
九郎五郎	——	3.061
源　六	佐味田	2.93
甚次郎	——	2.925
弥　七	平　尾	2.912
甚次郎	赤　部	2.91
孫九郎	——	2.804
与太郎	——	2.775
新四郎	佐味田	2.704
善四郎*	——	2.673
又　六	平　尾	2.652
甚　六	平　尾	2.561
助太郎	下　田	2.525
新次郎	疋　相	2.45
惣三郎	——	2.172
次郎三郎	赤　部	2.152
源四郎	赤　部	2.077
左右次郎後家	——	2.074
五郎次郎	下　田	2.057
与五郎	疋　相	2.051
弥五郎	——	1.954
助　六*	——	1.915
小　六	赤　部	1.906
甚市郎	笠	1.905
又五郎	下　田	1.891
介次郎	佐味田	1.881
孫次郎	赤　部	1.867
与九郎	——	1.862
新九郎	疋　相	1.798
又　七	下　田	1.795
九郎次郎	——	1.791
勢　順	疋　相	1.763
又三郎	斎音寺	1.754
六　助	下　田	1.745
助三郎	赤　部	1.724
甚三郎	赤　部	1.676
喜　七	赤　部	1.649
善　明	赤　部	1.618
弥四郎	疋　相	1.597
坊　房	疋　相	1.586
四郎三郎*	——	1.572
八	疋　相	1.55

表4　文禄4年大垣内村階層構成

名　請　人	村	合　計
主なし	——	石 58.896
助三郎	——	18.013
善三郎	——	15.664
新　蔵	疋　相	15.398
与　市	疋　相	14.373
与右衛門	——	13.469
源兵衛	赤　部	12.487
弥九郎	——	10.791
四郎次郎	——	10.601
与五郎*	——	9.787
新次郎	——	9.658
源三、助三郎	——	8.535
左近次郎、弥八	——	7.674
又三郎*	——	7.456
与右衛門、介五郎	——	7.447
藤次郎	——	7.006
与七郎*	——	6.834
才三郎	——	6.512
孫七、宗五郎	——	6.401
孫市郎*	——	6.328
助九郎	——	6.242
善三郎	赤　部	5.85
藤五郎*	——	5.767
清五郎	赤　部	5.592
与　市	——	5.432
善五郎*	——	5.401
源　六*	——	5.292
源　六	赤　部	5.229
善四郎	赤　部	4.789
与　六	——	4.765
孫　七	赤　部	4.672
新九郎*	——	4.599
宗五郎*	——	4.397
桶　屋	——	4.348
四郎右衛門	赤　部	4.159
宗次郎	——	4.109
甚五郎	疋　相	4.094
五　郎*	——	3.922
孫一郎	——	3.713
宗三郎*	——	3.355
善　六	——	3.345

助五郎	——	0.788
六　介	下　田	0.787
与右衛門	赤　部	0.757
道　場*	——	0.731
助次郎	斎音寺	0.722
助　七	——	0.695
宗五郎	疋　相	0.681
又五郎後家	赤　部	0.68
甚九郎	疋　相	0.673
弥次郎	疋　相	0.612
甚八郎	——	0.603
吉　八	赤　部	0.577
寅	——	0.568
又五郎	——	0.537
次郎四郎	下　田	0.512
宗五郎	赤　部	0.494
孫市郎	佐味田	0.494
乙千世	——	0.47
九郎二郎	——	0.47
助　六	赤　部	0.458
与太郎	疋　相	0.454
五　郎	赤　部	0.437
助六後家	——	0.421
いぬ井坊	——	0.401
弥　七	大垣内	0.35
彦次郎	——	0.345
助左衛門	赤　部	0.31
次郎三郎	疋　相	0.304
弥　七	——	0.295
浄　円	赤　部	0.292
新四郎	——	0.277
与三五郎	——	0.265
源　三	——	0.264
弥二郎	疋　相	0.258
七	——	0.252
弥市郎	——	0.251
次　郎	——	0.249
彦九郎	疋　相	0.243
左近次郎	赤　部	0.231
惣五郎	赤　部	0.224
左門次郎後家	——	0.221
道　西	——	0.22
小　ま	斎音寺	0.217
後　家	——	0.21
彦三郎	——	0.207
又八後家	——	1.524
賢　入	疋　相	1.452
源次郎	赤　部	1.438
善四郎	下　田	1.433
善　六	赤　部	1.433
又三郎	赤　部	1.411
二郎三郎	疋　相	1.406
宗二郎	——	1.396
善五郎	下　田	1.383
弥九郎	赤　部	1.346
助五郎	疋　相	1.344
松千世	——	1.32
源五郎	川　田	1.318
上　念	赤　部	1.28
孫十郎	——	1.28
助　市	斎音寺	1.268
神二郎	——	1.267
左衛門次郎	——	1.25
甚五郎	下　田	1.25
源次郎	——	1.243
与　市	佐味田	1.218
与　市	下　田	1.211
弥　八	大垣内	1.21
孫　市	下　田	1.19
次　郎	赤　部	1.17
与三五郎	疋　相	1.162
喜三郎*	——	1.131
惣五郎	——	1.112
寅	大垣内	1.088
孫十郎	佐味田	1.085
孫太郎	佐味田	1.085
喜　七	疋　相	1.06
宗四郎	——	1
助次郎	赤　部	0.957
清三郎	平　尾	0.934
孫　市	赤　部	0.926
弥　七	赤　部	0.919
弥　八	——	0.919
道　円	疋　相	0.908
弥五郎	下　田	0.896
寅	赤　部	0.883
助　八	佐味田	0.86
三　郎	——	0.84
左近次郎	——	0.808
源次郎*	大垣内	0.807

右衛門	——	0.205
孫六後家	疋　相	0.204
河内者	——	0.198
坊　主	——	0.196
与　三	——	0.194
やまめ＊	——	0.182
与　七	——	0.168
弥市郎後家＊	——	0.167
左右衛門後家	——	0.15
四郎次郎	赤　部	0.15
六　郎	——	0.141
孫四郎	疋　相	0.123
甚四郎	赤　部	0.122
弥次郎後家	——	0.122
太　郎	疋　相	0.116
宮　房＊	——	0.112
与　三	赤　部	0.104
弥太郎後家	疋　相	0.103
寺	——	0.1
姥	——	0.098
三郎二郎後家	——	0.094
藤五郎	大	0.094
勢五郎	赤　部	0.093
弥三郎	——	0.074
甚五郎	——	0.066
孫四郎＊	——	0.066
孫十郎	寺　戸	0.066
新四郎後家	——	0.063
岩	——	0.058
衛　門	——	0.057
善六後家＊	——	0.056
松千代	——	0.046
介三郎＊	——	0.043
次郎太郎	——	0.038
新右衛門	——	0.038
岩　松	赤　部	0.033
菊　松	赤　部	0.0325
太　郎	——	0.028
藤太郎	——	0.0115
善五郎	疋　相	0.011

注：文禄4年「大垣内村検地帳写」より作成
＊印は屋敷地所有者

のがわかる。

疋相村の場合は隣村平尾村からの入作が四五人と最も多く、ついで大垣内村からの三一人となっている。一方、寺戸村の場合は箸尾（萱野・的場・南・弁財天のいずれなのか記載がない）地域からの入作が多い。特に一〇石以上を所持する弥右衛門尉ほかの地主はいずれも箸尾地域在住者である。出入作の多さは他村の文禄検地帳でもよくみられるが、この二ヶ村のように村内居住者と出作人の比率が逆転してしまっている事例は多くはない。

これらの点は大和の文禄検地帳によくみられる傾向であるが、この三つの点が意味するものは何だろうか。

まず、①で明らかになったように自立した経営が困難であると思われる零細農が数多く含まれる点について考えよう。これは文禄検地が実際にその田畑を耕作している作人を名請人として登録する方針であったことからいえば当然ともいえる。文禄検地は、この後もその田畑を維持し経営していけるかどうかが問題とされたのではなく、その時点の耕作者を固定する点に主眼をおいたものだった。そのため広陵町域では史料的制約から確かめることはできないが、ここでみられた階層構成は急速に分解していくことになる。

では、②の屋敷地のあり方は何を意味するのだろうか。文禄検地では、庄屋屋敷地というものは赦免地（年貢が免除される土地）とされていた。このような特権が庄屋以外の小領主にも与えられていた可能性を考えないといけない。前述のように笠村の持高第一位弥九郎や疋相村持高第一位の新蔵のように地主層でありながら屋敷地を所有していない事例が多くみられるのは、その屋敷地が赦免地とされていたため検地帳には現れてこなかったからとも考えられる。

さらに、①の点とのかかわりでいえば、小領主は自らの所有地を耕作するために屋敷内に多くの被官（家来）や下人などを抱えていたと考えられる。そうした者が検地に際して小作地の名請人として登録されているため、名請人の総数より屋敷地の数がかなり少ないという現象が現れている可能性も指摘できる。

この点については、広陵町域では関連史料がないため仮説の域を出るものではないが、近隣の平群郡窪田村（現安堵町）の石田甚治郎家では同家の譜代被官とされる者たちが文禄検地に際して名請人として登録されている（「石田甚治郎文書」、『安堵町史』史料編上、下巻）。また近江国の土豪井戸村与六家では被官に対して「預り状」を作成し、名請人とするが井戸村家から預かっている土地である旨を誓約させ検地を形骸化させている事例がみられる（「井戸村文書」、長浜城歴史博物館所蔵）。

では、ほとんど文禄検地帳に姿を現してこない小領主たちは、どのようなかたちで村のなかに存在していたのだろうか。

村に残った小領主

大和の小領主たちは、天正一三年（一五八五）の筒井定次の伊賀への国替に従って伊賀へ移った者、あるいは大和にとどまり豊臣秀長に仕えた者、また帰農する者などさまざまな道をたどり近世を迎えた。

中世を通じて広陵町域の村々を支配した国人箸尾氏の末裔坂堂氏は広瀬村に帰農している。「箸尾氏系図」（『広陵町史』史料編上巻五三一～五四二頁）の末尾をみると次のように記されている。

常州　本性箸尾改坂堂［（破損）］　因州　広瀬ニ住
┌宗朝──［　　］──□（宗）次
　　　　　　　　　　妻辰巳純甫娘

［　　］
天正年中秀吉［　　］離散
家康公御［　　］御吟味
有之、長川統・長谷川統・乾脇統［　　］六統之内長川・長谷川・乾脇
右三統在国、依之　春日御神祭可従之旨蒙　台命于時宗朝改姓

宗朝の項に「本性箸尾改坂堂［（破損）］天正年中秀吉［　　］離散、家康公御［　　］御吟味有之、長川統・長谷川統・乾脇統［　　］六統之内長川・長谷川・乾脇右三統在国、依之　春日御神祭可従之旨蒙　台命于時宗朝改姓」とあるのがみえる。破損がひどいが文意は、天正一三年の秀吉による筒井氏国替で大和国人六党は離散したが、徳川家康によって六党のうち大和に残った長川党・長谷川党・乾脇党の三党が召し出され春日御祭に奉仕することになった。その際に本姓箸尾を坂堂に改姓したということである。

中世大和の惣国祭祀である春日若宮御祭のなかの流鏑馬神事は大和の国人六党（長川・長谷川・平田・葛上・乾脇・散在）による奉仕によって支えられていたことは既に述べられているとおりである（『広陵町史』第三章第五節参照）。そのなかに広陵町域を本拠とした箸尾氏を盟主とする長川（中川）党があった。

そうした箸尾氏をはじめとする大和国人は、天正一三年の筒井定次の伊賀への国替により大和を去り、流鏑馬

奉仕は断絶の危機にあった。しかし、筒井氏国替の跡を受けて大和に入部した豊臣秀長はその領国統治のため春日若宮御祭を復興・保護する方針をとった。そのなかで流鏑馬神事も復興がすすめられた。元治二年（一八六五）の「長谷川党など願主人勤仕記録写」（『広陵町史』史料編下巻二二一〜二二四頁）によると、退転していた六党のうち大和に残っていた長谷川・長川・乾脇の三党が召し出され流鏑馬の奉仕を勤めることとなったという。さらに江戸幕府のもとでもその方針は維持され、奉仕のため「大宿所賄料」として玄米二〇〇石が下され、祭礼道具や装束が公儀より寄付されることになった。そうした流鏑馬を奉仕する彼らは願主人とよばれた。

宗朝がどこに居住し、どのようなかたちで流鏑馬神事にかかわったのかはわからないが、坂堂氏は近世を通じて願主人として活躍した。幡鎌一弘氏の研究によれば、元禄九年（一六九六）段階では因幡宗氏・藤八郎宗俊・金兵衛宗勝・内蔵之助宗清・九郎平宗則・左平次宗貞の六人の名がみえるという（「祭礼奉仕人――奈良春日若宮祭礼に流鏑馬を奉仕した家――」、『近世の身分的周縁1　民間に生きる宗教者』所収）。

宗朝の子が宗次で、彼は「広瀬ニ住」したという。彼は、近世初期広瀬村の小領主として活躍する人物である（詳細は第四章参照）。彼ら願主人は坂堂氏にかぎらず、「春日若宮御祭礼御神役」を勤めるため「往古」より他村への出作田地などを除いては諸役を免許される特権を有し、また帯刀を許され奉行所など、公の場での席次についてもほかの百姓より上位の格式が与えられる存在であった。

ちなみに坂堂家は、近世中期の史料によると広瀬南村に屋敷を構えていたようであるが、ふだんは屋敷に住まず興福寺塔頭の千手院・釈迦院に住んでいた（享保一七年〈一七三二〉「指上申口書」、天理図書館所蔵文書）。広瀬村の宗旨帳に登録され、その居住人とはなっていたが、実際は奈良に活動の基盤をおいていたのであろう。宗次の段階ではその活動から考えて広瀬村を本拠としていたものと考えられる。

ただし、これで箸尾という家名が絶えたわけではなかった。後年のことになるが、天保八年（一八三七）の多武峰百姓一揆の関係者のなかに願主人を勤めていた坂堂藤八郎という人物がいる（第一一章参照）。藤八郎は一揆にかかわる赦免願書のなかで次のように述べている。

一南都興福寺衆徒箸尾大蔵卿方私分家ニ而、同人義未タ幼年候所両親共及亡命、私後見仕家事向之儀ハ同人祖母ト申談取計居候所、右祖母儀及老年最早家事向之世話も難出来候ニ付、私ニ引越同住ニ而後見ハ勿論万端世話致呉候様祖母始親類共より段々申聞候ニ付、片時も早々引越同居仕万端世話致遣度此段御願奉申上候、（下略）

（「執行代事記」天保八年九月二三日条、談山神社所蔵文書）

右からわかるように、宗朝が箸尾から坂堂に改姓した後も衆徒箸尾家の家名は残されていた。そして、この段階では、坂堂一族のうち藤八郎家の分家が箸尾の家名を継いでいたのである。

このほか坂堂一族は、同じ広瀬村内への分家や平群郡菅田村（現天理市）などにも分かれており、近世の地域社会のなかに根をおろしていった。

近世を迎えて村に帰農したのは、なにも坂堂氏にかぎったものではない。広陵町域にはそうした所伝を持つ家々が少なからず存在する。庄屋あるいは大庄屋を勤めた家などで土豪の末裔という所伝を持つものが少なくない。

近世後期に教行寺町年寄としてその名がみえる池内半右衛門家は、官符衆徒筒井氏の一族福住氏のながれをくみ、また興福寺衆徒としてもその名がみえる池内氏の末裔である（「筒井・池内氏系図」、『広陵町史』史料編上巻五四九～五五二頁）。ただし、衆徒池内氏がいつごろ、そしてどのような理由で教行寺町に入ったのかはよくわからない。

また中世を通じて本町域の村々を支配してきた箸尾氏や細井戸氏にかかわる所伝も少なくない。

例えば、弁財天村の大庄屋・庄屋などを勤めた中川平蔵・角兵衛家は、箸尾氏家臣のうちで「箸尾四川」（植村氏系図」・大野・植村達郎文書、「箸尾殿系図書」、『広陵町史』史料編上巻五四三〜五四九頁など）と称されている中川氏の末裔であるという。中川家のある弁財天村周辺は箸尾氏が盟主であった中川（長川）党の根拠地であり、中川党との関係はあったと考えてよいのではないだろうか。

このほか『広陵町史』史料編上巻に収めた系図史料をみても、箸尾氏の家老であったとされる家あるいは細井戸氏末裔の所伝を持つ家が広陵町域には数多く存在していることがわかる。これらの系図は近世に入ってから作られたものが多く、その内容については今後よりいっそうの検討が必要であるが、そうした所伝が残されてきたことの意味は無視できない。

第三章　近世初期の溜池の開発と水利

大和国は、「大和豊年米食わず」という言葉にあるように、大和が豊作になるほど雨が降れば、ほかの地域では降りすぎて凶作になるといわれるほどの地域であったという。旱害を防ぎ農業生産力を向上させていくためには、とにかく安定した用水の確保が第一であり、河川からの用水に恵まれなかった大和では、数多くの溜池を造り用水の確保に努めた。そのため大和盆地には大小さまざまの溜池が散在し、その景観を特徴づけている。農業生産力が比較的高いといわれる大和国の土地柄をつくったのはこのような努力によるものであった。

溜池の開発

広陵町域は、曾我川（百済川）・葛城川・高田川などが流れているが、これらの河川は一度大雨が降ればたちまち洪水を起こすようなところがあるが、その一方で雨が少ない夏季には渇水状態となることが多かった（前回の『広陵町史』の際の聞き取りで、箸尾地域では「日やけ一番、水つき一番」という言葉が聞かれたという）。そのため不安定な河川からの用水だけではなく、溜池や湧井に頼らざるをえなかった。

そのひとつが南郷池の開発である。「南郷村溜池和談規定一札写」（『広陵町史』史料編下巻六四五～六五〇頁）には次のように記されている。

喜多見五郎右衛門様七拾五年以前慶長五年庚子年和州広瀬郡南郷村江御入国被為候御事（中略）

南郷村と申者殊外成旱損所ニ而御座候ニ付御不便ニ被為思召、第一公儀様江之御奉公と申且者百姓共之為ニ

も成候■様ニ被遊度と
御定被為成、慶長九年午年南郷村之溜池ヲ葛下郡大谷村領之内ニて御堀（掘）被為下候、因茲南郷村ハ大分之日損所ニ而御座候得共其後者日損之年ニ種物をも失ひ不申、其上右之池床替ニ四町一反午年より大谷村へ遣候、此高六拾壱石四斗ニて御座候所御公儀様江被為仰上御赦免ニ被為成、百性（姓）共難有奉存候御事

右によると南郷池は、慶長五年（一六〇〇）に幕府領代官として南郷村に入部した北見（喜多見）五郎右衛門が、南郷村の「旱損」を不憫に思って、同九年（一六〇四）に大谷村領に築造したのが始まりであるという。その後は、南郷村も「日損之年」（旱害の年）も大きな被害を受けることは少なくなったという。この由緒のため南郷池については南郷村が水利権を持つようになった。

このほか、広陵町域の溜池で築造年代が史料上からわかるものをあげると、疋相村領ビヨタレ池が享保二〇年～延享二年（一七三五～一七四五）ころに、また同村領広谷池が宝暦五年～安永四年（一七五五～一七七五）ころに築かれたことがわかる（文化二年〈一八〇五〉「池浚普請に付願書」、『広陵町史』史料編下巻五〇三頁）。

こうした溜池は近世を通じて生産力の進展をはかるために数多く築造されていく。今現在残されている溜池の数々はそうした百姓たちの自然との闘いの結果であった。

水不足に悩む村々

しかし、こうした努力にもかかわらず、広陵町域の村々は依然として水利に恵まれない地域でもあった。特に葛城川や曾我川から離れた地域などは水不足に苦しめられた。次にあげるのは享保九年（一七二四）の大垣内村の「大和郡山藩諸色明細帳控」（『広陵町史』史料編下巻五四九～五五四頁）のうち水利にかかわる部分である。

一溜池大小拾三ヶ所　但村立会
一小池拾九ヶ所

右池方普請之儀并ハ人足杭木樋諸入用前々より御地頭様より被成被下候、当村之儀ハ片山寄ニ候へ共小山故右之池数候へ共皆小池ニ而堤引ケ用水溜り少ク、田地へ入水之節ハ天気打続候故小池之儀ニ候得ハ、池ニて水四五合もへり申候故稲方助ニ成候水少シならて無之候

一村より東之方田方池懸り無御座候

　但天水場所にて御座候、山田之儀もかわ田がちにて御座候得ハ水持悪敷所々に天水場御座候、兎角当村之義ハ旱損がち之所ニ御座候

右によれば、大垣内村は片側（村の西側）が山（馬見丘陵）に接しているが、小山のため山の斜面を流れ溜池にそそぐ雨水が少なく、貯水量の少ない池であった。そうでなくても田地に水を入れる季節は天気が続く時節なので、貯水量は減り、稲作に使える水は少なかったという。しかも、村の東側は天水場、つまり雨水のみの灌漑であったためとかく旱損がちであったという。

水不足という点では川沿いの村々も同じような状況であった。近世中期の溜池井手明細帳が残されている的場・大場両村の場合をみると、的場村では五所川（五所は御所の当て字で、つまり葛城川のこと）に三ヶ所の井手と溜池一ヶ所を所有している（延享二年〈一七四五〉「堤川除樋橋溜池井手明細帳控」、『広陵町史』史料編下巻八二一〜八二四頁）。大場村の場合は「わき水池」三ヶ所と葛城川に井手四ヶ所のみである（元文五年〈一七四〇〉「堤川除樋橋井手明細帳控」、『広陵町史』史料編下巻八二八〜八三二頁）。

弁財天村が葛城川筋に新規に箱井手を造ることを郡山藩に願い出た際に、反対する的場・大場両村から出された文書（年不詳「乍恐書付を以御願奉申上候」、的場区有文書、『広陵町史』本文編・歴史編二九八〜二九九頁写真）には次のように記されている。

（上略）字五反田と申所ニかき寄之砂井手御座候、此砂井手之した丶りを以私共両村領内立毛生来り申候、弁

才天（ママ）村ニ者箱井手無御座候而も旱魃仕候儀毛頭御座候、此儀者越度川筋字貴船と申所ニ大樋御座候而川水旱申候而も河中より申候得者四五十計も右樋より大水出申、其外かゝ池多ク御田地毎ニ井戸御座候而立毛生立せ申儀心やすき村方ニ付古来より井手無御座候而も旱損不仕候、私共領内之儀者かゝ池無数井戸等無御座、元来水場ニ御座候得者水湧申土地無御座候（下略）

争論文書であり、ここに書かれた内容をそのままとっていいかどうか慎重に判断する必要はあるが、争論当時大場・的場両村は水利に恵まれず「砂井手」からの「したゝり」水などわずかな水によるしかなかったことがうかがえる。その一方の弁財天村にしてもいくつかの井戸や池を持つものの苦しい状況にはあまりかわりがなかった。ここでいわれる井戸は飲料用のものではなく、旱害などの非常時対策のための隠し井戸である。旱害の際に釣瓶などで地下水を汲みあげ田畑にまいたという。右の史料は、このようなものに頼らざるをえなかった広陵町域の農業経営の困難さをよくあらわしているといえよう。

用水争論

吉野川分水などが引かれ安定した用水の確保が比較的容易に可能となった今日とは違い、近世の百姓たちにとって農業用水の確保には非常に多くの努力を要した。先にふれた曾我川の場合のように複数の村で共同利用している用水などでは争論がよく起こった。

葛城川は広陵町域では的場村や大場村などのほか、百済村や南郷村などが用水として利用している。百済村は百済川より字川田樋という樋を通して村持ちの溜池に引き入れていた。その向かい側に字寺田樋があり、そこからは藤森・南郷村に水が落とされていた。その両樋の下にて川中一文字に堰止めをして両樋に水を引き入れるのが古来の慣習であったという。その引水方法をめぐって争論が頻発している。

なかでも安政二年（一八五五）の争論は激しく、堰留めを行っていた百済村の者たちに対して、「南郷村ニ而鐘・太鼓打鳴シ」大庄屋ほか庄屋年寄共頭取に二五〇人ばかりが「高張提灯ヲ灯シ、何れも鳶口又者丸太或者鍬じょ（鋤）

れん簾）等ヲ相携、一同相揃時之声ヲ上ケ」押し寄せ、藤森村の者たちまでが加担し、一文字ではなく筋違いに堰を築き寺田樋川に水をみんな落としてしまったという（「徒党狼藉一件に付百済七ケ村返答書写」、『広陵町史』史料編下巻七二八〜七三三頁）。

争論の一方の当事者からの反論の口上書であり、主張内容の実否のほどはわからないが、水争いが時として鳶口や丸太などを持ち出しての激しい争論にまで至ったのである。それだけに百姓たちにとって水がどれだけ重要なものであったことを物語っていよう。

第四章　近世初期の多武峰領村々とその支配

広陵町域の寺社領

寺社領が多くみられるのが広陵町域の領主支配の特徴であるが、その支配がどのようなかたちで実現され、進められたかを明らかにすることは、広陵町域の歴史を考えるうえで欠かすことができない。ここでは、そのなかでも三〇〇〇石と最も多くの寺領を誇った多武峰と町域の由緒寺院である大福寺の所領の成立とその支配のあり方、そしてそのもとでどのような村が成り立っていたかをみていこう。

多武峰領とその成立

文禄四年（一五九五）に豊臣秀吉より朱印状（『広陵町史』史料編下巻一七頁）が下され、広瀬村七六六石一斗六升、百済村一七三二石四斗六升、藤森村四四二石四斗、赤部村の内五九石が多武峰領として認められ、ここに近世多武峰領三〇〇〇石が成立する。この三〇〇〇石は江戸時代を通じて維持され、明治維新に至る。三〇〇〇石という寺領は全国的にみてもかなり大きな規模である。

享保一五年（一七三〇）の「多武峰年中行事料割帳」（談山神社所蔵文書）によれば、寺領三〇〇〇石の配分は次のとおりとなっている。

一高千石　　神用領
　内
　　四百六拾石　　修理料
　　五百四拾石　　年中行事料

一高弐百石　　　　寺務料（青蓮院門跡）

一高三百石　　　　学頭料

学頭者重ク被　仰付候ニ付社領

三千石之内ニ而候得共別御朱印被

下之

一高千五百石　　　寺僧領

都合三千石

右によれば一〇〇〇石が「神用領」、あるいは神領と言い、一山の管理運営に関わる費用を出すための直轄領とされ、二〇〇石が「寺務料」（青蓮院門跡領）に、三〇〇石が学頭領、そのほかの一五〇〇石が「寺僧領」として寺内の子院・僧侶に分け与えられていることがわかる。

その近世初期における支配についてここでみておこう。

寺領支配の機構

多武峰を代表する役職は学頭であるが、学頭に代わり一山の運営を統括していたのが寺内の子院より選ばれる執行代であった。執行代は「両執行代」と史料上にあらわれるように通常二人が勤め、月番制（両執行代のうち一人がその月の当番となって寺務を担当する）をとっていた。そのもとに東役所・西役所が置かれ寺務を分担している。そのなかは、それぞれ料物方（上納米などの配分を担当）・銀方（金銀の管理、貸付など運用を担当）・収納方（年貢の取り立てを担当）・山方（寺領山林の管理を担当）に分かれている。

このなかでも年貢の検見（出来高調査）や取り立てを担当する収納方が領地支配に大きな役割を果たしている。収納方の下には百済・百済寺新坊と広瀬・与楽寺に出先機関として留守居が置かれていた。この留守居については多武峰より派遣されていたのか、あるいは村の百姓のなかから任命していたのかはわからない。年貢の収取の

表1　近世初期多武峰領の支配関係

領主	百済村							広瀬村	
	神主	新子	市場	森	渕口	今市	二条	広瀬	林口
神領	12	11	3	2	3	5	4	5	9
門跡	2	5	1	1	—	2	—	—	3
新坊	2.5	4	1	1	1	1	6	3	10
両座	5	9	5	3	3	2	5	4	5.5
藤室	—	—	—	0.5	—	—	1	—	—
御供所	—	1	—	—	—	—	—	—	—
学侶	—	0.5	3	1	—	—	—	—	—
安養院	1	2	1	—	—	—	—	—	1
賢成院	0.5	—	—	—	—	—	—	—	2
地生院	—	4	—	—	—	1	—	1	2
寿命院	1	—	—	1	1	—	—	—	—
松林院	1	—	—	—	1	—	—	—	0.5
禅学院	—	—	1	—	—	—	2	1	1
福寿院	—	—	—	—	1	—	1	1	—
万蔵院	—	—	—	1	—	1	—	—	1
妙光院	—	1	1	—	2	—	1	—	1
文殊院	—	3.5	—	1	1	—	—	—	1
蓮台院	—	—	—	1	—	—	—	—	1
竹林院	1	3	—	2	2	1	3	4	2
上番	—	1	—	—	—	—	—	—	—
中番	—	1	—	—	—	—	—	—	—
草カリ	—	—	—	—	1	—	—	—	—
合計	26	46	16	15	16	13	23	19	40

注：慶長年間の「百済・広瀬棟帳」（談山神社所蔵文書）より作成。
このほか藤森村については本百姓名が記されているものの、支配関係については記されていないため省略した。

ほか村内の情報収集など百姓を監視する役目も負っていたと考えられる。

しかし、近世初期においては全山的な寺領支配はまだ未確立であった。初期の算用状（談山神社所蔵文書）の記載様式をみると各子院領あるいは「神領」といった単位で行われていることがわかる。つまり、この時期の算用状は各院家領・神領を一つの単位として作成されており、全寺領を一括しての算用状というのはみあたらないのである。

このことから考えると、経済面においては比較的寺内各子院の独立性が高かったのではないかと思われる。例えば広瀬・百済両村では学頭領や各子院に支配される百姓が定められていた（秋永政孝「一山の政治経済」、『桜井町史・続』）。表1は各子院の支配する百姓家がどの村に何軒あるかを示したものである。極めて細かな配分が定められていたことがわかる。ただ、ここにあげられている百姓は村々に居住する百姓の総数ではない。これらの百姓は役家あるいは公事家とよばれる、領主へ年貢・公事を納める本百姓のみであった。慶長年間（一五九六～一六一五）のものと推定される「御領分宗旨表人数覚」（談山神社所蔵文書）より作成した表2と比較するとそのことがよくわかる。近世中期以降は、こうした支配方式は改められ、寺領年貢は一括して収納した上で各子院に分配されるようになっていく。

こうした役家支配の一方で、役家も含めた村支配のシステムも少しずつ作り上げられていった。その一つが村組である。幕藩領主の村支配のシステムの一つに五人組という制度があることは第一章で述べ

表2　慶長17年百済・広瀬両村人口一覧

村　名	総数	男	女
百済南四ヶ村	861	433	438
神主村	239	113	126
二条村	290	147	143
新子村	229	109	120
市場村	103	54	49
百済北三ヶ村	561	290	271
今市村	174	86	88
渕口村	238	126	112
森村	149	78	71
広瀬村	755	365	350
赤部村	6	3	3
合　計	2789	1388	1401

注：慶長17年「御領分宗旨表人数覚」（談山神社所蔵文書）より作成

たとおりである。これは百姓を五軒ずつの組として連帯責任をおわせ、相互扶助とともに相互監視させるシステムであるが、多武峰領の場合慶長年間でそのようなシステムが形成されつつあった。

例えば慶長一六年（一六一一）の「広瀬村くミ之事」（談山神社所蔵文書）をみると同村は庄屋弥十郎のもとに源十郎ほか五名の組頭的な存在と考えられる者たちがおり、そのもとに三人ずつの百姓がいたことがわかる。また、百済村の場合だと慶長一六年段階で庄屋が三人おり、そのもとに新子村六人、市場村三人、神主村五人、二条村四人、森村四人、渕口村四人、今市村四人ずつの組頭的な者がおかれている（「百済村組之事」、談山神社所蔵文書）。

また、このころの村には後に「村方三役」とよばれるような庄屋・年寄・百姓代といった制度はまだ完全には整えられていない。

寺領支配と小領主

そうした、初期の寺領支配を実現させたものとして、中世以来の小領主層による支配の請負、つまりは小領主に役負担などで特権を与える代わりに年貢の取立てなどをやらせるシステムをあげることができる。

元和元年（一六一五）の「新坊方扶持米書上」（『広陵町史』史料編下巻二八頁）には、「御社新坊当年御扶持之事」として坂正介・吉伊左右衛門・三衛門・市衛門に二石宛が、またヤ十郎・源十郎・甚衛門に一石宛が、そして勘十郎と又五郎に五斗が「当年御年貢相済御算用之上可遣之」として与えられている。これは、年貢収納に働いた者たちに与える扶持米を書き上げたものである。このうち、ヤ十郎は広瀬村庄屋弥十郎のことで、また市衛門は慶長七年（一六〇二）「百済庄屋中連署年貢請書」（『広陵町史』史料編下巻六七八〜六七九頁）に連署している人物で、百済村庄屋の一人であることがわかる。

そうした庄屋以外で、坂正介と吉伊左右衛門の二人だけが姓を持ち「殿」を付けて書き上げられている。

この坂正介は、先にみた広瀬村小領主坂堂正介宗次のことである。彼が庄屋と同じように多武峰から扶持米を受けていたのはなぜだろうか。その事を考えるために一つの史料をあげておこう。

一学侶坊拾二間ノ物成戌年ノ物成ニ四歩マシ之定
一御神領右同前之定
一新坊四百七拾石者七ツ物成之定
一竹林房領七ツ六歩
右請申所如件
慶長十七年壬子九月十九日　　広瀬
　　　　　　　　　　　　　　庄屋
　　　　　　　　　　　　　　弥十郎（花押）
　　　　　　　　　　　　　坂堂正介（花押）
多武峰
執行代御房
御申上

（慶長一七年〈一六一二〉「坂堂正介等連署年貢請書」、『広陵町史』史料編下巻七四六頁）

右は、広瀬村の年貢納入を誓約した請書である。広瀬村の庄屋弥十郎と坂堂宗次が連署している。近世の村支配が確立してくる段階には年貢の上納は「村請」といい、村内の百姓より未進があった場合村全体が責任を持って不足分を補うシステムが整備されてくるが、このころはまだそうした村請制は確立されていない。

このころの年貢納入は、「若百姓中ニ未進仕候而不相済候者田畠其外何成共うり立て御運上可申候」（慶長一八年〈一六一三〉「坂堂正介等連署年貢請書」、『広陵町史』史料編下巻七四六頁）というような全くの個人請の形式であった。そうした個人請を庄屋とともに担ったのが坂堂氏のような小領主層だったのである。

彼らは年貢収納の請負だけでなくさまざまな役割を果たしていた（幡鎌一弘「祭礼奉仕人――奈良春日若宮祭礼に流鏑馬を奉仕した家――」、『近世の身分的周縁1　民間に生きる宗教者』所収）。談山神社所蔵文書のなかに残された慶長末年から元和年間のものと推定される書状類から坂堂宗次とその一族と思われる坂堂忠兵衛の活動をみると、次のような事例をあげることができる。①慶長一九年（一六一四）から元和二年（一六一六）にかけて多武峰領より旗本平野長泰領へ出作した百姓が年貢を納めない、また逃散した平野領百姓の跡に代人を立て年貢を納める請け状を出していたにもかかわらず広瀬村庄屋弥十郎などがその約束を履行しないといった問題が生じた際に平野長泰や多武峰と交渉し、問題の解決に努めている。このほか②百済村からの人夫徴発、③蔵米の南都への納入、④人夫徴発にかかわって入牢させられた百済村百姓の赦免運動、⑤多武峰の意を受けての郡山などからの情報収集、などである。

①は領主間を越えた問題であり、⑤とあわせて彼らの活動が広い範囲に及んでいたことがわかる。また②からわかるように、彼の役割は広瀬村だけにとどまっていなかったのである。むしろ多武峰領の代官的存在としての性格もあわせ持っていたと考えられる。

初期の段階では、まだ庄屋というような村役人だけでは年貢徴収など農村支配が円滑に貫徹できないような状況があり、彼ら小領主層が必要とされていたのである。

近世初期の年貢　ここで、もう一度前掲の「坂堂正介等連署年貢請書」に戻ってみよう。この本文をみて一つ気がつくことは、学侶領・神領・新坊領・竹林房領の四つについてそれぞれ別に賦課率が定められていることである。多武峰という領主に支配される所領であるならば、全て同一の賦課率であっても良いはずである。

しかし、前述したように初期の場合寺領が各子院などに細分割されていたため、年貢の賦課率もどの院に属するかによって差異が生じていたのである。なかでも新坊領と竹林房領とでは六パーセントの差異が生じている。収奪される側の百姓たちにとってかなり不公平感の残るものだったのではないだろうか。

また、いずれの場合もかなり高い年貢率によって徴収されているのがわかる。新坊領で七〇パーセント、竹林房領で七六パーセントである。このほか百済村でも慶長七年（一六〇二）の数値ではあるが新坊領で七一パーセント、竹林房領では七七パーセントが年貢として取り立てられている（前掲「百済庄屋中連署年貢請書」）。これは、近世を通じてみてもかなりの高率である。近世後期のように木綿作など商品作物の生産が近世後期ほど盛んに行われていないこの時期においては過酷な年貢収奪といわざるをえないだろう。

百済荘百姓による訴願闘争

こうした支配に抗して、慶長二年（一六四八）に百済荘の百姓たちが領主多武峰に対してさまざまな要求を突きつけている（「百済庄御詫言之覚」、『広陵町史』史料編下巻一九頁）。原文は要求項目の箇条書きで意味がとりにくいので、この願書に対して出された多武峰よりの返答書である「百済庄詫言覚に付返答条々」（『広陵町史』史料編下巻一九～二一頁）の内容とあわせて考え、その要求の内容をまとめると次のとおりになる。

①年貢の免（控除分）を認めてほしい。
②亥の年に米の代わりに大豆で納めたが、その際に一石につき二斗割り増しで納めさせられたが、不当な換算ではないのか。
③年貢米収納時に口米を三升取り立てるのをやめてほしい。
④年貢米収納時に一石あたり餅米三升を取り立てることをやめてほしい。
⑤年貢米収納時に一〇石あたり糠三石を取ることをやめてほしい。
⑥年貢米収納時に一〇石あたり藁二〇束を取り立てることをやめてほしい。
⑦草刈り料を徴収するのをやめてほしい。
⑧多武峰山での柴刈りを認めてほしい。

⑨中の年の畠方の年貢を米で納めさせたが、今後はやめてほしい。
⑩御朱印を得るための費用と称して銀三枚を取り立てたが、今後はやめてほしい。
⑪荒地を百姓に耕作させ年貢を取り立てるのはやめさせてほしい。

その要求の骨子は、年貢の減免と餅米などの付加税の取りやめである。年貢取り立ての際に「口米」（付加税）や夫米（夫役の代わりに払う米）を納める例はほかの幕藩領主でもよくみられる。しかし、多武峰領では付加税として「口米」を既に取り立てながら、それ以外におそらく付加税的な意味合いのものと考えられる「餅米」などまで納めさせているのである。これらの条項をそのまま事実としてとることができるとするならば、先にふれたような高率の年貢賦課ともあいまって、初期の多武峰領の支配は百姓たちにとってきわめて過酷なものだったといわざるをえないだろう。

これに対する多武峰側の返答は以下のとおりである。

①地頭・百姓双方の納得いくように定め、免を遣わすこととする。
②おまえたちからの要求で本来米で納めるべきものを特に大豆で納めることを許したのだ。それを今さらとやかく言うのは取り上げられない。
③口米三升は年貢米を運ぶための俵縄代などの費用として合意の上で取り決めたものである。
④～⑥餅米三升、糠・藁などの取り立ては公儀に伺いを立てた上で行っていることで、「国次」のことでごく一般的にほかの領主でもやっており、特に問題のあるものではない。
⑦～⑧草刈り料の徴収や多武峰山での柴刈りの件は、各子院の判断によるものであり、「惣分」（多武峰一山）としては関知しない。各子院に要求するように。
⑨畠年貢を米で納めさせたのは百姓からの要求があったゆえと聞いている。

⑩銀三枚は、前に百済荘荘民から今後も百済を「大織冠之御本郷」の寺領として存続できるように公儀に願い出る費用、またこのほか諸々の費用として進上したいと申し出てきたので、朱印料として上納するようになったもので、その理由をおまえたちが知らないだけである。

⑪村のなかにある荒廃地をそのままにして、その分も年貢を取り立てられるのは迷惑であるから、それら荒廃地を賜って耕作したいと百姓より願い出があったので相応の免を遣わして耕作させているのではないか。しかも、もともと荒廃地のこともあって上納される年貢はほとんどないではないか。

右からわかるように、第一項目の免に関すること以外は全く百姓側の要求を聞き入れる姿勢をみせていない。特に④・⑤・⑥の付加税の取り立てに関しては「国次」のことという理由で拒否している。国内の他領でもやっていることであるからという理由では、百姓側にはとても受け入れられないものではなかったろうか。また⑪は、荒廃地をそのままにしておくと結局村全体かあるいは年貢収納を請け負う庄屋衆が代わりに納入せざるをえないため、荒廃地の耕作を願い出たものであり、百姓側にとってみれば耕作させられているのと変わりがなかったと思われる。

領主多武峰のこうした意識と百姓の意識のずれはきわめて大きいものであった。このずれが後述していくように多武峰領で百姓一揆が頻発する一つの要因ではなかろうか。

この騒動と直接関連するものかどうかわからないが、慶長初年に次のような「増田長盛下知状」(『広陵町史』史料編下巻二二頁)が「多武峰寺領百姓中」宛に出されている。

多武峰寺領百姓他郷へ新儀ニ出作仕、寺領之田畠者付荒之様ニ作成候由、沙汰之限曲事候、先年より作来出作之儀者不及是非、新儀ニ出作方年貢やすきなと申て作候ハヽ、遂糺明妻子共可加成敗候條、可成其意候也、

(下略)

右は、多武峰領の百姓が出作年貢の方が安いなどの理由で他郷（多武峰領外）へ出作するため、寺領田畠が荒廃しているのは許し難いとの内容である。これによると当時、多武峰領百姓のうちで過酷な収奪から逃れるために領外へ出作する者が多くいたことがわかる。多武峰側に年貢の減免を願い出ても、結局拒否されるしかなかった百姓たちにとっては、出作というかたちで他領に生きていく手段を求めるしかなかったのであろう。多武峰の容赦ない収奪が結果として寺領を荒廃させてしまう結果に陥っていたのである。

戦乱の時代が終わって間なしということもあるが、近世初期の多武峰領の荒廃ではないだろうか。残念ながら多武峰領の村々の文禄検地帳は傷みがひどくその内容をみることはできないが、「文禄四年分年貢算用目録」（『広陵町史』史料編下巻七四五頁）では惣高七六六石一斗六升のうち一八三石一斗三升一合が免として控除されている。この控除のなかには少なからず永荒分などが含まれているのではないだろうか。

第五章　近世初期の大福寺と箸尾村

大福寺は、高野山多聞院を本寺とし、明治初年に東寺が廃されるまで東寺・北寺（西寺）の二つからなる寺院であった。

寺内組織

その内部はいくつかの塔頭によって構成されている。その数は時代とともに変わるが、延享元年（一七四四）の「箸尾山大福寺掟」（『広陵町史』史料編上巻四三九～四四〇頁）の請書をみると、そこには不動院・新坊・智恵光院・持宝院・西方院・地蔵院の名がみえる。これら院家はそれぞれ東西両大福寺のいずれかに属し、「大福寺惣中」を形成していた。明治五年（一八七二）「惣境内明細反別帳」（『広陵町史』史料編上巻四五〇～四五三頁）によれば、智恵光院が東寺、新坊・持宝院が北寺にあることがわかる（このころには塔頭の数が減少して三つになっていた）。宝暦七年（一七五七）の「大福寺寺中掟書」（的場・大福寺所蔵文書）によると東西それぞれ三ヶ院に分かれていたことがわかる。

このなかで、新坊については別格であり、寺内「一臈」として法会などの年行事を統括し、大福寺を代表する塔頭であった。このもとに塔頭のうち一つを持ち回りで年預として、「寺中諸事入用」（寺の財政）の管理や寺領年貢の収納など実務を統括させていた。時期によっては、二ヶ院を惣代としている場合もある。具体的にどのような寺内組織を持っていたか、そしてその変遷などは残された史料からはわからないが、年預を中心として塔頭の衆議によって運営されていたと思われる。

このほか、大福寺の運営に大きな役割を果たしていたと考えられるのが、「旧里」とよばれる各塔頭の里元の家々である。「旧里」は各塔頭の運営に強い発言力を持ち、その意向を無視できない存在であった。例えば新坊の「旧里」は的場村庄屋を勤める吉川家であり、地蔵院の「旧里」は後述する寺領庄屋を勤めた岡本家であり、西法院の「旧里」は萱野村の吉崎家であった。彼ら「旧里」は、それぞれの塔頭住持の跡役（後任）の選任への関与や塔頭建物の修復管理はもちろん、寺内掟書への連署も行うなど大福寺を支える重要な存在であった。

寺領の構造

こうした大福寺は、広陵町域で唯一江戸幕府より寺領三〇石を朱印地として認められた寺院であった。それは、次にあげる朱印状にみえるように、慶長七年（一五九九）徳川家康によって「広瀬郡箸尾参拾石」と「寺廻藪」が朱印地として認められたことに始まる。

和州大福寺之事為興隆於広瀬郡箸尾参拾石永寄附之、寺廻藪可進止、弥可専坊舎修造抽祈禱精誠者也

慶長七年壬寅八月六日　　御朱印

（慶長七年「大福寺朱印状写」、『広陵町史』史料編上巻四三九頁）

現在、大福寺には慶長七年を含めて将軍代替わりごとの朱印状一一通の写しが残されている（本来ならば一五通存在するはずであるが朱印状の原本を含めて残念ながら現在は散逸している）。

では、ここであげられている「箸尾参拾石」という大福寺領田畑はどこにあったのだろうか。

表1は享保二年（一七一七）「大福寺御検地帳写」（的場・大福寺所蔵文書）をまとめたものである。それによると惣高はこの時点で三〇石六斗九升九合、面積は二町二畝二六歩となっている。これらはすべて「字つかつぼ」に集中している。この「字つかつぼ」は現在残っている字名のなかにはみられない。大福寺に残されている明治五年（一八七二）のものと推定される絵図（『広陵町史』史料編下巻口絵カラー写真）から位置を推定すると現在の的場字清水・長泉寺畑のあたりと考えられる。

その作人は的場・萱野・「ハミ」・「柴」（「ハミ」と「柴」については現在のどのあたりかは不明）と寺内塔頭・僧侶

表1　享保2年大福寺領名請人一覧

名　請　人	在所	持高
五郎次良	的場	3.447
孫次良	萱野	1.355
正　円	的場	2.766
甚二良	的場	0.416
喜　助	的場	0.372
源五良	的場	1.216
与治良	的場	0.07
助太良	的場	0.108
彦三良	的場	0.444
右衛門	的場	0.324
孫　六		2.958
東寺・阿弥陀院		1.294
与二良	ハミ	0.934
二郎五郎		0.072
与右衛門	ハミ	0.06
□□門		0.72
東寺・遍照院		0.34
善四良	萱野	0.192
甚　六	的場	0.204
孫太良	的場	1.45
与　七		0.05
助　八		0.239
甚五良	萱野	0.09
孫　七	的場	0.04
弥十郎	的場	0.697
助右衛門	的場	0.12
教　舜		1.241
善　六	的場	0.396
源　六	的場	0.228
弥　六	的場	0.168
与　八	的場	0.496
与二良	的場	0.986
太郎三郎	的場	0.939
二郎三こけ(後家)	的場	0.248
東寺・仁善		1.909
東寺・正禅		0.12
孫次良	的場	0.2
孫五良		0.04
彦四良		0.228
四郎二良		0.144
新　助		0.156
甚九郎こけ(後家)		0.204
善四良	柴	0.24
宗二良		0.048
弥二郎		0.096
甚五郎		0.072
弥　三		1.716

注：在所の記載の無い者は寺内あるいは箸尾村居住人であろう(享保2年「大福寺御検地帳写」より作成)

表2　文政13年大福寺領作人一覧

作人	在所	持高
善右衛門	弁財天	2.2753
平右衛門	弁財天	2.0776
武兵衛	弁財天	0.512
喜右衛門	弁財天	0.634
平　蔵	弁財天	2.5984
弥三郎	黒　田	1.3585
治兵衛	的　場	0.63925
茂右衛門	的　場	1.0756
嘉次郎	的　場	0.6118
嘉右衛門	的　場	0.5883
願乗寺	南	0.176
りゑ	南	0.02
源兵衛	萱　野	0.63925
八兵衛	百　姓	3.4621
源　内	百　姓	0.115
惣兵衛	百　姓	1.65
新五郎	百　姓	0.2103
新　坊	寺　内	4.1189
不動院	寺　内	4.1189
持宝院	寺　内	4.1189
地蔵院	寺　内	4.1189
西方院	寺　内	4.1189
智恵光院	寺　内	4.1189

注：文政13年「寺中諸事入用帳」より作成

にわたる。その経営規模は最も大きいもので的場村五郎次良の三石四斗四升七合であり、零細なもので四升である。ほとんどが零細な規模なのは他村に石高を所持している入作人が多かったからだろう。

次にあげるのは文政一三年（一八三〇）の「寺中諸事入用帳」（的場・大福寺所蔵文書）の冒頭部分である。「寺中諸事入用帳」は毎年一年間の収支を年預が書き記した大福寺の経営台帳である。

一惣高
弐拾八石六斗五升三合四勺
内
三石九斗四升
一臈・年預香油料
残而
弐拾四石七斗一升三合四勺
六ヶ院配当高
〆
弐拾八石六斗五升三合四勺
内
拾石四合五勺
寺中所持高
拾八石六斗四升三合四勺
百性《姓》并出作高
〆
弐拾八石六斗四升七合八勺

右によると一〇石四合五勺が「寺中所持高」で、一八石六斗四升三合四勺が「百性《姓》并出作高」であることがわか

表3　明治元～3年　大福寺領年貢配当表

	高	明治元	明治2	明治3
持宝院之料	7.0	6.6864	3.552	2.9785
新坊料	7.0	3.6834	3.552	2.9785
智恵光院之料	7.0	3.3864	3.552	2.9785
伽藍修理之料	3.0	2.8656	1.5216	1.2765
供燈料	2.5	2.388	——	1.0637
鐘撞料	1.5	1.4328	0.7068	0.6382
年預料	1.0	0.9552	0.5072	0.4255
承仕料	1.0	0.9552	0.5072	0.4255
永荒引	——	1.3466	——	——
取　高	30.0	28.3534	15.215	12.766

注：「辰巳年配当録」より作成

る。表2は文政一三年（一八三〇）時点での寺領作人をあげたものであるが、ここにみえる百姓が寺領内に居住する「百姓」であろう。そして弁財天村善右衛門など他村の者たちが「出作」人であろう（ここで「出作」とあるが、これは本来自村の者が他村へ石高を持つものであり、この場合は大福寺にとってみれば正しくは「入作」となる）。前者の「寺中所持高」というのは表1や2にみえるように寺内の塔頭あるいは僧侶の持高と考えられる。

これら作人からの年貢収奪は非常に厳しいものであった。江戸時代の状況はよくわからないので、明治元年～三年（一八六八～一八七〇）の収取を表3にまとめた。ここで注目したいのは、明治元年の九ツ五歩五厘二毛という収取率である。その翌年から、二年が五ツ七厘二毛、三年が四ツ二歩五厘五毛と格段に是正されているとはいえ、かなりの高率である。近世段階でもかなり厳しい年貢賦課だったと考えられる。

寺領と塔頭

ここで、もう一度先ほどふれた「寺中諸事入用帳」の冒頭部分にもどってみよう。これによると当時惣高二八石六斗五升三合四勺のうち三石九斗四升が「一臈・年預香油料」で、残り二四石七斗一升三合四勺が「六ヶ院配当高」とあるのがわかる。前者は「一臈」や「年預」の役料（その役を勤めることで生じる諸費用を賄うもの）と考えられる。後者については、「惣寺中」を構成する諸塔頭の取り分であろう。

前述したように大福寺には延享元年（一七四四）の段階で、不動院・新坊・智恵光院・持宝院・西方院・地蔵院があった。文政期にも六院（時期が離れているので入れ替わりがある可能性もあるが）が存在していたのであろう。

一ヶ院あたりの「配当」は四石一斗一升八合九勺となる。

次に、前掲宝暦七年（一七五七）の「大福寺寺中掟書」の一ヶ条目をあげる。

一無住寺之分ハ知行米四石之内壱石五斗五升寺役料引、残而弐石四斗五升者為伽藍修復料年預坊江受取置、
　寺中以相談可致修復事

これは、寺中の塔頭が無住になった際の管理を定めた条文である。ここに「知行米四石」とみえるのが、「六ヶ院配当高」で分配される四石余りに相当するものだろう。つまり、この「配当高」とは寺領より上がってくる年貢を「知行」として各塔頭に与えられるものであった。こうした「知行高」をもとに各塔頭は運営されていたのである。

ここで、そうした各塔頭の経済状況の一端を垣間みるため「寺中諸事入用帳」のうち一臈新坊の項を次にあげる。

新坊

一四石壱斗壱升八合九勺　　持高

内

　壱石弐斗九升六勺　　取米

残而

　弐石八斗弐升八合三勺

一壱石四斗　香油料

〆

　四石弐斗弐升八合三勺

代　三百弐拾五匁五分八厘

内　八分四厘　　　　通井張入用
又　弐拾三匁八分三厘　六ヶ寺割
〆　弐拾四匁六分七厘
差引残而
三百目九分壱厘過
十二月十四日　相渡ス

冒頭の四石一斗一升八合九勺が新坊への配当高と考えられる。そのうち一石余りが持高、つまりこれは新坊が大福寺領内で所有していた石高であろうか。「大福寺寺中掟書」の二ヶ条目には各塔頭が「銘々買附田地之作徳」についての規定があり、塔頭が個々に田畠を集積していた場合があることがわかるが、それがここでいわれている「持高」と思われる。

配当高四石余りのうち二石余りが取米として勘定されている。新坊の場合はこのほか一臈としての役料（「香油料」）があるのでそれを加えて四石余りとなる。そのなかから通井張入用（井水の管理費用）と大福寺全体の経営にかかわって各塔頭から集められていると思われる「六ヶ寺割」が差し引かれ、残りの銀三〇〇匁九分一厘が新坊の取り分として一二月一四日に年預から渡されているのである。

ここからわかるように各塔頭に取り分が渡されるまでの管理は、「持高」とされる分も含めて年預のもとで一元的に行われていたのである。大福寺の場合は、寺領三〇石をそれぞれの塔頭が分有するのではなく、一度年預のもとに集められて、あらためて「知行米」として各塔頭に渡すシステムを採っていた。

このような寺領の経営を担当するのが年預という役であることはこれまで述べたとおりである。近世では、第一章でみたようにふつう年貢の収納は村請という形で村に任されており、その実務を担当するのは村役人であった。大福寺領の場合もそうした庄屋や年寄がいた。残念ながら江戸時代の年貢免状など関係史料は残されていないので、明治三年（一八七〇）の「収納米高覚」（『広陵町史』史料編下巻八九三頁）を次にあげておこう。

一高三拾石　　広瀬郡箸尾村
　内
壱石三斗四升六合六勺　　永荒引
残弐拾八石六斗五升三合四勺
　右之通往古より去ル明治元辰年迄地頭大福寺江収納仕候
一拾五石弐斗壱升五合
　外
壱石五斗　　庄屋給米
五斗　　年寄同断
五斗　　肝煎同断
壱斗五升　　非人番同断
右之通昨巳年収納尤皆米納仕候
右之通相違無御座候、已上
　明治三午年
　十月
　　　　広瀬郡
　　　　箸尾村

年寄
惣　　助㊞
庄屋
源　　内㊞

奈良県租税
御役所様

ここにみえる「箸尾村」という村は大福寺領を称したものである。近代の行政村としてみられる箸尾村のことではない。江戸時代において萱野・的場・弁財天・南の四ヶ村を総称して「箸尾村」とよんでいた場合もあるが（『広陵町史』史料編下巻七〜九頁に納めた元和郷帳のなかで「広瀬郡箸尾村」として「千七百九拾七石三斗九升」と記載されているのがそれにあたる）、それとも違う。大福寺領三〇石のみを一村扱いしたものである。

近世段階もこうよばれていたかどうかは定かではない。ただ、表1や2をみても萱野・的場・南・弁財天といった寺領と境を接する村々の百姓を入作としていることからいうと、的場も含めてそれらの村からは独立した存在であった可能性が高いと思われる。嘉永四年（一八五一）の大川筋普請の国役銀も箸尾村に対して課せられ、請取状も箸尾村庄屋年寄宛てに出されている（「大川筋普請入用銀請取状」、『広陵町史』史料編下巻八九一頁）。

この点からすると、前回の『広陵町史』であげられている元禄一三年（一七〇〇）の「大和国郷帳」（『大和志料』下巻所収）に的場村四〇七石余りの内として大福寺三〇石が書き上げられている点、また天保三年（一八三二）の「大和国広瀬郡之内郷村高帳」（的場・大福寺所蔵文書）に的場村として三〇石が記されているのは、大福寺が的場村にあるところからくる誤記ではないだろうか。

一方で寛延二年（一七四九）の「広瀬郡村々覚」（南郷・和田俊逸文書）は、広瀬郡三四ヶ村として次のように書き上げる。

箸尾村　南村　弁才（ママ）天村　萱野村　的場村　大場村　大野村　沢村　長楽村　川合村　池辺村　穴闇村　城内村　大輪田村　薬井村　山坊村　佐味田村　中村　寺戸村　斎音寺村　古寺村　南郷村　笠村　赤部村　大垣内村　疋相村　平尾村　安部村　市場村　大塚村　池尻村　藤森村　百済村　広瀬村

右からわかるように箸尾村は的場村とは別に書き上げられている。また、その記載のされ方からしても箸尾村が南・弁才（ママ）天・萱野・的場の総称ではなく、大福寺領三〇石が箸尾村として書き上げられたものとみてよいのではないだろうか。

表4　嘉永2年の大福寺領住人

檀那寺	家	家族構成
浄土真宗願乗寺	源内家	源内など男3、女2
浄土真宗願乗寺	源兵衛家	後家ゆきなど男1、女2
大念仏宗法善寺	惣助家	惣助等など男3、女2
大念仏宗法善寺	栄助家	栄助、万吉

注：嘉永2年「大福寺領宗門改帳」より作成

的場村に属していたにせよ郡山藩領的場村庄屋の兼帯ではなく、いつからかはわからないが大福寺領の庄屋・年寄が独自に設定されていたと考えられる。ここにみえる源内は前述のように大福寺旧里の一つ岡本家の人である（郡山藩領的場村庄屋を代々勤めていたのは吉川源右衛門家である）。そのほか、三〇石という小規模にもかかわらず「肝煎」という役職も設定されていたことがわかる。彼ら村役人が年預を支え、寺領経営を担っていたのである。

嘉永二年（一八四九）三月の「大福寺領内宗門改帳」（『広陵町史』史料編上巻四四三〜四四五頁）に大福寺領箸尾村の百姓としてあげられているのは、表4にあげたように庄屋を勤める源内家（源内ほか男二、女二）のほか四家合計一五名ある。ただ、明治二年（一八六九）の「箸尾村高反別取調書上帳控」（『広陵町史』史料編下巻八九一〜八九二頁）には屋敷地の記載がみあたらない。また享保七年（一七二二）の検地帳にも屋敷地の記載はない。これをどう考えれば良いのであろうか。図1は先にふれた明治五年（一八七二）の絵図とほぼ同時期のものと考えられる絵図であるが、ここには「箸尾村人家」

図1　明治5年　大福寺領周辺絵図

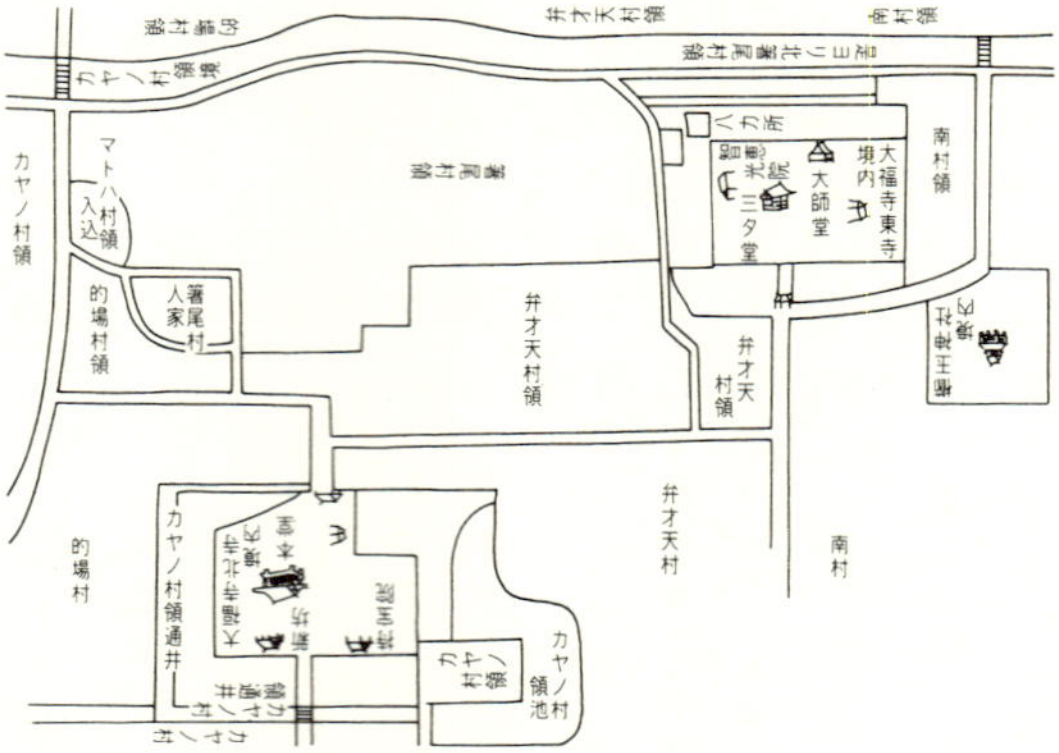

という書き込みがみえる。あるいは、享保の検地やまた明治二年の高反別取調べの際には屋敷地が別の田や畑として登録されたのかもしれない。但し、少なくとも明治初年の源内家についてはその「箸尾村人家」の範囲外、的場村領にある。箸尾村に実際居住していた者と、屋敷地は村外の的場村などに所有し箸尾村を耕作していた者の二とおりがあったのかもしれない。

このような箸尾村が村としてどれだけ実態を持っていたのかは不明であり、あるいは大福寺領三〇石を総称する言葉として箸尾村の名が用いられていただけなのかもしれない。現在のところ、これ以上箸尾村と的場村の関係を確定する史料はない。この点は、後考を待つことにしたい。

この後、大福寺領箸尾村三〇石は明治期の変革のなかで的場村のなかに組み込まれ消えていくことになる（『広陵町史』本文編・歴史編第八章第三節参照）。

第六章　近世中期における新検地の実施と年貢制度

文禄検地以来、百姓たちの努力によって農村の生産力は飛躍的に伸びた。これに伴って、文禄検地（古検）で定められた石高などが実態とあわないような状態になっていた。

延宝検地

幕府はそうした農村の生産力の高まりを把握し、増税をはかるため、近隣の大名などに命じて蔵入地の再検地を行った。

延宝検地（新検）で採り入れられた新たな検地仕法として、①六尺＝一間制の採用、②田畑の等級の改定の二つの点をあげることができる。

まず①からみていこう。文禄検地では六尺三寸をもって一間と定め、一間四方を一歩、三〇歩を一畝、三〇〇歩を一反とした。それに対して延宝検地では六尺をもって一間とした。間竿の短縮によって数字の上での面積は増加する。これを「竿先《さおさき》の出目《でめ》」と言った。そのために後述していくように、文禄検地時より一筆の面積は打ち増され、増加している。次に②であるが、従来の三等級を五等級に増やすことによってキメ細かく評価しようとするとともに、より上位の等級に評価しようとしたのである。そのため、必然的に石高が従来より増加してしまうことになる。これを「位違《くらいちがい》之出目」といった。このほか延宝検地では、これまで検地の対象には入っていなかった居屋敷廻りの藪など、また文禄検地の際に除地とされた庄屋屋敷も年貢地に繰り入れられた。

大垣内村の延宝検地

そうした方針のもとに大和国でも幕府領の検地が、延宝五年（一六七七）郡山藩主本多政長に命じられ、その家臣が奉行となり進められ延宝七年（一六七九）に終了した。本町域でも郡山藩家臣吉岡新左衛門が惣奉行となって、大垣内村幕府領分一〇〇石の新検地が行われたことが知られる（延宝七年「大垣内村検地帳写」、天理図書館所蔵文書）。

その寄せのうち集計部分を示すと次のとおりである。

（上略）

反合八町九畝弐拾二歩

内

古検八町弐拾歩内壱町壱畝弐拾三歩山崩永荒委細帳末在之

六町九反八畝弐拾七歩　古検有畝

内四畝六歩　荒起返

壱町九畝弐拾五歩　竿先之出目

壱畝歩　新開

分米合百拾八石六斗五升八合

内

古検高百石内拾石壱斗三升九合山崩永荒委細帳末在之

八拾九石六升壱合　古検之面有高

内三斗五升　荒起返

弐拾八石六斗六升弐合　出高

拾六石七升四合　竿先之出目
内
拾弐石五斗八升八合　位違之出目
弐斗三升五合　新開

右からわかるように大垣内村幕府領分は八町九畝二二歩として検地帳に記載された。文禄検地段階（ただし文禄検地時は幕府領ではなく大知院領）では耕地が六町九反八畝二七歩であったから、新検地によって一町一反二五歩打ち増しされたことがわかる。その打ち増しの内訳は、右にあげた集計部分によると一町九畝二五歩が「竿先之出目」、一畝が「新開」であるという。表１に等級別に古検と新検の面積の比較を示したが、その打ち増しの状況がよくわかると思う。

それに伴って石高についても、文禄検地で有高八九石六升一合（このほか永荒分一〇石一斗三升九合）だったものが、延宝検地に際して一一八石六斗五升八合となっている。その増加分の内訳は「竿先之出目」が一六石七升四合、そして「位違之出目」が一二石五斗八升八合である。その増加率は約三三パーセントとなる。これは、郡山藩が再検地なしで実施した二割半の無地高増《むちだかまし》を上回る打ち増しであった。延宝検地は、このように年貢の増収をねらったものであった。

表１　大垣内村幕府領の古検・新検の比較表

等　級	古　検	新　検
上々田	町 1.2003	町 1.2802
上　田	0.5701	0.6202
中　田	2.1619	2.6622
下　田	2.4906	2.7704
上々畑	0.1704	0.1925
上　畑	0.0401	0.0426
中　畑	0.1115	0.1602
下　畑	0.1722	0.1605
屋　敷	0.0516	0.1824

延宝小物成場検地

本年貢地に対する再検地によって増収をはかろうとする一方で、幕府は新たに領主錯綜地域（相給村など）の山野などを対象とした小物成に目をつけていく。つまり本年貢の対象となる田畑・屋敷地以外の山野にかかる小物成の徴収権は幕府の権限であるとして、これら小物成場と山などを開いた新開地の検地を行った（したがって、郡山藩領のように大藩が一円的に支配している地域はその対象に含まれていない、こうした地域の小物成徴収権は個々の領主にあった)。

その仕法については六尺間竿の使用など、同時期に行われた本年貢地の再検地と同じ方針で行われている。その対象には、文禄検地以降新たに開発された田畑・屋敷も含まれていることからわかるように、課税対象を拡大しようとしたものであり、本年貢地に対する新検地とならんで幕府の増収源の一つとなった。

広陵町域では、大垣内村と細井戸村の小物成場検地帳が残されている(延宝七年「細井戸村小物成場検地帳」、史料編下巻四四五~四五六頁、「大垣内村小物成場検地帳」、史料編下巻五四五~五四八頁)。

大垣内村は幕府領・郡山藩領・法隆寺領・秋篠寺領と四人の領主によって支配される相給村で領有関係が錯綜した地域であり、法隆寺などの寺社に小物成徴収権が認められていなかったため、小物成場検地の対象とされた。同村では文禄検地以降の新開地の中畑四歩と屋敷地一畝三歩と村廻り藪四畝二一歩が検地帳に記載されている。

後者の細井戸村についてみると、新開田畑屋敷地一町七反七畝二二歩と山藪が記載されている。また、平尾・疋相・安部・大塚の四ヶ村庄屋が検地の案内者となっていることからもうかがえるように、この四ヶ村に散在する小物成場を総称してよんでいるもので、いわゆる近世の幕藩制下における村ではない。

そこに書き上げられた田畑、山などの所在する小字名を拾ってみると次のようなものがあげられる。

城山、新城、登谷、狐塚、ふしやま、せんすい地、ミたち山、宮ノまへ、やけ松、やけ山、あへ廻り、たうどやま、西谷、石のとう、天狗塚、一ツ松、仙谷山、ふちやま、さきやま、六道山、小谷山、くりつか、なかはし、堂山、南かいと、東うら、高見山、かいけの内、弁才天、新や、もつそう、くり塚、塚山、新山、竹谷山、おけかくほ山、路寺山、より谷山、杣谷、馬見山、東うら、西かいと、新、六反田

現在は、当時の古い小字はあまり残っていないためよくわからないが、例えば西谷、竹谷山は安部村領であり、

またたとえば弁財天、六道山、新山などは大塚村領にみえる小字である。ちょうど馬見丘陵一帯に散在している。これらの地域が中世において細井戸庄とよばれた荘園制的な枠組みのもとにあったためこう総称されたのであろう。

幕府は、このような本年貢地、小物成場の検地を通じて財政難という局面からの脱出をはかろうとしたのである。

郡山藩の無地高増政策

郡山藩では、再検地の手続きを経ないで、村高に対し二割半の無地高増政策を採用している。無地高増とは、それに見合う土地（耕地面積）の増加がなく、元高（文禄検地による村高）に二割半の増石を行ったもので、これによって村高一〇〇〇石だった村は一二五〇石となった。

この経緯について、享保九年（一七二四）に甲斐国甲府から大和郡山へ転封してきた柳沢氏（藩主吉里）は、着任早々に（二割半無地高増政策で増石された村とそうでない村があり）増石された村々から嘆願をうけ、早速調査したそうである。その結果作成された「和州御領分弐割半無地高書付」（大和郡山市・豊田栄旧蔵文書）には、大要次のように記されている。

寛永六年（一六二九）松平下総守忠明が支配するようになったとき、大和での拝領高は一二万石で、役人が百姓に申し渡したのは、「和州は国柄がよく地面が余分にあるように聞く。公儀（幕府）に検地を願い出たが、百姓のついえもあるので取りやめ、土地柄一五万石の軍役を勤める思召しで、三万石増石（二割半増）を仰せつけられた。しかし村々への年貢は従来どおり一二万石を対象として課税し、増石三万石へは課税しない」ということであったから、百姓にとっても損得がないので請けたという。

寛永一六年（一六三九）に松平忠明は姫路に転じ、代わりに姫路から本多内記（政勝）が、嫡男分を含め一九万石の藩主として入部してきたとき、一五万石分は前代の松平忠明時代の増高も拝領高に込められていたのである。

このため百姓らは迷惑し、弱ったという。享保九年（一七二四）に柳沢吉里が郡山に着任したさい。領民らは増高に対しての課税を免除するよう嘆願したが、柳沢氏は大和への国替にあたり甲斐国内の知行高を幕府に返納し、替地として大和などの地を拝領したものであるから容易にこれを認めるわけにはいかないと申し渡している。

事実、甲斐国内での知行高は表高一五万二〇〇〇石余、郡山藩の知行高は二割半高増の村高を含め一五万一二八八石余である。甲斐国内では表高のほか内高・新田高が別にあって惣高二七万石余を超えており、郡山への国替は知行高以外何ら収入はなく、明らかに左遷だったといえよう。

年貢の徴収システム

近世の領主の経済は、支配下の百姓たちから年貢を取り立てることを土台にして成り立っていた。「農は国の基なり」という言葉もあるように、年貢を納入する百姓たちは、領主の経済を下から支える屋台骨といえる存在であった。

兵農分離によって都市に集住するようになった近世の領主は、百姓たちを支配するにあたって村の組織を利用し、年貢を賦課・徴収する場合にもこれを利用するようになった。すなわち、今年は村全体で年貢をどれだけ出せというかたちで村宛に賦課し、村に年貢納入の責任を負わせるようになったのである。

村宛の年貢の請求は、年貢免定（免状とも書く）と一般的によばれる文書によって行われたが、それに先立って、年貢額の算定が行われた。その方法には、検見法や定免法などがあり、前者は当年秋の実際の収穫高を査定しこれに基づいて課税する方式であった。実際の作柄をふまえてという点にこの徴租法の最大のメリットが存在したが、検見の過程で不正が行われたりするケースも少なくなく、手数が煩雑で費用がかさむ、検見が終わるまで刈入れできず、収穫期を逸することがある、などの欠陥も有していた。定免法のほうは、豊凶にかかわらず年貢額を何年間か固定して賦課する方法であり（その年季は数年であることが多かったが、長期にわたる場合もあった）、その額は過去五ヶ年・一〇ヶ年などの平年の平均年貢額を勘案して決定された。なお、定免法の実施期間中であっても、凶作の場合には、定免法を実施せず検見法に切りかえて減免が行われることもあった。これを破免《はめん》検見という。

こうして年貢額が定まると、領主側（代官など）から各村あてに年貢免定が出され、年貢納入の請求が行われた。その一例として、享保元年（一七一六）の沢村（郡山藩領）の免定（『広陵町史』史料編下巻七七四頁）を紹介しておこう。

申年免定事
広瀬郡
沢村
一高六百三拾五石
内
壱斗四升四合　貞享四卯年より堤下引
弐石三斗四升壱合　前々より村弁元禄七戌年より萱野村溝代引
七斗七升七合　元禄十六未年より溝代引
小以三石弐斗六升弐合
残高六百三拾壱石七斗三升八合　毛付
此取米三百九拾七石九斗九升五合　六ツ三分
内百拾弐石　水損検見引
残弐百八拾五石九斗九升六合
外
米八石五斗八升　口米
米拾八石九斗五升弐合　夫米
米合三百拾三石五斗弐升七合
右之通村中百姓出作人迄立会無甲乙致免割、来ル霜月中急度可皆済者也

享保元丙申年十月

佃　久右衛門印

浅川安左衛門印

庄屋百姓中

この内容について解説しておくと、最初に「高六百三拾五石」とあるのが、沢村（郡山領分）の田畑屋敷の石高の合計＝村高である。ここから「堤下」や用水の「溝代」となって作付できなくなった土地の石高（三件で合計「三石弐斗六升弐合」）を課税対象から除外し、残った石高「六百三拾壱石七斗三升八合」（これを「毛付」高という）に対して、年貢が賦課されている。年貢率を「六ツ三分」（六三パーセント）として、本来「三百九拾七石九斗九升五合」を「取米」（本年貢）として徴収すべきところ、この年は水害で作物が被害を受けたので、検見の結果「百拾弐石」を用捨し、残りの「弐百八拾五石九斗九升六合」を賦課する、というわけである。これに「八石五斗八升」の「口米」（付加税で取米の三パーセント）と、「拾八石九斗五升弐合」の「夫米」（役夫を徴発するかわりに米で納めさせるようになったもので、石高の三パーセント）とが加わり、合計「三百拾三石五斗弐升七合」がこの年に沢村が負担すべき総額とされている。そして、これを「出作人」（この場合は他村からの入作人という意味）も含めて「村中」の「百姓」が「立会」い、公正に割賦・徴収し、「霜月中」（十一月中）に「皆済」せよ、というのがこの年貢免定の内容である。その後にこの文書の年月（「享保元丙申年十月」）と差出人である郡山藩の二人の地方役人の名前（「佃久右衛門」と「浅川安左衛門」）が記され、そこからかなり離れた左奥下の箇所に「庄屋百姓中」と、上から下をみおろすようなかたちで宛先が記されている。

以上、年貢免定の一例を紹介し、その内容について説明したが、この年貢免定には現れない小物成などの課税もあり、また年貢免定によっては請求されない国役や御用金などの臨時の税もあった。

小物成とは、百姓が山林・原野・河海などから利益を受けることに対して課せられたもので、山年貢や藪年貢

表２　郡山藩領の小物成（寛永16年当時）

村　名	小　物　成（石）	
大　野	山年貢　0.44	
中	山年貢　2.8	小物成　0.07
笠	小物成　0.08	
斎音寺	山年貢　1.3	
赤　部	山年貢　2.13	

注：「寛永郷帳」（天理図書館所蔵写真帳）から作成

などがその主要なものであった。ちなみに、「寛永郷帳」によれば郡山藩領に属していた広陵町域内の村々の小物成は、表2のようであった。大野・中・斎音寺・赤部の各村に山年貢が課されていたことがわかる。これ以外に、中村と笠村に「小物成」が課されていたが、この郷帳の記載ではその具体的な中味はわからない。これらの小物成の徴収権を郡山藩は幕府から認められていたが、広陵町域内に所領を有していた内山永久寺・法隆寺などの寺社はこれを認められておらず、例えば「拾五石五斗八升四合　右者小物成高細井戸之内平尾村・疋相村・安部村・大塚村右四ヶ村より御公儀江上納仕候」（天保三年〈一八三二〉「広瀬郡之内郷村高帳」、『広陵町史』史料編下巻九七〜九八頁）とあるように、これらの村々の小物成については、幕府（「御公儀」）が徴収権を保持していたのである。幕府が実施した延宝の新検地の際に作成された「小物成場」の検地帳が、当時幕府領ではなかった村に残っているケースがあるのは、こうした事情による。

小物成以外の税には、高掛物や運上銀・冥加銀などがあった。高掛物は石高に応じて課された付加税で、なかでも幕府領のみに課された高掛物三役（六尺給米・御伝馬宿入用・御蔵前入用）はよく知られている。もちろん、大垣内村のうちの幕府領（広陵町域内のうちで唯一）にも、これが課されていた。運上銀・冥加銀には、酒造冥加銀・油稼冥加銀・醤油造冥加銀・水車運上銀などがあり、田沼意次が老中として幕政を主導するようになった頃から、株仲間に加入するようになった業者らに対して課されるようになったものが多い。

臨時に課された租税には、国役や御用金などがあった。国役は、特定の国を指定して御料私領の区別なく村高に応じて課されるところに特徴があり、大河川の修理費用や朝鮮通信使の来朝に関わる費用などがこうしたかたちで徴収された。これ以外に、大和国特有のものとして、春日若宮の祭礼に関わる課税があり、毎年「御祭礼懸銀」として村高一〇〇石につき「三、四匁宛」課されたほか、祭礼の際に設けられる仮屋の御殿木用材も、「十弐三ヶ年ニ壱度ツヽ、元高百石ニ中木五本ツヽ」という割合で、国内の地域を順に指定して課されていた（享保九年〈一七二四〉「大和郡山藩諸色明細帳控」、『広陵町史』史料編下巻五四九～五五四頁、同年「寺戸村諸色明細帳控」、『広陵町史』史料編下巻八六五～八七八頁）。さらに、幕藩領主の財政難が深刻化する江戸後期以降には、しばしば臨時に御用金が賦課されるようになり、幕末の動乱期には、東海道などの通行が頻繁となり、宿駅からはるかに離れた大和国の村々へも増助郷役が課されるようになった。

さて、年貢免定が届くと、村方では村宛に賦課された年貢額を村民や入作人に割り付ける作業が行われた。これを免割という。これが公正に行われるか否かは負担する側にとっては重大な関心事であり、村役人だけで公正さを欠く形で免割が行われたりした場合には、村方騒動にまで進展することもあった。こうしたトラブルを防止するため、幕府は「免割帳」の作成を繰り返し命じており、郡山藩も、近世後期には、毎年年貢などの「算用合」について「此上少も申分」がないことを村内で確認しあった文書を作成するよう領内の村々に命じ、これを受けて毎年「為取替証文」が作成され、代官にも報告されるようになっている。また、内山永久寺領でも、「惣百姓御年貢米ニ付諸掛り物等至迄毎年庄屋・年寄・五人組頭立会念ヲ入吟味仕候、御免割等も相違無御座候、若比諸算用違御座候ハヽ、互ニ元銀を以相対可仕候、右之趣惣百姓并出作方迄も申分無御座候」と記された「一札」が、「庄屋・年寄・五人組頭迄連印」のうえ各村方から「年預中」に毎年提出されるようになったようである（天保一〇年〈一八三九〉「年貢米など諸算用に付一札控」、『広陵町史』史料編下巻五〇四～五〇五頁など）。

個々の村民や入作人に割り付けられた年貢は、村役人のもとへ納められ、一時保管された後、領主側の指定する日限にしたがって、何度かに分けて上納された（年貢の徴収や上納などの業務は庄屋が主に担当したが、近世後期の中村では「銀掛年寄」がこれを担っていたことが知られる〈寛政七年「差入申一札之事」、天保一三年「為取替証文之事」など、中・福西至美文書〉)。近世の年貢制度は、米納年貢制を原則としていたが、商品貨幣経済の進展とともに、年貢の銀納化が進んでいった。この点については、広陵町域内の郡山藩領や寺社領の村々についても確認できる。

年貢を上納すると、そのたびごとに小手形が下付されたり、通《かよい》に記入されるなど、請取の証明が行われ、年貢を納めきると、年貢皆済目録が領主側から村宛に下付されるなど、皆済の証明が行われた。ここに至って、村役人以下の村民は、ようやく一息つくことができたのである。なお、村内で年貢の未進があった場合には、村請年貢制のもと、年貢徴収の責任者であった庄屋をはじめとする村役人が、未進分を立て替えたり他借するなどして年貢の完納に努めたが、年によっては年貢を皆済期限までに完納できない場合もあった。また、あまりに領主の年貢収奪が厳しい年などには、百姓一揆にまで発展することもあった（詳しくは、第七章・第九章・第一〇章を参照）。

郡山藩領の年貢

郡山藩領の年貢制度の概要については、柳沢吉里の大和郡山への入部に際して、享保九年（一七二四）に村々から提出された「諸色明細帳」の記載によって知ることができる。広陵町域内では、大垣内村と寺戸村の「明細帳」の控がみつかっており、以下にそれぞれの年貢関係の記事を記載順に引用・紹介しておこう（大垣内は吉岡政子文書で『広陵町史』史料編下巻五四九～五五四頁、寺戸は区有文書で同上史料編下巻八六五～八七八頁。年貢関係の記事と記事の間にほかの記事も見られるが、引用にあたっては（中略）と記すのを省略した）。

〔大垣内村〕

一郷蔵　壱ヶ所　　但梁行弐間 桁行五間

　但御免許地源右衛門屋敷之内ニ御座候、御蔵普請之義ハ前々より御地頭様御入用被成被下候

一屋敷　御免許　　庄屋 与右衛門

　有畝壱反四畝三歩、源右衛門・孫兵衛・小右衛門後家

一御年貢大坂廻シ之儀　　無御座候
一御年貢米郡山御領之節百姓銘々ニ附入申候
一御年貢之儀郡山御知行之節ハ御物成舛目之内三分一米納、残米ハ入札ニ而買落、翌年六月迄ニ段々銀子上納仕来り申候
　但かけ屋包ちん壱貫目ニ三匁宛ニ而御座候
一口米之儀御物成壱石ニ三升ニ而御座候
一夫米之儀高石ニ付三升ニ而御座候
一南都御祭礼懸銀　但毎年百石ニ三四匁宛掛申候、且又十二三年ニ壱度ツ、百石ニ中木五本ツ、御伐被成候
一村之持山少々村より西に御座候
　但御年貢之儀赤部村小物成高ノ内壱斗余相納申候
一百姓居屋敷御年貢地ニ而御座候

〔寺戸村〕
一郷蔵　壱ヶ所　梁行四間半 桁行弐間
　右牛頭天皇鋪地之内除地
一御年貢米郡山御知行之節ハ御上納米庄屋相改御蔵江米主付込申候、たちんニて遣候得ハ壱石ニ弐匁ほとツ、ニ御座候
一十分壱・三分一銀納之儀、郡山御知行之節ハ冬中御取箇四分より六分迄上納仕、残米明ル六月中皆済被仰付候、十分一・三分一と申分無御座候
一年々立毛御検見之節有米六分御取四分百姓へ被下候、木綿作之儀立毛御見分之上御了簡を以御免引被下候

一口米御取米壱石ニ三升宛、夫米高石ニ三升ツ、

一南都御祭礼銀弐拾目余ツ、年々出申候、少々宛多少御座候、但十弐三ヶ年ニ壱度ツ、元高百石ニ中木五本ツ、御切被成候

一村持山村方より西方ニ御座候、反別等相知レ不申候、山年貢之儀佐味田村小物成高之内へ六斗壱升ツ、相納申候

一越米三石　広瀬郡南村より越石

　但松平下総守様御代寺地畝安トテ拾壱石五升新開定成と名付御改出し被為成候内、毎年三石ツ、越石ニ罷成、当村より一所ニ上納仕候、本高と二重ニ成候故、不作之時ハ御了簡被成下候

一御年貢米俵入五斗入五斗之御勘定ニ立申候、尤表（俵）数貫目御廻シ均表壱表御改、若不足ニ惣表〳〵足米込相納候

一郡山へ納米表（俵）拵二重上五所結堅縄壱筋縄掛申候

一百姓居屋鋪御年貢地ニて御座候

一庄屋居屋鋪除地ニてハ無御座候

一御伝馬銀

　但朝鮮人来朝伝馬掛り申候、其外大小名様方郡山御通り之節ハ伝馬銀郡山より割賦掛り申候

一御年貢之外ニ納中物　無御座候

享保九年（一七二四）の文書（報告書）であるが、ここに記されている内容は、後本多時代（貞享二年〈一六八五〉から享保八年〈一七二三〉にかけて、本多氏が郡山藩主であった時代）の状況を示すものとみてよい。

まず、検見に関しては、寺戸村のほうに記載があり、検見のうえ有米の六割が年貢として徴収され、残りは百

姓の手元に残される、としている。この記載にしたがえば、六公四民ということになるが、ほかの史料もあわせてみれば、年々の年貢率が固定していたとはいえない。木綿作については、作柄を見分したうえで、「御免引」（年貢の減免）がなされる、としている。

本年貢の課税対象地は、検地帳に記された各村内の田畑屋敷であったが、屋敷地のうち庄屋屋敷地については、大垣内村の場合には除地（課税対象外）となっており、寺戸村の場合にはそうではなかったことが判明する（両者の相違の理由については明らかではない）。なお、郷蔵（年貢米の積入れ保管などのために村に設けられた公共の倉庫）の敷地については、ともに除地とされていた。

本年貢以外の税については、小物成と口米・夫米、春日若宮祭礼に関わる賦課、伝馬銀に関する記述があるが、既に述べた事柄が多いので、両村ともに山年貢を近隣の村を経由するかたちで上納していたこと、「大小名」が郡山を通る際の伝馬役に関わる費用（「伝馬銀」）が領内の村にも賦課されていたこと、を付記しておくにとどめたい。

年貢の納入方法については、「その三分の一を米納し、残りの三分の二は『入札』というかたちで売却して翌年六月までに銀納する」（大垣内村）、「年貢の四割から六割までは冬中に上納し、残りは翌年六月までに皆済するよう命じられている」（寺戸村）、とそれぞれ記されている。大垣内村の記述からは、商品貨幣経済の農村への浸透をふまえた、年貢の代銀納の進展ぶりがうかがえる。ちなみに、貞享四年（一六八七）六月付の笠村「勘定目録」（『広陵町史』史料編下巻六一九〜六二〇頁）によれば、前年度の同村の年貢のうち米納部分はやはり三分の一で、残りの三分の一は銀納、あとは「手形納」（年貢米を米商人などに入札させ米手形にかえて上納する）というかたちになっていたことが知られる。

年貢米は、いったん村の郷蔵に保管され、米納部分については、俵拵えをした後、郡山城下へ運ばれ御蔵へ納入された。享保九年（一七二四）の「和州御領郷鑑」（東京都・林英夫文書）の記載によれば、広陵町域内の郡山藩領

表3　享保9年郡山藩領村々の郷蔵

町村名	梁行×桁行(間)	所在地	除地・高内の別
沢村	4.5× 4.0	庄屋居屋敷の内	
大野村	5.0× 4.4		高内
萱野村	8.0× 3.0	庄屋居屋敷の内	除地
教行寺町	8.0× 3.0		除地
的場村	8.0× 3.0		除地
大場村	3.5× 2.0	庄屋居屋敷の内	
弁財天村	5.5× 2.5	庄屋居屋敷の内	
南村	6.0× 3.0		高内
中村	3.5× 1.5		高内
古寺村	（記載なし）	村荒地の内	
南郷村	10.5×10.1		高内
笠村	（記載なし）	庄屋居屋敷の内	高内
斎音寺村	6.0× 4.0	庄屋居屋敷の内	高内
寺戸村	（4.0× 2.0）	牛頭天王社地の内	除地
赤部村	（竪5.5×横4.0）		
大垣内村	（2.0× 5.0）	庄屋居屋敷の内	除地

注：「和州御領郷鑑」（東京都・林英夫文書）から作成。なお、寺戸村と大垣内村の数値は「明細帳控」の記載による。

の村々の郷蔵は表3のようであった。大垣内村や寺戸村などのようにその敷地が「除地」とされているところもあれば、「高内」となっているところも少なくなかったこと、庄屋居屋敷のうちに郷蔵が設けられていた村も半数近くあったこと、南郷村のように規模の大きなものも存在したことがわかる（なお、萱野村には、郷蔵のほかに、元文五年〈一七四〇〉には「御米改場」（梁行二間桁行三間、惣瓦葺）もあったことが知られる――「堤川除樋橋井手明細帳控」、『広陵町史』史料編下巻七九七〜八〇八頁）。上納の際の米俵は五斗入で、郡山での検査の時に不足とならないように「足米《たしまい》」を行い、俵拵えについては、二重俵にするとともに、（横）五ヶ所を結び、竪に一筋の縄をかける、としている（寺戸村）。苦労して郡山の御蔵へ米俵を運んでも、担当の役人によって米質などをチェックされ、刎《はね》俵とされ、納入のやり直しを命じられることもあったのである。

以上、享保九年（一七二四）の「明細帳控」の記載を中心に、後本多時代の郡山藩領の年貢に関して記したが、本多忠平が藩主であった元禄年間に、財政難に直面した同藩では、財政問題に秀でた松波勘十郎という人物が召し抱えられ、厳しい年貢増徴が行われている。増徴の画期となったのは元禄六年（一六九三）で、同年は「大日損」の年であったにもかかわらず、松波の指示で大変厳しい検見が行われた。その結果、同藩領では、窮地に追いこまれた百姓たちが同年末に「毎日五千人より一万人位迄」郡山城下へ押し寄せ、年貢減免を要求するという、前代未聞の百姓一揆がおきるに至っている（「御年貢覚帳」、笠・生嶌四郎文書。松波勘十郎とこの一揆について、詳しくは第七章参照）。この後、同藩領の年貢高は、なおしばらく高水準を保ったが、享保期にかけて大きく減少するようになり、次の柳沢氏の時代をむかえることになった。

郡山藩領では、柳沢氏の入部の翌年、享保一〇年（一七二五）にも、年末に領民五〇〇〇～六〇〇〇人が城門へ詰めかけ、年貢減免を要求するという大規模な強訴が発生し、同年の年貢高は大きく低落した。その後、武田阿波が家老に抜擢されるようになると、年貢高は再び上昇傾向に転じ、同一四・一五年（一七二九・三〇）には、年貢高が引き上げられるとともに、年貢納入過程を通じての収奪強化（石代銀納値段の基準となっていた大門米相場のつり上げ）も図られるようになった。同一六年（一七三一）に武田は失脚し、これに伴って年貢高そのものは引き下げられることになったが、年貢納入過程を通じての収奪強化の方針は引き継がれ、領内村々の百姓たちは困窮に追いやられた。寛保元年（一七四一）の一二月にも、「去ル十八日御領分之内より弐百人計御城下近所へ寄集り」（「一札之事」、「御用書留帳」に所載、南郷・和田俊逸文書）と記されるような不穏な動きがあり、寛延元年（一七四八）には、領内村々の百姓たちは、次のように述べるに至っている（「百姓困窮に付口上書」など、『上牧町史』史料編所収）。

私共の村方では、近年惣百姓が大変困窮している。一五、六年前から、年貢を未進する者が多く、潰《つぶれ》百姓が増え、村方の人数が減り、中地《なかぢ》（手余地）が増えている。田地の「徳用」がなくなり、「田地望人」がなく、地主も小作米を一反について四～五斗、悪田については六～七斗も引き下げて小作させているが、小作米の滞納が多く、困りはてている。こうした状況になったのは、三〇年前頃から肥料代が高くなってきたという事情もあるが、①なお「土地不相応」に年貢が高い村方が多いこと、②大門の米相場が格別高く（生駒谷産の「五畿内ニ無比類」わずかの「上米」の買取り値段を「定矩」として米相場のつり上げが行われるため）、銀納値段が高くなり、年によっては村方の米相場より一石につき一五～六匁から一八～九匁も高く、銀納に際して過分の不利益を蒙《こうむ》っていること、③「御蔵詰米」のほうは、遠方の村方は午前二時頃に出発して郡山の御蔵へ納入しているが、早くすんでも帰るのは午後八時頃になり、人馬がことのほか疲れ、駄賃や手間賃などの諸費用が多くかかること、などによる。

この年、南郷村でも、村中地（手余地）が二六町六反余（石高四二七石余）、借用銀が五三貫四〇〇匁にも達しており、「惣百姓今年ハ必至と惣潰ニ罷成、最早私共村方御年貢之取立も相勤り不申と千万歎ケ敷奉存候」と村役人が歎く有様となっていたことが知られる（「乍恐口上書ヲ以御願奉申上候」、「御用書留帳」に収載、南郷・和田俊逸文書）。

こうした状況のもと、郡山藩は宝暦元年（一七五一）に新たな徴租方式を採用するようになった。村ごとに「定厘」（定年貢率）を定め、豊作であっても「定厘」以上に年貢率を上げず、凶作の場合には検見を行ってこれに用捨を加えるというやり方である。ちなみに、広陵町域の郡山藩領各村の「定厘」は表4に示したように、最高は南郷村の「六ツ五分」（六五パーセント、ただし同村のうち石高一四八六・六二石に対する年貢率

表4　郡山藩領村々の「定厘」

村　名	「定　厘」
沢	6ツ3分
萱野	5ツ6分5厘
南	5ツ3分
弁財天	5ツ6分
大場	3ツ2分
的場	5ツ7分
大野	6ツ2分5厘
中	4ツ7分
寺戸	5ツ9分5厘
古寺	6ツ4分5厘
斎音寺	5ツ8分5厘
赤部	6ツ1分5厘
大垣内	5ツ4分5厘
笠	5ツ7分
南郷	6ツ5分 4ツ9分

注：嘉永6年「和州河州郡山御領高附写」(的場・中堀嘉一文書)などから作成

で、残りの五六六・九九二石に対しては四九パーセントの年貢率であった）、最低は大場村の「三ツ弐分」（三二パーセント）であった。

この徴租方式は幕末まで続けられたが、年貢高の上限を固定したこの方法では、農業生産力が上昇してもその成果を十分に吸収することはできず、この面に関するかぎり郡山藩の収奪は体制的に明らかに後退したということができるだろう。年貢納入過程を通しての収奪強化の方針はなお引き継がれていったが、これ以降藩の財政難はさらに深まり、同藩は幕末にかけて在方にもしばしば御用金を課すに至っている。

寺社領の年貢

広陵町域内には、多武峰領・法隆寺領・内山永久寺領・当麻寺領・三輪神領・大智院領・秋篠寺領・大福寺領・青蓮院門跡領がそれぞれ存在したが、これらの寺社にとって、領地からの年貢収入は重要な財源となっていた。領地の規模は多武峰の三〇〇〇石を除けばいずれも一〇〇〇石以下で、幕府領や藩領などと比べると、寺社領の年貢率は相対的に高くなりがちであった。たとえば延宝四年（一六七六）に、池尻・平尾・大塚の三ヶ村から法隆寺領へ出作していた農民たちが、同寺領の年貢率は「八ツ四分四リン」で、口米・夫米・駄賃米も加えると「高ニ九ツ成三歩」（石高に対し九三パーセント）にも達しており、大変難渋しているとして、年貢の軽減を要求した願書のなかで、「法隆寺御知行所と本田《（多）》出雲守様御知行所南郷村と田地入組ニ而御座候、此取高ニ四ツ成四分七リンニ而御座候」と述べているのは、そうした事実を示す興味深い事例といえよう（「乍恐謹而言上」、安部・巽利弘文書。郡山藩領であった南郷村の場合、年貢率は四四・七パーセントと記されているが、太閤検地による石高に二割半の無地増高分を加えた石高に対する率であった。しかし、そのことを考慮しても、法隆寺領の同年の年貢率との間には大きな差があったものと見なされる）。

幕府領や藩領では、年貢の賦課をはじめとする業務は代官などが行ったが、寺社領では「執行代」（多武峰）・「納所奉行」（法隆寺）・「年預」（内山永久寺）などがこれを担当した。

年貢免定の例として、多武峰領百済村のうち森村の享保一四年（一七二九）の事例（『広陵町史』史料編下巻六八三〜六八四頁）を示しておこう。

己酉年貢米之事

百済方

一拾七石弐斗弐升五合七勺　藤　室
一拾六石壱斗弐升九合五勺　万像院
一拾七石壱斗七升六合　賢聖院
一拾六石五斗弐升　妙宗院
一拾五石七斗四升　千蔵院
一拾六石■《九》合　普門院
一拾五石三斗九升六合　正行院
一拾六石六斗弐升四合　十乗院
一拾七石三斗九升五合　蓮台院
一拾六石四斗壱升四合　玉泉院

右年貢米各納帳差下候、収納十一月中ニ可致皆済者也

享保十四己酉歳十一月朔

執行代法苑院㊞
同　常住院㊞
庄屋森村
忠三郎

この年は、子院のうち法苑院と常住院とが執行代をつとめ、領内村々への年貢賦課の業務を行っていたことがわかる。この森村の例のように、年貢免定において各子院への納入額が示されており、納入先ごとに下付された「納帳」をもとに、皆済にいたるまで差引勘定がなされていったものと思われる。そして、皆済にいたると、子院ごとに次のような「勘定目録」が作成された。同一七年（一七三二）六月付の広瀬村の一事例（般若院分）を以下に示しておこう（史料編下巻七四七頁）。

辛亥般若院様御知行米勘定目録

本米七石弐升八合

役米七斗弐合八勺

本役合七石七斗三升八勺

内

一壱斗　庄屋給米

子二月廿九日上
一三石　御売米

代銀百三拾五匁　石ニ付四拾五匁かへ

同三月廿日上
一四石三斗五升五合八勺　御売米

代銀弐百目三分六厘七毛　石ニ付四拾六匁かへ

一壱斗六升《壱升》五合　大別所同断

上合七石六斗弐升八勺

引残壱斗六升五合

代四匁五分　代七匁四分弐厘五毛
右之通御知行米皆済勘定仕候、以上
享保十七壬子年六月廿日　庄屋 広瀬村 久左衛門
般若院様

「般若院様御知行米勘定目録」と題されているが、実際には「知行米」のほとんど全てが銀納されていたことがわかる。

多武峰領には、各子院に収納されたこうした「知行米」のほかに、「御神領」分の年貢も存在した。それらの納入方法について、延享五年（一七四八）の一史料（「乍恐書付ヲ以御願奉申上候」、百済・林成晃文書）には、次のように記されている。

御年貢米収納之儀、往古より一重俵皆米納ニ御座候処、尤御神領米之儀ハ収納蔵へ相納、其外者揃蔵江相納、御上様御用次第ニ御払被為成候、然処二拾六七年以前より御神領米之儀者二重俵ニ而相納申様ニと被為仰付候ニ付、其節段々御詫言仕候所、御明神様へ御奉公と奉存御請申様と被為仰付候、其後享保拾四酉年被為仰付候ハヽ、今年より御年貢米不残上巻立縄かけ、御神領政所之儀者収納蔵江相詰メ、余者揃蔵へ相納可申候、（中略）御収納米入札ヲ以御払被為成、則落札之分平シ直段ヲ以銀納ニ被為仰付候所、近年者落札之内高札ヲ以銀納被為仰付、惣百性（姓）迷惑ニ奉存候、何卒百済・藤森・広瀬右三ヶ所村別ニ御蔵米御売払之直段ヲ以直平シニ被為仰付下候様奉願上候御事

「御神領米」については「収納蔵」へ、それ以外（子院への納入分）については「揃蔵」へ、それぞれ俵拵えをしていったん米納された後、多武峰からの指示をうけて前者についても売却され、ともに銀納されていたことが

わかる。また、俵拵えのしかたについての指示内容がしだいに厳しくなり、さらに近年には銀納値段のつり上げがはかられるようになって、惣百姓が迷惑している有様もここには記されている。この史料のほかの箇所には、「古来」は「一反限り」で検見が行われていたが近年には「惣御検見」が実施されるようになり、「夫代銀」もおびただしくかかるようになって、大変迷惑していることなども記されていて、興味深い（この年の多武峰領の農民たちの動きについては、第七章を参照）。

法隆寺領の年貢に関しては、安部村の貞享三年（一六八六）分の「上納米通」（安部・巽利弘文書）を紹介しておきたい。

録　安部村当寅秋上納米通

合貞享丙寅三霜月吉日

観音院
高順（花押）

奉行

庄屋
利兵衛

霜月十五日
一九拾参石弐斗三升三合也　蔵入　請取十一枚
　但内九石五斗者　餅米

同日
一百拾弐石三升五合也　坊入　請取六拾九枚
　但内弐石四斗八升者　餅米

同日
一拾弐石九斗四升也　蔵入　請取壱枚

廿六日
一廿六石壱升也　蔵入　請取五枚

同日
一弐拾八石八斗四升五合也　坊入　請取十九枚
　但内弐石七升者　餅米

極月二日
一拾壱石四斗七合者　蔵入　請取三枚
同日
一卅参石三斗者　坊入　請取八枚
十七日
一四拾石四斗七升七合四勺者　坊入　請取廿壱枚
同日
一三拾四石壱斗一升五合七勺　歳入　請取八枚
廿二日
一七石九斗五升者　蔵入　請取三枚
同日
一拾九石四斗壱升六合者　坊入　請取十枚
廿七日
一三石者　坊入　請取弐枚有之
卯ノ四月廿六日
一六石三斗者　坊入　請取三枚
同日
一拾参石三斗七升弐合者　蔵入　請取五枚
六月四日
一拾五石弐斗六升者　蔵入　請取五枚
同日
一拾石三斗八升七合四勺也　坊入　請取七枚
七月七日
一弐石四斗六升者　蔵入　請取弐枚
同日
一弐石六斗七升六合壱勺者　蔵入　請取一枚

〆四百七拾三石壱斗三升六勺

一三石　合力米
一拾石四斗八升弐合　安部入用
惣合四百八拾六石六斗壱升六勺

皆済㊞

刁(寅)極月廿八日　奉行　観音院㊞

表5　天明5年分 安部村の年貢納入状況

納入月日	年　貢　額	納入形態	代　銀　（石代値段）	
	（石）		（匁）	（匁）
11月21日	36.2572	銀　納	2211.7	（61）
23日	34.1778	銀　納	2084.85	（61）
	18	米　納	（手形27枚）	
26日	29.318	銀　納		（61）
	14　（口米）			
29日	15.124	銀　納	915	（60.5）
12月1日	14.8761	銀　納	900	（60.5）
4日	16.1328	銀　納	984.1	（61）
	10.5385　（村入用）			
	1.3459　（井手揚入用）			
	70　（投免）			
	10　（追免）			
	1　（救米）			
12日	50.6376	銀　納	3088.9	（61）
	37.0834	銀　納	2262.1	（61）
19日	21.7475	銀　納	1326.6	（61）
21日	10.05	銀　納	613.05	
23日	53.7391	銀　納	3278.1	（61）
25日	26.2049	銀　納	1598.5	（61）
27日	16.3798	銀　納	909.17	（61）

注：天明5年「阿辺村上納割印帳」（安部・巽利弘文書）から作成

この年の法隆寺の納所「奉行」は観音院高順で、同年一一月一五日から翌年七月七日にかけての安部村の年貢上納状況を納入のたびごとに記入・チェックし、本年貢分四七三・一三〇六石に「合力米」と「安部入用」を加えた四八六・六一〇六石を皆済したことを証明したものである。年貢は「蔵入」分と「坊入」分とに区別されているが、前者は法隆寺全体の経費にあてられ、後者は子院に配分されたものと思われる。また、それぞれに「請取」枚数が書かれているが、年貢米を売却し米手形で納められたその枚数を記したものであろう。なお、表5は、これより約一〇〇年後、天明五年（一七八五）の同村の年貢納入状況を示したものだが、年貢のほとんどが銀納され、一八石の米納分についても米手形にかえて上納されていたことがうかがえる。

内山永久寺領では、多武峰領の場合と同様に、各子院への納入額を明示するかたちで、年貢免定が年預から各村方へ下付されていた。連年の年貢率については明らかではないが、残っている年貢免定によるかぎりでは、近世後期に平尾村の場合には「八ツ成」、疋相付の場合には「七ツ一分成」で、不作の米には用捨米が下される形になっていたことがうかがえる。また、年貢の納入形態については、幕末期の史料ではあるが、慶応元年（一八六五）に平尾・池尻両村から内山永久寺の年預宛に出された願書（「年貢延納願書」、『広陵町史』史料編下巻一〇〇～一〇一頁）の冒頭に、「古来より其年之御収納米之義者、両作物成売払代銀を以御上納皆済仕来ニ御座候」と、「古来より」銀納されていたことが記されている。なお、広陵町域内に存在したほかの寺社領については、ここに記すほどの材料は今のところみつかっていない。

近世後期になると、財政難が進行するなかで、年貢の増徴を行おうとしたり、年貢の先納を命じたりする寺社も増え、これに抗する領民の動きも活発になった。特に多武峰領では、天保八年（一八三七）の百姓一揆をはじめ何度も一揆が起こっていることが知られるが、こうした動きについては第九章・第一〇章・第一一章を参照されたい。

〔編者注：第六章のうち、「延宝検地」から「郡山藩の無地高増政策」までは西村執筆、「年貢の徴収システム」以下は谷山正道執筆〕

第七章　強まる領主支配と抵抗する百姓たち

強まる領主の収奪

近世も半ばごろになると領主財政は破綻の危機に瀕し、幕藩領主層は財政難に苦しむようになってくる。幕府すらもその財政危機に苦しむありさまであった。特に寛文期以降は大名・旗本などの困窮がひどくなり、元禄期（一六八八～一七〇三）以降悪化の一途をたどるばかりであった。

領主たちは危機を脱するためにさまざまなかたちで収奪をはかり、財政再建を試みる。そこには収奪強化に苦しむ百姓たちとの間にあつれきが生じるようになる。広陵町域の村々やそれを支配した領主たちにもそうした時代の波が押し寄せてくることはさけられなかった。

松波勘十郎と郡山藩領村々

郡山藩でもやはり元禄年間前後には大変な財政難に苦しめられていた。そこで、当時財政改革指導家として実績をあげていた松波勘十郎を登用して藩財政の再建をはかったことはよく知られている。

松波勘十郎は、近世中期の財政再建家として著名な人物で、幕府代官の手代を勤めたのを皮切りに財政窮乏に苦しむ旗本や大名の財政再建に一応の成果をあげた。元禄六年（一六九三）から郡山藩主本多下野守忠平に採用され、近江国（現滋賀県）にある藩領の増徴に成功し、その運用によって郡山藩財政再建に貢献した。当初は一つの藩に召し抱えられるかたちをとっていたが、後には召し抱えのかたちはとらず各藩の財政を指導するようになったという。

その財政再建家としての事績は有名であるが、こと郡山藩における彼の活動は史料がなくこれまでほとんど明らかにはなっていない。しかし、近年の『広陵町史』編集に伴う調査で笠村の生嶌四郎家より発見された元禄年間の「御年貢覚帳」のなかに書きとめられた記録からその事績の一端が明らかになった。本記録は生嶌家の当主が元禄各年の年貢算用状況を記録したものであるが、それとともにその時々の領主や村の動きを書きとめた大変貴重な史料である。以下、本記録をもとに笠村の百姓（記録者は生嶌家の当主で、おそらく庄屋を勤めていた人物だと考えられる）の目を通して、松波勘十郎の財政再建策が村々にどのような影響を与えたのかみていきたい。

ひとまず勘十郎が登用される前後の郡山藩領の状況についてみておこう。当時の郡山藩主は本多下野守忠平で、貞享二年（一六八五）に入部している。これまで明らかにされているように郡山藩領の村々は二割半の無地高増政策（第六章参照）によって、文禄検地で定められた村高を二割半増しにされていた。本章であつかう元禄期の村々も同様の状況にあった。

笠村では、「元高」（文禄検地で定められた村高）四六六石七斗弐升のところ、「延高」（高増しを受けた村高）五八三石四斗となっている。この「延高」は課税対象とされるもので事実上の増税であり、文禄検地より九〇年余りが経過し、生産力が伸びているとはいえ百姓たちには大変な負担であった。

表1　元禄年間の笠村中地高

年	村抱高
元禄2	384.223石
3	384.909
4	384.909
5	386.791

注：「御年貢覚帳」（笠・生嶌四郎文書）より作成

そのためか元禄年間の笠村の困窮は著しく、表1に示したように「村抱高」が村高の六六パーセント余りにのぼっている。この「村抱高」とは中地高のことであり、百姓たちが耕作できなくなった田畑を村持ちとするものであった。しかし、これだけの「村抱高」は村にとって大きな負担となってのしかかっていたのである。

そうした村々の前に立ち現れたのが松波勘十郎であった。ここで、まず「御年貢覚帳」の関係部分を少し長いが示しておこう。

元禄六ミツノトノ酉ノ年大日損正月朔日キノトノ巳ノ朔日迄

（中略）

一、酉ノ秋郡山より御毛見被遊候趣ハ田ワた・畑方ハ上毛ノ内ニ思召御毛見不被成候、うへ田毛付ノ被成方ハ上中下無、此上ノ内ニ三品ノ上・上ノ中・上ノ下三段仕わけ、三々九品ニわけ、無毛共十品ニ、但毛不付候ハ小豆・大豆・きび・あわさま〲の色付札ニ印、右ノ色わけ田ことニ高ト本畝・地主ト書付札ヲ竹ヲはさミ立申候、然処如此御奉行ニハ坪内久兵衛殿・岡本甚助殿両奉行、郷方在々御毛見被成方扠もおそろしき次第也、右上中下三段ノ内上ノ中ト中ノ中・下ノ中ト三ヶ所ニ而一分かり被成候、仕方先一反ニ而も或ハ五反一町ニ而見合、一分成共能所ヲ見立、坪さおろし、六尺三寸四方筈ヲ廻リより田かふいねヲ内へ入被申候故、七尺四方、又村ニより九尺ニも当る村も有之沙太(汰)仕候、然ハ四分六分わけ被下候共、右之通ニ御座候得ハ、御公儀之枡味ト百姓ノ枡味トハかくへつ違申候、品ニより半分ニ罷成仕合、百姓共迷惑と覚申候、然処霜月晦日頃ニ御公義(儀)より御免さけ御ざ候ニ、右之被成方故高免ニ被成百姓迷惑千万ニ付酉ノ極月一日より郡山へ免こいニ毎日五千人より一万人位迄相詰め、近江よりも百姓参申候、右両奉行へ相詰め、会所へ被参候得ハ、百姓中又会所へ相詰、其上ニ而被申候ハ、先免割致申様ニ、其外ハ御上より被下候間、庄屋・年寄・あり給・大庄屋給・役免も御上より被下被申様ニ致シ、極月七、八日頃百姓中引申候、極月四日五日頃ハ両奉行も目ニ仏ハなく百姓ト詰かけ奉行十方なく若《ワカ》殿様も朝御膳不上候由たゝいくさ詰ニあたり、御役人方もわれらか申様ニ致遣候ハんと斗ニ而、何共迷惑被致、百姓跡より押詰、さうしやら折節ハ奉行ノせつたふミ取はたしニも成ス事も有、奉行之供も別々ニ成、押込と申候而奉行も会所へ参着兼被申候ニ付、或時ハ奉行も道ヲ違しのびて御城へ上り会所へも被参候得共、大分ノ百姓ニ而候得共所々ニ詰揃申ものニ候得□道も返られず候、世中之市之ことくニ見へ申候、惣而御家中も百姓も押込こミ市立ノことくニ入こミ〳〵、殊ニ郷役人方ハ十方なく色青ク成居被申候、然処くたんノ松浪(波)勘十郎ヲ京へ飛指(脚)数度被遣候風聞仕掛候、此勘十郎免究め悪敷仕候物ニ而候得ハ帰りかたく存候而、やう〳〵極月廿六、七日頃郡山へ帰りそろ〳〵と根くミ志(思)案被致、又候両奉行ノ口一度〳〵ニ違、口こハ〳〵罷成、殿様銀子御用ノ義ヲ松浪勘十郎ニ被申付候得ハ百姓数人郡山へ相詰申由未■聞申候故、京ニ而銀子調不申候とて、其上郷方へ又々御用銀ヲ被仰出候而末々迷惑かぎりなく百姓迷惑申候、他領ノ百姓ハ所ニより無年貢ニ被遊候方々共有、或ハ少々御取被成候方も有、明ル戌ノ年ハ世中能候得共御免五分七分一損も御さけ被成候所ニ郡山百姓へハ戌ノ年五分三分一損ノ上も高免被成御取、外ニ弁なく度々ニ御仕置ヲ替へ百姓類なき迷惑致候、殊ニ戌ノ三月六日より戌ノ御物成米先納銀ト名付、当組へも六拾四貫匁申付外上ケ六貫匁斗戌七月十二日迄ニ七拾貫匁先納ヲ仕候、則寺戸大庄やも戌四月頃より代官役ヲ被申付候而植村孫左衛門と申、弥々百姓ノさうしやうも成不申様見へ申候、殿様より五十俵ト家々へ弐拾石戌ノ八月頃ニ五十俵被仰付候ニ付廿石か今改扨ハ弐拾五石ニ而候哉、跡より知れ可申候、中ニも柳町弥兵衛殿ハ戌ノ十月頃ニ百石ノ知行ニ被為仰付候、其外ノ大庄屋衆中ハ不残代官成ニて右切米ニ罷成申候

右からわかるように勘十郎が郡山藩に登用された元禄六年（一六九三）は「大日損」（大日照り）の年であった。同年は春先は天気良く植え付けも無事済んだが、四月二〇日ごろより二八日にかけては大変な大雨となり難儀したという。しかし、二八日に降り止むと今度は一転して雨が降らなくなり村々は旱魃にみまわれた。しかし、この時は懸命の努力もあり「百姓ノ工者故百姓もかつへ不申候」と農業技術の進歩もあって「わき百姓も命次申」すことが出来たという。

そのような大旱魃を乗り越えた村々に松波勘十郎を登用した郡山藩の収奪強化の波はおそいかかったのである。その手はじめとして、郡山藩では松波勘十郎の献策により年貢収納法の大改革を行っている（郡山藩を含めた年貢

収納法などについては第六章参照）。それは①「田ワた（田綿）・畑方」、つまり木綿作については田畑いずれで作られているかを問わず検見を実施しないで稲作の「上毛」並にみたて年貢額を決定する。②田地の等級を従来、上・中・下の三等級であったのに対して、上をさらに三等級に分割し全部で一〇等級にする、という二点であった。

近世の畿内地域では元禄～享保期をピークとして商品作物として木綿作りが広く行われるようになっており、特に水に恵まれない広陵町域の村々などでは貴重な収入源であった。改革点①は、そうした木綿作による剰余の収奪をねらったものといえる。後年の田方木綿勝手作仕法のように豊作凶作を問わず出来高を上毛並みに扱い年貢を賦課するというものであったと考えられる。ただし、田方木綿勝手作仕法はあくまでも田地で作付けされている木綿のみについてたとえ凶作であっても減免しないことを定めたものであって、ここでいう田方・畑方問わず凶作であろうと年貢を減免しないという方法はそれ以上の過酷さを持つものであった。

次の②は、単に等級を分けたというだけのものではないだろう。むしろ「上」を細分化することでその適用範囲を広げ、本来「中」であったようなものも「上」の範囲に入れることをねらったものである。実質的な増徴をはかったものといってよいだろう。

このような改革のもとに坪内久兵衛、岡本甚助が奉行として実施された検見は、「郷方在々御毛見被成方抔もおそろしき次第也」と記されているようにきわめて過酷なものになった。その方法というものは上・中・下のなかで中ぐらいの出来のところを一歩刈り取り、それをもとに全出来高を算出し年貢額を決定するのであるが、中ぐらいとはいいつつも「一反ニ而も或ハ五反一町ニ而も見合、一分成共能所ヲ見立、坪さおろし」とあるように、実質は一番出来の良さそうな所をねらってサンプルとして刈り取るわけで、まことに「おそろしき」やり方だった。

しかも、その一歩分の計測は「坪さおろし、六尺三寸四方筈ヲ廻リより田かふいねヲ内へ入被申候故、七尺四方、又村ニより九尺ニも当る村も有之沙汰仕候」とある。これは、つまり本来ならば一歩＝六尺三寸四方のはずであるが、測量竿を入れてそのなかの稲を刈り取る際に、周囲に生えている稲をも竿の範囲のなかに無理矢理引き入れ、竿内にあるとみなして刈り取るために、実際は一歩＝七尺四方、村によっては九尺四方にもなっているという。つまり、これでは年貢額を決定する際に基準となる一歩あたりの収穫量が実際のものよりはるかに多くなる。そのため年貢も大変な増徴となってくるわけである。

この場合、検見方法も従来からの畝引検見方法は採用されていないことがうかがえる。つまり畝引検見方法ではサンプルとなる収穫量が文禄検地で定められた石盛（面積あたりの基準収穫量）より多い場合は剰余として百姓の得分となるので、領主にとって増徴にはならない。ここでは石盛に関する記述がみられない、おそらく石盛は無視されており、全収穫量から単純に年貢額を算定したのではないだろうか。

これには百姓たちもたまらず、一一月晦日ごろから減免を求める声があがり、一二月には「郡山へ免こいニ毎日五千人より一万人位迄」が押しかける騒ぎになった。これには、近江国の郡山藩領村々からも百姓が参加しており、郡山藩領下全体を巻き込んだ騒動に発展している。彼らは検見を担当した両奉行へ詰め寄り追い回し、そのため奉行や役人は登城の際にも道を変えて、人目を避けて行かなければならなかったという。

困惑した郡山藩では、松波の免の定め方が悪かったのだから呼び戻せということになり、京都滞在中の松波勘十郎に再三使いを出し郡山に帰ってくることを求めたが、松波は応じずようやく一二月も末になって帰ってきた。これは騒動の渦中に入り、矢面に立たされ百姓たちの怒りに直面することを避けたものだろう。

この間郡山藩は騒動に対して厳しい処置はとっていない。そればかりか、百姓たちの要求が通り、年貢の減免、さらにこれまで村入用から出されていた庄屋給など村役人への給与や大庄屋給、大庄屋の役免分（大庄屋は高掛かり役の負担を免除され、その分は村の負担となっていた）を藩から出す旨の約定を結び、百姓たちは一二月七・八日ごろにようやく引き上げたという。

しかし、郡山藩の収奪強化がこれで終わったわけではなかった。郡山藩領では翌元禄七年（一六九四）は幸い「世中能候」、つまり豊作となって百姓たちは一息ついた。しかし約束が守られず年貢は相変わらず「高免」のまま据え置かれた。さらに三月六日には「物成米先納銀」、つまり年貢先納までが命じられる始末であった。ちなみに笠村が所属する寺戸組では先納銀六四貫匁であったという。

そうしたなかで騒動の再発をおそれた郡山藩では、この年四月からは大庄屋全員を郷代官役に任命している。このことは「弥々百姓ノさうしやうも成不申様見へ申候」と記されているように、本来領主と百姓たちの中間に位置している大庄屋を郷代官として領主支配機構に取り込むことで、年貢減免などの訴訟や騒動が再発することを防ぐねらいがあったのだろう。自らは百姓たちの前に姿を現さず収奪の強化と領内の治安維持をはかる狡猾ともいえる政策であった。

この後、松波の再建策がどのように展開されたのかはここには記されていないが、郡山藩では大きな抵抗にあいながらもある程度の成果を収めたと考えられる。後年の記録と推定される「田畑預ケ用帳」（笠・生嶌四郎文書）には「笠村領田地持事初リハ　本多下野守様へ新役松波勘十郎被召抱候上、元禄八亥ノ五月御改被成地持高之儀、其後本多信濃様御代享保二酉五月六日地持高御免被仰付、収納之年数廿弐年ニ而候得共、終申ノ年ハ村談合候て古高ニ而算用仕廿五年之間也」とあり、松波が定めた方針は、その後二〇年余り維持され、百姓たちを苦しめつづけたことがうかがえる。

多武峰領の斗枡反対騒動

多武峰領では、延享四年（一七四七）十一月九日に多武峰より下向してきた収納役人に対して「斗枡御赦免」を願い出て多武峰領下「惣百姓共」が徒党を組み収納所に押しかけ、数日間昼夜をとわず騒ぎ立て、あまつさえ惣代五人が奈良奉行所に駆け込み越訴するという騒動が起こっている（延享五年

〈一七四八〉「斗枡騒動赦免願に付口上書控」、『広陵町史』史料編下巻六九八頁）。

彼ら「惣百姓」の要求は次にあげる八項目にわたるものであった（延享五年〈一四七八〉「乍恐書付ヲ以御願奉申上候」、百済・林成晃文書など）。

①延享四年より年貢上納の際に米を計るために使用される枡がこれまでの「百枡」から「斗枡」へ変更することが申し渡されたが、これまでの「百枡」にしてもらいたい。

②年貢米収納は往古から一重俵にて全て米納であった。神領分年貢米については百済にある収納蔵へ納め、そのほかの年貢米は村々にある捌蔵に納めて、多武峰の御用がありしだい蔵より出していた。

享保一四年（一七二九）より神領分年貢米は二重俵で納めることになった。さらに今年からは年貢米は全て上巻の上で立縄をかけて納めることになった。そして上巻で納める代わりに役米は九升になるはずであったところ、一斗のままである。昔から役米一斗のうち六升は駄賃米、三升は口米、一升は上巻代と聞いている。こちらで上巻して上納しているのだから役米は九升にしていただきたい。

③蔵米を売り払った際の代銀の上納は一〇日前後の猶予期間を設けていただきたい。

④藤森村は上納高一九〇石余りのところ、享保一四年（一七二九）より増米仰せ付けられ迷惑している。元来困窮の村であるので増米は赦免していただきたい。

⑤蔵米売り払いの入札で一番高い入札価格をもって値段が決められているが、今後は百済・藤森・広瀬の三ヶ所にある各会所の入札価格を平均して売り払い値段を決めていただきたい。

⑥領内の用水樋や門樋の修復費用はこれまで多武峰より全額下行されてきたが、近年半分村々の負担になっている。どうか以前どおり全額下行していただきたい。

⑦これまで耕作地のうちサンプルとして一反について検見を行い年貢を決定してきたが、昨年より全耕作地に

ついて検見が行われている。以前のとおりに戻していただきたい。

⑧夫代銀が近年ことのほか高くなって迷惑している。

⑥の記述からするとこの「惣百姓」のなかには藤森村も含まれており、多武峰領村々全体をあげての強訴であったことがうかがえる。

さて、その具体的な要求であるが、まず①「斗枡御赦免」は、年貢上納の際に使用される枡の変更中止を求めたもので、騒動の直接的な契機となったものである（現在は度量衡は完全に統一されて枡の容量は定まっているが、それは近代以降のことであり、昔は容量は枡の種類によって違っていた）。「百枡」と「斗枡」で容量にどのような違いがあるのかはわからないが、おそらく「斗枡」は一升といっても実質「百枡」より多くの米が入る大きな枡であり、その変更は収奪される年貢米の増加につながるものだったのだろうと考えられる。

②は、年貢米上納時の縄俵拵えを村側で済ませたうえで上納することになったのに、そのための諸費用としてこれまで徴収されていた役米の減額を要求したもの。

③⑤は蔵米を売り払う際の手続きについての要求である。⑤について言うと、多武峰領内には収納方管理のもとに米会所が百済南北・広瀬・藤森の四ヶ所に設置され蔵米の売払いなどを行っていて、そこでの入札価格をもって領内の米価を決定していた。本騒動のころは四ヶ所それぞれで行われた入札のなかの最高値をもって米価を決定していた。しかし、それでは米価の高騰を招くばかりであるので、百姓たちは最高値ではなく、平均価格をもって米価を決めるように願い出ている。

④は藤森村に限定した要求項目であるが、増米、つまり年貢増額の赦免願である。⑥⑧にみられるように灌漑施設の修復費用など年貢以外でも村側の負担が増やされており、困窮の一因となっていることがわかる。

最後に⑦の検見方法について考えてみよう。これだけではよく意味が取れないが、おそらく従来の畝引検見法から有毛検見法への変更をさすものではないだろうか。つまり前述したように、これまでは文禄検地で定められ上田・中田・下田の等級に基づいてサンプル的に一反を検見して、基準となる石盛をもとにして年貢額を決定していた。そうした方式から実際の毛付け状況をみたうえで年貢額を決定する方式への転換であろう。これは生産力が飛躍的に増大し、文禄検地で定められた石盛などが実情にあわなくなったため、新たに採用されたもので、百姓たちの剰余までも収奪しようというねらいがあった。多武峰領にかぎらずこのころ幕府領などで押し進められていた検見法の採用であり、多武峰もそれにならい増徴をねらったものと考えられる。

多武峰の場合、ここでもあがっているように享保一四年（一七二九）の増米がみられるが、幕府領や郡山藩領のように無地高増政策や新検地などの具体的な収奪強化のための政策はみられない。しかし、実質上このような収納枡や検見法の変更などで収奪の強化をはかっていたのである。この斗枡赦免騒動は、このような領主の収奪強化に抵抗したものだった。

残念ながら、この騒動の結果、枡の変更など諸改革がどのような結末にいたったのかを知ることは出来ない。最終的に百姓たちの側から詫証文が多武峰に提出され、そのなかでは枡の変更について何らふれられていないことなどから推察すると、百枡から斗枡への変更などは実行されたと考えられる。ただ、この騒動は広瀬村常念寺と百済村明厳寺の歎願により、奈良奉行所へ越訴に及んだ惣代五人の者が手錠の上、村役人預けとなっているのみであり、厳罰は行われていない。そこに領主としての多武峰側のいささかの後ろめたさが感じられるのではないだろうか。

以上、近世中期に起こった二つの騒動についてみてきた。郡山藩でみられた検見法の改革、多武峰領でみられた枡の変更などは領主がなりふりかまわず増徴をはかったものであり、当時の領主の財政的困窮を物語って余りあるものだろう。そうした領主の収奪強化に敢然と百姓たちは立ち向かっていったのである。

この時期の一揆はまだ後年にみられるような打ち壊しなど大がかりな騒擾は伴っていない。結果として、郡山藩で幾分の領主側の譲歩を引き出したとはいえ、その改革の進行を妨げることはできなかった。しかし、領主の法外な収奪には徹底して闘う姿勢を示しえたことの意義は大きなものであったといえる。近世後期に向けて、商品経済のうねりのなかで、ますます農村は困窮していく。しかし、そうしたなかで百姓たちは愚民思想にみられるようなただ収奪されるだけの存在にあまんじることはなかった。領主の非理な支配があれば、それに立ち向かい闘う姿勢を常にもつ存在になっていったのである。本章でみた二つの騒動は来るべき激化していく百姓一揆の時代の前ぶれだった。

第八章　変貌していく村

享保期の村

　近世中期になると村方にも商品経済のうねりが押し寄せてくるなかで農村は活気を呈し大きく変貌していく。享保九年（一七二四）に柳沢吉里が大和郡山に入部した際に徴した広陵町域も含めた領下村々の明細帳をみると、この時期の村々のなかには「綿屋」「古手屋」などの商人や職人などが少なからず存在していたことがわかる（「和州御領郷鑑」、東京都・林英夫文書）。

　このような商品経済の浸透は農村のなかに富を持つ者と持たない者を生みだした。これまで村を指導してきた中世以来の有力百姓のなかには没落する者が少なからずいたし、また新興の富裕層を生みだした。この時期の広陵町域村々の具体的な内部構造をうかがえる史料は残されていないが、笠村では文禄検地期持高が最高の者で四二石余りであったのが、このころになると一〇九石余りを所有する大地主が生みだされてくるなど階層分化が少しずつ進行していったことがうかがえる（元禄四年〈一六九一〉「田畑預ヶ用帳」、笠・生嶌四郎文書）。

　そのような変化のなかで、これまであまり村政に発言権をもっていなかった百姓たちが政治的力量を強め、庄屋あるいは年寄など特定の村役人を糾弾し村政への参加を要求した騒動（村方騒動）が起こされるようになる。近世初期には村政運営において卓越した権限を持っていた庄屋個人を年寄・惣百姓が攻撃するかたちをとるものであったが、近世前期以降さまざまなかたちでその騒動は立ち現れてくるようになる。

　また、村方騒動は単に村政上の権限をめぐるかたちで行われるだけではなかった。このころ村のなかには中世以来の小領主で、役負担上さまざまな特権を持っていた家が少なからず存在していた。村方騒動は、こうした家々に対してもその特権を否定するために起こされている。

赤部村の村方騒動

郡山藩赤部村では、享保八年（一七二三）から九年（一七二四）にかけて高持百姓が小前百姓を巻き込んで庄屋を攻撃するかたちの村方騒動が起こされている。享保九年一一月「村方騒動に付返答書控」（『広陵町史』史料編下巻五七一～五七五頁）によると、「村方思寄望之者」が「発頭」（発起人）となり小百姓を巻き込んで連判し、庄屋兵四郎に対して起こしたものという。

その発端は、本多郡山藩が断絶した機会をとらえ、享保八年冬に惣百姓たちが一時的に郡山藩領を預った幕府代官増井弥五左衛門に、庄屋兵四郎に村政にかかわる不正行為ありとして、庄屋役替または添年寄の任命を願い出たことに始まる。訴えを受けた代官増井は事を荒立てることを好まず、一件の吟味を佐味田村嘉右衛門と斎音寺村忠右衛門の両名に委ね、内済（和解）を勧めることとなった。

嘉右衛門たちの調停により、内済への努力が続けられた。その結果、翌九年正月に一度は組頭のうちから二人の者が添年寄役を仰せつけられることになり解決をはかった。しかし、これに村方一党が納得しなかった。彼らのうちから添年寄を出すことを要求しており、やむなく内済の実現をはかるため要求を容れ、五兵衛・加平次・治助の三人を添年寄に任命することになった。

この添年寄がどのような役割を持つものか史料上からはわからないが、おそらく年寄に準じて村政一般をつかさどる役職と考えられるものであり、惣百姓から三人が任命されたのは大きな成果であった。だがなお「拾四人之者共」が納得せず庄屋罷免を求め訴訟を続けることにこだわったが、さすがにこれに対しては調停を受け入れられないのであれば添年寄の話はなかったことにする旨代官より仰せがあり、「拾四人」は承伏したという。

しかし、惣百姓たちはあきらめず三月一一日に柳沢吉里が郡山に入部した機会に、先の内済内容を無視し、再び兵四郎不正行為二三ヶ条を書き上げ再び訴え出たのである。その要旨は次の点にまとめられる。

①庄屋が管理記録している帳面、そのなかでも年貢関係の帳簿に不正記載がある。

②字奥鳥井村の荒地六反余りを横領した。

③天和元年（一六八一）の名寄帳面に中地高が書き記されず、その上兵四郎祖父山四郎の高が記されていないなどの不正記載がある。

④享保六年（一七二一）に下されたききん対策の扶持米を押領した。

⑤庄屋給米の不正受給がある。

⑥村廻りの堀（村有地）を埋め隠居屋を建てた。

⑦免割小算用を年寄などにも立ち会わせずに一人で恣意的に行った。

その上で、一党側は「郷蔵を会所ニ致シ諸事相勤候様ニ被仰付（中略）猶又庄屋役之儀ハ斎音寺村忠右衛門江御差紙を以御預ケ被為成候」ことなどを要求した。結局、再度吟味が開始されることになり、佐味田村ほか四ヶ村の庄屋に吟味が命じられた。柳沢郡山藩へ事務引き継ぎのため解決が急がれたが、内済は不調に終わった。

そのため六月に代官増井の屋敷で兵四郎と村方の対決が行われることに決まり、村方の訴状写が兵四郎に渡され、返答書を作成のうえ増井屋敷へ出頭することになった。兵四郎は、そのなかで①庄屋帳面については既に吟味を受けているとつっぱね、②字奥鳥井村の荒地は別に所有してた土地が村用水溜池にされた際に替え地として受け取ったものである、③名寄帳面には中地高、先祖の高とも明白に記載している、④さらに扶持米についても年寄と相談のうえで印形を取って困窮人に渡している、⑤庄屋給米の受給についても不正の点はない、⑥堀際にあった屋敷を隠居屋として私父が買い取ったものがあったのを、その堀岸が崩れかけていたため修復したものであって、堀を埋め立てたりはしておらず、このことは年寄・組頭も承知のことである、⑦年貢算用についても惣百姓に触れ、年寄・組頭立ち会いのうえで公正に行っている、と全面的に反論している。

残念ながら、関連した史料が残されていないために惣百姓がこの騒動によって何を得たのか、その騒動の結末を知ることはできない。しかし、添年寄制度の導入など彼らの要求は少しずつではあったが実現の方向に向いていったのである。近世中期の段階で政治的に発言力を増していた惣百姓が、藩断絶により一時生じた空白期間をとらえ、訴訟をしたたかに闘おうとしたことは高く評価されねばならないだろう。

坂堂氏立ち退き一件

多武峰領広瀬村では、享保一七年（一七三二）五月一四日に坂堂左中・伊予両名が突然「居宅諸道具片付立退」くという事件が起きている（「差上申口書」、天理図書館所蔵文書）。その退去は、村役人たちも気がつかないうちにひそかに行われたという。

坂堂氏は、箸尾氏の末裔として近世初期以来広瀬村に屋敷を構え多武峰の村支配に大きな役割を果たしてきた一族であった（『広陵町史』本文編・歴史編第四章第三〜四節参照）。広瀬南村の庄屋・年寄が一件の顚末を報告した享保一七年「差上申口書」によると、この時点で坂堂氏は左中が一七石三斗七升三合、伊予が一六石九斗四升であり、このほか表1に示したようにそれぞれ小物成高を所持する地主であった。少なくとも経済的困窮から村を離れたのではないことは明らかである。

では、こうした坂堂氏がなぜ突然居村を立ち退くに至ったのか。その原因は、直前に起こった村方との国役銀、つまり「木津川川懸り銀」（大河川管理にかかる諸費用を出すための国役）の役負担をめぐる争論にあった。

もともと坂堂氏は春日若宮御祭の願主人を勤めるかわりに高役負担を免除される特権を持っていた（正徳三年〈一七一三〉「井手弁諸役一件出入に付済口証文控」、『広陵町史』史料編下巻二〇〇〜二〇一頁）。しかし、坂堂氏が免除された分はほかの百姓中に割り付けられるため、それを不服として、享保一六年（一七三一）一一月に広瀬村惣百姓中が免除特権の廃止を申し立てたことに争論は始まる。

表1　坂堂左中・伊予所持小物成地一覧

項　目	所　在　地	面　　積	賦　課　物
〈左中方〉			
小竹藪	字坂堂垣内	10間×8間4尺6寸	藪役小竹5分
小竹藪	字坂堂垣内	8間1尺×2間3尺	藪役小竹1分1厘
畑1ヶ所	字地蔵堂	4間3尺5寸×15間2尺	米2斗3升
畑1ヶ所	字辻堂前	1間1尺×8間4尺	米2斗7合
田1ヶ所	字辻堂前	3間3尺6寸×12間3尺	米1斗6升5合
中畑1ヶ所	山之寺之内字西門	20間3尺×1間	米7升
芝　山	山之寺之内字仁王堂	13間×1間3尺	山手米3合
〈伊予方〉			
項　目	所　在　地	面　　積	賦　課　物
小竹藪	字坂堂垣内	1間×29間	藪役1分5厘
芝　山	字丹後堂	17間×5間4尺6寸	山手米1升3合
田1ヶ所	字大別所	1間4尺×8間1尺	米6升1合
田1ヶ所	字地蔵堂	1間2尺×14間5尺	米8升7合
田1ヶ所	字地蔵堂	2間1尺×18間	米2斗6升9合
芝　山	字善福寺	5間×50間	山手米4合
芝　山	字ひわつか	4間×4間半	山手米2合
芝　山	字丹後廻り	1間×77間	山手米2升6合

注：享保18年「差上申口書」(天理図書館所蔵文書)より作成

坂堂左中と伊予名代（代理人）の内蔵之介からおそらく多武峰執行代宛てに提出されたと考えられる陳述書（享保一七年〈一七三二〉五月七日「高役御免之訳御尋に付返答書」、天理図書館所蔵文書）の内容から争点を簡単にまとめると次のとおりである。

①どのような場合高役が掛かり、どのような場合掛からないのか

〈返答〉　広瀬村井手川掛かりのほか一切掛からない。

②往古よりの持高のみ役が掛からないのか、それとも新たに購入した土地にも掛からないのか

〈返答〉　高二百石までは役は掛からない。

③広瀬村において所持の高のみ掛からないのか、他村において所持の高はどうなのか

〈返答〉　他村において所持の高については役が掛かる。

④伊予・左中・政之進三人の高はあわせてどのくらいか

〈返答〉　三人あわせて百石余りである。

⑤他の春日願主人も坂堂氏と同様に高役は掛からないのか

〈返答〉　ほかの願主人も我等と同様に掛からない。ただし、近年は掛かる場合もあるように聞いている。

⑥延宝年間に奈良奉行溝口豊前守より下された裁許状を所持しているか

〈返答〉　現在はみあたらない。

⑦溝口豊前守への願書は奈良奉行所に納められているのか

〈返答〉　その際には納めた。しかし、控はみあたらない。

この陳述書によると坂堂氏のような高役負担免除は、ほかの春日願主人の家にも認められていたという。春日若宮祭という大和一国の祭祀に勤仕しているみかえりに国役銀を免除されていたことがわかる。しかし、⑤をみるとこうした免除特権は否定されていく傾向にあったこともうかがえる。

こうした庄屋・年寄を中心とした惣百姓側の特権否定の動きは、⑥⑦からわかるように延宝年間から既に始まっている。延宝五年（一六七七）の時には奈良奉行溝口豊前守により「井手川之外諸役万入用一切相かけ不申候」と裁許が出され、村側の敗訴となっている（前掲「井手并諸役一件出入に付済口証文控」）。そして正徳三年（一七一三）にも同様の争論が起こされ再度村側の敗訴に終わり、広瀬村役人連署の詫び状が当時の坂堂因幡・権平・藤八郎の三人に対して出されている（正徳三年「井手并諸役相懸一件に付詫状控」、『広陵町史』史料編下巻二〇一～二〇二頁）。史料上に現れた二度の争論とも春日若宮祭を主管する奈良奉行によって願主人坂堂氏が勝訴している。これは、平生は南都に居住していたという坂堂氏と奈良奉行のつながりが大きく影響しているのではないだろう

か（『広陵町史』本文編・歴史編第四章第三節参照）。

ともかく、こうした敗訴を繰り返しながらもあきらめることなく運動を続けたであろう結果が、享保期にこのようなかたちで表面化したのである。享保八年（一七二三）冬には、村方年寄久左衛門が坂堂氏に対して「淀川・木津川等之大河懸り」負担の話しを持ちかけ、一族坂堂政之進に拒否されている。それでも村方はあきらめず、翌年冬にも再度組頭が「大河懸り」を出すように求めたようである（享保一七年〈一七三二〉「諸役御免の訳御尋に付口上書」、『広陵町史』史料編下巻二〇三～二〇五頁）。この時は、享保一七年にこのような事件が起きているところからすると、高役負担は拒否されたものと考えられる。

以上のような経過をたどって行き着いた先が、坂堂氏の立ち退きだった。再三にわたる村方の主張の根幹は、同じ百姓として高役負担を免除されている者がいるのは不公平であるというところからくるものだろう。坂堂氏のような土豪の末裔に認められてきた特権の論理と国役負担を均等に行おうとする村共同体の論理の衝突が、この立ち退き騒動であったのである。

残念ながら、享保一七年の争論に対してどのような裁決がなされたのかを明らかにしてくれる史料はない。ただ、坂堂氏側が立ち退いたことによって、広瀬村においてはこのような土豪の由緒にもとづいた役免除特権の否定は実現されたといえよう。

では、これまで何度か同様の争論を切り抜けてきた坂堂氏が居村からの立ち退きという手段を選ばざるをえなかったのはなぜだろうか。

そこには広瀬村の領主多武峰の意向が強く働いていると考えられる。争論の最中に多武峰から坂堂氏に対して四ヶ条からなる詰問状が下されている。その内容は、①旧冬本争論に関して多武峰へ登山の際に帯刀することを差し止めたことについて、領主に吟味を願わずに奈良奉行所に訴えたのは了解できない、②本争論について領主である多武峰を差し置いて奈良奉行所に訴えたのはいかなる理由か、③多武峰に来るようにという差紙（呼び出し状）が下されたのにそれを無視するのはいかなる理由か、などである（享保一七年五月「多武峰より詰問に付左仲等返答状写」、天理図書館所蔵文書）。

それに対して坂堂氏は、①帯刀については祭礼勤仕に対する「御公儀赦免」によるものであり、再三領主には理由を申し上げているのに取り上げがなかったからである、②既に先年より庄屋・年寄側と奈良奉行所で係争中であるので、奈良奉行所に訴えたまでである、③差紙に応じられないのは、左中は春日若宮の祭礼役のため大宿所に詰めていなければならず、また伊予は病中であるということは既に政之進より届け出ている、と反論している。

このやり取りをみると、領主である多武峰はむしろ広瀬村物百姓を後押ししていたのではないかと思われるふしがある。多武峰にとって確かに近世初期は年貢取り立てなど領地支配に坂堂氏は欠かせない存在であったが、その存在価値は村請制を軸とした支配システムが整備されてくる段階でかなり低いものになっていたのではなかろうか。ましてや願主人という性格を持ち、領主の頭越しに奈良奉行所と結びついてしまう可能性のある坂堂氏の存在は寺領支配のさまたげになっていたのであろう。そのため、多武峰へ登山する際に帯刀することを差し止めたことにみられるような、坂堂氏の特権・由緒の否定にむしろ積極的だったと考えられる。

村落支配のシステムが完備されてくるこの段階において、坂堂氏のような存在がもっていた特権を否定する動きは、近江などで展開していたことが原田敏丸によって紹介されている（「近世の近江における侍分百姓」、『彦根論叢』第八号など）。幕藩領主にとってもこうした特権をもった存在を領内に抱え込むことのデメリットがむしろ大きくなっていたのがこの時期だったのである。坂堂氏の立ち退き一件もまた支配システムの整備が進むなかで領主の意向も働いて起こった事件だったといえよう。

第九章　宝暦・明和年間における災害と百姓一揆

宝暦・明和年間の世相

宝暦末～明和年間は、物価の上昇、凶作があいまって農村が困窮し、そのため年貢減免などを求める一揆が頻発した時期であった。なかでも明和年間は「世上共百姓いつ気出し候」年であり、「不作ニ付、諸々地頭方へ免頼出候而御取上無御座候故、大庄屋、掛ヶ屋大坂之様ニ百姓あつまりこほち申候」（「荒蒔村宮座仲間年代記」、『改訂天理市史』史料編第一巻所収）と記されるように各地で年貢減免を求める百姓一揆が続発した時期でもあった（広陵町域も含めた明和年間の百姓一揆の展開と構造については、谷山正道「明和六年百姓一揆弾圧令＝飛道具使用許可令発布の背景」、『近世民衆運動の展開』所収参照）。

　このような事態にまで百姓を追いつめたものは何だったのだろうか。

あいつぐ災害

　この時期の農村を疲弊させた原因の一つに、広陵町域の場合は頻発した水害などによる凶作があげられる。残された史料は少ないが、その一端をここでみておこう。

〔宝暦年間の水害〕

宝暦六年（一七五六）は九月中ごろに大雨が降り大和各所で大洪水が発生している。広陵町域の具体的な被害状況はわからないが、宝暦七年（一七五七）正月の「飢人書上帳」（南郷・和田俊逸文書）には「去子九月より両度の水難ニ逢菜大根等一切無御座」と記され、五八九人が「飢人」として書き上げられている。

また、この水害は百済・広瀬村でも「乱水ニ付御領分中不残水押ニ罷成、立毛之義ハ勿論在家迄水入、当分給申飯料等迄水損シ仕、既ニ飢ニも相及」ぶ被害をもたらした（「元文六酉年より写シ書覚」、天理図書館所蔵文書）。

つづく宝暦八年（一七五八）には、百済・広瀬両村で今度は旱魃《かんばつ》により「夏作・秋作両毛共以之外不作」となり、飢えをしのぐため「肥シ代銀」などまでも使い尽くし、来年の植付けすらも危ぶまれる状況に陥ったという（前掲「元文六酉年より写シ書覚」）。

〔明和年間の水害〕

宝暦年間につづいて明和年間も、明和二年（一七六五）四月には「大水」、八月には「大風」と災害に見舞われ、米穀値段が急騰するところから始まった年であった（前掲「荒蒔村宮座仲間年代記」）。

明和二年の水害は、「近年不順水」により「夏作・秋作」のうち続く不作に困窮していた広陵町域の村々にも大きな被害を及ぼした。特に百済・広瀬両村では葛城川の氾濫により立毛や家々が流されるなど深刻な被害が発生している。

（上略）去ル未年・申年両年綿方大不作ニ而百姓共肥銀等も損失仕相続仕兼居申候処、又候去ル四月乱水ニ而御領分中不残水押ニ罷成、立毛者勿論在家迄水入、ケ様之水押ニ出合之義も近比ハ度々ニ而百姓難渋之程乍恐御慈慮可被為下候、殊ニ此度之水押別而末々之百姓共迄も難義と申訳ハ、綿毛或ハ多葉粉抔迄も初中終之肥仕込最早取入申迄修理斗致シ置申処ニ御座候得者、甚歎ヶ敷奉存力ヲ落し居申候、其上村々ニ而是迄渡世暮兼候者共も当分給申飯料之麦或ハ肥銀術之大豆・菜種等迄も相流申候得者、此上秋作等之肥銀仕方無御座必至と行詰り既ニ及飢ニ可申、依之今暫百姓方相休荷物又ハ日雇挊ヲ以渡世可仕者出来仕、夫故預り作ハ地主方へ相戻し甚難義迷惑仕候、（下略）

右は、明和二年（一七六五）に百済村で発生した水害に際して百済各村の村役人、小前《こまえ》百姓惣代が連署して多武峰に救米及び拝借銀を願い出た願書の一節である（明和二年五月二二日「乍恐口上書を以御願奉申上候」、天理図書館所蔵文書)。

これによると、近年「不順水」(かならずしも洪水だけではなく旱魃も含めた天候不順による災害をさす言葉であろう)により不作が続いていたところ、去未年(宝暦一三年＝一七六三)と中年(明和元年＝一七六四)には綿方が「大不作」となり百姓経営が成り立たないような状況になった。そうでなくても疲弊していたところ、本年四月には「乱水」(洪水)が発生し、刈り入れるばかりになっていた立毛はもちろん、家・飯料までも流されてしまったという。なかでも、秋作の肥代銀を得るための現金収入源である大豆や菜種までも流されたため、秋作の植えつけすらも危うい状況に陥った。その結果、困窮した百姓は農業を捨て、都市部に出て荷物運びや日雇いに生活の糧を求めるしかなかったのであるという。

百済村の水害からほどなくして、六月には広瀬村で今度は葛城川の堤が切れるなどして「格別之水押」となり、飯料や肥代銀の手当のため借り入れた銀子により、村方の困窮は深刻さを増していった。

このような災害による疲弊の進展のなかで、飢えに苦しむ百姓たちは立ち上がったのである。以下、その概要をみておこう。

激化する騒動

〔宝暦一三年の多武峰領騒動〕

宝暦一三年(一七六三)には八月下旬と一二月の二度にわたって多武峰領で騒動が発生している。まず八月下旬の騒動からみておこう。この騒動は、「百済南北村小百性(姓)」が「徒党」を組み、多武峰の「御収納御役所」に詰めかけ検見を願い出たことに端を発する(宝暦一三年九月「御請合一札之事」、天理図書館所蔵文書)。

一此度御毛見御願之義ニ付百済南北村小百性(姓)共心得違之儀ニ而■騒動ケ□(敷カ)御収納御役所江相集り、御上を不奉恐不届之御頼方仕、自ラ騒情《強》徒党之仕業と罷成、従　御上様村々組々人別御吟味急度被為　仰付、各方段々御吟味被成候段千万御尤之儀ニ奉存候、(中略)重々奉誤入候、此段御上様江幾重ニ茂宜ク御申上、此□

　　　何卒　御憐愍ヲ以御赦免被為　成下候様重々御歎キ被下御詫願奉願上候、（下略）

右の史料は、その一件始末について組頭中から大庄屋・捌・年寄に対して多武峰へのとりなしを願ったもので、多武峰宛ての村役人連署願書に添付されていたものである。ここから騒動を起こした「百済南北村小百性」が組頭以下の百姓中であることがわかる。

この詫状をみるかぎりにおいて、彼らの目的は不作による検見の実施という一点にある。しかし、それだけだったのだろうか。この騒動の背景を知るには、さらに詫状提出の後に記された「乍恐以書付を奉言上候」（天理図書館所蔵文書）をみていく必要がある。これは年不詳であるが、冒頭に「去ル未八月下旬頃百済御収納所へ岩室様御下り被為　成下候節、村々惣小百性共少々計相集り」とあり、宝暦一三年八月下旬に起きた騒動にかかわる史料であることがわかる。また内容から判断して、差し出しは記されていないが百済村の惣百姓たちと考えられる。これによると、「百済南北村小百性」が検見を願い出るきっかけとして、多武峰の収納役人岩室による過酷な収奪があり、百姓たちは「銘々妻子を売、少々ツ、之飯料・壱重ツ、着類等迄不残売立御上納」するありさまだったという。これは岩室たちが作柄が今年は悪いのに、良いと報告するためであると訴えている。

つまり、百姓たちの要求は、検見を行い不作状況を把握するとともに、岩室たちの不正を糺すことも求めたものであったのである。あるいは、おそらく、そこには収納方役人たちの中間搾取などもあったのではないだろうか。

宝暦一四年（一七六四）二月に藤森村惣百姓が増米（年貢の割り増し）赦免を多武峰に願い出た史料によるとその前年一三年冬にも多武峰領で騒動が発生していることがわかる（「増米赦免之儀に付藤森村惣百姓中連署願書」、藤森・龍見愰文書）。その願書のうち関係部分のみを次にあげる。

一旧獵《（臘）》十八日夜・同十九日夜騒動之儀　御尋被為遊候所、騒動場江当村より不相加候、因茲承　御不審候筋毛頭無御座候様ニ奉存候、殊ニ又四郎儀村隔而有之候得者身体之程一向存不申候得者、騒動江ハ不相加候故　御疑も御座候様ニ乍恐奉存候、殊ニ騒動場江不相加候所落文ニ相招キ候得共、当村之義ハ兼而　御願筋有之候故不相加候訳左ニ言上奉仕候（下略）

冒頭にあるように「旧獵十八日夜・同十九日夜」、つまり一三年一二月一八日から一九日にかけて騒動があった。その騒動は明和五年一二月一三日「増水御赦免之儀に付願書」（藤森・龍見悦文書）のなかに「六ヶ年以前宝暦十三未年二条村又四郎儀ニ付御領分之内百済・広瀬之儀騒動相及ひ申候」とあることから二条村又四郎を張本人としたものであることがうかがえる。しかし、その要求内容や具体的な一揆の形態はわからない。ただ、この一揆には「当村之義ハ兼而　御願筋有之候故不相加候」とあることからわかるように藤森村は加わっていない。ここでいう「兼而　御願筋」というのは、この願書で願い出ている増米の赦免であろう。こうした増米が藤森村だけに課せられたとは考えにくく、おそらくは百済・広瀬両村にも課せられたと考えられる。だとするならば、百済・広瀬両村の一揆の要求の最たるものとして増米の赦免があったと思われる。

〔明和三年の多武峰領騒動〕

明和三年（一七六六）のものについては先にふれた明和五年の増米赦免願のなかに「三ヶ年以前明和三戌年五月頃より百済・広瀬之義ハ騒動ケ間敷御訴訟被致」（明和五年一二月一三日「増米御赦免之儀に付願書」、藤森・龍見悦文書）とあることぐらいしかわからない。明和二年から三年にかけては綿作の不作が続き「惣百姓共難渋」の時節であり、度々赦免願が出されている（「元文六酉年より写書覚」、天理図書館所蔵文書）。こうした訴願の一連の動きのなかに「騒動ケ間敷御訴訟」ととらえられるものがあったのではないだろうか。

〔明和五年の多武峰騒動〕

明和五年（一七六八）については断片的ではあるが、いくつかの史料からその様相をうかがい知ることができる。

次にあげるのは騒動張本人の宥免を多武峰にとりなしてくれるように、その縁者が矢部村庄屋（矢部村は現在の田原本町）濱田四郎右衛門（秋元領大庄屋）に依頼した文書である。

乍憚書付ヲ以奉願上候

一林口村庄兵衛儀段々御吟味被為　成下候処、外より申口も御座候由、旧臘騒動ニ付無調法之儀御座候ニ付此度御召人御赦免被為　遊候内、右庄兵衛儀格別思召も御座候由ニ而一統之御赦免難被遊旨承知仕奉驚入、家内ハ勿論一類共迄至極歎ケ敷奉存候ニ付御詫奉申上候、何卒御慈悲ヲ以御召人御同様ニ御許容被成下候様御詫奉願上候、以上

林口村庄兵衛一類

（明和六年）丑三月廿四日

同村　惣五郎（印）

同村　重兵衛（印）

濱田四郎右衛門様

（天理図書館所蔵文書）

ここに「旧臘騒動」とあるのが明和五年の騒動のことである。ここに名前のあがっている広瀬林口村の庄兵衛がその張本人一人であろう。右の史料によれば、庄兵衛はおそらくその頭取格のものとして赦免の対象からはずれていることがうかがえる。同様のとりなしを依頼した願書は、今市村善四郎・森村藤八の縁者からも出されており、この三人を含む数名が頭取と多武峰より目されていたと考えられる。

また、この騒動では、藤森村大庄屋龍見佐助宅が一揆によって打ち壊されている事件が起きている。高市郡曽我村（現橿原市）の堀内長玄の記録には「佐助殿に惣百姓よりうらみハ無之候へ共、藤森方同心不致候ニ付、多武峰江相知候様に寄セかけ候由にて、大庄や佐助一人之難儀被致候」（「堀内長玄覚書」、清文堂史料叢書第67刊『大和国庶民記録』所収）と記されており、その原因が一揆に藤森村が加わらなかったため徒党の事実が多武峰に漏れるの

を恐れた百済・広瀬両村による打ち壊しであったことがわかる。『広陵町史』史料編下巻七〇九〜七一一頁に収めた明和六年（一七六九）「惣百姓心得違に付詫一札」（百済・林成晃文書）はその不始末を詫びたものである。

この一揆についても、その要求内容はあきらかではないが、騒動に加わらなかった藤森村は同じころ増米赦免を願い出ており、百済・広瀬両村の目的も増米赦免にあったのではないかと考えられる。

〔明和五年郡山藩領騒動〕

この時期郡山藩領でも、明和五年（一七六八）一二月中旬「御領分南郷百姓数万人多」、つまり藩領南部の百姓たち数万人余りが参加するという大規模な一揆が発生している。

その一揆は、「堀内長玄覚書」（前掲）によると「御知行所村々大庄屋へ詰かけ、是も右池尻之御下之通り成り百姓願筋之由、段々に人数集り、所々方々の森の内又ハ宮森等に寄り、村々へ寄せかけ、不得心之村にてハ大勢いの人々やしない被呉候様と申かけ候て、得心之人無之候へハ、大せいの人あばれくひいたして難儀為致、夫より段々人数弐三万人も集り、たいこ・かね・ほら等ふきたて候由にて、抅々大そうとう、郡山御門前迄詰めかけ候由にて、段々御役人罷出、御挨拶有之候所、人々口々に申て、事済不申、夫より右之頭取人数御吟味有之由にて、相済不申候由なり」というものであったという。このなかで「池尻之御下」とあるのはこの年の一一月二九日に年貢減免を求めた一揆が発生した旗本神保氏領（高市郡に六〇〇〇石を有し、陣屋を池尻村においていた）のことで、「池尻之御下之通り」とあることから郡山藩領一揆に参加した百姓たちの要求が年貢の減免であったことがわかる。

この一揆については郡山藩の公用日記である「幽蘭台年録」（柳沢文庫所蔵）の明和六年（一七六九）正月八日条にも次のような記事がある。少し長いが関係部分を示しておこう。

当月十三日頃より私領分和州広瀬郡・式下郡・葛下郡何れ之村々共不相知、願筋有之由にて、箸尾領之内枯木堤・吐田堤・板屋河岸辺并他領大福寺領堤へ百姓共二三百人程宛も致会合、城下迄も願に罷越候趣、右願筋之儀に付何日何所へ寄合候間右場所へ罷出候様、願筋相談之上ニ而城下へ罷出、直役所へ相願可申、若会合不罷出村方ハ直ニ打潰シ候段村々へ致張紙候に付、自然と打潰され候儀を恐致会合候由、或は大庄屋・村役人共方へ大勢罷越、村毎願筋致一味候様相勧メ候段村方より代官共迄注進有之ニ付、郷同心等内々差出為致見分候処、相違無之に付、召仕之役人共右会合之場所江差越候処、其節者場所を退キ壱人も居合不申候、右ニ付小柳村役人方江役人共罷越、向寄十二ヶ村役人共呼寄、願筋等有之候者村々役人共江申達、代官所迄願出可申、所々へ会合騒立候儀以之外之致し方ニ候間、早々致退散候様ニ得と申渡、此上如何様勧メ候共村方より壱人も致会合申間敷旨、村役人共より受書取之、罷帰候、他領ニ而も所々同様之風聞有之候、然ル所未会合不相止趣致注進候ニ付、当十八日先手組町郷同心共差出、申付方及異儀候者有之ハ召捕罷帰候様ニ申付差出候所、翌十九日迄ニ百姓十三人召捕罷帰候、右ニ付追々遂吟味候様ニ申付候、右百姓召捕候已後ハ所々会合も相止申候、（下略）

右からわかるように一二月一三日に広瀬郡をはじめとして式下郡・葛下郡の百姓が広陵町域の箸尾領枯木堤（現的場枯木橋周辺）や吐田堤（現川西町吐田周辺）・板屋河岸辺（現大和郡山市額田部の大和川河岸の板屋瀬であろうか）や大福寺領堤（現在の大福寺周辺）に集結して会合をし、参加をしぶる村々があれば打ち壊すことを「張紙」にて告示するなどして威嚇し、また村役人の所に押し掛けて騒ぎ立てるなどして強制力をもって参加させようとした。

その知らせを聞いた藩の役人が周辺一二ヶ村の村役人たちを説諭したが、百姓たちが聞き入れず会合をやめなかったため、一三人の百姓を召し捕った（一揆の参加者数など、ここに記された数については領主が自らの体面を保つために作為的に実際の人数より少なく記載したのではないかとされている――詳細については谷山前掲論文参照）。しかし、それでもなお会合は続けられ、堀内長玄の記したように、ついに百姓たちは郡山城下めざして出発したのである。

広陵町域の村々がどのようなかたちで参加していたかはわからない。しかし、その集結地に枯木堤や大福寺領堤などがあったことから推定するに、そのなかにあいつぐ災害で疲弊した広陵町域の村々の百姓が少なからず参加し郡山に向かったことはまちがいないであろう。

これまでみてきたように、この時期の一揆は不参加の村々への威嚇や打ち壊しを伴う激しいものであり、これまでの一揆とはいささか趣を異にするものであった。元禄・享保期からあいついで打ち出された領主的収奪の強化策は、一時的には窮乏する領主財政に一息つかせた。しかし、そのなかで農村の疲弊は深刻な状況に陥っていたのである。それに追い打ちをかけたのは商品経済のうねり、そして宝暦・明和年間とあいつぐ災害であった。

こうした激化の傾向は、大和国だけにとどまるものではなかった。百済村に残された触書のなかに「国々百性（姓）続所徒党亦者逃散候義者堅停止（中略）西国筋百性（姓）之義者我意強今以（中略）逃散致他領江願出候儀も有之由不届至極ニ候」（明和六年〈一七六九〉「惣百姓心得違に付詫一札控」裏書、史料編下巻七〇九～七一一頁）と記されており、西国筋国々が不穏な状況にあったことがうかがえる。このような一揆の激化に対して、「上方筋百姓共強訴等いたし相集候趣相聞候間、可成丈取鎮、其上ニも難取鎮様子ニ候ハヽ、召捕可申候、（中略）難取鎮様子ニも候ハヽ、飛道具等用候而も不苦候」という幕府の百姓一揆弾圧令が出されるに至ったのである。

また、宝暦一三年（一七六三）八月の多武峰領騒動にみられるように、小前百姓が村役人の制止をふりきり主体的に騒動を闘い抜いている。これまで政治的にほとんど表舞台に立つことのなかった彼らが政治的力量を高めつつあったのもまたこの時期だったのである。より尖鋭化していく彼らの動向はやがて村役人も押さえきれなくなっていく。少しずつ一揆を構成する村内部の階層構造にも変化は起きていたのである。

第一〇章　近世後期の農村とその動向

天明のききん

天明年間は元年（一七八一）、二年（一七八二）と続く大風の被害により稲作・綿作ともに大不作にみまわれ、米相場は上昇の一途をたどるところから始まった（「荒蒔村宮座仲間年代記」、『改訂天理市史』史料編第一巻所収）。大和では、天明三年（一七八三）に関東・東北地方に大きな被害を与えた大洪水や浅間山の噴火などによる冷害の影響を直接受けることはなかったが、全国的な米価の高騰など少なからず影響があった。

このような災害に加え、商品経済の波に巻き込まれ百姓たちの困窮は深刻さを増しつつあった。大和国にとどまらず全国的にみても、経営が破綻し、田畑の耕作そのものができなくなる百姓があとを絶たなかった。奈良・郡山・高田・今井などでは打ち壊しが頻発したという。天明ききんに際して郡山藩領村々に出された触書には「此節和州村々之内多人数相催シ人家をこぼち家内之道具取荒候義（儀）有之趣相聞候」とあり、村方においても富裕な家々がおそわれたことがうかがえる（「天明七年大飢饉につき触書」、『郡山町史』所収上田文書）。

広陵町域でも天明五～七年ごろ（一七八五～七）から綿方が大不作となり、それに全国的な米価の高値が追い打ちをかけ、安部村では飢人が続出し法隆寺より銀四三〇匁にわたる救銀が下行されている（天明七年「作食歩食御救米割帳」、『広陵町史』史料編下巻四一五～四一八頁）。

一御領分之儀ハ村方人歩不相応ニ御高多御座候而多ハ出作ニ相成、然ル所近年一流困窮相続候故、出作所持仕居候御田地此比年々村方へ相戻り無拠中地ニ相成支配致居候所、四五年以前迄ハ損銀格別之義（儀）モ無之候得ハ一流高掛りニ仕算用致候得共近年中地多ク御座候間、中地方未進銀高ニ相成、是迄通り高掛ケ仕候而ハ出作人共不及申村方百姓共ニ而も地掛り之義者不得心之由是ヲ申、右中地御未進銀済方我々共了簡ニ不及候得共、何卒乍恐御願奉申上候、当暮中地御□定銀之所へ拝借銀三貫目御聞届ケ被　成下候ハヽ、難有奉存候、（下略）

右は、この間の困窮の事情を述べた願書の一節である（天明八年〈一七八八〉「乍恐書附を以御願奉申上候」、安部・巽利弘文書）。ここからもうかがえるように百姓が農業のみでは生計を立てられなくなり、おそらく都市部へ流出したため、残された田地が中地として嵩《かさ》み、村にとって大きな負担となっていたのである。

農村の疲弊

この時期、幕府領農村では、人返し令・倹約令などを軸とする寛政の改革がある程度成果をおさめ一息つく状況にあった。しかし、広陵町域のほとんどを占める寺社領・郡山藩領の村々では荒廃した状況からすぐに立ち直ることはできなかった。

なかでも天明期以降再三にわたる大凶作に見舞われた安部村は、この時期もたびたび困難な状況に陥っている。寛政八年（一七九六）「村方中地高の儀に付願書控」（『広陵町史』史料編下巻四二七～四二八頁）によると、「近年困窮弥増候ニ付出作人より畝高田地村方へ相戻シ、本郷之百性（姓）共御田地手余り甚難渋」する状況にあったことがわかる。その理由については記されていないが、困窮した百姓が都市部へ流出していたと考えられる天明年間と同じような状況が続いていたのではないだろうか。

この年には中地（手余り地）高が七八石六斗七升二合六勺にのぼっている。安部村の村高が九四二石余りだから全体の約九パーセントが中地ということになる。幸いそのうち五三石七斗三升については預かって耕作する者がいたが、残りは耕作人がおらず不足米となった。中地にも当然年貢は課せられており、それらは村方が負担しなければならないから、その存在は大変な負担となる。

このような困窮した村方の立て直しのためさまざまな倹約がはかられた。

定

一此度村方一統婚礼并万事倹約之事

一役人振舞料理ヶ間敷義致ス間敷酒斗りニ而祝義（儀）可致候事

一女中書附之座餅三ツ　但シ婚礼なき人ハ白餅弐ツ

一樽入之酒弐献

一是迄婚礼無之人ハ来ル戌年壱年切婚礼可致候、尤当年女房呼向イ候方ハ其年より三年之内ニ婚礼可致候、右年過候ハヽ、其人一代者白餅弐ツ遣シ可申候事

一右婚礼之義（儀）ハ随分軽ク可致候事

一仏事并何事ニよらす禁酒、尤心ざし有之候得ハ格別酒壱献出シ可申候事

右之趣組中申合堅可相守者也

寛政元己酉年

十二月　日

村
役人

組頭
卯兵衛

右は、寛政元年（一七八九）安部村において村方独自に婚礼諸行事の倹約を定め、村役人から組頭に対して申し渡したものである（安部・上田市兵衛文書）。事細かに婚礼祝儀などを定めていることがわかると思う。同村では、こうした婚礼ばかりではなく正月行事から葬式に至るまで年中行事について費用から行事の進め方まで細かい点にわたって定めて、倹約を徹底させている（年不詳「村方困窮ニ附御仕法書」、安部・上田市兵衛文書）。これらの定書は、徹底した倹約により支出をおさえ、農村の窮乏を改善しようというもので、同時期幕府領農村で推し進められた松平定信による寛政の改革の動向に影響を受けたものである。

しかし、そうした倹約などの努力にもかかわらず状況は文化・文政期にかけていっそう深刻さが増していく。広陵町域では記録が全く残されていないが、文化四年（一八〇七）から一三年（一八一六）にかけて大和国では大雨が続き、洪水が頻発している（『大和郡山町史』）。

安部村も少なからず被害を受けたようであり、困窮ひどく年貢米の上納にも事欠くありさまになったという。文化一〇年（一八一三）には、困窮のため年貢米が上納できず、「御上様より御憐愍ヲ以村方仕方人江倹約稼増之儀」が仰せ付けられている（「倹約仕法書控」、『広陵町史』史料編下巻四三〇〜四三一頁）。そこでは一六ヶ条にわたる倹約仕法と「稼増《かせぎまし》」（通常の仕事以外の賃金を稼ぐための余暇労働）が定められており、①正月節句などの諸行事を簡素に行え、②勧化などには軽く対応せよ（勧化銀などあまり多く出してはならない）、③買い食いの禁止などふだんの生活を質素にせよ、④華美な着物、髪かざりなどの禁止、などにまとめられる。

しかも、単に倹約せよというだけでなく、この倹約によって五〇四匁を取り集めよという。また稼増についても細かく規定されており、一五歳から六〇歳の者は一晩で男五文、女二文ずつ、合計一貫二九匁七分を稼ぎだし、二〜四、八〜一二月の計八ヶ月毎月曜日に組頭のところに集め、倹約分とあわせて一貫七九五匁を上納することが定められている。

その後文政四年（一八二一）にも、「中地高三百石余ニ相成、於村方取斗も出来」ない状況になったのでそれら中地を法隆寺支配にしてくれるように願い出ている（「村方中地高仕法に付願書控」、『広陵町史』史料編下巻四三四〜四三五頁）。

一御領分当村之義（儀）者、近年村方一統困窮弥増ニ相成、且亦隣村へ先年より当村領御田地数多所持仕居候所、隣村御田地手余りニ相成候哉、当村領所持仕田地村方へ多分ニ差出当時中地ニ相成、右中地御田地之儀者年々勘定帳相認奉差上置候通御高三百石余も御座候ニ付、一二三ヶ年以前迄者　御上様之厚キ御憐愍被成下、□高ニ而も色々勘弁仕候而相片付来候得共、次第ニ村方困窮弥増少人数之村方ニ出奔人等多分出来、則昨年中地御田地并ニ村借金等致方無御座行詰候、（下略）

右からわかるように、「出奔人等多分出来」とあることからわかるように、この時期もなお農村からの人口の流出はとまらず、それがいっそうの農村の荒廃を招いていたことがよくわかる。ここに至って、村高のほぼ三分の一が中地となっているわけで、この負担は極めて重く村方としてもいかんともし難い状況にあったのではないだろうか。

領主法隆寺はその願いを聞き入れて、庄屋・年寄たちを呼び寄せ相談の結果、願いを聞き届け、そのかわりに仕法書を作らせどのように村方借財を始末していくか誓約させるなど、厳しい倹約を命じている（文政四年〈一八二一〉「村方困窮に付御法度書控」、史料編下巻四三五～四三六頁）。その内容は、正月節句や祝い事の費用を細かく規定したものとなっている。この際には村方より中地仕法役が三名選び出され、法隆寺との折衝をつづけながら、借財などを始末することが命じられている。

しかし、こうした努力にもかかわらず、安部村は困窮からなかなか立ち直れず、最終的には幕末まで苦しめられ続けることになる。

近世後期の百姓一揆

近世後期村方の困窮が進むなかで多武峰領において百姓が徒党して騒ぎ立てる事件があいついでいる。天保七～八年（一八三六～七）の一揆については章をあらためて後述していくが、化政期にも騒動が起こされている。

寛政一一年（一七九九）には、多武峰領で「去未年御領内惣百姓共徒党ケ間敷大キニ相騒候」（文化四年〈一八〇七〉「惣百姓騒動に付詫口上書控」、『広陵町史』史料編下巻七一九～七二〇頁）騒動が発生している。後年の願書のなかで記されていることであり、その具体的な目的などは全くわからない。この時は、「御領分法中」（領内の寺院一統）

の歎願により張本人を厳罰にせず穏やかな処分にしたとのみ記されている。

文化三年（一八〇六）一一月二四、五日と同月八、九日の両度「御領内一統」が打ち寄り騒動を起こしている。この騒動もまた領内寺院の歎願により厳罰を受けたものは出なかったようである（前掲「惣百姓騒動に付詫口上書控」）。

化政期における多武峰領の村々の状況は史料があまり残っておらずよくわからないが、安部村などと同様に疲弊が進んでいたのではないだろうか。これらの騒動も、そうした疲弊のなかで困窮した惣百姓が立ち上がったものと考えられる。広陵町域では、法隆寺のように比較的穏便に年貢取り立てを行っていこうとする努力もあってか、多武峰以外ではめだった一揆というものはみることができない。

第一一章　天保期の社会不安と多武峰領百姓一揆

つづく不順な気候と不作

天保三年（一八三二）は、長雨と日照りを繰り返す不順な気候が続く年であった（「吉川利右衛門古記帳」、清文堂史料叢書第68刊『甚太郎一代記』所収）。春先は雨が少なく「四月頃より照続一切植附出来不申候」という状態であった。なんとかそれでも植えつけをすますと、今度は五月末より大雨が続き、稲作・綿作とも大きな被害を受けたが、六月中旬になると今度は日照りが続き、その後八月には大雨というように、大雨と日照りの繰り返しで、このため大不作となったという。それでも大和は東北地方などに比べると「大和方相応ニ米出来候」というように深刻な凶作というまでには至らなかった。

翌四年も大雨と日照りの繰り返しであった。それでも百済村などで四年の春先は無事に夏作の植えつけが行われたことが報じられている（「執行代事記」天保四年五月一五～一六日条、談山神社所蔵文書、以下「執行代事記」については年月日のみ記す）。しかし、その後五月から六月にかけて大雨となり、稲作・綿作ともに日照不足で生育が悪く、綿作に至っては立ち枯れとなり、深刻な凶作に見舞われた。それでも大和国はなお他国に比べると被害の程度は少なかった。それでも、年末には百済南方三ヶ村で難渋人に対して救米が下行されており、飢人が少なからず発生していることがうかがえる（天保四年十二月「三ヶ村難渋人年取物御救名前帳」、百済・林成晃文書）。

播磨国などでは困窮民による打ち壊しを伴う大規模な騒擾が発生し、また諸物価も高騰し、表1にみえるように米価は一石当たり一二〇匁前後にまで高騰した。

表1　一石当たりの米価の変動

年	月　日	米値段(単位は匁)
天保３年	９～10月	67～68
天保４年	正月	78
天保５年	正月	110
天保７年	正月	73
	７月26日	120
	７月28日～29日	105
	９月15日～16日	120～130
	９月18日～19日	140
	10月20日～11月	150～160
天保８年	正月	160
	２月	170
	３月上旬	200
	４月	180～190
	５月下旬	190
	６月上旬～	210

注：「天保五年永代書留帳」(大垣内・吉岡政子文書)より作成

天保五年（一八三四）も物価は高値のまま推移したが、五月以降天候もよく「拾弐分之順気大豊作」となり、米価も七〇匁まで下げたため、ひとまず平穏を取り戻したかにみえた。しかし、六月ごろには「近年違作之国柄多く米穀払底ニ付」酒造用に使う米を三分の一まで減らすように南都奉行所触書が出されるなど全国的には米穀の品薄感が出始めていた（天保六・六・一三）。

天保七年の水害

天保七年（一八三六）に入ると状況はますます深刻さを増してくる。この年は春先より雨が降り続く日々であり、日照不足もあってか「諸国共一同大不作」（『甚太郎一代記』）になった。特に六月と八月に二度「大洪水」が発生し、八月の洪水は「当国之損所筆紙ニ尽しかた」いほどであったという。

広陵町域でも、「天保五年永代書留帳」（大垣内・吉岡政子文書、以下天保七年の事柄ついては特に注記しない限り本史料による）によると「三月ヨリ七月迄五ヶ月之間、癸朔日右ハ五水之間、百五拾日之間雨降続、尤其間七日間共天気続無御座候」と記されており、大変長雨であったことがわかる。そのため曾我川などをはじめとして「川々大洪水」という状況になった（天保七・五・一〇）。

百済村では曾我川の氾濫により洪水が発生した。特に南方の被害が大きく、堤が字高田・石ケ坪（新池の北側一帯）で切れ、決壊を防ぐための杭もことごとく折れ尽くしたという。このほか広瀬・藤森両村でも洪水の被害は深刻で、この年は「格別違作」となった。

ほかの村々でも、六月五日には「高水」により中村の西方で大川堤四、五〇間が、同日古寺村領でも大山川の堤が切れ洪水が発生している。八月一三日には再び古寺村領で「高水」が発生し大山川の堤が切れている。こうした「高水」の被害により稲作が不作となったという。そこに全国的な凶作が状況を悪化させ、八月ごろより「米穀高直ニ付小前之百姓飯米取続出来兼難渋仕」る状況に陥った。

このため大垣内村では、村方の富裕者四人が世話人となって村方困窮人一七軒に対して一軒当たり米六升を施与するなど危機的状況を回避する努力が続けられた。しかし、その一方で百済・広瀬両村ではこうした凶作の年にもかかわらず、領主の多武峰が田綿（田地に作付けしている綿）については「近年兼而申聞置候通百姓勝手ニ而直附候」ものであるからと年貢減免を拒絶したため、村々の困窮はよりひどいものとなり（天保七・一一・八）、年末にかけて「無高人」など家族そろって家出し行方不明になる者があとを絶たないというありさまであった（天保七・一一・二六）。

大塩の乱と天保のききん

明けて天保八年（一八三七）も「当春折々大水罷出候」というように度々の水害に見舞われることから始まった年であった。そうしたなかで米穀は高騰を続け二三〇匁にも至り、ついに全国的なききんが発生した。これがいわゆる近世の三大ききんの一つに数えられる「天保のききん」である。

大和の場合、他国ほどの被害はなかったが、それでも「扨米穀高直ニテ難渋スルモノ甚タヲ、シ、処ニヨリテハクビレ死スモアリ、入水シテ死ルモアリ、飢死スルモノ多シ」（「竹園日記抄」、『改訂大和高田市史』史料編所収）と記されているように餓死者が出るなどききんが起きている。六月には奈良奉行所より米穀の他国への販売が差し留められるなど対策が講じられたが、大和国中の米穀価格も高騰はとまらず二〇〇匁に至ったという。しかし、富裕層による施行やまた領主からの救金下行などによるききん対策の結果、東北などのように悲惨な被害の記録は残されていない。

天保八年段階での広陵町域の村々のようすを明らかに出来る史料はほとんど残されていないが、内山永久寺領疋相村では「必死難渋者」のべ二一六人に対して四〇貫一六四文が下行されたり（天保八年「御地頭様より御救金奉頂戴必至難渋者へ割渡帳」、疋相・吉井英一郎文書）、また百済森村では出奔人・困窮人が続出して村方の窮乏が著しい状況に陥っており（年不詳「差入申口上書」、百済・林成晃文書）、多くの飢人を出したことはまちがいない。

ききんが進むなか二月には大坂で元大坂町奉行所与力大塩平八郎による騒乱が起こった。「天より下され候村々小前之もの江」で始まる摂津・河内・和泉・播磨四ヶ国の村々に宛てた大塩の檄文は大和にも流布されている（「願書留・諸事控」、藤森・吉村忠雄文書）。その行動は「大塩已下是狂人歟、タトヘ書籍ヲ見タリトモ身ヲ治ムル事ノアタハサルハナンゾヤ、況ヤ天下ノ法ヲ犯シ、皇都ノ近キニ有テ兵器ヲ用イ、大泰平ノ民ヲヲドロカシム、是何ノ謂ノ哉」（前掲「竹園日記抄」）と当時の知識人の一部からは激しく批判されるものではあったが、少なからずその後の民衆運動に影響を及ぼし、時代の大きな転換の一つとなったことは否めないだろう。

騒動のはじまり　天保八年（一八三七）には、多武峰領百済・広瀬村でも天保のききんに苦しんだ百姓による一揆が発生している。これは近世を通じて頻発した多武峰領の一揆のなかでも多武峰門前への強訴、そして奈良奉行所への越訴を伴った激しいものとなった。

そのきざしは、既に天保七年（一八三六）暮れにあらわれていた。前述のようにこの年百済・広瀬両村は大変な水害に見舞われ凶作となり、飢人が続出していたのである。困窮した村方は多武峰に対して再三にわたって救米の下行など救済策を要求したが、しかし彼らが満足いくような回答はなされず、村々では不穏な空気が高まりつつあった。

そして事態は翌八年正月に急展開をみせる。困窮した両村の百姓二〇〇人余りが、百済寺内に集まり多武峰に対して「高不相応之納米」の不当性を訴え騒動を起こした。しかし、この時は大庄屋松村八兵衛などの説得により、いったん集まった百姓たちは解散した。この動きを探知した奈良奉行所目付正岡兵左衛門が現地に到着した時には既に解散した後であった。奈良奉行所はこの事態を捨てておけず、翌一一日にはさっそく騒動に参加した村々の役人たちを呼び寄せ、吟味を始めた（正岡の出張から口上書差し出しにいたる経緯を記した史料を今回の調査ではみることができなかった。あるいは関連史料が散逸したのかもしれない。そのためこの間の状況については秋永政孝「多武峰領における百姓一揆の顛末」〈『桜井町史続』所収〉によってそのあらましをまとめた）。

　これに対し、百姓たちは口上書を差し出し、多武峰領では近年「極損毛」の年は少しの救米はあるものの、だいたいの凶作の年には年貢の免除もなく過酷な取り立てが行われていることを訴えている。その要旨は次のとおりにまとめられる（天保八・四・二一）。

①新規に燈油料という名目での取り立てがなされた。

②年貢をこれまで翌年春までに納め六月に勘定していたのを、毎年一一月一五日に皆済するように変更された。そのうえ、納める米の検査が厳しくなり、悪い者は十手にて打擲《ちょうちゃく》され、さらに一俵につき山盛一升増しに取り立てられるようになった。

③年貢取り立ての際にこれまでは出役一人に下部二、三人が下向しているだけだったのに、昨年は梅室と侍二人に下部七、八人をも引き連れ下向し、雨のため出来がよくなかったのに、厳しい上納米の検査を行った。

④収納米の品質検査を厳しくしたのみならず、昨年より新規に「御膳米」と称して二四〇石を極上米で取り立て、八木問屋まで農業に差し障りがあると嫌がる百姓に運ばせた。

　右をみるかぎり、天保のききんという厳しい状況のもとにもかかわらず過酷な収奪が行われていたことがうかがえる。ちなみにこの時期の多武峰の年貢徴収率は百済村八五パーセント、広瀬村八二パーセント、藤森村五五パーセントという高率である。あいつぐ災害のため頼みの綿作も凶作になっているなかで、百姓たちは極度に追いつめられていた。

その一方で、多武峰と関係悪化を心配する村役人は、三月二七日百済寺仲之坊で寄合を開き、事態を鎮静化させていくことを申し合わせ、鎮静化の努力を続けた。しかし、そのような思いとは裏腹に四月一日には飢えに苦しんだ小前百姓が郷蔵に詰めかけ、なかにある米の放出を村役人に迫るなど状況は悪化していくばかりであった（天保八・四・二）。

このような状況を憂えた奈良奉行所与力玉井は、「時節柄地頭表より之御憐愍も不厚、村々小前百姓共極難渋之事故如斯之仕儀ニおよび候」ものであって、その処分は「可成丈百姓共痛不申様」にと書状を送り説諭している（天保八・四・五）。あくまでも百姓が痛むことのないようにとの趣旨である。それに加えて、奈良奉行所は与力中の指示として、多武峰に対して、米一〇〇石を安価で百姓たちに売り渡すこと、そして銀一五貫目を下行することを命じている。このように、玉井などはきわめて百姓たちに同情的な立場を寄せているのである。こうした玉井の行動には同じ与力として大塩の影響が少なからずあったと思える。

しかし、多武峰は玉井の意向を受けつつも、翌四月九日今回の出入りは「越訴《おっそ》」であり、奉行所で吟味せず多武峰へ差し戻すよう要望している。そのうえで、百姓たちの奈良奉行所への訴願の内容は地頭を軽蔑する事柄も多く、承知しがたいものであるとして一八ヶ条にわたる返答書を差し出し反論している（天保八・四・九）。

①年貢の取り立ては特に過重なものとなっているわけではなく、古来のとおりである。

②凶作の年には救米の下付、領内一統への米貸し下げや無利息での銀貸し付けなど、さまざまな救済策をとってきた。

③燈油料については新規に取り立てているものではなく、これまで百姓たちに貸し付けた銀の利子によって燈

明をあげてきた。それも困窮する者には利子を免除するなどしたため有名無実化していたのを近年余裕のある者から無理のないように分相応に取り立てるようにして、それによって献燈しているものである。
④文化四年以降年貢を銀納から米納に切り替えたのは百姓も納得済みのことで今さら反対するのはおかしい。
⑤納米の際に一俵につき「山盛壱升増」に取り立てるのは、米の掃除の悪い者への「過料」（罰金）である。
⑥収納の際に多人数で出張したというが、その費用は領主で賄っており、百姓側よりとやかく申し立てるものではない。
⑦御膳米用の米はこれまで多武峰近隣で購入していたが、それを百済・広瀬で購入し、八木の問屋まで百姓に米を運ばせたのは、「稼増」（運搬賃稼ぎ）をしたいという百姓側の希望によるものである。
⑧百姓たちのこのたびの奈良奉行所への訴願は「越訴」（自分たちの領主を頭越しに、さらにその上、この場合だと江戸幕府の出先機関である奈良奉行所へ訴えること）であり、不法なことである。今後、この点吟味がなされる必要がある。

両者の言い分は真っ向から対立しており、その意識のずれは際だっている。ただ、②についていえば多武峰が全く無策であったというわけではなく、何度か救済策を打ち出している。しかし、そうした救済策も困窮した百姓たちを納得させるものではなく、両者の言い分は平行線をたどり、解決の糸口を見い出せなかった。

膠着状態が続くなか、四月一九日には新子村善治郎という者が大声で村中を触れ廻り、広瀬村にも声をかけて百済寺新坊において三〇〇人ばかりが集まり不穏な状況になった（天保八・四・一九）。さらに二一日に多武峰から収納役人が百済に下向したところ、四、五〇〇人ばかりが詰めかけ救済を要求し、願いが聞き入れられない場合は多武峰に押しかけると騒ぎ立て、事態は悪化の一途をたどるばかりであった（天保八・四・二一）。

このなかで月番執行代賢聖院は翌二三日に再び村役人を出頭させ、話し合いで解決を試みて鎮静化をはかるなど、多武峰側にも軟化のきざしはみえてきた。多武峰側としても「勿論当山ニ心得方悪敷者有之治り兼候儀ニ候ハ、」と幾分譲歩する姿勢を示しているし、また「大坂乱妨一件と申、御代替且米高之時節」であるからと解決への意欲はみせている。しかし、結局は救米などの額が折り合わず解決方法をみいだすことができなかった（天保八・四・二三）。

賢聖院から月番を引き継いだ円城院宣賀はやむなく、村役人に対して、このうえ強訴を続けるのであれば関東に下向して幕府直々の裁きを願う旨を申し渡した。これには村役人たちも折れ、救米一〇〇石・銀一五貫目の下行で小前百姓たちを鎮める旨の請書（天保八・四・二三）を出し騒動は解決するかにみえた。

しかし、二六日には寺侍小林寛済のところへ大綱村庄屋勘七より渕口村善五郎弟友治郎・広瀬南村忠兵衛を「徒党頭」として二五日朝五ツ時（現在の午前八時）村々庄屋が参会し、七ツ時（現在の午後四時）より百済寺仲之坊において会合、小前百姓は渕口村常栄寺で会合し、「惣領中重たるもの」がこれより南都へ行き「内々致示談」し江戸へ上訴することに決したという知らせが届いた。

これを聞いた多武峰は東叡山寛永寺の輪王寺宮を頼み、百姓たちが万一幕府に訴え出ても受理しないように働きかけるなど対策に奔走したが（天保八・四・二六）、事態を好転させることはできなかった。

門前への強訴　翌五月二日八ツ時（現在の午後二時）になると、新坊留守居清蔵より百済南北・広瀬の小前百姓およそ四、五〇〇人が八木を経て多武峰に強訴のため向かっているとの知らせが届き、多武峰では門前の町人などを動員してとりあえず東大門を閉ざし備えたうえで、南都惣代教相院から奈良奉行所に介入を依頼させている（天保八・五・二）。

そして、ついに七ツ時（現在の午後四時）には東大門門前に小前百姓が詰めかけてきた。多武峰側は、あらためて一四〇目の安米の代銀支払いを猶予することを決定し、その旨をもって百済北方大庄屋林重三郎・広瀬村大庄屋広南文四郎両名と門前の東口吉右衛門・飯盛塚利介などを通して詰めかけた百姓たちを説得したが、飢えのあまり激高した小前百姓たちは納得しなかった。

ところが、そこに奈良奉行所より目付が出張してくるという連絡が入り、それを受けて多武峰側が村役人を呼び集め、目付が到着してきた後では、こちらの思うとおりにおまえたちを捕らえると脅しつけたため、それに驚いた百姓たちはようやく退散した。そこで一息ついた多武峰は学頭のもとに老分中が集まり今後の対応を協議し、「頭取廿一人」を選び出し奈良奉行所に捕縛を依頼し、その後多武峰に身柄を貰い受けて処罰する方針を定めた。

しかし、その後も、百済郷蔵へ米手形を持って蔵米を受け取りにやってきた高田村武蔵屋や御所村西ノ問屋が多人数に取り囲まれるなどして蔵米を請け出すことができないまま追い返されたりしており、深刻な状況は変わらなかった。そうしたこともあって、村役人たちは、小前百姓などが退散した後も多武峰との交渉のため留め置かれ交渉を続けた。五日には、過日安米一〇〇石払下げなどの救済策で困窮した百姓たちを押さえきれなかったことを詫び、追加の救済策で百姓たちも納得しているとして寛大な処分を願い出ている。

これに対し、多武峰は再び対応を協議したが、やはり奈良奉行所に対して張本人たちの召し取りを申請することを決定し、連絡のため寺侍川口帯刀が奈良に向かった。翌六日には多武峰物代教相院が奉行所に対して張本人とする神主村大庄屋松村八兵衛他二〇名の召し捕りを願い出ている（天保八・五・六）。

ここに至ってもなお与力玉井は再度百姓たちとの話し合いと願書取り下げを勧告し、願書を受け付けなかった。またこのころ奉行が直接取り調べに乗り出すという話があり、多武峰もそれを避けるために一五日までの猶予を乞い、多武峰側と村役人たちが交渉を進めた。当初、村役人側からの要求は救米四〇〇石と肥代銀五〇貫目の貸し付けであったが、それは聞き入れられず結局救米一〇〇石の下行と肥代銀二〇貫目の貸しつけ（利息なしで一〇ケ年賦返済）という条件で村役人たちが小前百姓を鎮めることになった。

この解決策を持ち六月一日夜には村役人の代表者三人を残し、残りの者は小前百姓を説得し請書をとって、四日には多武峰に登山するという約束で帰村した。しかし、小前百姓の説得は難航し、四日午後ようやく藤森・神主・新子・市場各村の者が戻ってきただけでほかの村は登山してこなかった。

しかし結局は、「執行代事記」同年五月晦日条には「此間領下役人留主中故、為見廻寺内勇治遣置候処、今夜九ツ時頃帰山領下至而静成旨届」と記されており、その後村役人たちの必死の説得もあってか険悪な情勢はひとまず落ち着いたようである。

騒動の再発

それもまた一時の平穏でしかなかった。六月二一日から二四日にかけて広瀬村与楽寺において百姓たちの寄合があり、小前百姓が村役人に対して多武峰に再度押し掛け強訴することを要求した。一度は村役人たちの説得により取りやめることになったが、奈良に出向いていた坂堂藤八郎が奈良奉行所は百姓側に好意的であるので、ここは再度多武峰に押し寄せて強訴するように発言したため、小前百姓は勢いづけられ多武峰への強訴を行うことに決した。百済寺新坊留守居清蔵の報告によると、百姓たちは今日明日中にもいつ押し掛けてくるかわからないという（天保八・六・二二〜二四）。

そうしたなかで六月二五日に百済・広瀬両村村役人は連署して次のような願書を出している（天保八・六・二五）。

一昨年来凶作之上稀成米穀高直ニ付百姓共必死難渋ニ相成、当日ヲ凌兼百姓取続かたく於村々渇死可仕候者共出来、右ニ付御上様より御救之儀度々歎願奉申上候処、厚御憐愍を以米百石御救被為　成下、尚銀弐拾貫目御貸下ケ被為　成下難有奉存、右両用を以百姓共取鎮仕候処一統納得仕一旦相治候処、又々小前末々より最早此節ニ至先達而奉頂戴候御救米等も給仕舞、其上米穀高直之上大高直ニ相成、右時節柄故農業之相間男稼女之手稼等も無之故必至難渋仕、百姓難相続当日ヲ凌兼中ニも及渇命候者有之候間、御上様御救被為　成下度儀御願奉申上呉候様ニ村役人共江向段々願出候得共、先達而之始末を以利解申聞セ差控候様ニ申諭候得共納得不仕、何分三百石御救之儀歎願奉申上呉候様押而申ニ付不得止事歎願奉申上候処、御役所様より段々御理解故於村役人共者承知仕、直様ニ小前之者共江篤ト申聞候得者兎角小前之者共者納得不仕押而奉願上呉候様ニ申ニ付、無余儀不奉顧恐多奉歎願候儀者村々役人共　御上様江対申訳無之奉恐入候得共、打捨置候而渇死仕候者共有之候而者是も申訳無之、押而御願奉申上候得者強訴ニも可相成哉ト奉存甚心配仕居候、何卒御賢察被為　成下候上小前之者共より歎願之通御救被為成下度奉願上候、（下略）

右の願書によると三月以来続いていた一件は「右両用（救米一〇〇石、貸付銀二〇貫目）を以百姓共取鎮仕候処、一統納得仕」と村役人による小前百姓への説得は難航したものの一応の成功をみた。しかし、今回の救済策もまた一時しのぎにしかならず、六月末には救米は底をつき再び小前百姓は「渇死」の危機にさらされるありさまであった。窮乏した小前百姓の再三にわたる要求を村役人たちも捨てておけず、再度多武峰に対して三〇〇石の救米の下行を願い出た。

多武峰は、先日は救米一〇〇石などで小前百姓を鎮めると言ったのに今回の訴願はいかなるわけか、またおまえたちの言っていることが本当かどうかみるために「渇死」に及ぶという者らの名前を書き上げよ、など一八項目からなる詰問状を村役人に下した。これに対して、百姓たちも引き下がらず同日夜には広瀬と百済北方の小前百姓が新坊に打ち寄せ、これに百済南方の者たちも加わろうとする状況になり、多武峰側も再び三門前の者どもを残らず集め強訴に備えた。

多武峰への強訴

そして、二七日明け方には、小前百姓一五〇人ばかりが石鳥居まで押し掛けた。多武峰側は学頭・執行代をはじめとして衆議し、ともかく飢えた彼らに粥を与え説得し、それでも聞き入れない者には執行代自ら説得する、そのうえでなお強訴に及ぶ者は召し捕らえることを申し合わせ、この決定を門前町の主だった者たちに伝え、粥の手配を命じた（天保八・六・二七）。

一方で、同日村役人たちが詰めかけた小前百姓たちを説諭してくれるように願い出てきたが、おまえたちの支配下の村人であるから自分たちで説得するよう命じてその願いを退けるなど、強気な態度もくずしていない。多武峰としては奈良奉行所より百姓たちへの手出しは堅く止められているし、ひとまずようすをみるしかなかったのであろう。

南都方此間召捕事且騒候事も帯刀より委細押引候処、先不召捕被捨置様ト申事ニ而今日ニ及候段、奉行所之心腑何共不分候、此事起候ヲ幸ニ取斗被呉積哉、又者当月廿九日所司代上洛之由故其時篤ト伺之上ト被存居候折節ニ候哉、何分此間急場儀為申談有之事故恕（如）才者有之間鋪事と皆々不審ニ存候

右は、「南都方」、つまり奈良奉行所よりの今回の騒動の張本人を召し捕ることを禁じ、そのままようすをみるようにとの指示があったことについて執行代賢聖院守盛が記した「執行代事記」の一節である。ここで賢聖院守盛は、今回の奉行所の指示について「心腑何共不分候」、つまりその考えが全くわからない、あまつさえ奉行所は「事起候」、つまり騒動が勃発するのをこれ幸いと考えているのではないだろうかとまで述べ、奉行所に対する不信感を隠していない。

ともかく多武峰は門前の役人に対して百姓たちに食事を出すように命じる一方、八ツ（午後二時）過ぎ奈良奉行所用人田黒弥右衛門に一揆召し捕りに動いてくれるよう、再度書状で願い出たが、返答はもらえなかった。

夜四ツ時（午後一〇時）には、門前の西口町勇蔵などを通じて、百済・広瀬から多武峰へ来る道筋の家々に対して百済・広瀬の百姓たちに貸し売りしたりしてかかわり合いにならないように命じている。また山庄屋利助には張本人と目される忠兵衛・友治郎の行動を見張ることを依頼し、奈良奉行所からの目付が桜井あたりに出張していないか問い合わせている。召し捕りを止められている多武峰として不信感を抱きつつも、奈良奉行所に頼らざ

るをえなかったのである。

このころ一揆は不動あたりにやって来ていたが、九ツ（午前一二時）過ぎより大雨となり、東口町の家の軒下などに分散して雨宿りしている。八ツ時（午前二時）には倉橋村や下村に居る一揆の百姓たちに対して粥などがふるまわれた。多武峰も警戒を怠らず東門を堅く閉ざし、東口町の軒下で寝ている一揆の者たちを退かせるように命じている。

翌二八日朝六ツ（午前六時）過ぎ一揆の小前百姓たちが門前の役人に一同へ粥を与えてくれるように願い出てきたが、門前の役人たちは自分たちもやっと稼ぎ買い求めた米であり、そのままでは家内の者たちが飢えてしまう。食べる物がないなら一度引き取って再度登山するように勧めた。しかし、それを聞いた小前百姓たちはそれならば直ちにここを引き払って奈良に向かうと騒ぎ立て、すぐにも出発せんばかりの状態になった。

村役人は再度彼らを鎮撫することを多武峰に願い出るが、首脳の間で意見が割れ動けずにいた。そのため彼らはそのまま奈良に向かって進み出したが、九ツ（午後一二時）過ぎに思い返して途中より引き返し百市から不動のあたりで相談し、八ツ時（午後二時）過ぎごろ再び東門前にやって来た（天保八・六・二八）。

これに寺侍小林寛済と川口帯刀が応対し、おまえたちから願いのあった救米三〇〇石と、貸付銀三〇貫目については江戸の輪王寺宮に伺っていては日数も掛かりすぎるし、聞き届けられるかどうかわからない、今日にも飢え死にする者が出るばかりの困窮であるので粥を与える、それでもなお納得しないなら好きなようにせよと申し渡し、八ツ半（午後三時）過ぎから七ツ半（午後五時）過ぎごろまで説諭した。しかし、激高した小前百姓たちは結局説得を受け入れず再度奈良に向かった。

多武峰から奈良へ

翌二九日朝五ツ時（午前八時）には百姓たちは奈良猿沢池のあたりに集まっていたが、奉行所目付の説得もあり一度は解散したという。その一方で、多武峰も二九日内々にここ数日の顚末書を出して再び用人田黒に届け、召し捕りと吟味を願い出ている（二七日門前に詰めかけた百姓たちの数が当日の日記では一五〇人ばかりとなっているが、なぜかこの時出された口上書には五〇〇人ばかりと記されている。単なる書き誤りなのかもしれない。いずれの数字が本当なのかわからないが、過大にその規模を報告し奉行所の介入を早めようという意図もあったのだろうか）。しかし、結局はまた田黒によって今回の騒動は一揆ではなく歎願であると取り上げられなかった。

夜に入ると百姓たちはその数を増し、およそ五〇〇人ばかりが今度は南大門に詰めかけた。ここでも再度目付の説得により大安寺堤まで送られそこで茶漬などを給されてそれぞれの村に引き上げることになった（天保八・六・二七）。

このような事態の展開を受けて奉行所としても取調べに乗り出さないわけにはいかず、二日に目付松田七九郎・政岡兵左衛門ほか長吏（捕り手役人）・番人およそ三〇人ばかりが百済方大庄屋松村八兵衛方へ出向き、大庄屋四人・捌全員・小前惣代四人を召し連れていった（天保八・七・二）。

同日中には執行代円城院なども奈良に到着し、奉行所に呼び出されている。ここで奉行所側の体制にも若干の変動があったようで、担当与力玉井与重郎・中條良蔵のうち百姓側に常に好意的であった玉井が病気のためということで橋本菊右衛門と交替している。

五日八ツ時（午後二時）奉行所から多武峰の関係者へも呼び出しがあり、白洲において今回の騒動について言い渡しがあった（天保八・七・五）。

百姓たちの多人数寄り集まって多武峰門前などへの訴願は、一揆徒党の御制禁に反するもので誠に不届きである。多武峰も慶長年間以来の御朱印を受け国家安泰を祈願し、慈愛の精神を第一として常日頃から不慈愛の事がないようにすべきである。しかるに、今回百姓たちがよんどころなく徒党がましき行為に及んだのはおまえたちに領民に対する慈愛の心が欠けていたからではないのか。「百姓者国之本」であり、毎年辛苦を重ね年貢を納め来るものである。その事を考え、百姓たちが前非を悔い詫びるならば救米等を与え、年貢収納の際も寛大な取り扱いをせよ。そうすれば百姓たちも地頭（多武峰）になつくであろう。百姓たちへの処置について思うところを返答せよ。

それに対し多武峰側は、収納方についても時として不法強情を言い立てる者を十手で打ち据えるなどの扱いがあったようであるが、それとて過酷と言われるようなものではない。ともかく今朝方奉行所より村役人たちに心得違いを戒めるお達しがあったうえは、今後はこのようなことはないであろう、と述べ、次に上げる二ヶ条の趣旨を誓約した。

①百姓たちが詫びを入れ、今後は穏やかに救済を願い出てくるならば、次の収穫まで一日一人当たり粥六合与える。

②今後収納の際に悪米などないようにきちんと納めてくるならば、十手で打つような事は致さず穏やかな取り扱いをする。

ただ、多武峰側としてこれだけで治めるつもりではなかった。翌六日円城院たちから多武峰の賢聖院に出された書状をみると、やはり多武峰としては、惣代忠兵衛・友治郎・太重郎など張本人と目される百姓の捕縛を考えていたことがわかる。しかし、村役人たちの歎願を受けた奉行所側はいったん解決したうえは事を荒立てず穏やかに処置し、召し捕りなどをしてはならないとあらためて勧告している。

これに全く不満の多武峰側は、今回の解決は百姓たちの本意ではなく、「惣代之もの共」がまたまた騒動を企てているとして、さらに厳しい取締りを要望している。奉行所も多武峰の領主としての立場には理解を示し、百姓たちに命じて詫び状を提出させている。

九日には、双方が奉行所に召し出され、済口届が作成され騒動は決着した。ここで多武峰出役円城院たちは落着したうえは、あとは「地頭限相当之及沙汰置」くので、奉行所による百姓たちの取り調べは打ち切って帰村させることを求めた。それとともに約束どおり極難渋の者への救米下行のための人数調べが進められつつあった（天保八・七・九）。

騒動の始末

これで騒動は多武峰による処分という懸案が残されるものの鎮静化していくと思われた。しかし、一九日に多武峰に、百済村の友治郎・太重郎・嘉左衛門など小前惣代の者が広瀬村の者と先日来度々寄合を開き、先日は地頭から奈良奉行所へ頼みこまれあのような決着になって残念である、このうえは関東に出向いて訴えようかなどと申し、また今日も鉦・太鼓を打ち騒ぎ立て寄合をしていたという知らせが入った（天保八・七・一九）。

多武峰も奉行所との約定があるのですぐには召し捕りに動けず、こうなったのも奉行所の取り計らいがあまりにも「手軽」に過ぎた、小前頭取の者も納得などしていなかったのだとあわてるばかりで、どのような対応をとるべきかとまどうばかりであった。翌二〇日、とりあえず実否を調べるために門前の東口新助という者を新坊に派遣した（天保八・七・二〇）。その上で、一両日を期して召し捕り吟味を進めることにして、二一日には一味の頭取と目される者の宿に見張りをつけることを命じ、寺侍小林寛済が新坊へ派遣され隠密に調べを進めることになった。

奈良奉行所に対しては用人田黒へ寺侍川口帯刀より書状にて、奉行所のご苦労でいったんは平穏を取り戻したが、またもや小前の者たちが度々寄合を開き徒党して、関東へ下向しての訴訟を企てている、多武峰側としては「領分一件取目論候頭取之者共可及吟味儀暫見合置可申積ニ候処、此節又候百姓共及相談候様子ニ相聞候ニ付、此上ニも人寄等致候而者弥以不相済事ニ付急々召捕之者差向可申積」（「学頭日記」七月二〇日条、談山神社所蔵文書）と、張本人に対する吟味をみあわせ、随分穏やかに対処してきたが、ここに至ってはやむをえないとして、張本人を召し捕え吟味する旨奈良奉行所に届け出た。

そして捕縛のための人足の手配などが進められ、翌二二日神主村嘉左衛門ほか七名の者が引き立てられ、吟味中手鎖の上、門前町へ宿預けを命じられ、早速吟味が開始された。二四日には広瀬村忠兵衛が百済方大庄屋松村八兵衛、新子村庄屋政右衛門が張本人である事を白状し、そのため八兵衛ほか一二人が出頭を命じられ、やはり手鎖宿預けとなっている。八月に入るとさらに召し出される人間は増えており、一〇日は百済北方大庄屋林重三郎、広瀬村大庄屋広南文四郎、藤森村大庄屋安田善治郎が召喚されている（天保八・七・二二～八・一〇）。

こうした多武峰の動きに奈良奉行所も神経をとがらせ、一九日に目付松田七九郎が吟味状況について聞き合わ

最終処分内容
親類預け、永押し込め、家財などは家族に遣わす
役儀召し放ち、50日間戸閉め
役儀召し放ち、20日間戸閉め
役儀召し放ち、30日間戸閉め
親類預け、永押し込め、家財などは家族に遣わす
役儀召し放ち、３日間手鎖郷宿止め
役儀召し放ち、３日間手鎖郷宿止め
役儀召し放ち、３日間手鎖郷宿止め
役儀はそのまま、３日間手鎖宿預け
役儀はそのまま、３日間手鎖宿預け
役儀はそのまま、３日間手鎖宿預け
役儀召し放ち、３日間手鎖郷宿止め
役儀はそのまま、３日間手鎖郷宿止め
役儀召し放ち、３日間手鎖郷宿止め
檀那寺預け、永押し込め
檀那寺預け、永押し込め
村役人預け、急度慎み
村役人預け、永押し込み
村役人預け、永押し込み
居村止宿徘徊差し止め
居村止宿徘徊差し止め
追払い
７日間入牢
３日間入牢
３日間手鎖宿預け
３日間手鎖宿預け
５日間遠慮
５日間遠慮
叱り
叱り
叱り
叱り

表2　百済・広瀬百姓一揆参加者に対する処分

名　　　前	当初の処罰案
松村八兵衛(百済南方大庄屋・神主村)	役儀召し放ち、惣領払い
林重三郎(百済北方大庄屋・森村)	役儀召し放ち、50日間戸閉め
広南文四郎(広瀬村大庄屋)	役儀召し放ち、20日間戸閉め
安田善次郎(藤森村大庄屋)	役儀召し放ち、30日間戸閉め
政右衛門(新子村捌)	役儀召し放ち、惣領払い
嘉兵衛(森村捌)	役儀召し放ち、7日間手鎖郷宿止め
又四郎(今市村捌)	役儀召し放ち、7日間手鎖郷宿止め
藤九郎(田中村捌)	役儀召し放ち、7日間手鎖郷宿止め
吉兵衛(渕口村捌)	役儀はそのまま、7日間手鎖郷宿止め
太兵衛(市場村捌)	役儀はそのまま、7日間手鎖郷宿止め
源兵衛(林口村加役捌)	役儀はそのまま、7日間手鎖郷宿止め
彦兵衛(二条村年寄)	役儀召し放ち、7日間手鎖郷宿止め
幸治郎(林口村年寄)	役儀はそのまま、7日間手鎖郷宿止め
甚五郎(神主村年寄)	役儀召し放ち、7日間手鎖郷宿止め
忠兵衛(広瀬五ケ村小前惣代・広瀬村)	広瀬五ケ村、百済南北七ケ村払い
友治郎(百済北方小前惣代・渕口村)	百済南北払い
嘉右衛門(百済南方小前惣代・神主村)	神主・新子・市場三ケ村払い
彦四郎(神主村)	居村払い
甚治郎(神主村)	居村払い
坂堂藤八郎(広瀬村)	20日の内に家内一統退身
文三郎(田中村)	20日の内に妻子共退身
嘉右衛門(無宿)	追払い
太重郎(二条村)ほか11名	7日間入牢
藤九郎(神主村)ほか1名	3日間入牢
権兵衛(渕口村)ほか3名	5日間手鎖宿預け
佐右衛門(神主村)ほか7名	3日間手鎖宿預け
蓮福寺(神主村)	3日間遠慮
坂堂帯刀(広瀬村)	3日間遠慮
惣寺院	叱り
惣小前一統	叱り
庄助(渕口村)ほか9名	——
佐助(藤森村年寄)ほか6名	——

注：「執行代事記」、「学頭日記」(談山神社所蔵文書)より作成

せてきている。また、二〇日与力橋本菊右衛門などから書状による問い合わせがあり、小林寛済が奉行所に出頭して状況を報告している。その際に、橋本は吟味が厳しすぎるという話があるがどういうことなのか、この後吟味が済み関係者を処罰する時には、あらかじめ奉行所に届け出たうえにせよと申し付けている（天保八・七・二〇）。

ほぼ一ヶ月にわたる吟味が概ね終了したのは八月二七日であった。この日神主村八兵衛・新子村政右衛門両名への「惣領払」（多武峰領内からの追放）などを含む裁許書を作成し、二九日には惣代を通じて奈良奉行所へ届けられた。ところが九月一〇日に裁許書を内々に奉行にみせたところ「裁許追放等之儀者相止メ軽咎被申付候方、領中之帰伏可宜と被申聞候」と、罰が重すぎるとして軽減を勧告されている。

多武峰もやむなく「文化四年之先例見合追放等之取調候得共、当年者　将軍　宣下等之御慶事之時節、殊ニ法中取扱之事故格別之勘弁を以追放之咎等相止」と、将軍宣下の慶事であるという理由で格別の勘弁でもって追放などの重い咎はとりやめる旨を衆議決定し、一七日にあらためて裁許案を作成し奉行所の同意を得て、ようやく正式の裁許書が出来上がったのは一〇月一一日のことであった（裁許書の内容および九月一〇日以降の経過については「学頭日記」による）。その内容は表2のとおりである。当初、多武峰が作成した裁許書では一〇件の追放刑を含むものであったから、かなり軽減されたといえる。

騒動の背景にあったもの　ここまでみてきたように、この一揆は百済・広瀬両村の百姓たちが立ち上がったものであった。それは必ずしも多武峰領全体をあげてのものとはならなかった。藤森村の百姓は村役人と早くから破談して参加しなかったし、当初は村役人たちも強訴ととられかねない多武峰や奈良への歎願については消極的であった。そのため村役人のうちでも越訴の願書へ連署せず、一揆終結後多武峰より褒美を与えられている者たちもいる。その名をあげると甚八（二条村捌）、忠八（神主村捌）、佐助（藤森村年寄）、安右衛門（広瀬村年寄）、

作次郎（田中村年寄）、又三郎（今市村年寄）、勘七（渕口村年寄）、平兵衛（新子村年寄）である。

そうしたなか四月以降一揆の主導権を握り、村役人たちを突き動かしてきたのは小前百姓たちであった。これまで多々みられた多武峰一揆でもほとんど表に出ることのなかった彼らであるがここに至って政治的発言力を高めてきたのであった。

またそうした彼らの動きを可能としたのは、一つには大庄屋松村八兵衛など一部の村役人たちの存在であったといえる。少なくとも当初は松村八兵衛は常に小前層の激発を押さえ、鎮撫する態度に終始していた。しかし、彼自身、谷三山ら知識人とも交友が深く、大塩平八郎の影響を受けていたとされる人物であり、小前百姓の困窮を目の当たりにし、ついに一揆の側に立たざるをえなかったのだろう。

そして、もう一つ終始一揆の百姓たちに同情的な立場を取り続けた奈良奉行所の存在も大きい。それは当初より多武峰に穏やかな処分を要求していた与力の玉井一人の考えだけではなく、同僚の与力橋本や用人田黒なども共通した認識を持っていたことがここまでみた一件の経過から明らかである。彼らにしても同じ与力であった大塩の思想に影響を受けるところがあっただろうし、大塩の乱など一連の騒擾が激化するなかで時代というものが大きく転換しつつあることを感じ取っていたのだろう。

逆にいえば一揆の攻撃対象とされた多武峰にはそうした時局に対する認識に欠けるところがあったといわざるをえない。騒動の最中執行代賢聖院は「執行代事記」天保八年四月記の最後に次のような漢詩を記している。

示於配下之民

嗟来食猶勝空腹茅屋棲真過露居人世即今知解足心中煩悩一時除

餓死寿留人乃多気礼ハ

馬声牛鳴蛾刺玉櫛迺歯乎挽与利母餓死人乃員者勝怜悧

まず前半部分についてみよう。ここで「配下之民」とは領下の百姓たちのことであろう、つまりは領民たちに示すということである。その文意は、多武峰より与えられた救米がわずかな物であっても空腹で飢えるよりはましであろう、茅屋《ぼうおく》も雨ざらしよりは良いではないか、人の世というものは現状に満足することを悟ったとき初めて煩悩から解き放たれるものだ。つまりは、領民たちに救米が少ないなどと不満ばかりたてならべず現状に満足することを知れ、といっているのである。

後半部分は少し意味がとりづらいが、餓死する人が多く、残された馬や牛の鳴き声だけがし、蛾が飛びまわっている。このようなことはよくあることであり、ききんだと言って騒ぎ立てる者たちよりも、餓死した者はりこうである、との意味と思われる。

この一文はおそらくは実際に領民に示されたものではないであろうが、当時の多武峰側首脳の意識をあらわしたものと考えてもよいだろう。ききんに苦しみぬいた末にやむなく立ち上がった一部の村役人や小前百姓たちに向けられた言葉としてはあまりにも酷なものである。少なくとも多武峰の実務方の責任者の一人がこうした意識を持っているかぎり、飢えに窮した百姓たちと折り合えるはずもなかった。領主の意識と百姓の意識の隔たりはあまりにも大きかったのである。それが、今回の一揆につながっていったといえよう。

付論一　少しずつ開かれていった近世農村の自治

近世の農村は、領主が支配・統制していました。領主が村の富裕層を村役人として任命し、じっさいは村役人を中心に自治が行われ、農民が村の自治にかかわれないのが現状でした。しかし少しずつ農民の努力が実り、農民は自治に加われるようになっていきました。

(1)近世の農村自治と領主の支配

近世の領主の支配・統制は、農民が日常着る衣類など農民生活の事細かな事柄にまで及ぶ厳しいものでした。しかし、その支配は個々の農民を直接把握したものではなく、農民の生活共同組織の村を支配のための機構として利用し、村を通じて行われていました。たとえば、年貢や夫役（納税義務者に課す労働の役務）も村に対して賦課され、村人が連帯責任において上納する方法をとっていました。

そのもとでは、年貢・夫役をきちんと上納する義務など一定の制約があるものの、村方三役[1]と呼ばれる庄屋、年寄、百姓代という村役人を中心とした自治が認められていました。村は、村入用[2]という独自の財政をもち、さまざまなことを行っていました。その一端を天保二年（一八三一）の下三橋村（大和郡山市）の一年間の出納を記録した『諸入用大算用目録』からみてみましょう。この目録のうち、主な支出項目は、①村の寺社祭祀にかかわる費用　②年頭年暮の礼銭　③村の自普請費用　④村役人の給米　⑤村番人への給与　⑥用水管理にかかわる費

用　⑦村の事務費用などからなっています。このなかで、③はさまざまな土木工事の費用、⑤は村が雇っていた番人への給与、⑥は水番への給与です。これらの支出からも村が用水の管理、治安の維持など生活を守るために自分自身の手でいろいろなことを行っていたことがわかります。

(2)近世初期の庄屋と村政

その中心となったのが村方三役の庄屋・年寄・百姓代です。いずれも領主によって任命される性格のもので、庄屋などは領主支配を担う存在であったわけですが、そのいっぽうで村落の代表者として村の自治に大きな役割を果たしていました。

江戸時代はじめにおける大和の村々の庄屋をみると、中世以来の由緒をもちその村を支配していたような土豪(その土地の豪族)が、そのまま登用されている例が少なくありません。大和の場合、戦国時代ごろから村のなかに〝庄屋〟という役職があり、村落運営を指導する役割を果たしていましたが、それがそのまま近世初期の庄屋に任命されている例を多くみることができるのです。たとえば、平群郡五百井村(生駒郡斑鳩町)の庄屋大方助左衛門や同じ平群郡窪田村(安堵町)の庄屋石田甚治郎などがその存在を知られています。

彼らは、文禄検地[3]などをみるとそれぞれの村のなかで持高が一位クラスの大高持ち百姓[4]で、経済的にも大きな力をもっていました。そして、戦国期村落の自治においても指導者的な役割を果たしていた者です。そのような者を庄屋として登用して、村の代表者としたのです。庄屋は、その屋敷地の年貢を免除されるなどさまざまな特権を与えられていました。そして、その権限はたいへん強く、当初村政運営[5]は経済的にも庄屋個人によって担われていた面も少なくなかったのです。大方助左衛門が庄屋を勤めていた五百井村の場合、初期のころは村に対する年貢免状(納入通知)は庄屋個人名宛に出されていたのです。

領主側からみると、彼らの存在を抜きにしての農村支配はなかなか実現するものではありませんでした。むしろ、そうした者の村のなかにおける力量、彼らを中心とした戦国時代以来の農村自治をうまく利用しながら支配を行おうという狙いもあったと考えられます。

(3)村の取り決めをする場である宮座と農村自治

宮座は戦国時代における村のいろいろな取り決めをする政治の場でしたが、近世村落においてもやはりその秩序の中核にありました。たとえば、吉野郡西谷村（吉野郡下市町）の元禄六年（一六九三）の『才谷村地下定書』（「楠山家文書」）をみるとその一箇条目には「これまでのように年寄分の者、古来の通り正月一一日・二月一〇日・九月九日に氏神の毘沙門堂[6]において座を開いて、いろいろな地下（村）の政治について取り決めをする」とあります。

しかし、このような宮座は現在のように誰もが自由に対等な立場でかかわれたわけではなかったのです。近世から近代にかけてたいへんまとまった宮座文書が残され、民俗学などからの研究が進んでいる山辺郡荒蒔村（天理市）でも、宮座の新たな入衆[7]は一八世紀末ごろまでもともとの座衆の家の分家など一部を除いて認められていません。近世村落の秩序は、このような宮座を中心として形成されており、庄屋などの村役人も宮座を構成する家々から選ばれていました。荒蒔村でも、一九世紀初頭までは、宮座座衆の家筋からだけ庄屋や年寄が選ばれています。先にふれた大方助左衛門もまた五百井村の宮座の有力メンバーと考えられる人物です。

このほか、農業生産に欠かせない用水の管理や入会山[8]の利用なども宮座を中心として行われていました。なかには、近代ごろまで宮座の構成員の資格をもつことが、そのまま用水の管理者となるような慣習を残していた村もあったのです。

(4)近世初期の村方騒動——変化の始まり——

近世に入っても、中世以来の豪農の力が依然として強い時代が続いていました。しかし、そのようななかでも、初期にみられた有力豪農の個人請、あるいは数人の有力な農民による集団請による村政運営はいくつかの転換点を経て大きく変わっていきます。その転換を進めたのは、村方騒動と呼ばれる村内部の対立でした。

五百井村では、元和・寛永年間（一六一五〜四四）に庄屋大方助左衛門・左吉の恣意的（気ままな）な村政運営を糾弾した村方騒動が起きています。この騒動は、庄屋大方家による年貢の算出方法や用水池の管理権など村政運営のやり方を問題としたものでした。庄屋を攻撃したのは年寄衆に率いられた惣（総）百姓で、大方家だけによる村政運営を拒絶したものです。この争論は、実質は庄屋と年寄衆というもともとの有力本百姓同士の対立でした。その意味で、この結果が、すぐに小前百姓（小さな農地しか持たない農民）まで含み込んだ広範な村の自治に直接つながったと受け取ることはできません。しかし、この騒動の結果、これ以後の村政運営は村中の〝相談次第〟に行うことが定められています。この意義はけっして小さなものではありませんでした。ここに、庄屋の個人請という村政運営から、複数の集団による運営方式へ転換されたのです。それはまた、これまでの限定された村の自治というものが少しずつ変わっていくきっかけとなっていったのです。[9]

(5)村方騒動の展開——変わる村——

その流れは、一七世紀以降各地で起きる村方騒動につながっていきます。この段階の争論は、近世初期のものとは違って庄屋・年寄あるいは大高持百姓を〝小百姓〟が攻撃する形をとっています。その騒動のなかで、村政運営のあり方にとどまらず、宮座を中心とした村落秩序そのものも大きく揺らいできます。吉野郡立石村（下市町）では、延宝五年（一六七七）に〝立石村惣（総）小百姓〟が庄屋選出方法など村政にかかわる問題をあげて、庄屋・年寄を攻撃するという騒動が起きています。さらに、それは同七年に宮座における座席の位置をめぐって両者がふたたび対立する騒動につながっていきます。

さらに、これまで村政の表舞台には出てこなかった小前・無高の百姓が騒動を主体的に闘いぬく事例が現れてくるのです。元禄九年（一六九六）平群郡興留《おきどめ》村（斑鳩町）では、村役人や大高持ちと小前、無高百姓の間で差別のあった村の入会山興留山の利用権を完全に平等なものとすることを要求して、宮座の〝おとな〟(10)六人と小前・無高百姓の間に対立が起きています。立石村のものについてはその結果を知ることのできる史料は残されていませんが、興冨村のほうは小前・無高側の主張が一部認められています。この二つの事例は、かつて村政に十分にかかわれなかった階層の成長を物語って余りあるものです。

(6)ひろがる農村の自治

一八～一九世紀には商品経済に農村がまきこまれるなかで、これまでの大高持ちの本百姓が没落する状況が現れてきます。このころの古文書を開くと、「数百石を所持している百姓が数多く相潰れ」るというようなことが書かれています。このようななかで、小前層の村政参加の要求は、ますます高まりをみせてきます。

寛政一二年（一八〇〇）から文化五年（一八〇八）の間平群郡服部村（斑鳩町）では、宮座の構成員と非構成員の対立から宮座方一二軒と平百姓方三五軒、それぞれから庄屋以下の村役人が選出されるという事態が続いています。こうした状況は、大和全体に現れた状況であり、そのなかで村落秩序が大きく変わってきます。

先にふれた荒蒔村では、大高持ち百姓の経済的困窮のなかで、彼らだけの力では宮座を運営していけなくなる事態が起きてきます。そのため宝暦年間（一七五一～六四）以降は、村方財政から宮座運営にかかわる費用が出されるようになり、今まで宮座に入れなかった家々に加入の道が開かれ、座衆が拡大されていきます。このような変化のなかで、一九世紀はじめには宮座を構成する家々以外から庄屋が選ばれるようになってきています。これは、もともとの大高持ち層が没落するなかで、新たに経済的な力を蓄えてきた階層が村政のなかでも台頭してきたものです。

そうした変化は、さまざまな形で現れてきます。毎年、村では本年貢や村入用など全農民の負担するものを書き上げ、割りかけ方を記した文書が作成されます。先にふれた五百井村には、この免割目録が近世を通じてまとまって残っています。その作成者として末尾に署判している人数をみると一つのことが明らかになります。近世初期の段階、つまり初期村方騒動の段階では七~八人によって作成されていて、このなかには、庄屋大方家や年寄(五百井村では二~三人)が含まれていますし、しかも五百井村の場合この時期では高請人が五〇人あまりですから、それがいかに少人数によって作成されていたかわかります。しかし水本邦彦氏[11]によると、一七世紀末ごろは高請人の五割程度、そして一八世紀には約八割から、ついに宝永三年(一七〇六)には高請人一六人のうち一五人が署判するに至っています。これは、村政運営への平百姓層の参加が拡大したことを示しているものと考えられます。

また、村政の中心である村役人を決める制度も変化をみせてきます。それが、村役人の入札、つまり選挙による選出制度の始まりです。興富村では、嘉永五年(一八五二)にそれまでの兼帯庄屋法隆寺村(斑鳩町)武右衛門が退役し、その後任に年寄勘三郎がなろうとしたさいに、小前百姓が勘三郎の非違(法にはずれていること)を糾弾して庄屋役就任に反対し、庄屋などを村人の入札によって決めることを求めて村方騒動を起こしています。その結果、同村では入札制度の導入が決まっているのです。これは、一定の制限がある可能性がありますが、村人の入札によって村役人を選出し、領主に任命を願い出るものです。村の意向を無視できないものとしても、任命権限は領主にあったわけで、今日の選挙と同じものと考えることはできません。しかし、その意義はたいへん大きなものがあったといえます。

これら二つの変化は、近世を通じて村政参加の拡大を求めて争われてきた村方騒動の一つの結実とみることができるのではないでしょうか。それは、まだまだ制約の多い自治だったといえます。しかし、それが少しずつではあっても、開かれたものとなっていったのが近世農村の自治だったのです。

（1）村方三役　庄屋は村政の全責任を負うもので、その職務内容は領主からの指示の伝達、戸籍事務、村財政関係の事務などから風紀取り締まりまで、農民生活全般にわたるたいへん強いものです。大和のなかでは、広瀬郡百済村（広陵町）などのように〝捌《さばき》〟と呼んでいた例もあります。年寄は、庄屋を補佐し村政にかかわるもので、庄屋につぐ家柄から選ばれました。最後の百姓代については、惣（総）百姓のなかから人望があり文筆能力に優れた者が選ばれ、庄屋・年寄の村政運営を監視する役割をおっていました。

（2）村入用　村落を運営するための費用。村民から徴収したものです。

（3）文禄検地　文禄四年（一五九五）豊臣秀吉が全国いっせいに行った農民の保有地の調査。

（4）大高持ち百姓　多くの田畑を所有する農民のこと。これに対して、小さな保有地しか持たない農民を小前といいます。

（5）村政運営は…　近世初期の村関係の出納簿などをみると、村の必要経費が庄屋によって立て替えられていた場合が少なくありませんでした。村財政も庄屋の個人的な経済力に負うところが多かったのです。

（6）毘沙門堂　四天王・十二天の一つで、財宝をまもるとされる毘沙門天をまつる御堂です。西谷村の毘沙門天は室町時代の作と伝えられています。

（7）入衆　宮座の構成員に新たに加入することです。

（8）入会山　一定地域の住民が共同で利用する山。

（9）本百姓　検地帳に記載され、田畑屋敷を持ち、年貢・諸役を負担する義務をもつとともに、耕作に必要な用水・入会権などの百姓株をもっている農民。高持百姓・高請百姓ともいいます。

（10）〝おとな〟　宿老、長男などと書きます。元来は宮座の指導層のことをさしましたが、中世末期以降村落の自治組織が発達するにつれ、その指導者の呼称として用いられるようになってきます。

(11) 水本邦彦氏　このような免割目録の署判者数の拡大は、水本氏の『近世の村社会と国家』(東京大学出版会、一九八七年)のなかでくわしく紹介されています。

付論二　里恭・堯山・慈雲の生きた時代と郡山

一　はじめに――郡山文化の伝統――

堯山こと、柳沢・郡山藩第三代藩主柳沢保光は文人大名として知られ、和歌や俳諧から茶道、書道、盆石などにいたるまで幅広い才能を発揮した[1]。とくに、彼が和歌を学んだ冷泉流ならではの丸みのある温雅とも評される書跡は多くの人に愛好されている。

こうした堯山を生み出した郡山といえば、古くから文化を愛好してきた土地柄であり、近代以降も水木要太郎など多くの文化人を世に送り出している。では、その原点はどこに求められるのであろうか。ひとつには、江戸時代中期の柳沢氏入部にきっかけが求められると考えられる。

享保九年（一七二四）に甲斐国の甲府から柳沢吉里が国替の命令を受けて大和郡山の地へと入部する。吉里は、その直後に郡山城の南西方向、五左衛門坂（現在の奈良社会保険病院の付近）近くに「物稽古所」という藩校をつくり、細井知慎、荻生金谷などの学者を招き、藩士子弟の教育環境の充実をはかっている。またそれだけではなく、吉里は庶民教育も重視し、寺子屋の振興にも努めたといわれている[2]。

こうした政策は、父吉保以来の文教政策重視の柳沢家家風にならったものであり、そうしたなかで郡山文化の礎は築かれていったのである。またそれとともに、吉保以来の文教政策のなかで育まれてきた柳沢家中の藩士たち、なかでも柳里恭（柳沢淇園）といった文人が甲府から移り、郡山の地に根をおろしていったことも、郡山文化を考えるうえで欠かせない重要なできごとである。

このような土壌のなかで生まれてきたのが堯山といえる。それではこうした吉保、そして吉里以来の柳沢家の伝統や郡山の風土が堯山を生み出し育んだと言ってしまってよいのであろうか。しかし、そうは簡単に言い切ることはできないであろう。単に郡山藩に文芸を愛好する藩風があり、そのなかで育ったこと、そして父に俳人大名として有名な信鴻（伊信）、そして祖父吉里、曾祖父吉保が歌人というように家系に文才にすぐれた人たちがいたということで、本当に堯山という文人大名の成立が語り尽くせるのかという疑問をぬぐいさることはできない。いわゆる「殿様芸」の域を脱して、歌人あるいは茶人など文人として大きな評価を受けるにいたるには、何かもっと人間としても、また藩主としても彼を成熟させる何かがあったのではないであろうかと考える。

本稿では、以下いくつかの史料から、堯山の心のうちを探りつつ、堯山が文人として、藩主として人間的に成熟していった契機を明らかにしていきたいと思う。

二　堯山の治績とその時代

(1)堯山の治績

まず、あらためて堯山という人の治績についてふりかえっておこう。堯山というのは、保光の隠居、剃髪後の号である。(3) 前述のように温雅とも評価される丸みのある独特の筆跡などから、その人柄は温和で藩主としても名君として称えられている。堯山時代の郡山藩の公用記録である「虚白堂年録」(4) の序に第四代藩主となった保泰は、その人柄を評して、美辞麗句をもって後世に自分の治績を誇示することを嫌う謙譲の人であった、「虚白堂」の号もそうした堯山の思いが託された言葉であると記す。

そうした堯山は、宝暦三年（一七五三）江戸藩邸において第二代藩主伊信（隠居後、信鴻と号す）の嫡男として生まれている。安永二年（一七七三）に父伊信隠居の跡を継いで家督を相続し、文化八年（一八一一）に嫡子保泰に家督を譲るまでの三八年間が藩主としての彼の治世である。

これまで祖父吉里、父伊信、そして堯山と続く柳沢氏の治世は名君として評されてきた。しかし、単純に名君という言葉で片づけられるような治世であったのかは慎重に考える必要があるのではなかろうか。

彼の治世にいたるまでの祖父吉里の時代、柳沢・郡山藩が実高二〇万石あまりと言われる甲府から一五万石あまりの郡山への転封により、藩財政が緊迫化していたことはこれまでも指摘されている通りである。[5]それに加え、彼が生まれ育った宝暦～安永にかけての時代は、天災とそれにともなう飢饉が連続した時代であった。そのなかで困窮した庶民による一揆が各地で蜂起し、大変不穏な状況となった時代だったのである。江戸幕府も緊迫する事態に対処するため、やむなく百姓一揆鎮圧のために鉄砲の使用を許可したほどであった。[6]

郡山藩でも、この時代再三にわたり一揆が激発している。[7]「堯山関係年譜」（表1）は堯山が藩主であった時代のおもなできごとをまとめたものであるが、その困難さはよくうかがえよう。堯山の父伊信の時代、明和五年（一七六八）一二月には郡山藩領南部の百姓たち二万人あまりが大和郡山市域の板屋瀬などに集結して、郡山城下へ押しかけるという藩領最大規模の一揆が起きている。また、堯山の時代だけをみても、家督相続間もない安永六、七年と引き続いて近江国（滋賀県）愛知川筋の藩領村々で一揆が発生し、ついで天明の大飢饉のさなか、天明七年（一七八七）にはお膝元の郡山城下などで窮民が米などを求めて打ち壊し騒動を起こしている。[8]

まさに堯山の治世は災害、飢饉、そして一揆の時代、そしてそのなかで幾多の命が失われた時代だったのである。藩財政そのものも窮乏し、天明元年（一七八一）には家中に手当の五分五厘削減を申し渡すという決断をせまられている。[9]

表1　堯山関係年譜

和暦(西暦)月日	記　　　事	備　　考	典　拠
宝暦3(1753)　4．4	江戸幸橋門内上屋敷において生まれる		幽蘭台98
明和4(1767) 11．1	将軍家治に初めて謁見する		幽蘭台145
11.25	袖留半元服の祝儀をおこなう		幽蘭台145
12.16	従五位下に叙爵され、松平造酒正と名乗る		幽蘭台145
5(1768)　3.22	元服の祝儀をおこなう		幽蘭台146
6.23	老中松平輝高娘永子と結婚する		幽蘭台146
安永2(1773) 10．3	父伊信隠居、家督を相続する		幽蘭台159
3(1774)　7.23	郡山に初めて入部する		虚白堂3
9.25	郡山にて治世の開始にあたり定23ケ条を申し渡す		虚白堂3
6(1777)　4.11	近江国愛知川筋領分村々にて騒乱起きる	12日にも関連記事あり	虚白堂8
11.11	名を保明と改める		虚白堂9
7(1778)　1.28	和歌の会によりて伊達重村の屋敷に出向く		虚白堂年録10
2.22	和歌の会によりて伊達重村の屋敷に出向く		虚白堂年録10
4.14	和歌の会によりて伊達重村の屋敷に出向く		虚白堂年録10
7．5	領分近江国愛知川筋村々で騒乱起きる		虚白堂11
8(1779) 12.16	従四位下に叙せられる		虚白堂13
12.23	和歌の会によりて伊達重村の屋敷に出向く		虚白堂年録13
9(1780)　1．8	和歌の会によりて伊達重村の屋敷に出向く		虚白堂年録14
6．−	将軍転任により日光代参を命じられる		虚白堂14
天明元(1781)　1.13	前日光門主随宜楽院宮准后公遵親王の推挙により和歌20首を仙洞(後桜町院)の叡覧に供する		虚白堂16
7.27	風雨にて城下に被害発生	年録記載は10月25日条	虚白堂17
10.25	7月27日の風雨にて城下に被害発生の旨老中に届ける		虚白堂年録17

天明元(1781)　12．4	家中手当５分５厘削減を申し渡す(病気・幼少・無勤の者は８分３厘減)		附記52
12．8	和歌の会によりて伊達重村の屋敷に出向く		虚白堂年録17
12.24	11月22日領分四日市にて大火の旨老中に届ける		虚白堂年録17
12.24	領分伊勢四日市駅にて大火発生		虚白堂17
2(1782)　3.19	和歌の会によりて伊達重村の屋敷に出向く		虚白堂年録18
4.26	和歌の会によりて伊達重村の屋敷に出向く		虚白堂年録18
3(1783)　2.22	大和・河内の領分の７～８月の洪水・風雨による被害を幕府に届け出る		虚白堂20
4(1784)　2．9	郡山城下飢民に米を施行する		虚白堂年録22
2.12	郡山城下飢民に米を施行する		虚白堂年録22
2.14	郡山城下飢民に米を施行する		虚白堂年録22
2.16	郡山城下飢民に米を施行する		虚白堂年録22
3.11	道成寺を伝授により宝生多聞等入来する		虚白堂年録22
3.17	能を興行する		虚白堂年録22
3.19	松平薩摩守重豪40賀の祝いに招かれ、能を舞う	23日まで関連史料あり	虚白堂年録22
3.24	信鴻61賀祝いを行う		虚白堂年録22
6.25	郡山城本丸つづき東南の隅ほかの石垣大雨のため崩落する		虚白堂年録22
7.22	片桐友従より真台子伝授を受ける		虚白堂年録23
8．3	望月・石橋伝授により宝生九郎等に白銀を与える		虚白堂年録23
6(1786)　6.13	大洪水で領内１万石あまりの損亡発生	年録記載は９月19日条	虚白堂28
9.19	６月13日の大洪水で１万石あまりの損亡があった旨を老中に届け出る		虚白堂年録28
7(1787)　4.11	大雨で近江の領分で大被害発生	年録記載は６月６日条	虚白堂29
5.14	昨夜郡山城下柳町・高田町・豆腐町・堺町にて打ち壊し起こる		虚白堂29

天明7（1787） 5.16	昨夜郡山下田村にて、今夜南今市村等にて打ち壊し起きる		虚白堂29
5.26	続く降雨のため郡山城で崩落発生		虚白堂29
6．6	4月11日の大雨で近江の領分で大被害の旨老中に届ける		虚白堂年録29
12.22	保明を保光と改名する		虚白堂30
9（1789） 3.17	郡山永慶寺にて五穀豊熟の祈禱をおこなわせる		虚白堂33
寛政元（1789） 5.11	幕命により領分近江国高島郡海津大崎寺・法幢寺にて五穀成就祈禱、江戸洪水、京都火災、奥羽飢饉、浅間山噴火等犠牲者追福の祈禱をおこなう	記載は7月7日条	虚白堂34
3（1791） 8.20	郡山城下はじめ領内で大風雨による被害発生	記載は9月20日条	虚白堂90
4（1792） ②.16	父信鴻死去		虚白堂39
6（1794） ⑪．7	領分当夏旱魃の届けを幕府に提出		虚白堂45
7（1795） 5.27	領分近江蒲生郡佐々木神社祭礼に紋つき幕一対を寄付		虚白堂46
享和2（1802） 12.27	郡山藩領村々洪水により大被害を受ける		虚白堂61
文化3（1806） 12.21	藩内春雨、夏日照りなどのため損亡高2万石あまりにおよぶ旨幕府に届ける		
4（1807） 8.15	藩内火災や損亡多大につき3ケ年の倹約を実施		
9．6	倹約令17ケ条を三日市藩、黒川藩にも伝達する		
12.28	大風雨、洪水のため今年藩内の損亡高が3万石あまりにのぼった旨幕府に届ける		
5（1808） 3.10	城内において明堂和尚による五穀成就等の祈願を執行させる		附記177
8（1811） 8．5	保光隠居、保泰家督を相続する		
8．6	剃髪伺いを出し、名を堯山と改める		
14（1817） 1.27	病気により死去する		

注：月の○付きは閏月

その治世は、決して穏やかなものではなく、むしろ未曾有の危機の連続であったとさえいえる。堯山はこうした時代のなかから生まれてきた人だったのである。文人の形成というものが、単に文芸の世界だけで語り尽くすことのできないものであるとの感を強くするところである。こうした藩主として堯山が直面した危機がその人間形成にどうかかわっていったのかはあらためて後でふれるとして、ここでひとまず項をあらためて文人としての堯山の作品のいくつかを見ておきたい。

(2)堯山の文芸活動

堯山の父は、前述のとおり伊信、名前としては隠居後に名乗った信鴻の方が有名で、絵画から和歌、俳諧と多才な人で、ことに俳諧を良くし、天明期の俳壇をリードした人物である。画人としてもすぐれた人物で、独特の花鳥画を数多く残した。隠居後遊郭にもよく出かけ、庶民とも幅広く交遊するなどどちらかといえば柳里恭のように武家という枠にはまらないところもあったと言われている。[10]その庶兄信復は狂歌の歌人、文筆家として「信復聞書」「集艸[11]」などの著作を残し、また弟たちも六角広籌、柳沢里之が俳人というように文芸の才に恵まれた一家であった。

堯山自身も、前述のように多才さを発揮し、数多くの足跡を残している。その第一に和歌、そして茶道、俳諧あるいは書道といったものがあげられる。

和歌は、冷泉流に学び[12]、日野資枝より古今伝授を受けている。堯山が歌人として本格的にその名をあらわすようになったのは家督相続後のことで、「虚白堂年録」には仙台藩主伊達重村や萩藩主毛利敬親の屋敷でおこなわれた歌会にたびたび招かれ、出かけている記事などがみられる。

このような大名間での活動だけではなく、曾祖父吉保、祖父吉里以来深いつながりのある京都の公卿たちとも和歌を通じて積極的に交流している。天明元年（一七八一）には親交のあった前日光門主随宜楽院宮准后公遵親王の推挙により和歌二〇首が後桜町上皇の叡覧に浴すという栄誉も受けている。[13] 和歌を仙洞の叡覧に供せるというのは歌人として大変名誉なことで、並の歌人ではとうてい不可能なことである。それだけでも堯山の歌人としての力量をうかがえるものであろう。

そしてまた、茶道にも造詣が深く、田中素白から石州流皆伝を受けるほか、千宗旦にも私淑するなど独自の境地を開き、石州流郡山派を興し、その開祖となったことが知られている。松平不昧（松江藩主、治郷）・酒井宗雅（姫路藩主、忠以）との交流も多く、茶人大名として全国に名をはせた存在であった。

和歌と茶道に関して付け加えておくと、堯山はたいへん学究肌の人でもあり、数多くの家伝書、研究書の類を執筆している。そのなかには江戸時代の歌道、茶道を明らかにしていくうえで欠かせない好書が少なくなく、堯山の幅広い研鑽のほどがよくうかがえる。[14]

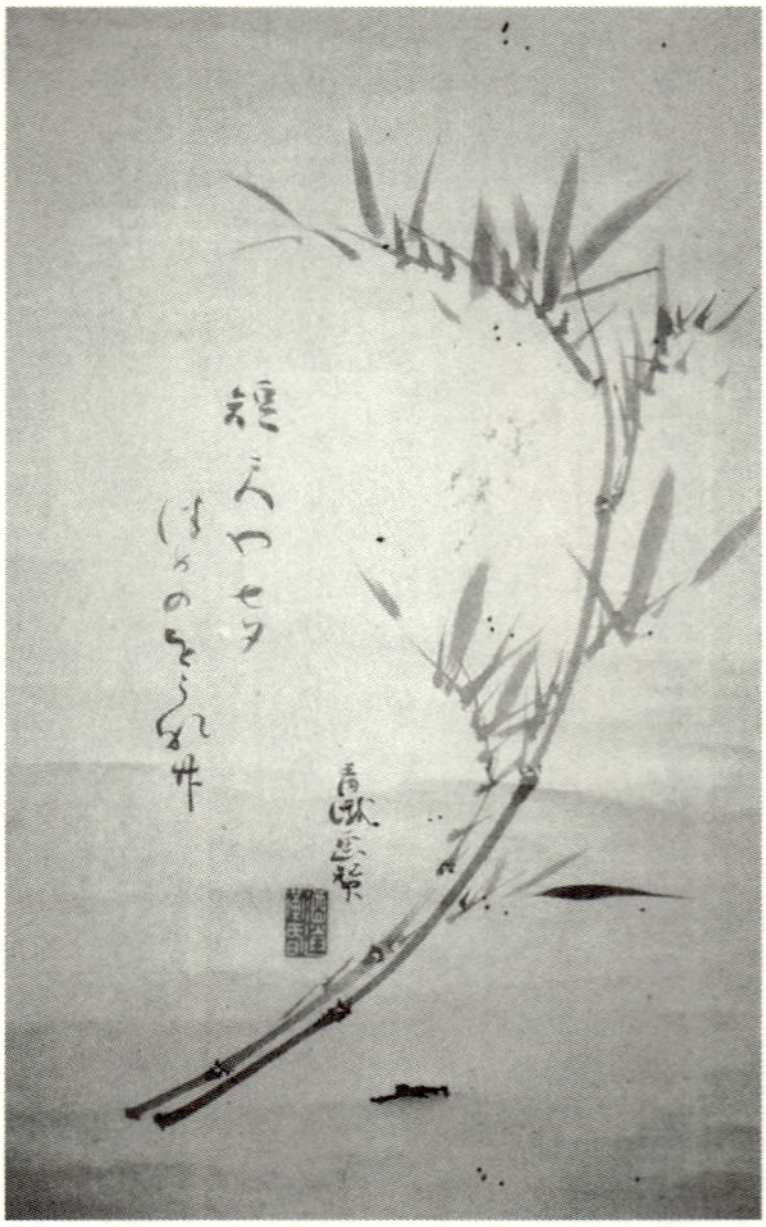

写真1　青蛾画賛「墨竹画」
（柳沢文庫所蔵）

さらに、和歌ほど多くの作品を残していないが、父信鴻の影響もあり、俳諧を岡田米仲に学びいくつかの作品を残している。写真1は墨竹図に「短尺や七夕つめのをうな竹」という一句が賛として添えられたもので、「青蛾画賛」とあるところから、彼が「青蛾」という俳号を使っていた若い頃のものと考えられる作品である。画賛とも若い時代の堯山らしい勢いのあるものである。

この他、能や盆石、華道など現在も郡山に伝わる文芸のなかには堯山が育てたものが少なくないといわれている。[15]まさに文人とよばれるにふさわしい多芸ぶりであるが、前述のようにこれだけで堯山のすべてを語り尽くすことはできないと考える。節をあらためて堯山の内面をいくつかの史料から探りつつ、彼が「虚白堂年録」の序文に記されるような人間性を兼ね備えた真の文人として成長していく過程を跡付けていきたい。

三　人間としての堯山

(1)堯山と消息茶会記

柳沢文庫にはすでに紹介されているものも含めて、堯山自筆の消息茶会記一二通が伝来している。[16]茶会記は、茶会で使われた道具や料理の献立などやその茶会についての感想を記したものである。すべて消息ということもあり年紀は不明であるが、署名が「やす明」「あきら」などとあることから安永六年（一七七七）にそれまで名乗っていた「安信」から「保明」と改めてから、天明七年（一七六九）に再び「保明」から「保光」に名前を改めるまでの一〇年間、つまり堯山が藩主として藩政を取り仕切っていた、一番脂ののりきった最盛期のころのものだと考えられる。

写真2はそのうちの一通である。堯山のたいへん特徴のある筆跡で書かれている。その翻刻文をあげておくと次のとおりである。

廿四日にちとかけをして
まけて不時の茶をいたし候
池た吉田了廻なといふ
ひと丶丶にて候

床　舟之花入　うすいた八蒔絵青海波

花ハ白梅　下ニ置とまり船にいたし候

釣香炉　唐物

釜　与次郎丸かた

すミとり　くミもの　羽箒　鴈

ほうろく　楽焼

すミなおして料理

向　もみひたし　菜つけ香のもの　汁　赤みそ　うと　黒まめ　らんきり

椀　すまし　竹輪半へん半輪にして　五ツわとつけし　さからめほそひき　めうかたけ

中酒

猪口　ふきみそ

すいもの　瀬たしゝミむきて　三ツわと　つかミたて

くハくし　青豆あんかハ肉桂　好ミ銘をさわらひ

後

床ニ釣香はかり寧一山の

大字を軸かさりにして置

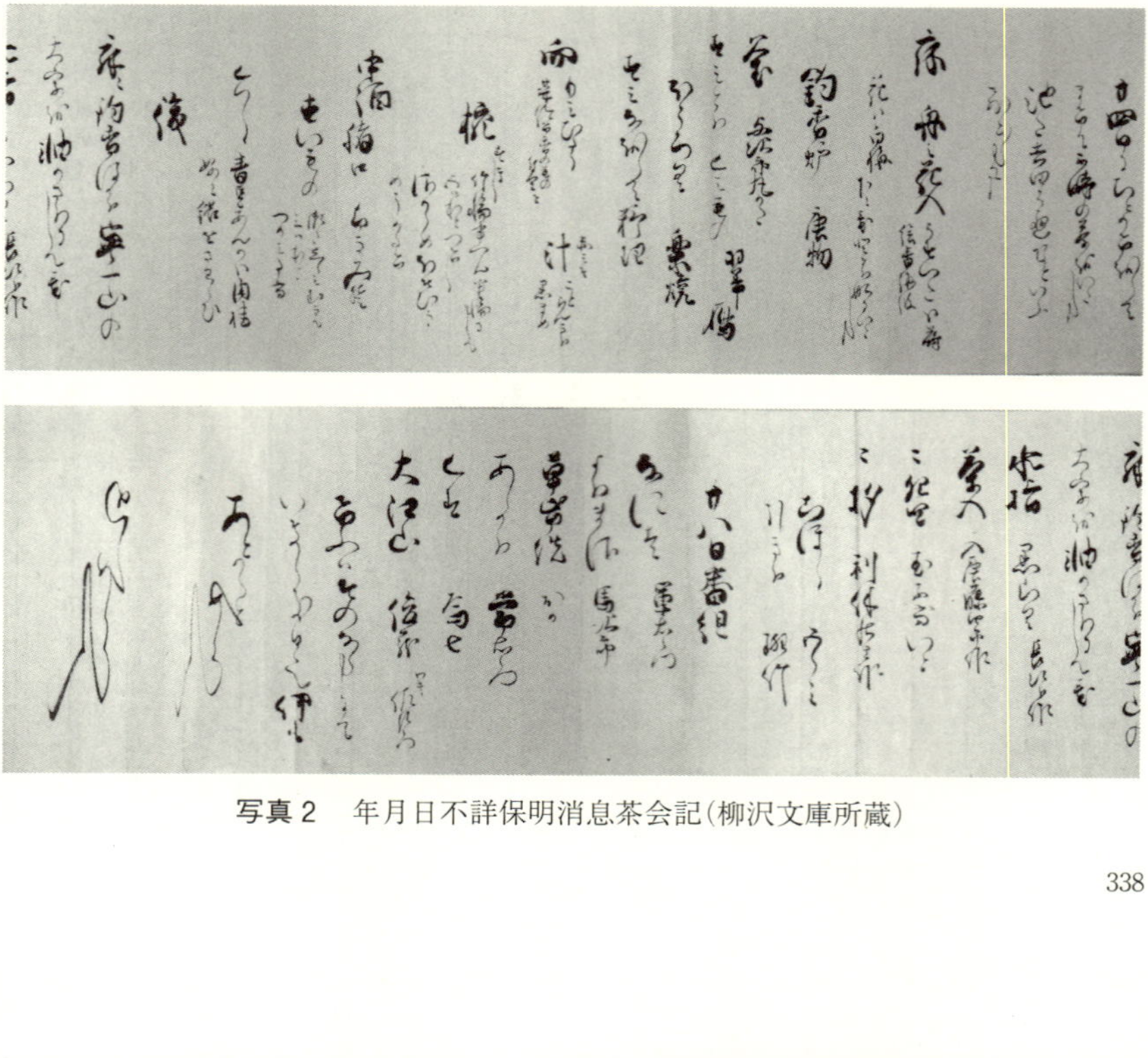

写真2　年月日不詳保明消息茶会記（柳沢文庫所蔵）

水指　黒らく　長次郎作
茶入　入唐藤四郎作
〃盌　玉子でいと
〃杓　利休居士作
こほし　五くミ
引きり　斑竹
（中略）
めでたく
かしく
返し
めでたく
かしく(17)

文体からしてかなり親しい間柄の人に茶会のようすを知らせたものと考えられる。親しい人相手ゆえに、堯山の人柄がにじみ出たものとなっている。冒頭の波線部に「廿四日にちとかけをしてまけて、不時の茶をいたし候」とあることから、この茶会記に記された茶会が堯山が亭主となって開いたものであることがわかる。

その理由がふるっており、「ちとかけにまけて」、つまり賭けをして負けたためとある。しかも、その相手が「池た吉田了廻なといふひと、、にて候」と書くところからすると、あまり面識もないようである。あまり面識もなかった人と何か賭けをして負けたため、予定のなかった茶会を開くというのはおおよそ大名らしからぬものである。こうした点は、隠居後たびたび芝居見物やまた時には遊郭の見物に出かけたという父信鴻をほうふつさせるところもあるが、[18] この時の堯山は藩主在世中であり、父以上に何か型にはまらない堯山のおおらかさがにじみ出ているのではなかろうか。

このような堯山の人柄は他の茶会記の随所にもうかがうことができる。ある消息茶会記には朝早くから茶会を開いてそれが「九つ過にすむ、それからひるね也[19]」などと書かれたものもある。この日は朝早くからの茶会で疲れたのであろうか。あるいはまた茶会のあと月夜を眺めつつ歩いて帰ったなどともみえる。[20] いずれとも、そのおおらかな性格がよくうかがえるところである。

また、茶会で用いられている道具をみると、与次郎作の釜、長次郎作の水指、利休作の茶杓など堯山がかなりの名器を集めていたことがわかる。ある消息茶会記には招かれて出かけた先で「花入・茶杓なと出しめきゝをたのむなと申候へく候[21]」と茶器の目利きを依頼されたこともあったようであるから、茶人としてもコレクターとしてもなかなかの評価を得ていたものと考えられる。

これらの消息茶会記からは、堯山が茶をいかに楽しんでいたかがよくうかがえよう。そうした文芸にとりくむ堯山の姿は他からもうかがうことができる。

次の消息（写真3）は、この頃彼が日野資枝より源氏物語・伊勢物語などの講釈を伝授された喜びを兄信復に伝えたものである。

　尚もめてたくかしく

めてたく書添て申まいらせ候、このたひおもひもかけす日野中納言資枝卿より三部之御物伊勢ものかたり・源氏ものかたりおハ御伝授あるへきよし申こされし候、我もおもひもよらぬ事、道の冥加にて大幸不少御座候、ちよと吹てふを申候へく候もち心に御よろこひ下され候へかしとそんし候へく候、歌道の執心あつきほんにて候へく候、伝書の筥もまいりおり候、春めてたくかかる御伝授ハ吹てふ申まいらせ候と、冷泉卿には

とかくふられこれハこまりにて御座候也、
添て申し候へく候、
卯
信あきらとの　　　　　　　あきら
まいる(22)

相手が兄ゆえということもあってか、消息茶会記よりさらに堯山の性格がにじみ出たくだけた文章となっている。波線部に「ちよと吹てふを申候へく候」とあるあたり、得意絶頂のあまりとはいえ、彼が大名らしからぬかなりくだけた人物であったことをうかがわせるものではなかろうか。また、それとともに彼の文芸というものにかける熱い思いのほどを知ることができる。

以上、二つの堯山自筆消息から彼の内面を見てきたが、そこからは若さもあり、おおらか、あるいはくだけたその人柄をかいまみることができた。このような文芸の人としての堯山の姿と、前節で見た彼が藩主として直面

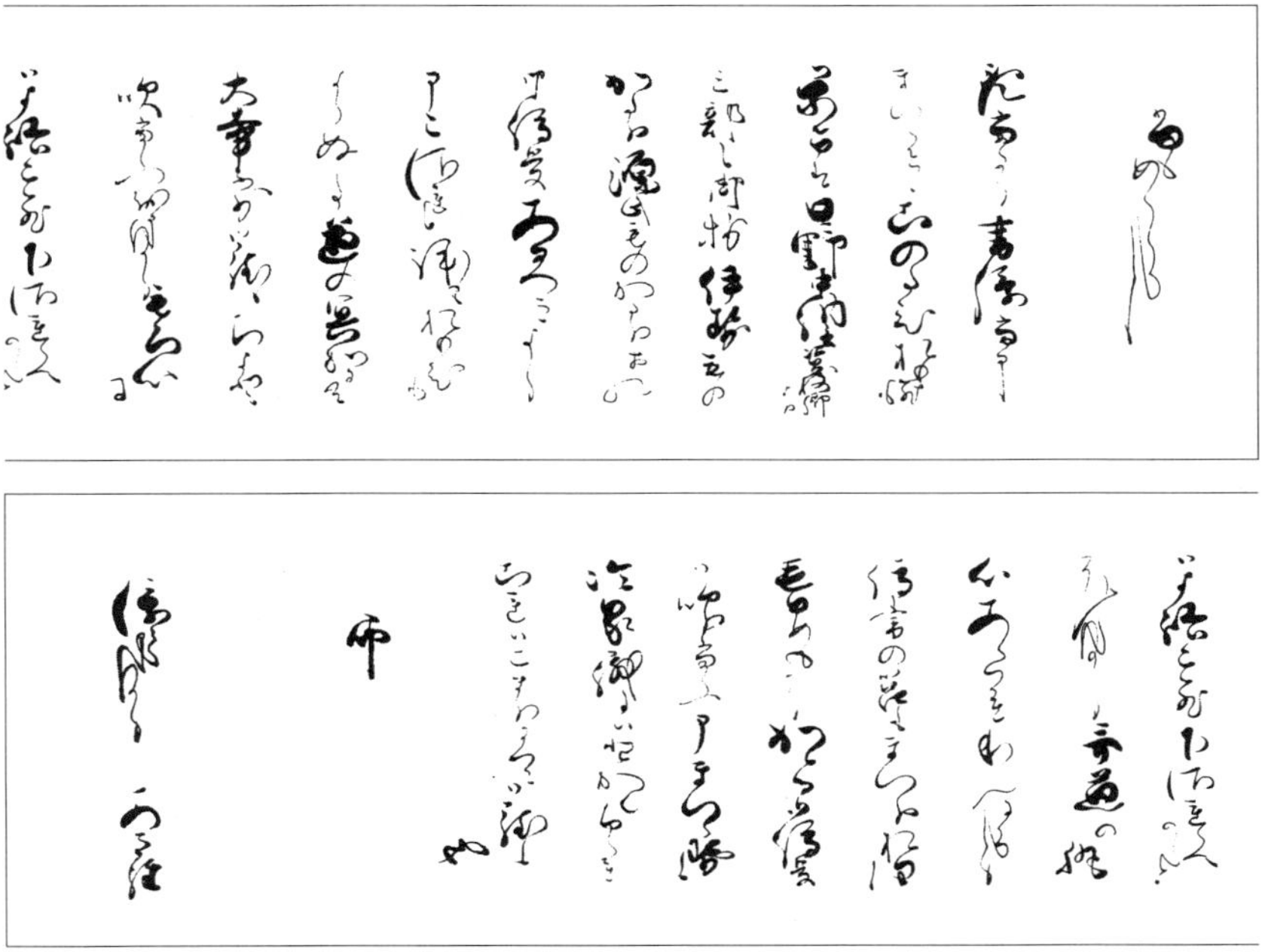

写真３　年月日不詳保明消息（柳沢信復宛／柳沢文庫所蔵）

していた困難な状況とはすぐに結びつけて考えることはできない。意地悪く言えば、民の苦労も顧みずに文芸にいそしんだ殿様、名君とおよそかけはなれた姿を考えざるをえないのではなかろうか。

では、はたして「虚白堂年録」序文などで語られる堯山像は虚構のものであったのだろうか。しょせんは文芸の世界に生きる人であったのだろうか。しかし、そう簡単に言い切ることもまたできないと考える。若き頃の奔放ともいえるその人柄が、ある時点で名君とも称えられる温厚篤実な人柄へと大きく変化を遂げていく契機があったのではないであろうかと考えるところである。

そのことをうかがわせてくれるひとつの消息（写真４）が森家文書[23]のなかに残されている。森家は、堯山の烏帽子親を勤め、家老としてその治世の初期を支えた森信門の家である。この書状は、年紀がなくいつ頃のものかはわからないが、文中の文言から天明六年（一七八六）前後のものと考えられる。堯山の父で隠居の信鴻が、当時すでに引退していた森信門に対して宛てたものである。

要点は、家中に対して俸禄削減や、また三カ年の倹約令を発令する状況にかかわらず、茶や和歌に莫大な費用をかける堯山、そしてそれに目をつぶる家老たちへの叱責を述べたものである。

信門に対しては保明、つまり堯山の側近くにいて必要な時には諫言をしてその治世を正してくれるように求めている。しかし、実質的には堯山に伝わることを前提とした訓戒状ともとらえるものと考えられる。封をしたうえに「内々用事」と書き添えているあたりに、烏帽子親の信門だからこそ頼めるという父親としての信鴻の心境をうかがうことができるものではなかろうか。

あまりに長文のため、紙幅の都合上全文をここにあげることはできない。全部で四カ条となっているので、その箇条ごとの要点となる部分を抜き出しておこう。

①「……十三年か間に数寄屋囲舞台等余慶（計）の栄耀之場普請致し、又々宗匠好之由ニて普請出来の由、大名ハ何

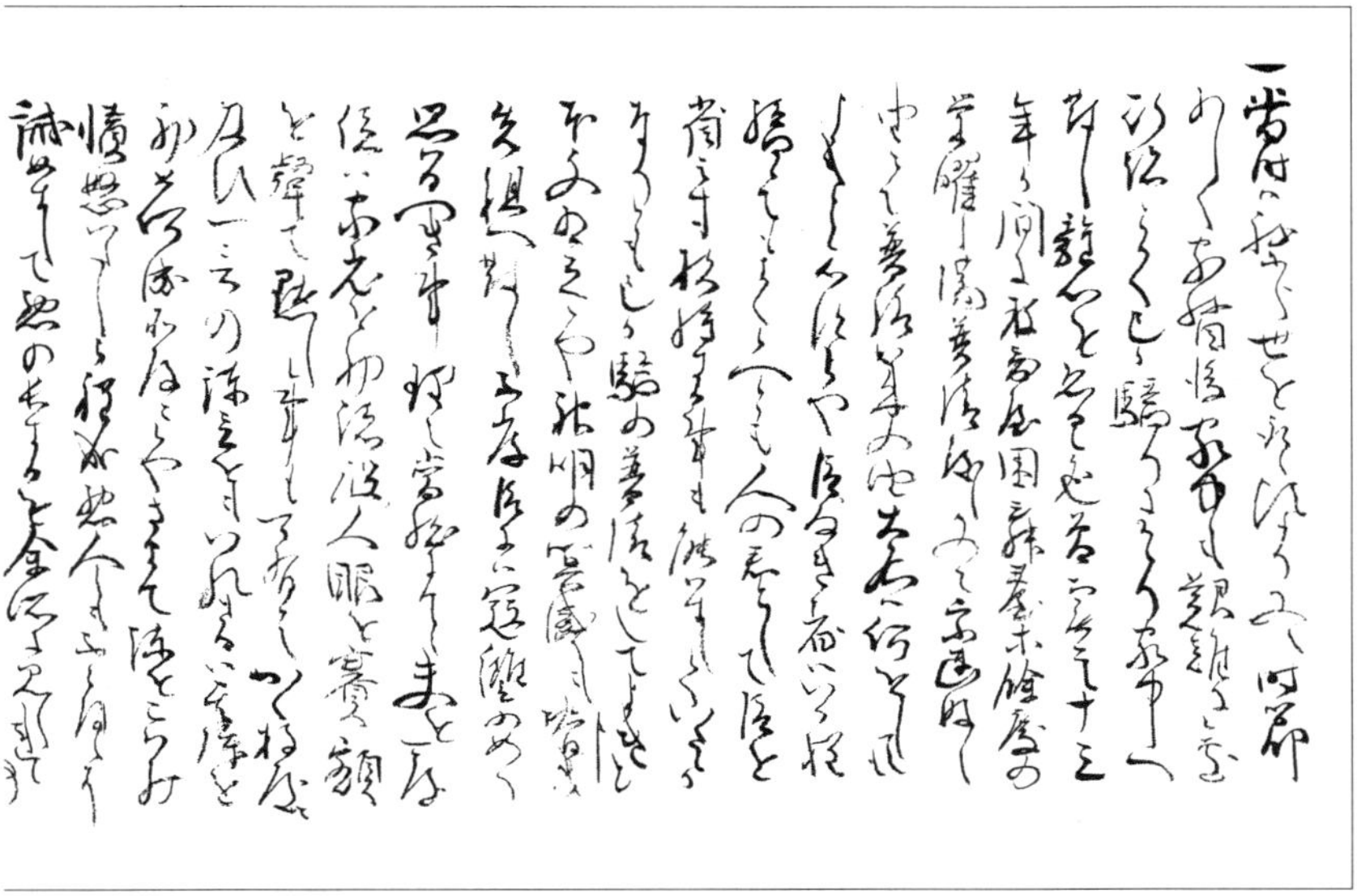

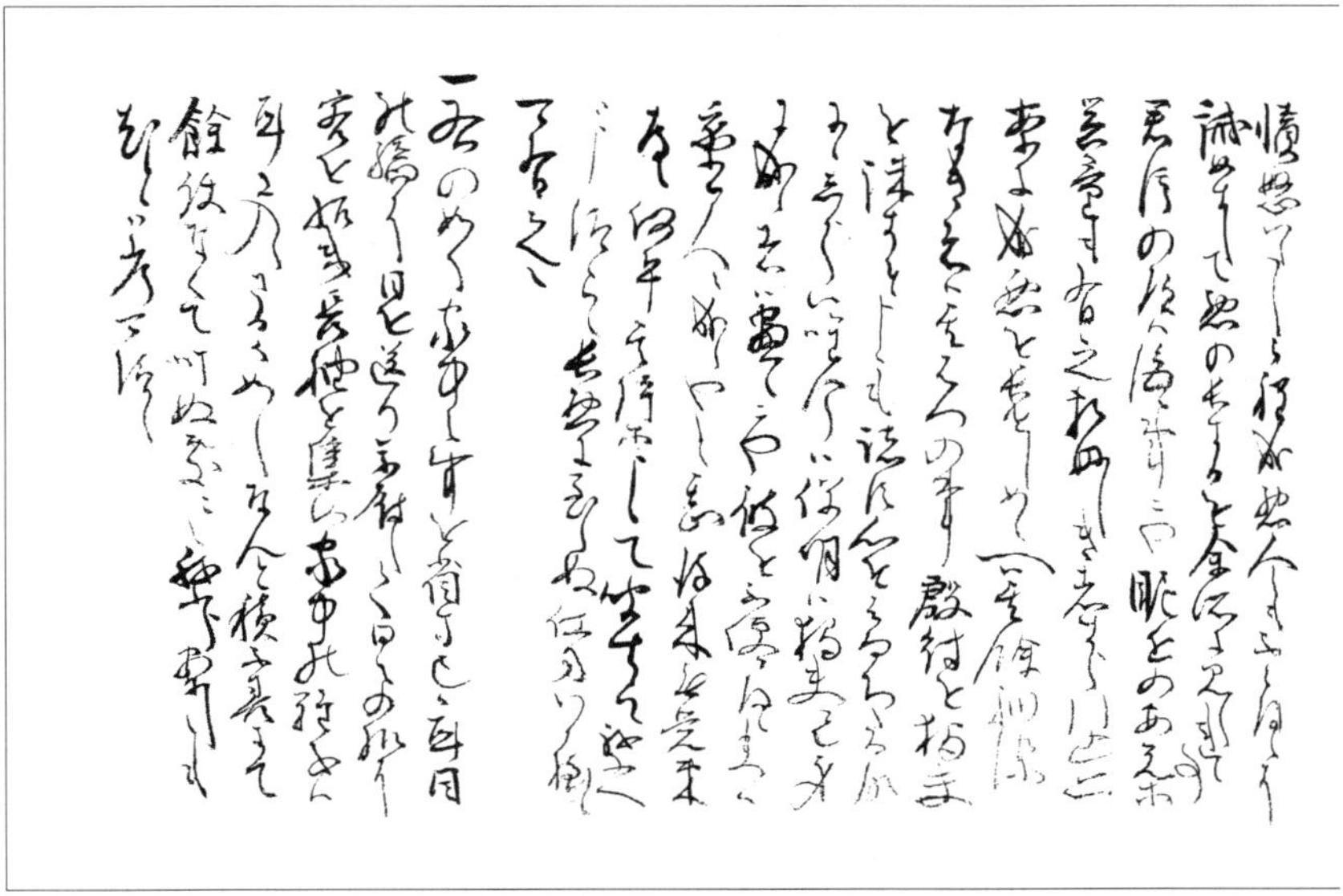

写真４　年月日不詳柳沢信鴻消息（部分／柳沢文庫所蔵）

をしてもよきと心得候や……」

②「……家中之事を省す、己か耳目の驕りに日を送り、参府して日々の様に客を招き、長袖を集め、家中の難義ハ耳に入さるか如し……」

③「……保明ハ家督相続後十三年か内普請等毎度ニ及ひ……」

④「……家中の難渋も不省日々客を招、茶器の高利成ヲ買ひ、踊子をよひ芸者ヲ被集め……」

ひとつずつみていくと、①は、家督相続から一三年間の間に数寄屋造りや能舞台など栄耀栄華を楽しむだけの場を作っている、大名であるから何をしても良いと心得ているのかと、また②では家中のことをかえりみないで芸能三昧にふけり、参府しても連日客を招き、公卿たちとの交遊にふけっているのはけしからんとかなり激烈な文言で堯山の行状を批判している。さらに筆はとどまるところなく、③では①ともだぶる点であるが、家中困難のおりなのに家督相続後一三年間に普請をおこなうことたびたびに及んでいる、とあり、最後の④では、家中の難渋もかえりみることなく日々客人を招き、茶器の高価な物を買い、踊り子や芸者を呼び集め好き勝手なことをしている、と結んでいる。

ここで批判されているのは、先にみた消息茶会記であらわれた堯山そのものではないだろうか。とくに④などは茶人としての堯山のおこないを痛烈に批判している。父信鴻とて隠居後、亡くなるまで芸能三昧に生きたといわれる人物であり、この訓戒状の内容とはすぐに結びつけて考えづらいところである。しかし、父として堯山の行く末を思うその心情があふれているものではなかろうか。この訓戒状と堯山の内面の変化を直接関連づける史料は残念ながらみることはできないが、父であり、同じ文芸の道に生きた先達ともいえる信鴻の訓戒、叱責は藩主として、そして歌人、茶人としてさかりを迎えていた堯山に与えた影響は決して小さなものではなかったと考えられる。ここにその内面の変化の契機を考えても無理はないところではなかろうか。

(2)壮年から晩年にかけての堯山

「虚白堂年録」などからその後の堯山の治績を跡付けていくに、その内面の変化があった感を強くする。そのような変化のきざしをよりいっそう確かなものにしたのが、天明末～寛政初年頃（堯山三四～四〇歳頃）と考えられる慈雲尊者との出会いである。

堯山と慈雲の出会いについては、隣藩小泉藩の城中で片桐氏によって引き合わされたなどの諸説があり、確たるところは不明である。(24) 堯山は慈雲を迎えて講話を聞くときには藩主の座を滑り降りて熱心に話を聞いたという。また郡山小川町に暮らすキリシタンの末裔がその血統ゆえ貧困に苦しんでいたのに、彼らの懊悩を解き放つために慈雲を招き説話を頼んだという逸話もよく知られている。(25) 堯山も慈雲に帰依するところが厚く、その死後は自ら「飲明居士」と号し、その高弟の一人に数えられている。

〔三優婆塞衆〕

飲明居士

飲明居士は和州郡山城主従四位上甲斐守源朝臣柳沢保光公なり。堯山と号す。尊者に従て菩薩戒を受け。秘密灌頂壇に入て両部の印璽を禀け。護摩法を修すること一百座。修禅誦経を以て日課とす。屢々尊者を城中に請して斎を設け法を聴き常に弟子の礼を執れり。文化元年冬尊者遷化の報に接するや。特使を馳せ人夫を送り遺骸を柩に斂め公の荷物として之を高貴寺に送らしむ。蓋し当時幕政遺骸を他国に移送することを禁じたるが故なり。其の途次柩の郡山に到るや。公柄香炉を執り自ら城外に出で丶迎拝せりといふ。又公晩年退隠の後剃髪して自ら飲明と号し。其の毛髪を尊者の墓塔の側に埋めて師資不離の意を表す。文化十三年其上に碑を建て表に和歌一首を書し裏に明堂和上其の由来を記す（和歌及び記文。左に之を録す）。其碑高貴寺奥院に現存せり。文化十四年丁丑正月廿日薨ず。齢六十五。明堂和上墓誌銘を作る。其文金仙閣文集に載す。公和歌を善くす。其の作る所の歌往々世に伝はれり。

（中略）

迷ふべき筋こそなけれ鳥羽玉の

わが黒髪をはらひすてつゝ　堯山

従四位行甲斐守源朝臣保光建

右は、「正法律中四衆伝巻下」[26]に収められている、慈雲の高弟を書き記した一文のうち、堯山について記したものである。師の慈雲の死に接して、その遺骸を法令を犯してまで河内国高貴寺に送り、その途中郡山に立ち寄った遺骸をわざわざ城外に出迎えたことが記されている。堯山の悲嘆のほど、それとともに慈雲への傾倒のほどが明らかになろう。

この頃の堯山は、天明九年（一七八九）には永慶寺において五穀豊穣の祈禱をおこない、飢饉のうち続く領内の安寧を願っている。[27]藩主として直面したうち続く凶作・飢饉という危機的状況のなかでの精神的な煩悶、そうしたなかでの慈雲尊者との出会いが堯山の人間性にかぎりない深みを与えたと言えるのではないであろうか。

堯山と慈雲の出会いをめぐる俗説のひとつに、堯山が不逞のおこないがあった侍女を成敗したが、その怨霊に悩まされ、高僧として当時から名高かった慈雲に霊を鎮めてもらったという話も伝えられている。これはもちろん言い伝えのひとつであり、なんら根拠のあるところではないが、堯山が鎮め解き放してもらいたかったのは、侍女の亡霊などではなく、飢饉に倒れた多くの民衆の霊ではなかったか、あるいはまたそれらに直面し、結局は無力でしかなかった自分、そこからくる懊悩だったのではないかと考えたい。

慈雲と出会った頃の堯山の姿は、前項でみたおおらかに、そして奔放に文芸の道を楽しんでいた若き頃の堯山とはまったく違った、人間として熟成された姿をみることができるのではなかろうか。

4　おわりに——文人大名堯山をはぐくんだもの——

最後に、本節ではこれまでふれてきた堯山の内面の変化についてまとめつつ、彼の最晩年の作品をいくつか紹介しておきたい。

まず第一点目の作品は写真5である。(28) これは堯山らしい雄壮な筆で「放下放不下」と書かれている。「放下」とは仏教用語で、悟りを開くという意味の語で、この書全体の意味は「悟りを開くか否か」、つまり慈雲の教えに導かれ、悟りの境地を前にありながら、いまだ悟りを開けないで懊悩している彼の気持ちをかいまみることができる書跡であろう。このようにその晩年堯山は好んで仏教の教えにちなんだ書を残している。

もう一点、この頃の作品を紹介しておこう。写真6は、(29) 写真では少し見づらいが「飲明」という印章を用いているので、堯山の最晩年期のものであることがわかる。この書は「弱を以て強に勝つ」という、言葉そのものは文芸やあるいは宗教にちなんだものではなく、もともとは武芸の語である。その意味としては、「柔よく剛を制す」という語と通じるものがあり、相手の力を利用して勝負に勝つ、押し一辺倒ではなく、引いて相手を自分のふところに引き込んで勝負するというような意味合いのものである。

あまりよく知られていないが、堯山は文芸だけではなく、兵法の研究にも力を入れ、いくつかの軍学書、兵法書も残している。(30) そうしたところから、この書を残したのかも知れないが、またある意味、この時期の彼の生き方というか、思想を表しているのではなかろうか。若い頃はあふれんばかりの才気をみなぎらせて相手を圧倒するようなこともあったであろうが、この書からはふところの広い、人間味のある人柄、前節第一項で明らかになったおおらかさ、無邪気に文芸と向き合っていた頃の彼とはまったく違った人間性を読み取ることができるのではなかろうか。

写真5　堯山一行書「放下放不下」(柳沢文庫所蔵)

写真6　堯山一行書「以弱勝強」(同右)

たびたびふれてきたように、藩主として向かい合わなければならなかったさまざまな困難、そして父信鴻の訓戒、さらには慈雲との出会いが堯山の人間性をより豊かなものとし、それだけにとどまらず彼の作品をも味わいあるものとしていったと考える。

成熟した堯山の人間性をかいま見ることができる作品として最後に写真7[31]についてふれておきたい。これは先ほど見た写真6とともに堯山の最晩年の書で、祝言である。とくに後半部分に注目してみたい。ここには、「ふう婦よき八世の為家のさかへをも猶これ守れ」と書かれている。本来的には家の長久を祈った祝言であるが、柳沢家や郡山藩の安泰だけではなく、民の安寧をも広く祈念したものと理解できるのではなかろうか。暖かみのある筆跡とともに、人間堯山の大きさをはかりうるものであろう。

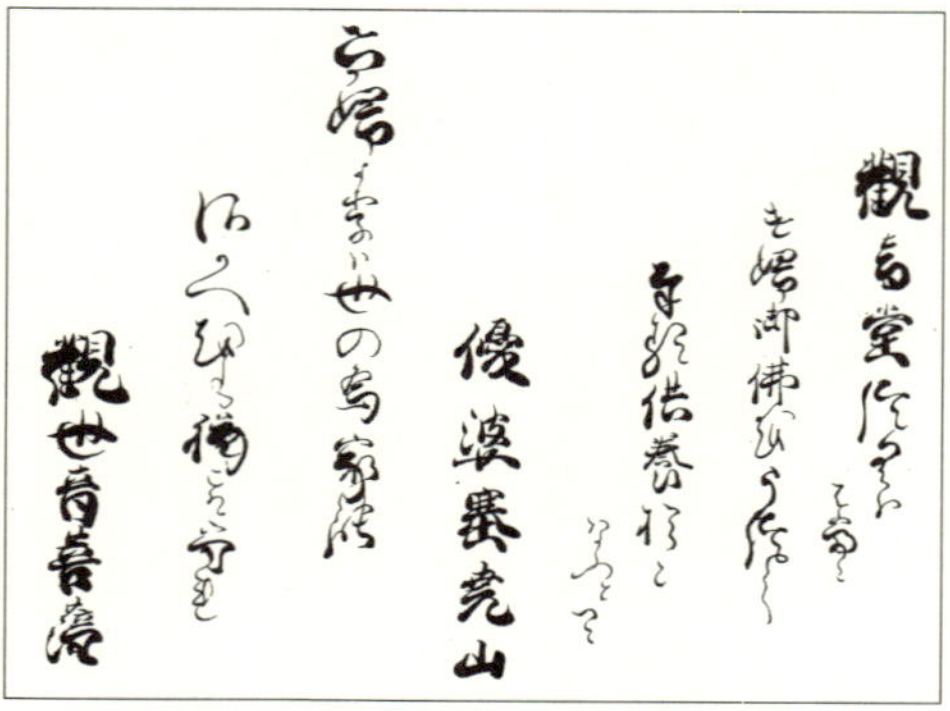

写真7　堯山祝語(柳沢文庫所蔵)

堯山とその父信鴻は稀代の風流人と評され、とかくこれまで文芸の人という側面からのみみられがちで、藩主としてまたその人間のありようは簡単に名君という言葉でかたづけられてきた。しかし、本稿でここまでみてきたような堯山の内面の変化はそのような言葉だけでは簡単にかたづけることのできないものではなかったであろうか。文人、あるいは人間としての堯山を創りあげたものは彼が生きた時代そのものだったといえるのではないだろうか。藩主として直面した数々の危機、そのなかで接した父信鴻の思い、慈雲との出会い、どれひとつ欠けたとしても名君と称えられ、すぐれた文人と評される堯山の存在はありえなかったであろう。

堯山の足跡についての研究はまだまだ始まったばかりである。今後さらに、彼の残した文芸作品、そして彼にまつわる消息など多くの史料から、人間としての堯山の姿を追い求めていきたいと思う。本稿は、そのひとつの手がかりになれればと考える。

〔附記〕本稿は、平成一五年一〇月一一日におこなわれた第九回こおりやま歴史フォーラム「近世こおりやまの美術」での報告を、当日時間の都合で割愛した部分も含めて再構成したものである。

（1）堯山の生涯やその治績のあらましについては、米田弘義「堯山と称する文人大名、柳沢保光」（『江戸時代人づくり風土記29　奈良』農山漁村文化協会、一九九八年）を参照。

（2）柳沢吉里の入部と藩校「物稽古所」の創立などについては『大和郡山市史』（柳沢文庫専門委員会編、一九六六年）を参照。

（3）したがって、本来ならば剃髪以前のことがらをいうときには「堯山」ではなく、「保光」あるいはそれ以前に名乗っていた「保明」、「安信」と時期によって名前を使い分けるべきところであるが、煩雑となるので本稿では「堯山」の号に統一する。

（4）柳沢文庫所蔵。

(5) 注(2)。

(6) この間の歴史的背景については、谷山正道『近世民衆運動の展開』（高科書店、一九九四年）所収の各論稿を参照。

(7) 郡山藩領の一揆については注(6)谷山著書のほか、『広陵町史』（広陵町史編集委員会、二〇〇一年）などを参照。

(8) 天明七年の打ち壊しについては「虚白堂年録」天明七年五月一四日条。この年、郡山城下だけではなく、藩内各地で打ち壊しなどの騒動が頻発している（「虚白堂年録」）。

(9) 「附記」天明元年一二月四日条（柳沢文庫所蔵）、森家文書（柳沢文庫所蔵）など。

(10) 信鴻の隠居後の生活については彼が書き残した「宴遊日記」「松鶴日記」（柳沢文庫所蔵、前者は『庶民文化史料集成第13巻　芸能記録(2)』として翻刻されている。また後者は、ゆまに書房から影印本として刊行されている）。

(11) 柳沢文庫所蔵。

(12) 写真8は安信（若年期）、保明（青年期）、保光（壮年期）とそれぞれの時期の堯山自詠の和歌短冊である。堯山特有ともいわれる丸みのある筆跡であるが、これらはいずれも京都の冷泉流の書体にならったものである。このことは、堯山が冷泉家の人物から和歌を学んだことをよく示している。

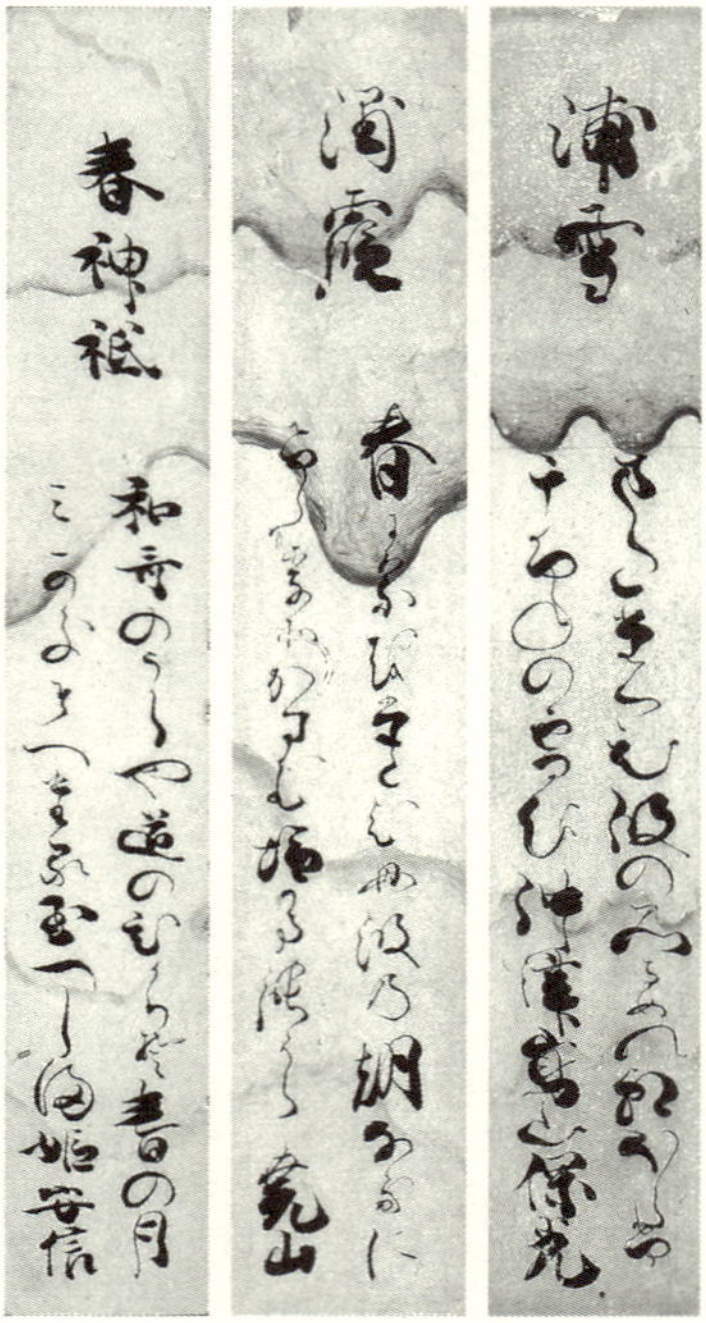

写真8　柳沢保光筆短冊（左より安信銘、堯山銘、保光銘／個人蔵）

(13) 「虚白堂年録」天明元年正月一三日条。
(14) 柳沢文庫にはそれらの著書が多数所蔵されている。今回は、紙幅の都合上その全容を明らかにすることはできないが、その一部については『柳沢文庫収蔵品仮目録』（柳沢文庫、一九八三年）のなかで目録化されている。
(15) 注(1)。
(16) これら消息茶会記については、山岸二三子「柳沢堯山資料」（『茶道』一八号、一九八二年）、谷端昭夫「柳沢堯山茶会記」（『淡交』四一巻一号、一九八七年）でその一部が翻刻され、検討が加えられている。本稿もその成果によるところが大きい。
(17) 年不詳「保明消息茶会記」（柳沢文庫所蔵）。
(18) 年不詳「保明消息茶会記」（柳沢文庫所蔵）。
(19) 注(10)史料を参照。
(20) 年不詳「保明消息茶会記」（柳沢文庫所蔵）。
(21) 年不詳「保明消息茶会記」（柳沢文庫所蔵）。
(22) 年不詳「保明和歌消息」（柳沢文庫所蔵）。
(23) 堯山の烏帽子親を勤めた森信門家の家蔵文書である。現在は、柳沢文庫に所蔵されている。
(24) 井上慶覚「慈雲尊者と郡山切支丹宗徒苗裔について」（『聖徳』七号、一九五三年）、木南卓一「慈雲尊者と大和」（『帝塚山大学紀要』第二〇輯、一九七九年）など。
(25) 注(24)井上論文など。
(26) 『慈雲尊者全集』首巻に所収。
(27) 「虚白堂年録」天明九年三月一七日条。
(28) 柳沢文庫所蔵。
(29) 柳沢文庫所蔵。
(30) 柳沢文庫所蔵軍令書・兵法書関係史料のうちに、堯山自筆のものが数多く含まれる。
(31) 柳沢文庫所蔵。

付論三　新出の明治期郡山藩藩政史料について

一　はじめに

江戸時代を通じて日本の社会体制の根幹を幕府とともにかたちづくってきた藩は、明治二年（一八六九）の版籍奉還を経て、同四年の廃藩置県により消滅する。中央から知事が派遣される府県と藩主がそのまま藩知事に任命された藩が併存し、政令不一致の状況を打破し、郡県制による中央集権をめざす木戸孝允等による中央政府と各藩のせめぎあいなど、わずか三年という短い期間であるが、版籍奉還から廃藩置県までの時期は近代日本の出発を考えるうえでたいへん重要な時期である。

しかし、この間の大和国各藩の動向については、これまでほとんど明らかにされていない。以下、本稿であつかう郡山藩についても版籍奉還以降の藩政改革のなかで実施された士族の家禄削減などその一面が明らかにされているにすぎない(1)。郡山藩は嘉永元年（一八四八）わずか三歳で第六代藩主となった柳沢保申が版籍奉還後も引き続き藩知事として藩政にあたったが、その人物像についても幼くして藩主となったが、家臣の補佐を得て明治維新を迎えたという評価のみで、維新後廃藩を迎えるまでの藩知事時代の事績はまったく明らかにされていない。

これらの点は、ひとえに藩政史料の散逸に起因するところが大きい。郡山藩についていえば、いわゆる藩政史料に分類される史料の残存例はそう多くない。筆者の勤務する郡山城史跡・柳沢文庫保存会（以下、柳沢文庫と略記）は、柳沢家所蔵の史料群を引き継いで発足した財団法人であるが、昭和五八年（一九八三）に刊行された森田義一編『柳沢文庫収蔵品仮目録』(2)によればその所蔵史料のなかには藩政史料とよべるものは六〇点あまりを数える程度である。その大半も有名な柳沢吉保から、吉里（初代柳沢・郡山藩主）、伊信（第二代）、保光（第三代）にわたる江戸時代後期までのものである。

そうしたなかで柳沢文庫では二〇〇四〜二〇〇六年度の研究テーマ「郡山藩藩政の構造とその変容――柳沢・郡山藩藩政史料の体系的考察――」にあわせて、藩政史料の欠を補うべく市域を中心として旧藩士宅などに残された古文書の悉皆調査を二〇〇四年度より進めている。初年度である二〇〇四年度は家老、年寄などを勤めた大井家文書と、あわせて郡山城下町のひとつである藺町区有文書の調査をおこなった。その結果、両文書群のなかに多数の貴重な幕末・維新期の郡山藩藩政史料が含まれていることがわかった。

その成果は二〇〇五年度柳沢文庫春季企画展「郡山最後の藩主柳沢保申」（三月二六日〜六月一二日）のなかで公開したが、さらにその内容を広く紹介するために本稿を用意したところである。以下、大井家文書と藺町区有文書に分けて紹介していきたい。

二　新出の大井家文書について

大井家所蔵文書(3)については、一九九五年以来四次にわたって柳沢文庫職員による調査が実施されてきた。その際の確認点数は一七八八点で、内容は同家の家関係史料の他、郡山藩の藩政や柳沢家にかかわるものなど多岐にわたるものであり、その成果の一部は柳沢文庫刊の『柳沢史料集成』などで翻刻・紹介されている。

当初、確認された所蔵文書はそれだけにとどまると考えられてきたが、同家で車庫を造るために蔵の内部を整理することとなり、まだ古文書らしきものもあるとの連絡が筆者のところに入り、調査をおこなったところ二二七点の新出史料を発見した。その内容は、大井家の家にかかわる史料や、柳沢家中で文人として知られた大井寛直関係の文芸史料に加え、明治初期の藩政史料三一点が含まれていることがわかった。そのなかには表1にあげたように藩知事柳沢保申が全藩士に向けて藩政改革への協力を呼びかけた演達書、廃藩置県により動揺する藩士たちに自重するようにと伝えた告諭書など維新期の郡山藩政のあり方を明らかにしてくれる貴重な史料が含まれている。

同家文書については、さらにその後、典籍類も含めた千数百点あまり史料の所在を確認しており、そのなかにも明治維新期の史料が含まれているが、それらの紹介は別の機会に譲ることとしてその中間報告として、柳沢保申の演達書・告諭書を紹介しておきたい。

差　出(作成)	宛　所	仮番号
参事	—	153
—	—	83
太政官	平岡宇右衛門	19
太政官	新田三郎	20
太政官	安元彦助	27
郡山藩	—	66
郡山藩	—	115
郡山藩	—	42
(太政官)	—	77
柳沢従四位(柳沢保申)	—	41
大井一郎	参事役所	65
大少参事	—	39
柳沢従四位(柳沢保申)	—	38
参事	—	64
—	—	76
伝達掛	—	1
伝達掛	—	18
郡山藩	野口左織	79
伝達掛	—	68
軍事局	—	15
伝達掛	—	116
伝達掛	—	16
郡山藩	—	21
郡山藩	—	17
郡山藩	—	67
郡山藩	—	107
郡山藩	—	25
伝達掛	大井衛守	35
郡山藩	—	28
郡山藩	—	26
藩掌	大井一郎	14

表1　大井家文書新出分目録

番号	和　暦	西暦	月	日	表　　　　　題
1	（明治2）	1869	3	1	〔藩内諸局勤務方ニ付通達〕
2	（明治2）	1869	3	—	〔惣稽古所改称ニ付通達〕
3	（明　治）	1869	8	—	宣下状写（平岡宇右衛門郡山藩少参事任命に付）
4	（明　治）	1869	8	—	宣下状写（新田三郎郡山藩大参事任命に付）
5	（明治2）	1869	8	—	宣下状写（安元彦助郡山藩権大参事任命に付）
6	（明治2）	1869	12	25	〔綱紀粛正ニ付通達〕
7	（明治2）	1869	12	25	〔無提灯ニ而夜行禁止ニ付通達〕
8	明治2	1869	12	25	〔質素倹約励行ニ付通達〕
9	（明治2）	1869	—	—	〔官軍解体慰労勅使派遣ニ付通達〕
10	明治3	1870	1	—	〔藩政改革実施ニ付柳沢保申自筆演説書〕
11	（明治3）	1871	2	—	〔病気ニ付触頭御役御免願〕
12	明治4	1871	8	—	〔拝借金残金精算方ニ付通達〕（廃藩に付）
13	明治4	1871	8	18	〔廃藩置県実施ニ付告諭書写〕
14	（明治4）	1871	—	—	〔藩知事公東京江発駕御見送ニ付通達〕
15	（明　治）	—	—	—	〔太政官布告等写〕（公議政体一新に付）
16	（明　治）	—	9	8	〔扶持廃止ニ付通達〕 （扶持廃止にともなう一時金支給の通知）
17	（明　治）	—	9	8	〔五節句祝儀士族以上総登城ニ付通達〕
18	（明　治）	—	9	—	〔宣下状写〕（権少参事任命に付）
19	（明　治）	—	9	11	〔軍旗様式ニ付通達〕
20	（明　治）	—	9	12	〔学制一新ニ付敬明館建設告示〕
21	（明　治）	—	9	12	〔学校移転ニ際シ敬明館休業ニ付通達〕
22	（明　治）	—	9	14	〔敬明館建設中諸武芸稽古場ニ付通達〕
23	（明　治）	—	9	17	〔諸役員総出仕ニ付通達〕
24	（明　治）	—	9	18	〔馬術寮設置ニ付通達〕
25	（明　治）	—	9	18	〔通達〕
26	（明　治）	—	9	18	〔聖上誕生祝諸局休日ニ付通達〕
27	（明　治）	—	9	20	〔仮学校開設ニ付通達〕
28	（明　治）	—	9	28	〔扶持米受取方ニ付通達〕
29	（明　治）	—	12	4	〔改名命令ニ付通達〕
30	（明　治）	—	12	14	〔年始礼致方ニ付通達〕
31	（明　治）	—	12	28	〔藩知事公江年始礼ニ付通達〕

まず、その全文をあげておこう。

〔史料一〕　明治三年（一八七〇）藩政改革実施ニ付柳沢保申自筆演達書

予不幸にして門閥家ニ」生長し、幼少より世上之艱」難辛苦も深く不相知、文武」研究之志者有之候得共、其」業亦未た不相果、実ニ千載」之遺憾此事ニ候、斯ル不肖之　身ヲ以幸ニ王政維新之　御盛時ニ遭」遇し、妄ニ重任を負荷し、」恐懼之至、鞠躬、尽力只一死」を以て御奉公之外他事無之、爾来朝命を奉戴し、心を天日に」誓ひ、民と艱苦を俱にし、」天地の公道に基き、大に旧来」の弊習を破り、日夜寝食を」安んせす、励精従事候得」共未た実効不相立、実以恐」縮之次第不堪、汗顔之至候、」就而者各ニ於而も旧義を重」んし、能々予か心底を推察」致され、政務之上ニ於而不宜儀」者不及申、一身の行状ニ至迄」諸事大小ニよらす、少しも宜し」からさる事有之節ハ、たとひ」其事慥かならす候共不苦候」間、聊無隔意十分ニ諫争（言カ）」有之度、たとへ者職事ニ怠り」候か、賞罰不正候歟、賢才を」遠け佞奸を近け候歟、文武」の道ニ惰り候歟、節義の嗜」無之歟、酒宴遊興を好ミ候歟、」衣食住に奢侈を極め候歟、」人力を破り器物を翫ひ徒ニ」金穀を費し候歟、ケ様之事ハ」決して無之様平生厚く」相心懸居候得とも、我身の」あしきは我身ニはしれぬもの」ニて甚以無心元候、素より」異見を拒ミ、或は我悪事を」人ニ隠し候様之心底は天地」神明に誓て毛頭無之候間、」何れも予か不肖を助け、藩治」之実効屹度相立候様呉々も」十分ニ異見を加へ、精々尽力之」程偏ニ頼入存候也、

午正月　　柳沢従四位

〔史料二〕　明治四年（一八七一）廃藩置県実施ニ付告諭書写

過日之演達書を以、各々江申達候通」知事免職廃藩等之儀者天下一同ニ」有之候、然ルニ彼是於惑ヲ抱キ、万一煽」動候者も有之候而者以之外事ニ候、」各々柳沢家之旧恩ヲ思ヒ呉候ハヽ、」当廿二日弥東京発行致候間、其

機」（ママ）限ニ至り差止メ、或ハ道中より同行ハ勿論」大橋先江見送り等之儀決而無用」致呉候様触下之面々江能々

申」諭之程頼入候也、

辛未八月十八日　　　柳沢従四位

（」はそこで原文が改行されていることを示す）

二点とも「柳沢従四位」と署名がみえるが、これが柳沢保申のことである。〔史料一〕については、年紀は「午」とあるのみであるが、明治四年（一八六九）の廃藩置県までの間で午年は明治三年のみであることから、維新後の藩政改革のなかで出されたことがわかる。また〔史料二〕は「辛未」とあるがこれは内容などから言っても明治四年であることは明らかであろう。

これらの史料には宛所は記されていないが、内容からして藩士たちに宛てたものと考えてさしつかえないものである。明治維新後、郡山藩士は四人の「触頭」のもとに編成される(4)。藩庁の伝達所からの触書などはこの「触頭」を通じて全藩士に伝えられていた。おそらくこの演達書もそうしたルートで伝達されたものと考えられる。当時の大井家当主である大井一郎が、この「触頭」を勤めており、その関係で同家にこうした演達書や告諭書が残されたものであろう。

では、〔史料一〕からその内容や背景について若干の解説を加えておきたい。

その書き出しは、「予不幸にして門閥家ニ生長し」、つまり「私は不幸にも大名の家に生まれ」と、自己の立場を否定するかのような文言から始まる大名が書いたものとしては型破りのものである。

以下意訳していくと、自分は不幸にして大名の家に生まれたために、世間で味わうべき艱難辛苦も知らず、文武の研鑽もまだ志半ばのありさまであり、誠にもって遺憾である。このような不肖の身で明治維新の時にあたり、藩知事の重任をになうことは恐懼の至りである。この上は、一命を投げ出す覚悟で朝廷にご奉公する他はないものと思う。以来、天皇の命を受け、藩政改革の実現を天日に誓い、民と艱苦をともにして、公論に基づいた政治

をおこない、旧来の弊習を打破せんと、日夜寝食を忘れて励んできた。しかし、いまだ藩政改革の実効があがっていない。まさに恐縮、汗顔の至りである、と自分の力不足を言葉を重ねて強調している。そのうえで、ついでは全藩士たちに対して、「旧義」、つまりこれまでの柳沢家との関係を重んじ、私の心底を察して、もし今後藩政を進めるうえで私の宜しからざることがあった場合はもちろん、一身の行状に至るまで、どんな細かなことであってもかまわないから、諫言してくれるようにと述べ、藩政への協力のほど、くれぐれも頼み入るところである、と結んでいる。

その書き出しと言い、まさにもとの大名、藩知事としてのプライドをかなぐり捨てた、藩政改革実現に向けた所信表明である。ここには、保申の三つのメッセージが込められている。その一つは、門閥、旧弊の打破である。冒頭で自らの存在を「不幸にして門閥家ニ生長し」と否定的にとらえることで、江戸時代の武家社会の根底にあった門閥の否定とそれにともなう人材の登用などを強く訴えている。新しい時代に、もはや門閥という旧態然としたものは不要と保申は考えていたのではなかろうか。そして、二つめは「民と艱苦を倶にし」という文言に表されているとおり、藩知事として、領民あるいは藩士とともに歩んでいこうという姿勢を打ち出している。藩知事、あるいはもとの大名という立場や格式、身分にこだわり、領民のことを本当によく知らないままで、どうして新しい時代の国づくりをしていけようかという心意気であろう。その意味でひとつめの門閥の否定とも通じるところがあるといえるのではなかろうか。最後の三つめが後半部のほとんどを割いて説いているように、下から上へ言路の開かれた政治の実現である。

これらの考えを保申が持つにいたった契機やその過程を具体的に明らかにしてくれる史料はない。この演達書が出された前年明治二年に保申は藩政改革が難航するなかで、一度は藩知事の辞職と廃藩を決意している。(5) 版籍奉還後、中央政府は次々と近代化に向けた藩政改革を各藩に対して指示している。それに応えられない場合や藩内に問題を抱えている藩は廃藩処分を受けている事例もあり、[6] 保申にとっても朝廷より「察当」を受けるぐらいならば潔く廃藩の道を選ぼうという考えであった。

それを踏みとどまって、あらためて藩政改革にあたる決意を表明したものが、この演達書であった。藩政改革の困難な状況と向き合うなかで、政治感覚を磨き、来るべき新しい時代の政治はこうあるべきだという思いを藩士たちに向けて伝えたものがこの演達書であろう。また、いえばこの時代、たとえ藩知事という立場であってもこうまで言わなければ藩政を進めていけない段階にまで至っていたのかもしれない。

つづいて、〔史料二〕についてふれておきたい。本史料は、廃藩置県が実施されて、保申も知事職を免官となり、東京在住を命じられ、郡山を離れるにあたって藩士たちに宛てた告諭書である。このたびの廃藩置県が「天下一同」におこなわれたことであり、郡山藩のみに対するものではないこと、あれこれ考えて疑惑を抱き、軽挙妄動にはしることがないように伝えている。「柳沢家之旧恩」を思うならば、自重してくれるようにとまで言い、藩士たちの動向を気にかけている。

実際、郡山藩でも不平士族の反乱という最悪の事態にまでは立ち至っていないものの、翌五年（一八七二）には士族・卒が嘆願と称して旧郡山県庁前で集会を開き、一時は不穏な状況になっている。[7] 保申にしても自身の東京出発にあたって見送りに集まった藩士たちが騒ぎを起こさないか気にかかるところだったのではないだろうか。

三　新出の藺町区有文書について

藺町区有文書は、二〇〇四年度に道路拡張工事により同町会所が取り壊されるにあたり、大和郡山市教育委員会に寄贈されたものである。同市教委の依頼により筆者が整理し目録を作成した。その総点数は表2のとおり三九点となった。

差　　出(作成)	宛　　所	仮番号
検地取調人箱本薗町年寄中村屋嘉兵衛・他６名	—	1
—	—	2
薗町南ノ丸	—	3
薗町・新中町	—	18
薗町	—	4
和州郡山薗町取締松村七三郎、 (奥書)惣年寄松下三郎平、浅井吉次	—	5
薗町	—	7
和州添下郡郡山薗町年寄岩城弥七、添年寄藤谷弥平、 (奥書)市長安田忠七、同断松下三郎平	—	6
—	—	10
薗町	—	8
薗町・新中町	—	9
—	—	11
薗町・新中町	—	12
薗町・新中町	—	13
薗町・新中町	—	14
薗町・新中町	—	15
薗町・新中町	—	16
薗町・新中町	—	17
戸長川村一中、副戸長松下園生・他	奈良県権令藤井千尋	19
薗町	—	20
薗町	—	32
—	—	21
薗町	—	22
薗町	—	23
薗町	—	25

表2　蘭町区有文書目録

番号	和　暦	西暦	月	日	表　　　題
1	寛政10	1798	11	—	検地改留帳(蘭町)
2	文化6	1809	9	—	御用人足札(鉄門通行に付)
3	天保11	1840	1	—	借家請状帳(天保11年～万延元年)
4	明治2	1869	—	—	太政官日誌
5	明治2	1869	5	9	町規定帳(明治2～5年)
6	明治3	1870	3	—	和州添下郡郡山蘭町宗旨御改帳
7	明治4	1871	4	—	御布令書写帳
8	明治4	1871	3	—	和州添下郡郡山蘭町宗旨御改帳
9	明治5	1872	—	—	新聞(日新記聞明治5年創刊号～7号綴)
10	明治5	1872	—	—	御布告(第1～19号)
11	明治5	1872	—	—	御布告(第20～100号)
12	明治6	1873	—	—	新聞(日新記聞明治6年20号～35号綴)
13	明治6	1873	—	—	御布告(第30～99号)
14	明治6	1873	—	—	御布告(第100～199号)
15	明治7	1874	—	—	御布告(第1～93号)
16	明治7	1874	—	—	御布告(第400～499号)
17	明治8	1875	—	—	御布告(太政官弐)
18	明治8	1875	—	—	御布告(奈良県全)
19	明治9	1876	1	—	屋敷地券願書(地券下付願に付)
20	明治9	1876	9	—	借家請状帳
21	明治10	1877	—	—	御布告(県甲乙)
22	明治10	1877	10	—	家質奥印帳
23	明治11	1878	—	—	御布告
24	明治11	1878	—	—	御布告(県甲)
25	明治12	1879	—	—	御布告(県甲乙)

繭町	—	26
繭町	—	27
繭町	—	24
—	—	28
いの町	—	29
大和国添下郡郡山繭町	—	30
繭町	—	31
繭町	—	33
大字堺惣代船木又四郎・他各大字惣代15名	—	34
生駒郡郡山町大字繭総代	—	35
[　　　](摩耗のため判読不能)	—	36
—	—	37
生駒郡郡山町役場	—	38
繭町内会(年度により記載に若干の違いあり)	—	39

当初、本文書群は寛政期におこなわれた町場検地の検地帳などがあることから注目されたが、整理を進めるなかでそのなかのひとつに明治四年（一八七一）御布令写帳が発見された。これは、表題が示すように郡山藩からの布令を写し取ったものであるが、このなかに藩知事柳沢保申の出した二つの告諭書が含まれる他、版籍奉還後の郡山藩や廃藩置県後設置された郡山県、さらには郡山県などを統合した奈良県からの伝達文書が数多くみられ、版籍奉還から廃藩置県にかけての激動の時期を見通すことができる史料であることがわかった。この他にも、奈良県最初の新聞である日新記聞など明治期の貴重な史料が少なからず含まれている。

その全てをここに翻刻する紙幅の余裕はないが、ここでは御布令写帳に写し取られた保申の二つの告諭書について紹介しておきたい。まず、その全文をあげておく。

〔史料二〕　明治四年（一八七一）軍制改革実施ニ付柳沢保申告諭書写

26	明治12	1879	—	—	御布告（太政官）
27	明治12	1879	—	—	御布告（大蔵卿）
28	明治12	1879	6	—	学校新築帳
29	明治14	1881	—	—	地租取調帳
30	明治16	1883	1	—	宅地坪数帳
31	明治16	1883	8	—	地券帳写
32	明治17	1884	—	—	当座仮人員帳（借宅人に付）
33	明治19	1886	4	—	家売買簿
34	明治28	1897	3	—	旧拾八小区共有連名簿（堺町小学校借館料受取方に付）
35	明治41	1910	10	吉	当大字保存帳（大字諸事記録）
36	明治44	1913	1	—	支配帳（金銭出納帳）
37	昭和５	1930	1	吉	大字薗町記録帖（大字諸事記録）
38	昭和８	1933	—	—	昭和８年度特別税戸数割賦課額一覧表
39	昭和13～16	1938	—	—	銃後奉公会費分賦金割当控帳綴

国ニ軍備アルハ於猶禽獣ニ爪牙アルカ如シ、爪牙無
ケレハ」禽獣其身保護スル能ハス、軍備ナケレハ国
其民ヲ保」護シ安全ナラシムル能ハス、天然自然ノ
理ニシテ国軍」備止ムテ得サル所以也、故ニ我皇国
古兵農分レハ」海内皆兵故ニ
神武ノ国ト称シ皇威ヲ海外耀カスニ至ル、方今海」
外各国苟モ文明開化ノ国ニ於テハ皆此法ニ拠リ」
富国強兵ヲ競ハサルハ無シ、万国公法ニ所謂自護
ノ」権ヲ大ナルトスル者是也、若シ此法ニ拠ラサレハ
満・清ノ如キ」宇内無双ノ大国モ屢ク英国ニ侵入
セラレ遂ニ京」城ヲ陥没セラル、ノ大辱ヲ取ルニ至ル、
実ニ警戒セサルヘケンヤ今也、
皇政復古万機御一新海陸軍ノ御興張ノ日当リ、」
従来弊習ニ染ミ因循姑息ニシテ報国ノ志ヲ振起シ」
軍務厳備ニセサル時ハ、何ヲ以テカ数千歳ミタル我
国体ヲ」拡張、皇威ヲ四海ニ宣布スルノ御旨意ヲ
貫徹スル」事ヲ得ンヤ、故今般
朝意ヲ奉戴、前日門閥ヲ廃セラル、御趣意ニ基キ」
知事・参事始(ママ)農ノ工商ニ至マテ凡管内土民子」弟

撰ニ当ル者ヲ取、今年ヨリ兵籍ニ加ヘ、上下奮」励能其力ヲ合セ軍務ヲ整備シ、民土ヲ保護スルノ」権力ヲ養成シ、以藩屛ノ職掌ヲ尽サントス、何レモ」能時勢ヲ相弁ヘ同心尽力可有之候事、

辛未六月　　藩知事

〔史料四〕　明治四年廃藩置県実施ニ付柳沢保申告諭書写

演達

別紙　詔書ヲ以テ被　仰出候通リ方今内外多事之秋ニ」当リ、天下億非之蒼生おして当兵」之安きに置、海外各国と並立シ」御国威御興張被遊度深ク為悩」叡慮、今般更ニ知藩事被免、藩ヲ」廃シ県ヲ被置候儀ニ而、全ク有名無実」之弊ヲ除キ、政令多岐之憂無らしめん」との厚キ御趣意より被　仰出候事ニ付、素ヨリ普天之下王土ニ」非サルハ無之、卒土之浜王臣ニ非サルハ無シ、」今日之時勢ニ当リ凡我　皇国ニ生ヲ受ルもの貴賤大小之無宜之」厚キ御趣意ヲ奉戴シ、務テ姑息偸」安之陋習ヲ去リ、文明開化之地位ニ進之」候処、尽力すへきの時ニ候ニ付而ハ当県」管下士族卒農工商小前末々ニ至迄」能々　御趣意柄ヲ相弁ヘ、遊惰之」風ヲ去リ、姑息之情ヲ破リ、各其業ヲ励ミ、」飽迄報恩の志ヲ振起し、聊ニ而も」朝廷之御厄介ニ（不脱カ）相成様篤ク相心」掛可申候、知事免職・廃藩等之儀をハ」天下一同之儀ニ付、彼是疑惑ヲ抱キ候様之」者万一当管下ニ有之候而者御趣意ニ」戻リ以之外之事ニ候間、急度心得違」無之様小前末々ニ至迄其頭支配并ニ」五人組等より能々申聞セ可申候事、

辛未七月廿日　　柳沢従四位

時未七月柳沢従四位殿ヨリ別紙」之通リ自筆演達書ヲ以管内江」布告相成候儀も有之候処、其儀ニ」悖リ士卒共歎願ニ事寄セ多人数」集会候段対
朝廷奉恐入以之外之事ニ候、以来徒」党ケ間敷義有之ニ於テハ厳重之」御所置有之候ニ付屹度相守可申事、右之

趣当県管内江無洩相達可申候事、
　　　壬申正月廿三日　　　　　　　　奈良県
　　　　　　　　　　　　　　　　　　郡山庁より
　　　　　　　　　　　　　　　　　　　　　（」はそこで原文が改行されていることを示す）

二つの告諭書は、いずれも「辛未」とあることから明治四年に出されたものであることがわかる。〔史料三〕は、廃藩置県断行のわずか一ケ月あまり前という切迫した時期のもの、〔史料四〕は廃藩置県断行に際して出されたものである。二点とも、その内容からして藩士や領民に対して広く宛てられたものと考えられる。ただし、〔史料四〕についてはその当時に出されたものが、この御布令写帳に写し取られたのではなく、廃藩置県に際して出された告諭書を郡山藩のあとを引き継いだ奈良県が旧郡山藩士たちの間で不満が高まり、不穏な状況になるにおよんで再度管下に伝達したものが、ここに写し取られたことが後書き部分の記述から明らかになる。(8)

では、〔史料三〕からみていこう。廃藩置県の翌年明治五年（一八七二）には徴兵令が施行され、士農工商という旧来の身分にかかわらず二〇歳以上の男子すべてを兵とする国民皆兵制がスタートする。本史料によるとそれに先だって郡山藩の軍制改革が実施され、これまでの士族・卒に加えて農工商からも徴兵するかたちに改められていたようである。それに際して兵は武士の専業と考える士族・卒の不満や先行きの不安をやわらげるために、この告諭書は出されたものであろう。この間の郡山藩軍制改革の実態は史料がほとんど皆無の状況であり、後考を俟つしかないが、新しい国づくりにかけた保申の思いの一端はかいまみることができるのではないであろうか。

つづいて〔史料四〕についてふれておきたい。これは廃藩置県を冷静に受け止め、騒ぎ立てたりすることのないように藩士、領民を告諭したものである。日付は七月二〇日と、廃藩置県が突如実施された七月一四日のわずか六日後というまさに混乱の渦中であり、この告諭書を出した保申自身もおそらく廃藩置県実施のことは何も知らなかったと考えられるが、きわめて冷静にその事態を受け止めている。

廃藩置県が、「内外多事」、つまり近代国家に生まれ変わるためのさまざまな変革が急務とされ、また日本をねらう諸外国の動きなど、国内外に多くの問題を抱えている今、日本全体が一致して文明開化、近代化にあたっていくために是非とも必要なことであり、冷静に受け入れ、その趣旨をよくわきまえて文明開化のために尽力すべきであると結んでいる。

　むしろ、ここには廃藩置県を進んで受け入れるべきであるという考え方が示されているのではなかろうか。藩知事としての職を失うことも、また代々受け継いできた郡山藩が解体されることへの不安や不満もみじんも感じることはできない。保申の廃藩置県に対する具体的な考え方を示す史料はなく、その胸中をこれ以上探るすべはない。当時、諸務変革や藩制など中央政府から矢継ぎ早に出された藩政改革の指示を実現していくことが困難になるに及んで廃藩を自ら望む藩も少なくなかったといわれる[9]。保申もまた前述のとおり一度は藩政改革の挫折から廃藩を決意している。しかし、この段階の保申は近代国家をつくりあげていくためには廃藩しかないと考えていたのではなかろうか。この告諭書のなかで廃藩置県を受け入れる根拠として、「素ヨリ普天之下王土ニ非サルハ無之、卒士之浜王臣ニ非サルハ無シ」、つまり土地も人民も天皇のものでないものはない、と当時の中央政府指導者たちも主張した王土王民思想を引用している[10]。王土王民思想が必ずしも藩を中心とする封建制度を否定した郡県制度に直結するものではないし、またこの段階での王土王民思想の強調は目新しいものではない。しかし、そこに保申自身の郡県制度への指向、その積極的な受け入れの心をみてとることができないともいえないであろう。この点、現段階で結論を出すことはできないが、今後の課題として十分に考えていく必要があると考える。

　保申が前半部で述べている廃藩置県の意義、それによってこそはじめて政令一致した国づくりを実現し、日本を諸外国と肩を並べうる強国に育て上げていくことができるという考え方や、また士族も農工商もすべて一致協力して文明開化のために努力すべきであるという思いは、彼の進歩的な思考を物語ってあまりあるものであろう。

四　おわりに

以上、新発見の大井家文書と藺町区有文書のなかに含まれる明治維新期郡山藩政史料について紹介してきた。はじめにで述べたように郡山藩関係史料のなかで藩政文書とよべるものはきわめて少ない。そうしたなかで、ここで紹介した柳沢保申の演達書、告諭書はこれまでの欠を大きく補うものであろう。激動の時代に藩知事保申というすぐれたリーダーを得たことにより、郡山は明治時代を迎えることができた。彼については、幼くして最後の郡山藩主となり、家臣の補佐により明治維新の時を迎えたという評価のみであったが、そうした評価で語り尽くせない人物像が浮かび上がってきたのではないかと思う。自己の立場を支える門閥にとらわれることなく、そうしたものを無用として、新しい時代を前向きにとらえようとした彼の先進性、開明性は高く評価しえるものではなかろうか。

彼や幕末・維新期郡山藩についての研究はようやく始まったばかりである。今後、保申だけではなく、保申を支えた安元魯三郎等家臣団の動きもあわせて当該期の郡山藩の動向を明らかにしていきたいと思う。

なお、本論で紹介してきた大井家文書については仮目録の段階であるが、本稿所収の一覧表に載せたものについては閲覧希望を受け入れている。ぜひ多くの利用を望みたい。また、藺町区有文書についても大和郡山市教育委員会への寄贈手続きが完了し、閲覧が可能になっている。閲覧を希望される方は管理する同市教委社会教育課に問い合わせていただきたい。

さらに、前述の柳沢文庫二〇〇五年度春季企画展にあわせた補充調査で、藺町区有文書とともに多くの布令が写し取られた本町文書[11]が発見され、また企画展開催が縁となり、本稿を執筆中に安元司直家より約二〇〇〇点あまりの史料が本館に寄贈された。これらの史料も順次公開を進める予定である。

（1）『郡山町史』（一九五三年）、『大和郡山市史』（一九六六年）など。
（2）㈶郡山城史跡・柳沢文庫保存会刊。ただし、ここに載せられたもの以外にも多くの未整理史料があり、今後藩政関係史料は増加していくと考えられる。
（3）大井家文書については第一〜四次調査と近年の調査により発見整理されたものについてはすべて大井家より柳沢文庫に寄贈された。また最近発見された千点あまりについても大井家より柳沢文庫へ寄託されている。その閲覧については柳沢文庫において取り扱っている。
（4）触頭の構成などについては大井家文書による。
（5）「明治三年二月綱紀粛正ニ付大隊二番小隊隊士申合書」（柳沢文庫所蔵岡本家文書）。
（6）松尾正人『廃藩置県の研究』（吉川弘文館、二〇〇一年）。
（7）日新記聞第一号（柳沢文庫所蔵）。
（8）「奈良県郡山庁」とあるが、これは郡山藩の廃藩後に設置された郡山県が奈良県に統合されるにあたって、郡山藩領域の管理のために設置された支庁である。郡山城二の丸の旧郡山藩庁（旧郡山県庁）にそのまま置かれた。
（9）注（6）松尾著書。
（10）注（6）松尾著書。
（11）柳沢文庫所蔵。

西村幸信氏は、一九六八年六月、奈良市に生まれた。小学校時代から歴史に興味をもつようになった氏は、中学・高校時代、多くの歴史書を読み、近世城郭を探訪する学生であった。

一九八七年、同志社大学に入学すると仲村研教授（同大学人文科学研究所）に師事し、近世京都の町触を読む研究会の熱心なメンバーとなった。仲村教授から中世村落史の手ほどきをうける一方、中世・近世のくずし字を読解する力量を獲得していった。宇佐美英機・矢内一磨らの先輩方のもとで実力をのばしていった。水野章二や京都大学の大学院生たちが主催する村落史研究会（カマラードの会）でも活動し、研究会の合宿にも参加している。伊藤俊一、伊藤太、上島享、川端新、野田泰三や仁木など中世史研究者だけでなく、同世代の岩崎奈緒子・跡部信など、京都大学の近世史専攻の院生とも仲がよかった。

仲村教授が亡くなったこともあり、西村氏は一九九一年、大阪市立大学大学院文学研究科に進学した。卒業論文で中世前期の春日社神人をあつかったことから、大阪市大の河音能平教授のもとを目指したのである。大阪市大では、春田直紀、大村拓生、高橋一樹、廣田浩治ら諸先輩ときびしい議論を重ねたと聞く。

一九九三年に提出した修士論文のタイトルは「戦国期大和における村落と権力――荘官沙汰人層を中心として――」である。戦国時代、大和、中間層という、氏の研究上のキーワードがここに出揃った。後期博士課程では、河音教授が病気がちであったこともあり、近世史の塚田孝助教授の指導もうけるようになった。また栄原永遠男教授が主導した播磨国鵤庄現況調査にも参加している。

一九九六年、仁木が大阪市大に着任して以降、古野貢・村井良介・天野忠幸ら、中世後期を専攻する大学院生が増えてきた。西村氏はこれら後輩にさまざまな学問上のアドバイスを与えたり、仁木に代わって中世古文書読解を指導したりした。

学術雑誌に論文を投稿するようになった西村氏は、大和国と近江国をフィールドに、荘官・侍衆などとして史上に現れる、いわゆる中間層を核にして村落の構造論を展開した。氏の研究は、どちらかといえば地味で、大きな理論的な提示があるわけではない。しかし、氏はいつも、研究の前提に膨大な量の文書を読みこんでおり、対象とする村落に対する多様な、あるいは深い洞察によって、その全体としての構造を解明しようとしていた。しかも、氏はしばしば活字になっていない、未紹介の史料を自分で翻刻して論拠とした。

雑誌に投稿する前に、西村氏はたいてい大阪市大の学内の研究会で構想を発表した。氏の藤木久志批判は有名であったが、仁木自身は必ずしも藤木説に批判的ではなかったため研究会では緊張した、心地よい応酬がなされるのが常であった。

このころ西村氏は、京都府教育委員会の地主智彦、滋賀県教育委員会の藤田励夫らの組織する中世・近世の文書調査に参加し、古文書にかかわる卓越した調査・整理能力を発揮してゆく。鹿王院文書の研究もそうした調査・研究活動の一環であった。

一九九九年、地元奈良県の広陵町史編集委員になってからの西村氏は、大和の近世史料に接する機会が多くなり、また研究分野を近世側に大きくスライドさせてゆく。近世の村の史料を丹念に読み込んだ氏の村落研究はますます厚みを帯びてゆく。

二〇〇三年四月、財団法人郡山城史跡・柳沢文庫保存会（以下、柳沢文庫と記す）の専任学芸員への就職は、西村氏の研究者としての歩みを一気に加速させるものであった。柳沢文庫が収蔵する史料の保存・整理・公開に関わる仕事はもとより、企画展・特別展をはじめとする展覧会（三年半の間に二一回）や「古文書講座」「ふるさと歴史塾」「歴史講座」「歴史体験講座」などの企画・開催、ホームページによる情報発信など、フル回転で仕事を進めていった。

郡山城下町の研究にも取り組むようになり、対象とする時代も近代へとひろがりをみせるようになる。大和（奈良県）の郡山を拠点に、日本史全体の動きにも目配りしながら、幅広くかつ深く地域史研究を推し進めてゆく西村氏のすさまじい奮闘ぶりは、誰しも認めるものとなっていった。

広陵町史、柳沢文庫などでの研究活動では、西村氏は、谷山正道、吉井敏幸をはじめ、多くの奈良県関係者にお世話になり、その前途を嘱望されていたのである。しかし、西村氏は、不治の病に冒され、最後の企画展の準備万端をととのえた、二〇〇六年六月一一日、三七歳という若さで帰らぬ人となった。（文中敬称略、以下同）

（仁木　宏／大阪市立大学大学院文学研究科准教授）

第一部

第一部は西村幸信氏の最も主要な研究分野である中世後期～中近世移行期の村落についての論文を中心に構成した。実証的論文に関しては、おおむね扱っている内容の時代順とし、書評は発表順に収録した。なお、付論として、西村氏が参加していた鹿王院文書研究会編の『鹿王院文書の研究』に、藤田励夫と共同執筆した論考を「近国・遠国の鹿王院領の構成と展開」と改題して収めた。中世を対象にしているが、村落研究ではないので付論とした。以下、おおよそ成稿年代順に西村氏の研究を追い、その意義や課題を考えたい。

第一章「一四・一五世紀大和における沙汰人・庄屋層の歴史的位置」は、西村氏の最初の論文で、一九九六年発表だが、入稿は一九九四年で、他の論文よりかなり早い時期に書かれている。内容は、沙汰人・庄屋層が村落の自治を主導する存在となっていったことを跡づけたもので、西村氏の関心は以後も一貫して、こうした中間層にある。一方西村氏は、いわゆる「自力の村」論に批判的な立場で知られるが、この論文では、むしろ「自力の村」論に近い考え方が見られる。

これが転換したことを示すのが、序章「「地域社会論の視座と方法」をどうとらえるか」である。これは、歴史学研究会中世史部会運営委員会ワーキンググループが、シンポジウムの報告をまとめた「地域社会論の視座と方法」を批判的に検討したもので、一九九六年六月に発表されている。ここでいう「地域社会論」は「自力の村」論に足場を置いており、これを批判することで、西村氏の「自力の村」論への批判的立場が明確に示された。その中身も、「自力の村」論が、領主の支配者としての側面の軽視をしている、村落内の階層矛盾を捨象しているという、以降の西村氏の議論の基調となる論点が現れている。したがって、本書ではこれを第一部の序論的位置づけを持つ論考と考え、序章として収めた。

このようなスタンスが実証研究として形になったのが、第四章「中近世移行期における侍衆と在地構造の転換」である。これは一九九六年六月の大阪歴史学会大会での報告を論文化したもので、同年一二月に公表されている。この論考では、村の侍衆は戦国期の戦時体制の下で在地領主の認定によって生み出されるとし、侍衆と村落の間の矛盾を指摘している。また、在地領主の後ろ盾を失っても地位や権益を確保しようとする侍衆と村落との矛盾が初期村方騒動につながるという見解は、「自力の村」論への批判として、西村氏の研究の中で重要な論点となる。

これに続いて書かれたのが、第二章「中世後期鵤庄の「政所」と在地社会の動向」である。これを掲載した『播磨国鵤荘現況調査報告総集編』の刊行は二〇〇四年であるが、脱稿は一九九七年である。(1)移行期よりも中世後期を中心にしている点、(2)村の侍衆が成長し、庄官・沙汰人として年貢・公事収取などの役割を果たしていること、(3)また彼らが在地の政治的行動を主導したという点で、第一章と近い内容であるが、第一章に比べ、侍衆と下百姓層との矛盾に力点が置かれ、結果として、荘園領主と対抗して自治を主導する反面、荘園制的秩序を維持する矛盾した存在として中間層を描いている。注意すべきは、領主支配の末端としての側面と、村落の代表者としての側面の両面があるとするのではなく、在地を主導して荘園領主と対抗する一方、守護に被官化して自らの権益を確保しようとする、中間層の独自の主体的動向をとらえている点である。これについては後述する。

次に、一九九七年六月の大阪歴史科学協議会大会での報告を論文化したのが、第五章「中近世移行期の在地祭祀と地域社会――大和国平群郡の事例から――」である。共同祭祀組織である三里八講の分析から、中間層が祭祀組織を通じ、地域において「横断的身分階層」を形成しているとした第四章の議論をより展開している。こうした在地の祭祀組織の紐帯が、村落の自律的活動を支える反面、それが卓越した力を持つ侍衆の家によって主導され、侍衆の領主化の基盤となり得たことが論じられる。ここでも侍衆と村落の矛盾を描出することに力点があるが、第四章に比べて、侍衆の持つ両義性が明確に述べられている。これは、後でみるように同年五月刊行の藤木久志著『村と領主の戦国世界』(1)で示された西村氏への批判が影響しているものと思われる。

この藤木による批判に答えたものが、終章「「自力の村」論の軌跡と課題」である。これは、一九九七年の大阪市立大学中世史研究会での報告をもとにして、一九九九年に発表されたものである。藤木の批判は、先述した西村氏の「自力の村」論批判、すなわち、領主の存在意義の軽視、村落内部の階層矛盾の捨象という指摘に対し、それらは「自力の村」論においても村の視座から一貫して追究されており、むしろ領主権力の存在理由や村内の階層矛盾の強調は、かつての土一揆敗北論への逆戻りであるというものであった。これに対し西村氏は、まず村落内部の階層矛盾に関して、戦国期の村落においては、平百姓層の全体が自治を謳歌できるような状況ではなく、村落内部が宿老と平百姓層に分化している状況の中で村の「自律」・「自力」のあり方を見ていかなければならないとした。また、領主権力と村落の関係については、「自力の村」論が契約関係を重視するのに対し、それは破棄の自由のないものであり、契約とは呼べないと批判している。その上で、領主専制史観と「村の視座」のどちらからも等距離の領主像構築が必要になるとする。さらに、「自力の村」論が戦国期の村落と近世村落の連続性を過度に強調しており、織豊政権登場の歴史的意味がとらえられないとしている。結論として、「自力の村」論が強調してきたような村落のポジティブな側面だけでなく、ネガティブな側面もとらえなければならないとする。この論考では、領主権力と村落との関係や、戦国期村落と近世村落との連続・非連続といった問題について、二者択一的にとらえるべきではないと主張されている。先の中間層の両義性という点と合わせ、土一揆敗北論への逆戻りという藤木の批判以降、こうした両面を重視する視角が明確に打ち出されるようになったと言える。これを本書では一連の研究の一つの到達点と考え、第一部の結論的位置を占める終章として収めた。

この次に発表された西村氏の戦国期・中近世移行期村落に関する研究は、第三章「今堀日吉神社文書の村掟とその署判」である。これは、二〇〇三年五月に発表されたものである。前の論考からかなり間が空いているのは、西村氏が『広陵町史』の編纂に忙殺されたせいもあるが、新しい研究の方向を模索していたことも一因だろう。村落のポジティブな面とネガティブな面の両面をとらえなければならないというのが、西村氏の一つの結論であったが、「自力の村」論が前者を過度に強調していると批判することで、いきおい西村氏の研究は後者の強調になっていたと言える。これでは水掛け論になってしまいかねず、いかにしてそこから建設的な議論をしていくかを模索せねばならないということを、西村氏自身、よく口にしておられた。西村氏の中世村落研究としては最後の実証的論文となったこの第三章の論考ではその模索の跡がうかがえるように思われる。今堀日吉神社文書に残る村掟の署判のあり方の変遷を追うことで、村落内の階層秩序の変化を跡づけ、階層矛盾を示唆している点では、その主張に変化があるわけではない。しかし、直接的に「自力の村」論を批判する記述がなくなっており、「水掛け論」を回避しようとする考えがあったのではないかと想像する。

ところで、「自力の村」論批判の代表的存在と見られた西村氏には書評の依頼も多く、坂田聡著『日本中世の氏・家・村』（第六章）、酒井紀美著『日本中世の在地社会』（第七章）、深谷幸治著『戦国織豊期の在地支配と村落』（第八章）、黒田基樹著『中近世移行期の大名権力と村落』（第九章）を書評している。個別の内容については触れないが、ここでも近世との連続性の過度の強調を批判し、織豊期の社会構造の転換の意義を重視していること。領主と村落の関係を「契約」ととらえることへの批判など、これまでの主張に沿う内容が見られる。注目されるのは、第九章の論考の中で、「上からの視点でもなく、下からの視点でもない、それらを包括して当該期の社会構造を見通す視点」の提示が必要であるとされ、そうした課題認識は多くの研究者によって共有されているものの、新しい見通しを提示するには至っておらず、それは自身の課題でもあると述べられている点である。先述のように、この「新しい見通し」を模索しているまだ半ばで西村氏が世を去られたことは残念でならない。

以上のような一連の研究について、以下、その意義や課題を考えてみたい。

「自力の村」論は、七〇年代までの村落研究が、村落内の階層矛盾を強調した結果、土一揆敗北論に陥ったとみて、その克服を図ったものと言える。これに対し、西村氏は、三浦圭一や仲村研などの惣村研究を継承し、中間層のあり方に着目して、再度階層矛盾を強調した。八〇年代以降、主潮流になった「自力の村」論に対し、これを正面から批判したほぼ唯一に近い研究であったのではないかと思われるが、西村氏の業績の研究史上における意義はまさにその点にあるだろう。無論これは、七〇年代の研究への逆戻りを意図したものではない。それは「上から」と「下から」を包括した視点の必要性が主張されていることからも明らかだろう。「上から」か「下から」かという二元論からの脱却は、九〇年代以降の戦国期研究に共通の課題であったといってもよい[2]。西村氏の研究は村落論の分野でこの課題を明確にしたと言える。

戦後の歴史研究においては、民衆と権力が対置され、「わたしたち民衆」が権力と戦って権利を獲得する過程として歴史が描かれてきた。ところが近年では、こうした「わたしたち民衆」の自明性に疑義が提出されている。これは、「わたしたち」という線引きにより、外部への排除と同時に、内部を同一化してしまう二重の暴力が働いているという批判に基づき(3)、誰を「わたしたち」として歴史を語るのかが問題とされる(4)。こうした「わたしたち」の自明性の消失は、権力が「わたしたち民衆」の端的な外部にあるものではないことを示す。特定の権力者が、民衆に対して権力を行使するという二者間関係論的な権力観への批判である(5)。「自力の村」論は、権力は民衆にとって外在的なものではなく、民衆が下から作り出すものとしており(6)、こうした問題意識を有している。しかし、「自力の村」論は、「上」と「下」という二者間関係論からの脱却に必ずしも成功していない。西村氏が批判するように、「自力の村」論は村落を一枚岩的に描いてしまっている。また、それが即民衆と等置されていることにも注意しなければならない。それは「わたしたち民衆」への回帰であり、権力は民衆が下から作り出すという見方は、やはり二元論から脱却できていない。さらに言えば「上」も「下」も両方あるというだけでは、結局は二元論の枠組みを抜け出すことはできないだろう。これを克服する手がかりは、実は西村氏の中間層の分析に見いだせるように思われる。

二者間関係論に対置されるものとして、ミシェル・フーコーのいう「権力関係」がある。これは権力とは誰かが所有できるようなものではなく、無数の点から出発する人々の間の多様な力関係のことであるとする考え方である(7)。権力をこのような関係性の問題としたとき、中間層はきわめて示唆的な存在である。池享は戦国期の中間層が近世に「社会的権力」に転化したとし、また、これをヘゲモニー主体と位置づけている(8)。これは、中間層を領主側か村落側か、あるいはその両方かという枠組みではなく、「権力関係」の中における布置と、そこでの力関係の不均衡としてみる見方である。西村氏が明らかにした中間層の主体性は、領主―村落、「上」―「下」に還元されない網の目のような権力関係の中で理解すべきものであり、ここに二元論克服への手がかりがあるのではないかと考える。「自力の村」論が示す機能論的理解では後景に退いていた権力関係を再度、村落論の課題として浮き彫りにしたことが、西村氏の研究の意義であったのではないだろうか。

（1）藤木久志『村と領主の戦国世界』「はしがき」（東京大学出版会、一九九七年）。
（2）伊藤俊一「中世後期における「地域」の形成と「守護領国」」（『歴史学研究』六七四号、一九九四年）、池上裕子「中世後期の国郡と地域」（『歴史評論』五九九号、二〇〇〇年）、則竹雄一『戦国大名領国の権力構造』「序章」（吉川弘文館、二〇〇五年）。
（3）上野成利『思考のフロンティア　暴力』（岩波書店、二〇〇六年）の「包摂―排除の暴力」の議論を参照。
（4）成田龍一『歴史学のスタイル―史学史とその周辺』（校倉書房、二〇〇一年）。
（5）杉田敦『思考のフロンティア　権力』（岩波書店、二〇〇〇年）の議論を参照。
（6）黒田基樹『戦国大名の危機管理』（吉川弘文館、二〇〇五年）。
（7）ミシェル・フーコー『性の歴史Ⅰ　知への意志』（渡辺守章訳、新潮社、一九八六年、原著一九七六年）。
（8）池享「戦国期の地域権力」日本史研究会・歴史学研究会編『日本史講座』第五巻（東京大学出版会、二〇〇四年）、同「中近世移行期における地域社会と中間層」（『歴史科学』一五八号、一九九九年）。

（村井良介／大阪市立大学都市文化研究センター研究員）

第二部

第二部「地域研究の試み――大和の近世村落から――」は、一一の章と三つの付論とからなる。第一章から第一一章までは、二〇〇一年五月に刊行された『広陵町史　本文編』の原稿として草されたものであり、また、付論についても、いずれも論文として執筆されたものではないため、本格的な論評を行うのは難しい。そうした事情により、第二部については、西村幸信氏の研究活動の足跡をたどりながら、発表年代順に、それぞれの稿について、注目される点を指摘していくことにしたい。

一九九八年に書かれた付論一「少しずつ開かれていった近世農村の自治」は、それまでもっぱら中・近世移行期の村落に関する研究に取り組んできた西村氏が、対象時期を近世初期以降にもひろげ、近世大和において、村落運営（自治）のあり方がどのように変化（発展）していったのかについて論じたものである。ここでは、水本邦彦の先行研究[1]などをふまえつつ、庄屋（中世以来の土豪）個人による村落運営から集団によるそれへの転換、平百姓層の村落運営への参加の拡大、村役人選出方法の民主化といった動きについて、社会経済の変化、宮座の動向、村方騒動の展開などと関連づけながら、手際よくまとめられている。西村氏にとって、従来の研究テーマの延長という趣の仕事であるが、大和の近世史に大きく足を踏み入れる一歩となった作品ということができる。

第二部の本体をなす第一章から第一一章は、前述したように『広陵町史　本文編』の原稿として執筆されたもので、「近世」の原稿全体の半分近くを占める。ちなみに、同町史本文編の「近世」の目次と西村氏の執筆部分（ゴチック体で示し、【　】内に本書第二部のどの章にあたるかを付記した）は、以下のようであり、このことも念頭において、本文を読んでいただきたい。

第四章　近世初期の広陵

第一節　織豊政権と近世社会の成立

第二節　幕藩領主支配の成立

一　幕藩領主の成立と大坂の陣

二　村支配のしくみ（【第一章】）

第三節　近世前期の村と水利

一　文禄・慶長期の村と小領主（【第二章】）
二　溜池の開発と水利（【第三章】）
第四節　寺社領の成立とその構造
一　多武峰領村々とその支配（【第四章】）
二　大福寺と箸尾村（【第五章】）
第五節　教行寺の箸尾移転
第五章　近世前期～中期の広陵
第一節　新検地の実施と年貢制度（【第六章】）
第二節　商品生産の進展
第三節　強まる領主支配と抵抗する百姓たち（【第七章】）
第四節　変貌していく村（【第八章】）
第五節　細男と春日若宮おん祭
第六章　近世後期の広陵
第一節　宝暦・明和年間における災害と百姓一揆（【第九章】）
第二節　株仲間の設立と国訴の展開
第三節　一九世紀前半の商品生産と商品流通
第四節　近世後期の農村とその動向（【第一〇章】）
第五節　おかげ参り
第六節　天保期の社会不安と百姓一揆

一　天保期の災害・ききん

二　天保八年の多武峰領百姓一揆（一と二をあわせて【第一一章】）

三　天保の改革

第七章　幕末期の広陵

第一節　産業の動向

第二節　勧化と巡在人

第三節　幕末社会の混乱

右のうち、西村氏の執筆部分（本書第二部第一章〜第一一章）で注目されるのは、①近世初期の村落構造とその後の変貌に関する叙述（第二章・第三章・第八章など）、②多武峰領の支配構造と百姓一揆に関する叙述（第四章・第七章・第九章・第一〇章・第一一章）、③元禄六年（一六九三）の松波勘十郎による増徴仕法と郡山藩領での大一揆に関する叙述（第七章）、である。

①は西村氏の得意分野で、先に紹介した付論一に対応する。近世初期の小領主に関する記述（第二章のうち「村に残った小領主」と、第三章のうち「寺領支配と小領主」の部分）、享保期の村方騒動や「坂堂氏」（小領主の末裔）立ち退き一件に関する記述（第八章）は興味深い。

②のうち多武峰領の支配構造に関する記述（第四章）は、近世大和の寺社領に関する研究が乏しいなか、大福寺領に関するそれ（第五章）とともに、貴重な成果といえる。多武峰領では、他領に比べて年貢収奪が相対的に厳しかったこともあって、近世中期から後期にかけて百姓一揆が多発しているが、第七章・第九章・第一〇章・第一一章では、従来知られていなかった事例も含めてそれらが取り上げられ、紹介されている。なかでも、天保八年（一八三七）に起きた強訴については、「談山神社文書」をフルに活用して、その発生から終結に至るまでの動きが

詳しく記されており（第一一章）、旧『広陵町史』や『桜井町史　続』での叙述を大きく乗り越える充実した内容となっている。この一揆に対する奈良奉行所の対応のあり方や、大塩平八郎の影響に関する記載も興味深い。

③は、全国的にも注目されるべき大きな成果である。松波勘十郎については林基の一連の研究[2]によって広く世に知られるようになり、彼が郡山藩にも雇われて厳しい年貢増徴を行ったことも周知の事実となっていた[3]。しかし、松波が郡山藩で実施した増徴仕法の具体的内容については従来ほとんど明らかではなく、年貢増徴に抗して元禄六年（一六九三）の年末に五千～一万人もの領民が一週間にわたって郡山城下へ押し寄せるという大規模な強訴が、享保一〇年（一七二五）や明和五年（一七六八）の強訴（後者については第九章参照）に先立って、発生していた事実についても全く知られてはいなかった。それらを記した史料が、町史編纂の過程で新たに見つかり、第七章のうち「松波勘十郎と郡山藩領村々」についての叙述として結実することになったのである。松波が元禄六年（一六九三）に農業生産力発展の成果・商業的農業の進展の成果を強奪しようとして同藩領で実施した増徴仕法は、延享元年（一七四四）に幕府勘定奉行神尾春央が幕領で実施したそれの先駆けをなすものであり、また一揆に直面した松波が農村支配の強化をはかるためその翌年に採用するようになった郷代官制は、同様に彼が関与した三次藩領でのそれの先駆けをなすものであったことも、注目されよう。

この『広陵町史　本文編』の執筆は、大和の近世史研究者としての顔ももつようになった西村氏が、研究分野をひろげるよい機会となった。また、彼は、「編集調査員」として同町史（本文編・史料編）全体の調査・編集にも大きく貢献した。大変苦労したが、このあと彼が柳沢文庫の学芸員として活動するうえで、貴重な体験となったように思われる（領民の側から郡山藩を見つめるというスタンスを獲得する上でも）。

付論の二と三は、西村氏が柳沢文庫に就職（二〇〇三年四月）して以降の作品であり、学芸員としての活動成果の一端をなすものである。

付論二は、二〇〇三年一〇月に開催された第九回「こおりやま歴史フォーラム」での講演内容をもとにした作品で、「里恭・堯山・慈雲の生きた時代と郡山」と題しているが、文人大名としてよく知られる堯山こと柳沢保光（宝暦三年〔一七五五〕に生まれ、安永二年〔一七七三〕から文化八年〔一八一一〕まで藩主の地位にあった）に光をあてたものである。注目されるのは、若き日の保光の作品と壮年から晩年にかけてのそれとを比較して、作風の変化を読みとり、その背景に、父信鴻による訓戒や慈雲との出会いに加えて、藩政の危機（藩財政の窮乏や災害・飢饉・一揆の発生など）に直面するなかでの藩主としての精神的な煩悶が存在したことを指摘し、「文人、あるいは人間としての堯山を創りあげたものは彼が生きた時代そのものだったといえるのではないだろうか」と評している点である。領民の動向にも目を向けながら藩主や藩を見つめようとする、氏ならではといえる姿勢が看取される。

付論三は、西村氏が二〇〇四年度から進めるようになった郡山藩の「旧藩士宅などに残された古文書の悉皆調査」などの成果の一端をなすもので、「新出の明治期郡山藩藩政史料」（大井家文書と藺町区有文書）を紹介したものである。最後の藩主であった柳沢保申の藩士および領民に対する告諭書などを紹介し、保申の人物像に迫るとともに、新時代を見据えた彼の開明的なまなざしに着目している。版籍奉還から廃藩置県前後の大和各藩の動向については、これまでほとんど研究がなされておらず、本稿は史料紹介ではあるが、大変貴重な成果ということができよう。

付論の二と三からうかがえるように、西村氏の研究分野は、柳沢文庫の学芸員となることによって、文化史や藩政史の分野にもひろがるようになった（同文庫の学芸員となって以降の氏のすさまじい活動ぶりについては、前掲の仁木の文章を参照されたい）。

今後の活躍がおおいに期待されるなか、西村氏は、途半ばにして旅立ってしまった。「中世・近世の村と地域社会」をめぐる研究、また大和の地域史研究の将来を想うとき、痛恨の極みと言わざるをえない。本書を読んで、氏の遺志を受け継ごうとする気鋭の学徒が現れることを、心より願ってやまない。

（1）　水本邦彦『近世の村社会と国家』（東京大学出版会、一九八七年）。

（2）「松波勘十郎捜索」と題して『茨城県史研究』二九号（一九七四年）以降に連載。まもなく、それらをまとめた『松波勘十郎捜索』上巻・下巻が平凡社から刊行される予定である。

（3）　塩谷行庸「郡山藩の年貢動向と松波勘十郎の改革」（『高円史学』一二号、一九九六年）、など。

（谷山正道／天理大学文学部教授）

西村幸信氏の死後、大阪市立大学関係者、柳沢文庫をはじめとする奈良県関係者の間で氏を追悼する企画が立てられた。西村氏にゆかりの方々の文章を集めた『懐中時計――胸に刻まれた思い――』を出版するとともに、二〇〇六年一二月一〇日には、大和郡山市内で追悼会を催した。西村氏の後輩である古野貢、岡島永昌らが世話役をつとめた。

これとは別に、西村氏の専門的な論文を中心とする著作をまとめることが企図され、谷山正道、村井良介と仁木が本書の編集にあたった。西村氏の論文に記載された引用文献や史料のチェック、校正には、後輩である天野忠幸、藤本誉博、稲垣翔、矢野治世美、山口大輔、小橋勇介があたった。

本書の刊行にあたっては、西村氏の御両親の全面的な協力をあおぎ、また、西村氏の学生時代の研究仲間でもあった、思文閣出版営業部長の原宏一氏には多大な労力をさいていただいた。

若くして亡くなった西村幸信氏の業績が次の世代に引き継がれ、中世・近世の村落研究や地域研究が発展することに、本書が大きな貢献をはたすだろうことを祈ってやまない。

（仁木　宏）

二〇〇七年六月

◎初出一覧◎

第一部　中近世移行期の村落と中間層

序　章　「地域社会論の視座と方法」をどうとらえるか――村落研究の新しい視座と理念を求めて――『新しい歴史学のために』二二二号　一九九六年六月

第一章　一四・一五世紀大和における沙汰人・庄屋層の歴史的位置『奈良歴史通信』四二号　一九九六年一月

第二章　中世後期鵤庄の「政所」と在地社会の動向『播磨国鵤荘　現況調査報告総集編』太子町教育委員会　二〇〇四年三月

第三章　今堀日吉神社文書の村掟とその署判『市大日本史』六号　二〇〇三年五月

第四章　中近世移行期における侍衆と在地構造の転換『ヒストリア』一五三号　一九九六年一二月

第五章　中近世移行期の在地祭祀と地域社会――大和国平群郡の事例から――『歴史科学』一五二号　一九九八年四月

第六章　書評　坂田聡著『日本中世の氏・家・村』『日本史研究』四二七号　一九九八年三月

第七章　書評　酒井紀美著『日本中世の在地社会』『市大日本史』三号　二〇〇〇年五月

第八章　書評　深谷幸治著『戦国織豊期の在地支配と村落』『日本史研究』五〇五号　二〇〇四年九月

第九章　書評　黒田基樹著『中近世移行期の大名権力と村落』『歴史評論』六五三号　二〇〇四年九月

終　章　「自力の村」論の軌跡と課題――藤木久志氏の批判に答えて――『歴史科学』一五八号　一九九九年一二月

付　論　近国・遠国の鹿王院領の構成と展開（原題　第二部解題・研究篇「鹿王院領の構成と展開」のうち「近国・遠国」）鹿王院文書研究会『鹿王院文書の研究』思文閣出版　二〇〇〇年二月

第二部　地域研究の試み――大和の近世村落から――

第一章　近世初期の村支配のしくみ（原題　村支配のしくみ）
『広陵町史』本文編（歴史編第四章第二節二）　二〇〇一年五月

第二章　文禄・慶長期の村と小領主　（同右第四章第三節一）

第三章　近世初期の溜池の開発と水利（原題　溜池の開発と水利）　（同右第四章第三節二）

第四章　近世初期の多武峰領村々とその支配（原題　多武峰領村々とその支配）　（同右第四章第四節一）

第五章　近世初期の大福寺と箸尾村（原題　大福寺と箸尾村）　（同右第四章第四節二）

第六章　近世中期における新検地の実施と年貢制度（原題　新検地の実施と年貢制度）　（同右第五章第一節）

第七章　強まる領主支配と抵抗する百姓たち　（同右第五章第三節）

第八章　変貌していく村　（同右第五章第四節）

第九章　宝暦・明和年間における災害と百姓一揆　（同右第六章第一節）

第十章　近世後期の農村とその動向　（同右第六章第四節）

第十一章　天保期の社会不安と多武峰領百姓一揆（原題　天保期の災害・ききん／天保八年の多武峰領百姓一揆）
（同右第六章第六節一・二）

付論一　少しずつ開かれていった近世農村の自治
『江戸時代人づくり風土記二九　奈良』第一章第七節　農山漁村文化協会　一九九八年一二月

付論二　里恭・堯山・慈雲の生きた時代と郡山
『近世こおりやまの美術』　大和郡山市教育委員会　二〇〇五年八月

付論三　新出の明治期郡山藩藩政史料について
『奈良歴史研究』六三・六四合併号　二〇〇五年六月

索　引

【人　名】

【地名・寺社名】

り

ろ

わ

【事項・史料】

あ行

か行

さ行

た行

な行

は行

ま行

や行

ら行

わ行

【研究者】

あ行

か行

さ行

た行

◎著者略歴◎

西村幸信（にしむら・ゆきのぶ）

大阪市立大学大学院文学研究科後期博士課程単位取得退学後，広陵町教育委員会社会教育課町史編集調査員（嘱託）を経て，財団法人郡山城史跡・柳沢文庫保存会学芸員．2006年6月逝去．

中《ちゅう》世《せい》・近世《きんせい》の村《むら》と地域社会《ちいきしゃかい》

2007（平成19）年6月11日発行

定価：本体6,200円（税別）

著　者　西村幸信

発行者　田中周二

発行所　株式会社　思文閣出版

〒606-8203　京都市左京区田中関田町2-7

電話 075-751-1781（代表）

印　刷
製　本　株式会社　図書印刷　同朋舎

ISBN978-4-7842-1353-5　C3021